Hamman · Die ersten Christen

Adalbert Hamman

Die ersten Christen

Mit 20 Tafeln und 2 Karten

Aus dem Französischen übersetzt
von Katharina Schmidt

Philipp Reclam jun. Stuttgart

Titel der Originalausgabe:
La Vie quotidienne des premiers chrétiens (95–197)

CIP-Kurztitelaufnahme der Deutschen Bibliothek

Hamman, Adalbert: Die ersten Christen / Adalbert Hamman.
Aus d. Franz. übers. von Katharina Schmidt. –
Stuttgart: Reclam, 1985.
   Einheitssacht.: La vie quotidienne des premiers
   chrétiens (95–197) ⟨dt.⟩
   ISBN 3-15-010336-3

Inhalt

Einführung

Wer als Historiker einen so weit zurückliegenden Zeitabschnitt wie das
2. christliche Jahrhundert untersucht, hat das Gefühl, in eine Höhle
einzudringen. Er gerät aus dem Licht in die Finsternis. Nichts zeichnet
sich deutlich ab, alles ist in Dunkelheit gehüllt. Die Augen müssen sich
erst umstellen, ehe sie etwas auskundschaften und entdecken können.
Das Entdecken wird zu einer langen Geduldsprobe, und diese führt zu
einer faszinierenden Entdeckung: erkennen und wiedererstehen lassen,
was endgültig verschüttet schien!
In diesem außergewöhnlichen Puzzlespiel müssen die Einzelteile, aus
denen es besteht – so verstreut, so unvollständig und so entstellt sie
sind –, zusammengesetzt werden, wenn man die Kirche der Frühzeit wiedererstehen lassen will.
Es ist zugleich der Zeitabschnitt, in dem zu Ende geht, was Renan »die
Embryogenese des Christentums«[1] nennt. Zu diesem Zeitpunkt »hat
das Kind seine Organe sämtlich ausgebildet und ist von seiner Mutter
abgelöst; von nun an muß es aus eigener Kraft leben.« Mark Aurels Tod
im Jahr 180 bezeichnet gewissermaßen das Ende der Antike, die bis ins
2. Jahrhundert noch in außerordentlichem Glanz erstrahlte, und den
Anbeginn einer neuen Welt.
Im 3. Jahrhundert wird sich die Lage für die Kirche in gleichem Maße
ändern wie für das Reich. Die christlichen Gemeinden, die nun in voller
Blüte stehen, werden höchst eindrucksvolle Spuren hinterlassen. Es ist
die Zeit der großen christlichen Werke und der großen christlichen
Gestalten, ja Genies: Karthago und Alexandria sind die bevorzugten
Zentren dieser Blütezeit.
Im 2. Jahrhundert findet sich nichts Vergleichbares. Die Apostel sind
einer nach dem anderen dahingegangen, als letzter Johannes. Von
apostolischen Erinnerungen erfüllt verbinden diejenigen, die das
Weiterleben des Christentums gewährleisten, Treue mit Unerschrok-
kenheit; sie lassen das Erbe Früchte bringen und stoßen zugunsten
neuer Generationen weite Horizonte auf. Noch am Ende des Jahrhunderts erinnert Irenäus von Lyon an Worte des Apostels Johannes,
die er aus dem Mund von dessen unmittelbarem Schüler Polykarp vernommen hat. Weit entfernt davon, sich in einem Ghetto zu verschlie-
ßen, manifestiert sich die Kirche in aller Öffentlichkeit und stellt sich
dem Staat und den Philosophen. Sie strotzt geradezu vor Jugendlich-

keit und Lebenskraft. Die Konfrontation fürchtet sie nicht, ganz im
Gegenteil, denn – ob Sieg oder Niederlage –: sie kommt dabei auf ihre
Kosten.

Geographisch gesehen ist die Kirche mediterran; sie überschreitet kaum
die Grenzen des Imperiums. Sie profitiert von den Verkehrswegen, von
Straßen und Schiffahrt, die durch die Pax Romana saniert sind. Indu-
strie und Handel blühen und begünstigen Reisen und Austausch. Die
ersten Boten des Evangeliums sind aus Kleinasien stammende kleine
Straßenverkäufer, die Teppiche und Gewürze in Marseille und Lyon, in
Alexandria und Karthago verkaufen.

Das Mittelmeer mit seinen Gegebenheiten steuert für die Kirche wie für
das Reich die Verbindungen und Tauschgeschäfte, seien sie nun wirt-
schaftlicher, kultureller oder religiöser Art. Es ist weniger ein Meer als
eine »Abfolge flüssiger Ebenen, die durch mehr oder minder weite Tore
miteinander verbunden sind«[2]. Die Missionierung paßt sich den Schiff-
fahrtszeiten und dem Rhythmus der Reiseunterbrechungen in den
Häfen an, in denen die Schiffe verweilen, sich mit Lebensmitteln versorgen und ihre Ladung verkaufen; so fahren sie von Felsen zu Felsen,
»von Vorgebirge zu Insel und von Insel wieder zu Vorgebirge«[3] langsam vorwärts.

Die Christen leben im Alltag wie die Menschen ihrer Zeit. Sie bewohnen dieselben Städte, sie gehen in denselben Gärten spazieren, sie besuchen dieselben öffentlichen Einrichtungen, auch wenn man sie nicht so
oft in den Thermen oder im Theater sieht, sie benützen dieselben Straßen und fahren auf denselben Schiffen. Da sie immer bereit sind, einen
Dienst zu erweisen und sich mit voller Kraft einzusetzen, erweitern sie
ihre Kontakte, und zwar in Ausübung aller Berufe außer denen, die mit
ihrem Glauben nicht vereinbar wären. Sie heiraten wie die anderen
auch, allerdings vorzugsweise Glaubensgenossen, um sich in dem
gemeinsamen Bemühen um moralische Integrität und gegenseitige
Treue verbunden fühlen zu können.

Dieses Alltagsleben, das doch die Grundlage für das christliche Dasein
darstellt, tritt bei den Historikern kaum zutage, weil ihre Aufmerksamkeit mehr den großen Ereignissen und den bedeutenden Persönlichkeiten gilt.

Für die Anhänger Christi ist es nicht schwer, Himmlisches und Irdisches miteinander zu vereinen, denn auch das ganz alltägliche Tun ist in
ihren Augen mit Sinn erfüllt. Verbundenheit mit der sichtbaren Welt,
aber gleichzeitig Absetzung von ihr im Namen der unsichtbaren Welt –
daraus entsteht ein unbequemes Spannungsverhältnis zwischen Anwe-

senheit und Entfernung, zwischen Beteiligung und Zurückgezogenheit, zwischen Sympathie und Konfrontation.

Wir werden diese Ambivalenz ständig bedenken müssen, wenn wir das Leben der ersten Christen rekonstruieren wollen, wie auch niemals der menschliche und soziale Umkreis, in dem sie lebten, aus dem Blick geraten darf. Dafür gibt es zwar gewisse Indizien und zahlreiche Andeutungen, doch werden sie erst verständlich, wenn man die allgemeinen Quellen, Historiker, Geographen und zeitgenössische Schriftsteller, heranzieht, mit deren Hilfe der soziale und politische Hintergrund der sich entfaltenden Kirche rekonstruiert werden kann.

Eine solche Gegenüberstellung der heidnischen und der christlichen Antike ist im Blick auf das tägliche Leben selten vorgenommen worden; sie wird die Christen inmitten ihrer Zeitgenossen zeigen, diesen verwandt und doch andersartig, sympathisch den einen, suspekt den anderen und immer weniger der Aufmerksamkeit der Öffentlichkeit entgehend in einem Zeitraum, der für die Ausbreitung und Unabhängigkeit ihrer Gemeinschaft entscheidend ist. Aus dieser Zeit sind eine Reihe von Dokumenten auf uns gekommen: Bücher, Briefe, Inschriften – zumal Grabinschriften und Märtyrerakten, zu denen noch die Zeugnisse der Nichtchristen hinzukommen, der Beamten, Philosophen und Schriftsteller, die oft feindlich oder skeptisch eingestellt sind; sie haben die junge Kirche von außen beobachtet, mit den Vorurteilen ihrer gesellschaftlichen Schicht oder ihres Berufsstandes, und führen uns darum das allgemeine Klima vor Augen, in dem sich die Kirche entwickelt hat.

Hinsichtlich der Quellen stellte sich die Frage, ob wir die Schriften von Tertullian und Klemens von Alexandria heranziehen können, jedenfalls solche, die in die ersten Jahre ihrer literarischen Produktion fallen. In diesen Werken spiegelt sich häufig eine frühere Zeit, wie sie die Autoren zum Zeitpunkt ihrer Konversion vorgefunden haben. Wir werden sie mit Zurückhaltung benutzen, soweit sie die Informationen, die uns ihre Vorgänger liefern, erhärten und präzisieren.

Die gründliche Durchsicht der Autoren des 2. Jahrhunderts erfordert ebensoviel Vorstellungskraft wie Unterscheidungsvermögen, um die Geschichte wiederentdecken und vergegenwärtigen zu können und die Erschütterungen eines Lebens spürbar werden zu lassen, das wie das Leben der Christen jener Zeit mitreißend und schwach zugleich war: es geht darum, etwas sichtbar zu machen, gewiß, aber nur das, was wirklich gewesen ist.

Wir werden schrittweise von der Peripherie zum Zentrum vorgehen, das heißt bei dem Umfeld unseren Ausgangspunkt nehmen, um dann bis zur inneren Organisation der Kirche vorzudringen; zwischenein sollen die besonders charakteristischen Mitglieder der Christenfamilie in großen Zügen porträtiert werden.[4]

So wird uns das tagtägliche Leben, das von Festen oder Bräuchen durchzogen ist, den Ablauf der Zeit anschaulich machen. Das Fazit ergibt sich dabei von selbst: Der Glaube erhellt die alltägliche Lebenssituation und gibt ihr einen neuen Sinn wie das Licht, von dem der Petrusbrief spricht, das an einem dunklen Ort scheint, bis der Tag anbricht und Christus, der Morgenstern, in den Herzen aufgeht (2. Petr. 1,19).

Erstes Kapitel
Der geographische Rahmen

Jerusalem – Rom: damit ist die erste Wegstrecke bei der Ausbreitung des Christentums bezeichnet.[1] Die Kirche, die in der heiligen Stadt der Juden entstanden ist, richtet zu Lebzeiten von Petrus und Paulus das Kreuz in der Hauptstadt des Imperiums auf, wo sich alle Land- und Wasserstraßen schneiden. Man stelle sich das Erstaunen des Fischers aus Galiläa und eines Paulus aus Tarsos vor, als sie nach Rom kamen und all der Tempel, der Thermen und Paläste ansichtig wurden, deren Ruinen allein schon ausreichen, unser Gemüt auch heute noch zu bewegen.

Es bedurfte nur eines genialen Apostels und einer Menschengeneration, um die von den Legionen gebahnten Wege in entgegengesetzter Richtung zurückzulegen, das gesamte Mittelmeerbecken zu durchfahren, Ephesus, Philippi, Korinth und Athen zu missionieren und um, über Rom hinaus, an »die Grenzen der Welt im Westen«[2] zu gelangen, worunter der Sachkundige nur Spanien verstehen kann.

Im Jahre 64 ist die Verwurzelung der neuen Religion so stark, daß sie Kaiser Nero beunruhigt und die erste Verfolgung auslöst; dabei starben Petrus, der erste Bischof der ewigen Stadt, und Paulus, der Völkerapostel, der außerhalb der Stadt, wahrscheinlich auf der Via Appia, im Jahre 67 enthauptet wurde. Man setzt sich zur Wehr nur gegen das, was Wirklichkeit und zugleich bedrohlich ist.

Tacitus hat in den *Annalen* das Bild einer vom Brand zerstörten Stadt dramatisch geschildert, in der höchst beleidigende Beschuldigungen gegen den größenwahnsinnigen Kaiser in Umlauf gebracht worden waren. »Um diesem Gerede ein Ende zu machen, gab Nero denen die Schuld und belegte sie mit den ausgesuchtesten Strafen, die durch ihre Schandtaten verhaßt waren und vom Volk Christen genannt wurden. Der Urheber dieses Namens, Christus, war unter der Regierung des

Tiberius durch den Prokurator Pontius Pilatus mit dem Tode bestraft
worden.«[3]

Pontius Pilatus – Christus: das Imperium erscheint als Richter des Mannes aus Galiläa, als Zeuge für sein Leben und Wirken. Die Stunde wird
kommen, ja sie schlägt bereits, da die römische Macht selbst den Sieg
Christi anerkennen muß. Tacitus bemerkt, daß dieser »verderbliche
Aberglaube«, wie er es nennt, nicht nur in Judäa, seinem Ursprungs-
land, sondern bis nach Rom verbreitet war. Im Netz der Polizei sammelt sich eine »beträchtliche Menge«, die, nach der Aussage des kunst-
voll verkürzenden römischen Geschichtsschreibers, »nicht dem öffentlichen Wohl, sondern der Grausamkeit eines einzigen« zum Opfer
gebracht wurde. Diejenigen, die durch das Netzwerk entkamen, machten sich an den Neuaufbau.

Die Liste der Bischöfe, die in Rom seit dem Apostel Petrus aufeinander-
folgen, ist aufschlußreich für den, der sich eine Vorstellung von dem
tatsächlichen Leben der Gemeinde machen will, einer Gemeinde, die
den verschiedenartigsten, oftmals entgegengesetzten, Einflüssen ausgesetzt ist und in der, wie in einem Tiegel, die Nationalitäten und Natio-
nalismen miteinander verschmelzen.[4] Unter den vierzehn Nachfolgern
Petri bis zum Ende des 2. Jahrhunderts sind vier Römer, drei italischer
Herkunft, fünf sind Griechen, einer ist Einsiedler gewesen, ein anderer,
Hyginus, Philosoph; Anicetus stammt aus Emesa, dem heutigen Homs
in Syrien; Viktor, der die Reihe beschließt, ist Afrikaner und der erste,
der in Rom in lateinischer Sprache schreibt.

In dieser Amtsabfolge spiegelt sich einigermaßen deutlich die Verbreitung des Christentums im Laufe der beiden ersten Jahrhunderte. Asien
ist nur durch einen einzigen Würdenträger vertreten, die Griechen stellen ein Drittel der Liste.

Die erste Kirche Roms ist denkbar unlateinisch. Die Christen sprechen
dort griechisch. Syrer, Leute aus Asien und aus ihrer Heimat entwur-
zelte Griechen haben hier die Botschaft des Evangeliums mit Eifer aufgenommen. Sie bilden den innersten Kern; Einheimische und Afrikaner
kommen später hinzu.

Die intensive Verbreitung des Christentums wird schon seit dem
2. Jahrhundert dadurch erkennbar, daß es in Rom einen Bischof gibt,
der aus dem östlichen Mittelmeerraum stammt. Seitdem blickt das Volk
der Christen zwar wie alle besiegten Völker auf Rom, auf die Urbs;
doch ist diese Stadt in ihren Augen zum geistlichen, durch die Gegenwart und das Martyrium Petri geheiligten Zentrum geworden. Das
Evangelium befreit sich schrittweise aus der jüdischen Vormundschaft
und greift auf die Heidenvölker über.

Die Landkarte der Kirche im 2. Jahrhundert

Bis zum 2. Jahrhundert ist christliche Geographie auf die Mittelmeer-küste beschränkt. Die Karte zeigt, wie sich die Kirchen am Ende der apostolischen Zeit gleich einer Perlenkette entlang der Küste gruppiert haben, von Hafen zu Hafen, von Azotus bis Antiochia über Joppe, Sebaste, Cäsarea in Palästina, Ptolemaïs, Tyrus und Sidon.[5] Die klei-nen, Küstenverkehr betreibenden Schiffe reichten aus, wenn man sich von einem Hafen zum anderen oder in eine Stadt an der Ostküste bege-ben wollte.[6]

Das Bild der Kirche im Jahr 112

An der Wende des 1. Jahrhunderts nimmt die Kirche einen neuen Auf-schwung. Sie dringt in Syrien und Kleinasien ins Landesinnere ein. Plinius der Jüngere findet bis zu den Ufern des Schwarzen Meeres zahlreiche Christen vor. Dieser Statthalter aus Rom, Freund des Kaisers Trajan, hatte einen Erkundungsauftrag für Bithynien, an der Südküste des Schwarzen Meeres, übernommen unter dem anspruchsvollen Titel eines »Legaten für die Provinz Pontus und Bithynien mit konsulari-scher Gewalt«[7].

Ein Brief des Plinius von unbezweifelbarer Authentizität[8] schildert die Ausbreitung des Christentums. Wir befinden uns im Jahre 112; das 2. Jahrhundert hat kaum begonnen, da wird schon in Bithynien, tau-send Kilometer von Jerusalem und zweitausendvierhundert Kilometer von Rom entfernt, die Gute Botschaft verkündigt – und nicht nur das, sondern die christliche Gemeinde ist derart lebendig, daß sie Mißgunst und Denunziationen hervorruft und damit den römischen Legaten in Bedrängnis bringt. Als gewissenhafter, aber überaus unentschlossener Amtsträger berichtet er dem Kaiser darüber.

Dieser Brief ist ein außerordentlich bedeutsames Dokument, weil es uns mit Hilfe von Angaben, die im Zuge einer rein verwaltungsamtlichen Berichterstattung gemacht werden, ermessen läßt, wie weit das Evange-lium achtzig Jahre nach Christi Tod verbreitet war. In diesem Brief-wechsel wird zum ersten Mal durch ein Reskript die rechtliche Behand-lung der Christen im Reich geregelt.

Zugleich erhellt der Brief des Plinius an Trajan schlaglichtartig das All-tagsleben der Gläubigen in Asien. Der Legat hat den Landstrich, für den er zuständig ist, durchreist; er hat beobachten, vergleichen und darüber

urteilen können: die Christgläubigen bilden eine »beträchtliche Anzahl«.[9] Ihre Menge gefährdet sogar die amtlich bestätigten religiösen
und gesellschaftlichen Einrichtungen. »Stadt und Land sind davon
befallen«: das beweist die überraschend weite Verbreitung, und zwar
schon zu Beginn des 2. Jahrhunderts. In der Tat begann die Missionierung in der Regel mit den Metropolen und Städten und beschränkte sich
auf die großen Verkehrsadern und die Hauptverbindungsstraßen. Oftmals wird man sogar bis ins 4., ja 5. Jahrhundert warten müssen, ehe
die ländlichen Gebiete erfaßt werden; das gilt für Syrien und Griechenland genauso wie für Italien oder Gallien. Unser Legat, der so sorgfältig im Stilistischen und so genau im Rechtlichen ist, verfällt keineswegs in übertreibende Ausdrucksweise, wenn er die neue Religion
mit einer »Seuche« vergleicht, die schon die Provinz Pontus infiziert
habe.

Zur Zeit Trajans ist das Zentrum, von dem aus sich das Christentum in
Asien verbreitet, nicht mehr Jerusalem, sondern Antiochia; von dort
aus streben, wie von einer Drehscheibe, die Straßen in alle Richtungen,
im Osten nach Palmyra, zum Euphrat und nach Babylon, im Norden
nach Samosata und Zeugma. Von dem Hafen Seleucia aus waren auch
Sidon, Cäsarea und Jerusalem leicht zu erreichen.[10]

Antiochia ist eine pulsierende, Tag und Nacht belebte Stadt, in der sich
die Geschäftsleute und die Größen der Wirtschaft aus Ost und West mit
Vorliebe treffen, um lohnende Verbindungen anzuknüpfen und miteinander zu handeln. Es ist eine großartige Stadt, die mit ihren gepflasterten Straßen, ihren Tempeln und ihren Säulenhallen zu den schönsten
des Reiches zählt. Die durch Flüchtlinge aus Jerusalem angewachsene
christliche Gemeinde besteht in erster Linie aus Heidenchristen, aus
deren Mitte später, im 2. Jahrhundert, der Bischof Ignatius hervorgehen wird, eine der vornehmsten Gestalten seiner Zeit. Und den Weg,
auf dem Ignatius dann von Antiochia nach Rom gelangt, werden auch
unzählige seiner Landsleute, zu Lande wie zu Wasser, benützen. Sie
sind zu Tausenden in der Hauptstadt, was Juvenal zu der Bemerkung
veranlaßt: »Der syrische Orontes hat seine Wasser in den Tiber ergossen.«[11] Die Syrer breiten sich überallhin aus, in die Poebene, nach
Gallien und bis an die Ufer des Rheins. Einer unterhält eine Herberge in
Sizilien,[12] ein anderer ein Handelshaus in Puteoli,[13] wo Paulus bereits
Christen vorfindet.[14]

Die gesamte Ostküste des Mittelmeeres von Antiochia bis Pergamon ist
schon in ›Kirchen‹ gegliedert, die sich an Ephesus und Smyrna orientieren. Hier war man in der römischen Provinz »Asia et Phrygia«, die sich

nach Norden zum Bosporus und nach Byzanz, im Süden nach Syrien hin öffnet.

Im Hafen von Ephesus standen weiträumige Lagerhallen zur Verfügung, wodurch er zum blühendsten Handelsplatz Asiens wurde:[15] einmal für die Einfuhr der Weine aus dem Ägäischen Meer und Italien, zum andern für die Ausfuhr von Holz und Wachs aus Pontus, von Wolle aus Milet und von Safran aus Kilikien. Handelsmessen und religiöse Festlichkeiten lockten die Menschen in Scharen herbei. Ein gewaltiger religiöser Gärungsprozeß war hier schon von jeher im Gange. Der Tempel der Artemis lud das Volk zu sich ein.[16] Die Phrygier verehrten Kybele, »die Göttermutter«, deren Kult sie durch das ganze Imperium bis zu den Ufern des Rheins verbreiteten[17] und in alle römischen Garnisonsstädte trugen.[18]

Wirken und Ausstrahlung des Paulus und des Johannes hatten in Kleinasien zur Gründung verschiedener christlicher Gemeinden geführt. Die Städte, die in der Apokalypse genannt werden,[19] lagen sämtlich an den großen Verkehrsadern: die Verkündigung des Evangeliums folgte der römischen Eroberung, wobei ihr deren Verkehrssysteme zugute kamen. Das nördlich von Smyrna gelegene Pergamon war die Heimatstadt des Attalus, der in Lyon zum Märtyrer wurde, und stellte für die heidnische Antike eine Art ›Lourdes‹ dar. Thyatira war durch seine Purpurfärberei bekannt;[20] die Stadt Sardes, mit ihrem reichen Viehbestand, war ein Umschlagplatz für den Tuchhandel: ihr Bischof Meliton sollte sie schon bald berühmt machen. Philadelphia war eine Stadt mit gewerblicher Produktion, an der Straße nach Laodicea,[21] wo Wollhandel betrieben wurde. Hierapolis, das weiter im Landesinneren lag, hatte seit dem 1. Jahrhundert eine Gemeinde.[22] Sein Wasser verlieh der gefärbten Wolle den gleichen Schimmer wie der Farbstoff der Purpurschnecke.

Der Evangelist Johannes ist kaum tot, da durchreist schon Ignatius seinerseits die asiatischen Städte. Seine Briefe bezeugen deren Vitalität und fortschrittlichen Aufbau. Zu den schon erwähnten Kirchen von Ephesus und Smyrna kommen die von Tralles und Magnesia hinzu, beides Städte an der großen Straße, die nach Ephesus führt.

Die Bevölkerung Kleinasiens besaß eine außerordentliche Begabung für den Handel und auf geistigem Gebiet. Smyrna ist die unbestrittene Hauptstadt der ›Zweiten Sophistik‹. Philostratos vergleicht sie mit dem Stegbogen in der Lyra. Das Imperium eröffnete hier unerschöpfliche Möglichkeiten. Dank ihrer geistigen Agilität, ihrer Bildung, ihrer Beredsamkeit, ihrer Anpassungsfähigkeit an jedes Klima und jede Situation haben es die Bewohner Asiens in der kosmopolitischen Gesellschaft Roms schnell zu etwas gebracht. Die Händler Italiens hatten nur die Möglichkeit, mit den Levantinern geschäftlich zusammenzuarbeiten oder aber zu verschwinden. Man findet sie überall in Rom und im Westen, und überall betreiben sie Geschäfte. Die Leute in Rom und Marseille sagten wahrscheinlich: »Wir wollen zum Levantiner einkaufen gehen«, so wie die Menschen auf Mauritius und Réunion »zum Chinesen« gehen, und damit den Lebensmittelhändler meinen. Die Inschriften bezeugen ihre Anwesenheit in Mainz, bei den Helvetiern und in Großbritannien.[23] Im 2. Jahrhundert finden wir sie im Rhônetal. Wahrscheinlich sind es aus Asien und Phrygien stammende Kaufleute, die das Evangelium nach Lyon bringen, zusammen mit ihren orientalischen Waren und ihrer wissenschaftlichen Medizin. Von ihnen erhält die gallische Hauptstadt ihren berühmtesten Bischof.

Durch Kleinasien, dieses üppig sprießende Land, in dem die Menschen leicht zu Glaubenseifer, Schwärmerei und mystischer Verzückung neigen, gerät die Kirche schon sehr rasch in solche Beunruhigung, daß davon das 2. Jahrhundert überschattet wird. In dem entlegenen Flecken Ardabau, im Grenzgebiet zwischen Phrygien und Mysien,[24] begann eines Tages ein schwärmerisch veranlagter Mann, der unlängst bekehrte Montanus, durch das Schauspiel seiner Verzückungszustände Aufmerksamkeit zu erregen, zunächst in seiner engeren Umgebung, sodann bei größeren Menschenmengen; er ging schließlich so weit, sich selbst für den Heiligen Geist zu halten. Die montanistische Bewegung breitete sich von Asien bis nach Rom und Karthago aus, wo wir ihr wiederbegegnen werden.[25]

Unter Mark Aurel

Fünfzig Jahre später folgt auf Antoninus Mark Aurel (161 – 180), der Philosoph unter den Kaisern. Während seiner Regierungszeit beginnt für die Kirche ein neuer Abschnitt. Im Verlauf einer Generation schon entfaltet sich die Landkarte der Kirche. Wie ein Fächer öffnet sie sich von Germanien bis Mesopotamien (dem heutigen Irak), vom Rhein bis zu Euphrat und Tigris. Die Grenzen des Imperium Romanum sind erreicht und im Osten, Richtung Edessa und zum Partherreich hin, zweifellos überschritten. Trier und Nisibis haben gleichermaßen eine christliche Gemeinde.

Die Ausbreitung berührt vornehmlich die afrikanische Mittelmeerküste mit ihren beiden großen ›Leuchttürmen‹ Alexandria und Karthago. Der Schiffsverkehr hat die Verkündigung des Evangeliums begünstigt. Im Landesinneren werden künftig die zum neuen Glauben Bekehrten mit Eifer besorgen, was noch aussteht. Seit dem Ende des 2. Jahrhunderts bringen die Kirchen von Karthago und Alexandria ihre Bischöfe und ihre bedeutenden Gestalten selbst hervor.

In Gallien sind die wichtigsten Landungsplätze der Levantiner die Häfen von Narbonne, Arles, Marseille und Fréjus.[26] Von der Küste kommend, konnte man Lyon und Vienne auf dem Fluß- oder auf dem Landweg erreichen. Aus diesem südöstlichen Gebiet hatten die Römer eine Provinz gemacht, die Gallia Narbonensis, die bis Vienne hinaufreichte. Seit Augustus war der Rest des Landes, die Gallia Comata, in die drei Provinzen Aquitania, Lugdunensis und Belgica eingeteilt, deren gemeinsame Hauptstadt Lyon war. Der Rhein bildete die Grenze und schloß das Imperium nach Norden hin ab.

Dank des regen Handelsaustausches fand innerhalb dieser Grenzen ein stetiger Assimilationsprozeß an Sitte und Kultur der Sieger statt. Die herrschenden Schichten hatten sich sehr schnell die lateinische Sprache zu eigen gemacht, während die Auswanderer weiter griechisch sprachen, so daß die keltischen Dialekte auf die ländlichen Gebiete beschränkt blieben. Irenäus machte sich zwar daran, sie zu erlernen, aber als gebildeter Mann sträubte er sich doch, »diese barbarische Sprache«[27] zu sprechen.

Marseille war der Knotenpunkt, an dem die Straße aus dem Norden und die Wasserstraße, auf der die Waren aus Italien oder dem Orient herangeschifft wurden, zusammentrafen. Die Ausfuhr bestand aus Tongeschirr, Wolle, Schinken und Wurstwaren, über die sich Varro lobend äußert,[28] Käsesorten aus Nîmes und Toulouse, Öl und Wein aus dem Rhônetal und aus Béziers. Ein Krug, der in Italien gefunden wurde, trägt die Aufschrift: »Ich bin ein Wein aus Béziers und bin fünf Jahre alt.«[29] Plinius wirft den Massiliern sogar vor, daß sie den zur Ausfuhr bestimmten Wein verdünnten.[30]

Die ganze Feinheit griechischer Geistesbildung hatte sich in Marseille angesiedelt.[31] Die Römer besuchten seine philosophische Schule;[32] auch die medizinische ›Fakultät‹ dort war berühmt und stand in Verbindung mit Alexandria. In diese langjährige Austauschbewegung haben sich Verfechter der neuen Religion mühelos einreihen können. Inschriften, die in Marseille gefunden wurden, scheinen zu bezeugen, daß es dort seit dem 2. Jahrhundert Christen gab.[33] Es ist durchaus möglich, daß jener Crescens, den Paulus im 2. Timotheusbrief erwähnt, bereits nach Gallien geschickt worden ist.[34]

Lyon ist im 2. Jahrhundert nicht nur ein Handelsplatz für Getreide, Wein und Holz, sondern auch eines der größten Produktionszentren des Reiches, und viele seiner Artikel werden später sowohl in Germanien als auch in England wieder aufgefunden.[35] Inschriften, Skulpturen und Reliefs aus dem 2. Jahrhundert lassen noch ermessen, welche Rolle die Seidenarbeiterstadt, der Nabel der drei Gallien, gespielt hat.[36] Um seine Allgegenwart und seinen Herrschaftsanspruch nach außen hin sichtbar zu machen, hat das Imperium auf den Hängen von La Croix-Rousse einen riesigen Altar zu Ehren von Roma und Augustus errichtet.[37] Das Weihfest wurde alljährlich mit Spielen und Feiern festlich begangen. Diese Jahresfeiern geben sehr bald schon den Rahmen ab für das Leiden der ersten Märtyrer. Die Gallier kehrten allerdings von diesen Festen nach Hause zurück, geblendet durch die römische Machtentfaltung und die Vorteile, die deren Gegenwart für sie bedeutete. Der Wohlstand Lyons hatte eine bedeutende Gruppe von Orientalen, die aus Asien und Phrygien stammten, verlockt, sich hier anzusiedeln.[38] Die ersten Christen waren, wie ihre Landsleute auch, aus beruflichen Gründen gekommen. Alexander war Arzt und hatte sich schon frühzeitig in der Stadt niedergelassen.[39] Als etwa im Jahr 150 die Zahl der Brüder groß genug war, um eine Kirche zu begründen, schickten ihnen die Muttergemeinden Pothinus als Bischof.

Die Kirche von Lyon, die in enger Verbindung zu der Gemeinde in Vienne stand,[40] war im Jahr 177 so bedeutsam, daß sie Aufmerksamkeit erregte und die Verfolgung auslöste. In den Märtyrern, von denen wir griechische und lateinische Namen kennen, spiegelt sich das Bild der Gemeinde überhaupt, in der sich Leute aus Asien und Einheimische, Händler und wohlhabende Frauen zusammenfanden.[41] Irenäus, der nach der stürmischen Zeit auf Bischof Pothinus folgt, lenkt fortan die Gemeinden, die zwischen Rhônemündung und Rheinufer verteilt liegen.[42] Das Evangelium hat Trier und Köln auf Grund der Tatsache erreicht, daß es der Richtung des römischen Vordringens gefolgt ist, doch wissen wir nichts über diejenigen, die diese große Leistung vollbracht haben.[43]

Entlang der afrikanischen Küste erstrecken sich vom Golf von Gabes, ja sogar von der Großen Syrte[44], bis zum Atlantischen Ozean die drei römischen Provinzen: Proconsularis, Numidia und Mauretania. Karthago[45] ist »einer auf libyschem Sand ankernden Galeere« vergleichbar (G. Flaubert). Diese Stadt, die später die Meere beherrschte und zur

Gegenspielerin Roms wurde, war einst von den Phöniziern, die aus Tyrus und Sidon kamen, gegründet worden. Hoch oben über dem Golf, wo die Medjerda mündet und die beiden Mittelmeerhälften, das ionische und das tyrrhenische Meer, zusammenfließen, lag die Stadt, an der Stelle des heutigen Sidi-Bou-Saïd, von wo aus sich das Meer überwachen und die Landenge, die das Vorgebirge mit dem Festland verbindet, ohne Mühe verteidigen läßt.

Die Phönizier hatten neben ihren Handelskontoren auch ihre Gottheiten mitgebracht, gegen die sich der Gott des Alten Testaments zu wiederholten Malen erhoben hatte. So ist in Karthago dem Gott der Christen die Verehrung des bärtigen Baal-Hammon vorausgegangen, der, in ein langes Gewand gehüllt und mit einer Tiara gekrönt, von drei Sphinxen getragen wurde.[46] Tanit war ihm zugesellt: »Feist, bärtig und mit gesenkten Augen; sie schien zu lächeln und kreuzte dabei ihre Arme über dem Rund ihres dicken Bauches, dem die Küsse der Menge zu Glanz verholfen hatten.«

Im Tophet von Karthago und Hadrumetum opferte man dem Baal-Hammon und der Tanit kleine Kinder, deren Grabstelen, im Bardo-Museum, uns noch heute erschaudern lassen. Mit Verboten waren die Kaiser diesen barbarischen Ritualen nicht beigekommen. »Ich berufe mich als Zeugen auf Soldaten aus unserer Heimat«, berichtet Tertullian, »die dieses Gebot der römischen Prokonsuln ausgeführt haben. Es waren die eigenen Eltern, die von sich aus die Kinder darbrachten und frohen Herzens dabei ihr Gelöbnis sprachen; sie liebkosten ihre Kleinen, damit sie nicht weinten, wenn sie geopfert wurden.«[47]

Durch alle Wechselfälle der Geschichte hindurch bewahrte sich Karthago seine Verbindungen mit dem Osten, und das war möglich dank der Schiffe, die in seinen Hafen einliefen. Scipio hatte die Stadt bis auf den Grund zerstört; ihr Erdboden wurde mit einem Fluch belegt und eingeebnet, und es kamen die Hirten und führten ihre Herden über die Trümmer dieser so stolzen Stadt. Die Gracchen und später Cäsar bewiesen Wirklichkeitssinn und ließen Karthago wiedererstehen, dem dann Augustus seinen früheren Glanz zurückverlieh. Wie zuvor die Numider schöpfte Rom die reichen Ackerflächen Karthagos für den Getreideanbau voll aus. Seit dem Beginn des 2. Jahrhunderts erweitern die Antonine das Straßennetz und entfalten eine Bautätigkeit, von der die Ruinen des Aquädukts, die Thermen und das Amphitheater noch Zeugnis ablegen; ihre Bauwerke sind von so unvergleichlicher Schönheit, daß wir aufgrund der Spuren, die sie hinterlassen haben, heute noch ihre Ausmaße und ihre Pracht ermessen können.[48]

Zu dem Zeitpunkt, da das Christentum dorthin gelangt, ist Karthago –
was die geographische Situation, die Verwaltung, die kulturellen
Belange und den Handel betrifft – das Zentrum eines gleichsam jenseits
des Meeres gelegenen Italien; wie Alexandria, mit dem es konkurriert,
ist es ein Kornspeicher Roms, und seine dem Meer zugewandte Lage
läßt es zum Inbegriff der Gastlichkeit werden.[49] »Alles dort atmet
Wohlstand«, heißt es bei dem Afrikaner Apulejus.[50] Dies ist die Zeit des
großen wirtschaftlichen Aufschwungs, der aus dem Öl- und Getreideanbau resultiert. Mit dem militärischen Ausbau des Landes geht die
Ausbeute des Bodens einher, die, wie es scheint, mit dem Ziel betrieben
wird, seine Qualität bis in die Steppengebiete und ins Bergland hinein
voll auszunutzen.[51]

Kein Text, kein historischer Überrest, keine literarische Andeutung
erinnert an die Anfänge des Christentums.[52] Tertullian, der doch
diesem Geschehen noch nahe ist, spricht niemals darüber. Augustin
läßt es im 4. Jahrhundert dabei bewenden, wiederholt zu versichern,
daß das Evangelium, wie schon der Gründer der Stadt, aus dem
Osten kam.[53] Es gibt zahlreiche architektonische und liturgische Ver-
bindungslinien zwischen der orientalischen und der afrikanischen
Kirche.[54] Tertullian, der ebensogut eine Gestalt der griechischen wie
der lateinischen Literatur hätte sein können, wird, kaum daß etwas
von ihm erschienen ist, übersetzt.[55] Der Einfluß des Ostens auf
die afrikanische Liturgie berechtigt dazu, auf ein Abhängigkeitsver-
hältnis zu schließen. Die religiöse Architektur Afrikas verrät eine
unbestreitbare Verwandtschaft mit der des Ostens, vornehmlich mit
der Syriens.[56]

In Karthago müssen die ersten Übertritte zum Christentum wie in Rom
innerhalb der jüdischen Kolonien stattgefunden haben; diese spielten in
den Häfen entlang der Küste eine bedeutende Rolle und waren durch
Flüchtlinge, die der Sieg des Titus aus Jerusalem vertrieben hatte,
sicherlich zahlenmäßig noch angewachsen.[57] In der Nekropole von
Gamarth nördlich von Karthago ebenso wie in Hadrumetum (dem heutigen Sousse) finden sich jüdische und christliche Gräber nebeneinander.[58] Aber die beiden Religionen unterhielten nicht lange gute Beziehungen; wie im übrigen Imperium begannen sie schon bald, gegeneinander zu arbeiten. Zur Zeit Tertullians ist der Bruch schon vollzogen.[59]
Der Autor des *Apologeticum* bewahrt noch die Erinnerung an die Zeit,
da das Christentum ›im Schatten‹ des Judentums lebte. Der Zustand der
Trennung hindert ihn nicht, an diese vorübergehend engen Verbindungen zu erinnern.

Das Evangelium landete also eines Tages mit irgendeinem Küstenschiff, das aus Palästina, Ägypten oder Syrien kam, es sei denn, es wäre auf dem Landweg durch Ägypten und Libyen nach Karthago gelangt. Ein paar ausgewanderte Juden und die Hafenarbeiter, die die Waren aus dem Osten entluden, kamen als erste damit in Berührung. Man kann sich die erste christliche Gemeinde nicht bunt genug zusammengewürfelt vorstellen, mit ihren emigrierten Juden, ihren unterstützungsbedürftigen Einheimischen, ihren gewerbetreibenden Griechen und später noch ein paar gebildeten oder auch ungebildeten Römern. Wie in Korinth waren die Armen und Niedrigsten aus der Mischbevölkerung in der Mehrzahl. Ihr lebhaftes Temperament, dessen Leidenschaftlichkeit sich bis zur Verzückung steigern kann, findet in dem Eifer und der Unruhe, die der Orient in religiöser Beziehung an sich hat, ein wesensverwandtes Element. Für all das, was ihre Arbeit oder ihr Handelsgeschäft erforderte, sprachen sie ausreichend griechisch, punisch oder berberisch. Die Kaufmannschaft und das Bürgertum bevorzugten die punische Sprache,[60] besonders in den Küstenstädten. Noch Augustin muß lateinische Wörter, die für einen Teil seines Publikums unverständlich waren, ins Punische übersetzen.

Unter den romanisierten Bevölkerungsgruppen im Landesinneren breitet sich das Evangelium wie ein Lauffeuer aus, von Mund zu Mund und von Ort zu Ort. Diese Ausweitung fällt zeitlich mit der Urbanisierung der afrikanischen Provinz zusammen. In der Mitte des 2. Jahrhunderts erreicht sie auch die kleineren Ortschaften und entlegene Dörfer.

Auch die gegenüber äußeren Einflüssen und historischen Erosionsprozessen resistenten gätulischen Stammesgruppen sind – da sie aus den Hochebenen zu Handels- und Tauschgeschäften und bisweilen auch Räuberei hinabstiegen –, wie Tertullian versichert, vor Ende des Jahrhunderts mit dem Evangelium in Berührung gekommen.[61] Zweifellos läßt sich diese rasche Progression, die alle Gesellschaftsschichten erfaßt, aus dem für Afrika charakteristischen Geist der Toleranz erklären. Zur Zeit Mark Aurels sind die Christen, wie in Lyon, so zahlreich, daß sie Aufmerksamkeit erregen und Mißtrauen hervorrufen. Schon im Jahr 180 stellt eine Verfolgung die junge Kirche auf die Probe. Die Nachstellungen, die gewöhnlich auf Denunziationen aus dem Volk hin erfolgten, richteten sich vor allem gegen die kleinen Leute. Unter ihnen ist das eine Form, miteinander abzurechnen. Es ist immerhin erstaunlich, daß Tertullian niemals belästigt worden ist. Seine Gestalt erfüllte die Römer mit Achtung und die Afrikaner mit Bewunderung.

In dem Augenblick, wo die ersten Märtyrer die Kraft der jungen afrikanischen Kirche unter Beweis stellen, nehmen wir überrascht zur Kenntnis, wie tief ins Land das Evangelium eingedrungen ist, über die Küstenstädte hinaus bis zu den Vorgebirgen des Tell und zur Wüste.

Es ist ein großes Glück, daß wir das Dokument besitzen, das von dem Tod der ersten Märtyrer von Scili berichtet. Es ist der erste lateinisch geschriebene christliche Text und zugleich das erste erhaltene Zeugnis von der Kirche in Afrika.[62] Im Jahre 180 sind zwölf Christen, fünf Frauen und sieben Männer aus der Landbevölkerung, angezeigt, verhaftet und dann, am 17. Juli, in Karthago enthauptet worden; sie stammten aus einer ziemlich unbedeutenden Ortschaft – jedenfalls ist es bis jetzt nicht gelungen, ihre Identität und ihre Lage festzustellen. Das Evangelium ist also weit hinaus über Städte wie Karthago, Madaurus, möglicherweise Cirta, Lambaesis und Hadrumetum verbreitet, dergestalt, daß die Landgebiete zum Christentum bekehrt sind und die Rührigkeit der dortigen Christen die Verfolgung auslöst. Die zwölf Märtyrer sind Landbewohner, das heißt Leute mit kleinem Grundbesitz oder Pächter eines Pachtguts oder Mitpächter einer Pachtgesellschaft, vielleicht auch Saisonarbeiter.[63] Ihre Namen sind gerade erst romanisiert worden. Sie werden nach Karthago gebracht, um dort zu sterben. Afrika bewahrt allen seinen Märtyrern ein treues und stolzes Andenken und begeht feierlich ihre Jahrestage. Augustin hat uns zwei Gebete für das Fest der Märtyrer von Scili hinterlassen.[64]

Unter Mark Aurel zieht die festgefügte Gemeinde von Karthago einen glänzenden Advokaten an, mit Namen Quintus Septimus Florens Tertullianus, dessen Vater römischer Zenturio war. Das Imperium pflegte seine untergeordneten zivilen und militärischen Beamten an Ort und Stelle anzuwerben, während die (italische) Halbinsel die höheren Amtsträger stellte.[65]

Zu diesem Zeitpunkt verfügte die christliche Gemeinde über Versammlungsstätten und Friedhöfe. Tertullian spricht nicht ohne Nachdruck von »Tausenden von Menschen jeglichen Geschlechts, jeglichen Alters und jeglicher Stellung«[66]. Er versichert sogar, daß »in jeder Stadt mehr als die Hälfte der Einwohner Christen sind«. Etwas hochmütig fügt er hinzu, daß »die Städte leer wären«, wenn sich die Christen daraus zurückzögen.[67] Schon im Jahr 197 schreibt der Autor des *Apologeticum*: »Gestern sind wir erschienen, und schon haben wir alles, was euer ist, überflutet, Städte und Inseln, Garnisonen, Gemeinden, Ortschaften, ja Heerlager, Stadtbezirke und Dekurien, Palast, Senat und Forum; gelassen haben wir euch einzig und allein die Tempel.«[68]

Wie stark auch immer die Rolle der Rhetorik dabei sein mag, so muß man doch bedenken, daß sich auf dem Konzil von Afrika, das wahrscheinlich gegen 220 oder noch früher von Agrippinus einberufen wurde, siebzig Bischöfe versammelt haben. In einem Gegenstoß trägt das romanisierte Afrika am Ende des 2. Jahrhunderts den Sieg über seinen Besieger davon: Viktor, der Bischof von Rom, und der Kaiser Septimius Severus stammen beide aus Afrika.

Alexandria war mit etwa einer Million Einwohnern die zweite Weltstadt des Imperiums und mit seinen bedeutenden Kontoren und Geschäftsverbindungen das wichtigste Handelszentrum des Reiches. Die Zweiteilung des Hafens in einen Innen- und einen Außenhafen, die die Verbindung herstellten zwischen Arabien und dem fernen Indien einerseits und den Mittelmeerländern andererseits, machte Alexandria zu einem Knotenpunkt zweier Welten. Elfenbein aus Afrika, Gummi und Gewürze aus Arabien, Baumwolle und Seidenstoffe aus Indien passierten Alexandria. Mit dem westlichen Asien war die große Metropole über den Land- und den Wasserweg verbunden. Die Straße führte über Pelusium, Ostrakina, Raphia, Askalon und Gaza, dessen strategische Bedeutung sich bis hin zum israelischen Sechstagekrieg immer wieder gezeigt hat. Viele Reisende, die von Judäa und Syrien unterwegs nach Rom waren, schifften sich in Alexandria mit irgendeinem Getreidetransport ein. Ägypten lieferte damals 20 Millionen Scheffel Getreide für das Reich, das war ein Drittel seines Gesamtverbrauchs.[69] Die kombinierten Fracht- und Passagierschiffe konnten bis zu sechshundert Reisende an Bord nehmen.[70]

Die Bevölkerung Alexandrias war damals genauso bunt gemischt wie heutzutage. Händler, Reisende aus Rom und Leute, die aus Geschäftsgründen oder zur Teilnahme an philosophischen oder medizinischen Lehrveranstaltungen aus den westlichen Provinzen angereist waren, fanden sich hier von Griechen, Syrern und Arabern umgeben. Der Ausländer, der die Stadt durch das sogenannte Sonnentor betrat, war geblendet von der Pracht der Straßen, an denen beidseitig Säulenreihen den Weg bis zum Mondtor säumten.

Juden gab es dort so viele wie heute in New York. Ihr Reichtum – und angeblich ihre Wucherpraktik – löste zahlreiche, von Jahrhundert zu Jahrhundert immer wieder aufflammende Unruhen aus, an denen sich noch im 5. Jahrhundert Bischof Kyrill tatkräftig beteiligen wird. Zu der Zeit, da die Verkündigung des Evangeliums dort einsetzt, leben sie in blühendem Wohlstand und bevölkern zwei Stadtteile, darunter vor allem das Deltaviertel.[71] Dank der Pilgerfahrten nach Jerusalem sind ihre Beziehungen zu Palästina vielfältig. Einige von ihnen könnten sich unter den Widersachern des Stephanus befunden haben.[72]

Es ist anzunehmen, daß die ersten Anhänger der christlichen Religion aus dem Kreis der jüdischen Gemeinde kamen. Alexandria ist eine allen Einflüssen gegenüber offene und in jeder Hinsicht wissensdurstige Stadt, dabei ein Schmelztiegel der Rassen und Religionen, in dem sich mit dem Skeptizismus und dem Synkretismus Unstetigkeit und Unruhe verbanden; daher muß es wohl den ersten Verkündigern des Evangeliums genau so einen Empfang bereitet haben wie kurz darauf für Valentin und Karpokrates mit ihren Phantastereien und für den Marcionschüler Apelles, die dann sehr bald nach Rom und Lyon weiterziehen, wo Irenäus sie unverzüglich bekämpft.[73] Diese Dissidenten setzen die Großkirche voraus.

Wann und wie ist das Evangelium von Christus nach Ägypten gekommen? Da Zeugnisse fehlen, ist es schwierig, dieses Problem zu klären und Wahrheit und Legende voneinander zu scheiden. Der Historiker Eusebius überliefert ohne besonderen Nachdruck eine Tradition, die es sich zur Ehre anrechnet, daß der Evangelist Markus nach Alexandria gekommen sei.[74] Durch denselben Autor ist uns außerdem die Liste der zehn ersten Bischöfe erhalten.[75] Mit ihrer Hilfe kann man bis in die Anfangszeiten zurückgehen, beginnend bei Demetrius, der die Gemeinde im Jahr 189 leitete. Doch bleiben die Namen für uns bedeutungslos, weil kein historischer Fund und kein schriftliches Zeugnis hinzukommt, die sie für uns lebendig machen.

Es ist durchaus denkbar, daß Apollos, von dem im 1. Korintherbrief die Rede ist, sich in Ägypten zum Christentum bekehrt hat, das nach Aussage eines besonders zuverlässigen Textzeugen[76] sein Heimatland war. Die ersten sicheren Spuren stellen für uns Evangeliumsfragmente dar, die bis zum Anfang des 2. Jahrhunderts zurückführen.[77] Die ältesten christlichen Papyri, die wir haben, sind griechisch geschrieben. Die Bibelübersetzungen (angefangen beim Neuen Testament und den Psalmen) ins Koptische, die wahrscheinlich in Hermopolis Magna angefertigt worden sind, erscheinen im 3. Jahrhundert und bezeugen, daß das Evangelium nunmehr ins Landesinnere vorgedrungen ist, und zwar 400 Kilometer weit nilaufwärts. Hermopolis ist dort der Hauptort, was vielleicht erklärt, daß die Heilige Familie während der Verfolgung durch Herodes von der Legende dahin geführt wird.[78] Spätestens im Jahr 250 gibt es dort einen Bischof mit Namen Kolon.[79]

In Alexandria, wo Philosophie und Kultur von jeher besonders gediehen, erfährt das Christentum schnell eine geistige Wendung, die eines

Tages zum Stolz der Stadt werden wird; bedeutende Namen folgen hier aufeinander: Klemens, Origenes, Dionysius, Athanasius, Arius und Kyrill. Seit dem Ende des 2. Jahrhunderts kann man von einer alexandrinischen ›Schule‹ sprechen. Wenn es gelänge, die alexandrinische Herkunft des Hebräerbriefes zu erweisen, dann besäßen wir darin ein erstes Zeugnis von der geistigen Lebendigkeit dieser Gemeinde.[80] Im sogenannten Barnabasbrief, der im 2. Jahrhundert in gebildeten jüdisch-christlichen Kreisen verfaßt worden ist, mischen sich verschiedene Einflüsse, wobei das besondere Gewicht Philons, des großen alexandrinischen Juden, nicht zu leugnen ist; von daher könnte dieser Brief durchaus in Alexandria entstanden sein, wodurch sich auch die hohe Wertschätzung des Briefes bei allen Theologen dieser Stadt bis zu einem gewissen Grad erklären ließe.

Um das Jahr 180 herum läßt sich Pantänus, der vermutlich aus Sizilien stammt,[81] in Alexandria nieder, nach langen Reisen, die ihn, nach Auskunft des Eusebius, bis nach Indien geführt haben.[82] In seiner Persönlichkeit, die wir nur zu gern genauer kennten, verbindet sich die Leidenschaftlichkeit des Verkündigers mit der Besonnenheit des Gelehrten. Er leitet die Katechumenenschule, eine Art christlicher Universität, auf der Klemens einen Lehrmeister findet und das Licht, das ihn zum Glauben führt.

Die christliche Gemeinde ist wohlgeordnet und befindet sich unter Demetrius in der Leitung eines Bischofs von großem Format. Dieser scheint den intellektuellen Anspruch der Verkündigung erfaßt und gefördert zu haben, selbst auf die Gefahr hin, sich darüber mit seinen brillantesten Theologen zu überwerfen. Seither gleicht Alexandria einem Leitstern, dessen Licht nach Osten und Westen, besonders aber nach Rom hin strahlt. Eusebius erwähnt enge Beziehungen, die die ägyptische Gemeinde mit den Brüdern in Palästina verbinden, so daß sie gemeinsam im Glauben am selben Tag das Osterfest feiern.[83]

Bischof Demetrius scheint die drei ersten Bischöfe geweiht zu haben, die die Leitung der drei Gemeinden in den bereits hellenisierten ägyptischen Städten Antinoë, Naukratis und Ptolemaïs übernommen haben müssen.[84] Zwanzig weitere Kirchen werden seinem Nachfolger Heraklas zugeschrieben. Wenn man Eusebius glaubt, erlitten im Jahre 202 Christen aus Ägypten und der gesamten Thebaïs, dem südlichen Teil des Landes, in Alexandria das Martyrium, was den Rückschluß zuläßt, daß sich das Christentum im Laufe des 2. Jahrhunderts im Niltal ausgebreitet hat.[85]

Ferner sei hingewiesen auf die Ausbreitung des Christentums im östlichen Asien, wo dieses an das Land von Euphrat und Tigris (den heutigen Irak) grenzt. Zwischen den beiden Strömen war Edessa (an der Stelle der türkischen Stadt Urfa) die Hauptstadt des kleinen, zwischen Rom und den Parthern eingezwängten unabhängigen Staates Osroëne.[86] Seine geographische Lage ließ es zu einem bedeutenden Handelsplatz für die Karawanen aus dem Osten werden, und damit war Edessa den Einflüssen und Übergriffen aus Ost und West gleichermaßen ausgesetzt. Die Nähe zu Haran, dem einstigen Aufenthaltsort des Abraham, steigerte sein Ansehen noch mehr.

Trajan besiegte Osroëne im Jahre 114; das ist der Zeitpunkt, der uns interessiert. Das Land erhielt seine Unabhängigkeit um den Preis seiner Unterwerfung unter Roms Führung zurück. Von alters her hatte der Seidenhandel unzählige Juden dorthin gezogen, die möglicherweise der Verkündigung des Evangeliums den Weg gebahnt haben. Einige sind dabei, die in Jerusalem Zeugen des Pfingstgeschehens und der ersten Predigt des Petrus gewesen sind.[87] Addai, der mutmaßliche Apostel des Landes, war wahrscheinlich jüdischer Abstammung.[88] Eusebius erwähnt eine Legende, nach der König Abgar mit Christus korrespondiert haben soll, woraufhin der Apostel Thaddäus zur Verkündigung der Heilslehre ins Land gekommen sei.[89]

Alle antiken Historiker schreiben Thomas die Missionierung der Parther und Perser zu,[90] wie es schon von Origenes bezeugt ist.[91] Seit dem 3. Jahrhundert wird das Grab dieses Apostels in Edessa verehrt.[92] An diese vielleicht selbst schon legendäre Tradition knüpft eine andere an, die sich gar nicht schlecht damit verträgt: danach soll derselbe Apostel Indien missioniert[93] und dabei König Gundaphar zum Christentum bekehrt haben; nach seinem Märtyrertod soll er seine erste Begräbnisstätte in Mailapur (einem Vorort von Madras) gefunden haben. Es ist auf jeden Fall wahrscheinlich, daß die Thomasakten zu Beginn des 3. Jahrhunderts in Edessa auf syrisch abgefaßt worden sind. Die gnostischen Sekten jener Zeit haben den Apostel Thomas zu einer Art mythischer Gestalt gemacht, die um die vom Erlösergott ausgegangenen Offenbarungen weiß. Handele es sich hierbei nun um historische Tradition oder Legende, wenigstens zeichnet die angebliche Reiseroute des Apostels den Weg nach, den das Evangelium schon ziemlich früh zurückgelegt haben muß, um bis zum Königreich Indien zu gelangen.

Mit Sicherheit ist Edessa am Ende des 2. Jahrhunderts bereits missioniert und besitzt ein Kirchengebäude, das wohl so ähnlich ausgesehen hat wie das von Dura.[94] Im Verlaufe des Osterstreits, etwa um 190, nehmen »Bischöfe aus Osroëne und den Städten des Landes«[95] dazu Stellung und intervenieren in Rom. Uns ist sogar der Name des Bischofs Palut überliefert, der von Serapion von Antiochia ordiniert worden ist.[96] Aggai, der ihn offenbar abgelöst hat, starb als Märtyrer.[97]

Auf jeden Fall ist das Christentum am Ausgang des 2. Jahrhunderts im Lande stark verbreitet, und etliche Gemeinden sind entstanden.[98] Wenn es stimmt, daß König Abgar IX. (179–214), ein Zeitgenosse von Septimius Severus, zum Christentum übergetreten ist, dann hätte das ferne Osroëne der Kirche das erste christliche Herrscherhaus beschert und viel zur Verbreitung des Evangeliums beigetragen.

Zwei weitere Persönlichkeiten bezeugen die Kraft der neuen Religion in Mesopotamien: Tatian und Bardesanes. Die literarische Bedeutung des einen wie des anderen zeigt, daß das Evangelium nunmehr den Gelehrten und Philosophen bis zu den Ufern des Tigris nicht ohne Wirkung gepredigt wird. In der *Rede an die Griechen* bekennt Tatian selbst: »Ich bin im Lande der Assyrer geboren und wurde zunächst in euren Lehrmeinungen unterwiesen. Später habe ich mich dann bekehrt und bin in den Unterricht eingeführt worden, den ich jetzt erteile.«[99]

Die Geburtsstätte Tatians ist östlich des Tigris zu suchen. Seine Eltern haben wahrscheinlich syrisch gesprochen. Von den Grenzen der zivilisierten Welt hat ihn der Bildungshunger, wie so viele andere, durch Griechenland bis nach Rom geführt, wo er zum Christentum übertrat und Schüler Justins des Philosophen wurde, der dort Unterricht hielt. Nach dem Tod seines Lehrers schrieb er seine *Rede an die Griechen*; er übernahm die strengen Lehrsätze der gnostischen Sekten und kehrte in seine Heimat zurück, wo er eine »Harmonie der vier Evangelien«, das *Diatessaron*, verfaßte, das über lange Zeit in der syrischen Kirche benutzt wurde; ein Fragment davon hat man 1933 in Dura-Europos am Euphrat gefunden.

Der andere Schriftsteller aus Edessa war der 156 geborene und von Kindheit an mit König Abgar IX. befreundete Bardesanes, der als einer der ersten liturgische Hymnen in syrischer Sprache dichterisch gestaltete. Es scheint, als habe er an jener Stelle, wo Kulturen und Völker aufeinandertreffen, eine Synthese zwischen christlichem Gebot und wissenschaftlicher Lehre versuchen wollen.[100] Am Ende des 2. Jahrhunderts erscheint Edessa als ein Brennpunkt von ungeheurer literarischer und intellektueller Intensität, in dem sich das Syrische als Sprache für das Christentum zurechtgeschliffen hat; so wurde Edessa zum Ausgangspunkt für die weitere Verbreitung des Christentums in den Osten Asiens, nach Armenien und Persien.

Knapp zwei Jahrhunderte sollten für die geistlichen Erben des »neuen Israel«, von dem Paulus spricht, ausreichen, um in das Land ihres Erzvaters das Licht des Evangeliums zu bringen, dessen Verheißung einst Abraham beben ließ.

Zweites Kapitel
Mittel und Wege der Ausbreitung

»Roms Präsenz hat der Welt die Einheit gebracht. Alle Menschen müssen dankbar anerkennen, welchen Dienst Rom der Menschheit dadurch geleistet hat, daß es ihre Beziehungen untereinander erleichterte und ihnen gestattete, sich gemeinsam der Wohltaten des Friedens zu erfreuen.«[1] Tatsächlich schöpft das Imperium Romanum im 2. Jahrhundert seinen Sieg voll aus und erlebt einen nie dagewesenen Wohlstand. Die Pax Romana ist kein Mythos: den Christen jener Zeit erscheint sie als Geschenk des Himmels, und Aristides verkündet in seiner berühmten Rom-Rede: »Das gesamte Universum ist nur mehr eine einzige Stadt.« Land und Meer sind sicher, die Städte voll Ruhe und Gedeihen, Berge und Täler bestellt, und die Meere werden von Schiffen durchquert, die mit den Erzeugnissen des ganzen Erdkreises beladen sind.[2] Man konnte von Ost nach West,[3] von Rhein und Rhône zu Euphrat und Tigris reisen, ohne das römische Territorium zu verlassen.

Christen und Heiden der damaligen Zeit rühmen die von Augustus bis Mark Aurel während Friedensära, die den Aufbau und die Nutzung der besiegten Gebiete begünstigt, den Aufschwung von Gewerbe und Landwirtschaft sowie den Handel und die Vermögensbildung fördert, und die zugleich den kulturellen und religiösen Austausch ermöglicht, in dessen Verlauf nun der Orient dem Sieger als Gegenleistung seine Sprache, seine Kunst und seine Religion nahebringt.

Rom hatte durch die Säuberung des Landes von Räubern und des Meeres von Piraten mit dem Frieden auch Sicherheit gebracht. Für den, der die Grenzen des Reiches überschritt, war der Unterschied gewaltig. Dion Chrysostomos hat das am eigenen Leibe erfahren, als er zur Zeit Trajans Thrakien (Bulgarien) und Rußland bereiste.

Die Reisen

Das Phänomen des umherziehenden mediterranen Menschen, von dem Fernand Braudel für die Zeit Philipps II. spricht,[4] gab es bereits unter den römischen Kaisern. Von jeher hatte der Mittelmeeranwohner Ge-

schmack am Abenteuer. Von der Antike bis auf den heutigen Tag hat
sich nicht so sehr die Reiselust als vielmehr der Reiserhythmus gewandelt.

Das Straßennetz, mit dem das gesamte Imperium überzogen war, um
die römischen Legionen von einer Stelle zur anderen verlegen zu können, hat schließlich auch wieder Austausch und Handel gefördert. Die
Hauptverkehrsadern wurden weiterhin militärisch geschützt. Alle Straßen zu Wasser und zu Land führten nach Rom, der Hauptstadt und dem
Zentrum des Reiches wie der Welt. Man muß sich hüten, einen Beweis
für die geistliche Vormachtstellung Roms etwa darin zu erblicken, daß
ein Christ auf der Durchreise in Rom Station machte: Er mußte notge-
drungen über Rom reisen, wie beispielsweise Irenäus, der nach Lyon
unterwegs ist.

Von Rom aus konnte man auf dem Landweg bis zur Spitze der Bretagne
reisen, bis zur Mündung von Rhein oder Donau, bis nach Athen und
Byzanz, und jenseits des Bosporus konnte man seine Reise durch Kleinasien bis nach Ninive fortsetzen. Eine römische Straße an der afrikanischen Küste entlang verband den Nil mit dem Atlantik. In Alexandria
traf sie auf die Straße nach Asien.[5] Im Reich bestimmt durchweg die
Straßensituation die Situation der Menschen. Die Geschichte der Straße
ist zugleich die Geschichte des betreffenden Gebietes. Wenn der Handel blüht, wird die Straße modernisiert, wo nicht, verfällt sie. Die Straßen haben Städte entstehen lassen und begünstigen den Austausch.

Für den Reisenden gibt es Straßenkarten, auf denen die Halte- oder
Raststätten, die Entfernungen und die Übernachtungsmöglichkeiten
angegeben sind. In Vicarello in der Nähe des Bracciano-Sees in Italien,
einem Ort, der wegen seines Wassers häufig aufgesucht wurde, fand
man bei Ausgrabungen drei silberne Becher in der Form von Meilensäu-
len mit dem kompletten Itinerarium von Gades (Cádiz) bis Rom. Sie
stammen von Spaniern, die zur Kur gekommen waren.[6] Es gibt noch
einen zweiten Reiseführer, das Itinerarium des Antoninus, das aus der
Zeit des Diokletian stammt.

Die wichtigste römische Verkehrsstraße war das Mittelmeer. Es
bespülte alle Provinzen, vom Osten bis zum Westen, vereinte sie,
rückte sie näher zusammen und begünstigte Austausch und Begegnung.
Die Überlegung eines Historikers trifft also zu: »Das Mittelmeer – das
sind Straßen.«[7] Straßen, die das Festland mit den Inseln und die Inseln
mit dem Festland verbinden, Asien mit Griechenland und Ägypten mit
Afrika und Italien. Wasserstraßen bringen Hafenstädte hervor und fördern die Schiffahrt. Die Schiffe finden dort Versorgungsnachschub und

Sicherheit – und während der Winterzeit, wenn keine Reisen möglich sind, einen Hafen zum Verweilen.

Insofern ist es keineswegs erstaunlich, daß eine so häufig angelaufene Insel wie Zypern sehr früh christlich geworden ist.[8] Das gleiche gilt für Kreta: Dank der Schiffe, die aus Syrien oder Asien kamen und hier überwinterten, wurde der Insel das Evangelium schon im 2. Jahrhundert gebracht. Die Christen unter den Passagieren füllten dort, wie einst Paulus, die ruhige Jahreszeit – etwa vier Wintermonate vom 10. November bis zum 10. März[9] – damit aus, das Evangelium zu verkündigen.

Im Umkreis des Mittelmeeres nehmen die Hafenstädte einen lebenswichtigen Platz ein. Wie die größten Stadtzentren der damaligen Zeit – Athen, Antiochia, Ephesus, Alexandria und Karthago – ist Rom eine Hafenstadt.

Die bauchigen Handelsschiffe hatten nur etwa zwanzig Ruder, die von Freigelassenen oder Freien betätigt wurden und dazu dienten, das Schiff im Wind zu drehen, niemals aber, es voranzubringen.[10] Das römische Schiff lag ohne Deck flach auf dem Wasser; es war mit Gängen oder Gangborden versehen[11] und manchmal mit behelfsmäßigen Unterstellmöglichkeiten an Bug oder Heck. In der Regel finden Hunderte von Reisenden darauf nur ungeschützt Platz.

Auf dem Mittelmeer wird häufig nachts, wenn der Wind sich erhebt, im Licht der Gestirne gesegelt,[12] und zwar an der Westküste Italiens von Puteoli nach Ostia, aber auch an den griechischen Küsten. Mangels Steuer lenkt der Steuermann das Schiff mit einem einfachen Ruder;[13] er meidet das offene Meer und fährt in Sichtweite der Küste.

Die »Isis«, ein großer Getreidefrachter, der zur Zeit des Antoninus zwischen Alexandria und Rom verkehrte, konnte 1146 Tonnen Getreide laden, mehr als eine Fregatte des 18. Jahrhunderts.[14] Das Schiff des Paulus transportierte 276 Passagiere. Der Historiker Flavius Josephus schiffte sich als einer von 600 Passagieren nach Rom ein.[15] Es entsteht eine kosmopolitische Bevölkerungsmischung, wo sich Syrer und Asiaten, Ägypter und Griechen, Sänger und Philosophen, Händler und Pilger, Soldaten, Sklaven und einfache Reisende zusammenfinden. Alle Glaubensrichtungen, alle Kulte und alle Priesterschaften kommen hier miteinander in Berührung. Welch eine willkommene Gelegenheit für einen Christen, das Evangelium zu verkünden, wie es einst Paulus, das Urbild eines reisenden Christen, getan hatte.

Die Schiffe waren durchaus genauso schnell wie zu Beginn des vorigen Jahrhunderts, als Chateaubriand fünfzig Tage brauchte, um von Alexandria nach Tunis zu reisen, und Lamartine zwölf von Marseille bis Malta.[16] Die Geschwindigkeit war vom Wind abhängig: war er günstig, benötigte man von Korinth nach Puteoli fünf Tage,[17] von Neapel nach Alexandria zwölf,[18] von Narbonne nach Afrika fünf.[19] Cato war von Rom nach Afrika weniger als drei Tage unterwegs.[20] Bei dieser Geschwindigkeit wäre er in achtzehn Tagen von Liverpool nach New York gekommen, während Benjamin Franklin 1775 dafür zweiundvierzig Tage gebraucht hat. Einem Papyrus zufolge hat eine Überfahrt von Alexandria nach Rom fünfundvierzig Tage gedauert. Alles hing von den Witterungsbedingungen und der Zahl der Anlegeplätze ab. Davon gab es auf der Strecke Alexandria – Rom ganze sechsunddreißig, zwischen Alexandria und Cäsarea sechzehn.[21] Cicero schifft sich auf der Rückreise von Asien nach Rom an einem 1. Oktober in Ephesus ein und kommt, nach zweimonatiger Reise, am 29. November in der ewigen Stadt an.[22] Sicherlich war die vorgerückte Jahreszeit keineswegs günstig. Man muß die Rekordgeschwindigkeiten, die Plinius angibt,[23] wahrscheinlich der neuen Erfindung des Toppsegels zuschreiben. Das Leinen, aus dem man das Segel fertigte, hat die Entfernungen und die Länder zusammenrücken lassen.

Kurze Landgänge an den einfachen Anlegeplätzen wie die langen Überwinterungsaufenthalte gaben den Reisenden Gelegenheit, ihre Landsleute in der Hafenstadt aufzusuchen und neue Bekanntschaften anzuknüpfen. Das gesellige Temperament des Orientalen, häufig durch Handel oder Gewerbe noch gefördert, und der weltweite Gebrauch der griechischen Sprache, die von Alexandria bis nach Lyon in allen Hafenstädten verstanden wurde, begünstigten die Ausbreitung des Evangeliums.

Das gemeinschaftliche Leben und bisweilen die gemeinsame Gefährdung lassen auf einem Schiff ein Zusammengehörigkeitsgefühl und ursprüngliche Bindungen entstehen, die die Menschen auf natürliche Weise einander nahebringen. Die Reise des Paulus nach Rom zeigt, daß Schiffbruch zur damaligen Zeit häufiger vorkam als heute eine Eisenbahnentgleisung.

Das Reisen auf der Landstraße war weniger bequem und oft weniger schnell, abseits der großen Verkehrsadern und in den gebirgigen Gegenden auch weniger sicher. Manche Gebiete, wie Sardinien und Korsika, waren berüchtigt wegen ihrer Räuberbanden.[24] Die Anspruchslosesten reisten zu Fuß, mit aufgeschürztem Gewand und einem Minimum an Gepäck, nur mit einem Umhang zum Schutz gegen den Regen; andere waren auf dem Rücken eines Maultiers unterwegs oder zu

Pferde. Der Fußgänger legte Tagesstrecken von dreißig Kilometern zurück.[25]

Der mit zwei Pferden bespannte Wagen war das bequemste Transportmittel. Da es keinen Halfter gab, verlor die tierische Zugkraft an Wirkung.[26] Der schwere vierrädrige Wagen gallischen Ursprungs, der von acht bis zehn Pferden oder Maultieren gezogen wurde, beförderte eine Vielzahl von Reisenden und Gepäck.[27] Die kaiserlichen Bestimmungen beschränkten die Last bei der Personenbeförderung auf 200 bis 350 Kilo und bei den Schwertransporten auf maximal 500 Kilo. In allen Raststätten fand man Maultiere oder Lasttiere vor und Wagenvermieter, die in Korporationen zusammengeschlossen waren.

Die Reisenden

Mehr als zu irgendeinem anderen Zeitpunkt der Geschichte beruhte damals das gesamte Handelsleben auf der Reise: läßt uns doch eine Inschrift wissen, daß ein Geschäftsmann aus Hierapolis in Phrygien, der Stadt des Papias, zweiundsiebzigmal nach Rom gekommen ist[28] – eine eindrucksvolle Leistung, selbst für den, der heutzutage das Flugzeug benutzen kann!

Wohlstand und Frieden erweckten, indem sie den Austausch ermöglichten, auch die Gelüste. Das Imperium des 2. Jahrhunderts entfaltete einen Luxus und ein Raffinement in der Auswahl von Stoffen und Materialien, die den industriellen Aufschwung und den ungeheuren Umlauf von Gütern und Menschen rechtfertigen; dem ist, als eigentliche Grundlage für immer zahlreichere und intensivere Handelsbeziehungen, noch der Gebrauch einer gemeinsamen Währung hinzuzufügen.

Bis nach Belgien hinauf ist man auf schwarzen, vom Golf von Suez stammenden Basalt gestoßen.[29] Purpur kam aus Syrien, Wachs vom Schwarzen Meer, die Austern aus Ephesus, die Trüffel aus Mytilene (Kleinasien), Öl und Wein von den Rhôneufern, Gänse aus Boulogne-sur-Mer, es sei denn, man bevorzugte die vom Pontus.[30] Rom war unersättlich und erfand Bedürfnisse, die den Privilegierten darum erstrebenswert schienen, weil sie ausgefallen und kostspielig waren.

Die Händler, und zwar vor allem die aus dem Orient, die in den wichtigsten Städten korporativ organisiert waren,[31] fanden auf ihrer Reiseroute selbstverständlich Unterkunft bei ihren Landsleuten; häufig waren dies Kleinhändler, die sie gerade belieferten und denen sie Nachrichten aus der Heimat brachten.

Wieder andere begaben sich auf Reisen, um ihre Neugier zu befriedigen oder um sich weiterzubilden. Die Studenten besuchten die Schulen oder die berühmten Lehrer von Athen, Alexandria, Rom, Marseille oder Lyon. In Athen waren die Studenten so zahlreich, daß die Reinheit der Sprache darunter litt.[32] Wißbegieriger Geist und aufgeweckter Verstand verbinden sich bei den Vornehmsten zur Suche nach Weisheit, wie es bei Justin der Fall war, bei anderen einzig zu dem mehr Vorteile versprechenden Ehrgeiz, Rhetor, Sophist, Arzt, Komödiant oder Bildhauer zu werden.[33] Für das Wissen gibt es keine Grenzen. Das Imperium gewährt allen ein Visum für die Bildung.

Die großen religiösen Feste, die Spiele von Rom und Olympia, die Mysterien von Eleusis und die medizinischen Zentren wie Pergamon ziehen die Massen und die Künstler an. Die Juden mobilisieren ganze Schiffe (das war bereits eine Art Chartersystem), um das Passahfest in Jerusalem zu feiern.[34] Andere schließlich reisen zu ihrem Vergnügen, ja es gibt sogar Pilger, die in erster Linie ›Touristen‹ sind.[35] Plinius macht eine Bemerkung, die nichts von ihrer Aktualität eingebüßt hat: »Unsere Landsleute reisen durch die ganze Welt und kennen doch ihr eigenes Land nicht.«[36]

Seit dem 2. Jahrhundert begeben sich die Christen ihrerseits auf Pilgerfahrt nach Palästina. Meliton kommt aus Kleinasien dorthin, Alexander aus Kappadokien, der heutigen Türkei, und Pionius aus Smyrna. Ein Jahrhundert später nimmt die Zahl der Pilger zu. Aetheria bricht von Bordeaux auf und durchreist den ganzen biblischen Orient. Zu unserm Glück ist ihr Reisetagebuch auf uns gekommen.[37]

Die Reise ist ein Ereignis, auch für die, die zu Hause bleiben. Verwandte und Freunde geleiten den, der aufbricht, bis zum Hafen und bleiben bei ihm bis zu dem Augenblick, da günstige Winde das Schiff aufs offene Meer hinaustreiben. Es ist dasselbe Schauspiel, das wir heutzutage auf den Flugplätzen Asiens und Afrikas vor uns haben. Wenn der Reisende Christ ist, dann begleitet ihn die Gemeinde: er ist der Bote und das lebendige Band zu den anderen Brüdern und den anderen Kirchen.

Man kann sich kaum das Bevölkerungsgewimmel auf den Schiffen und in den Häfen vorstellen, das Gedränge von Soldaten und Amtspersonen, von Fuhrwerken und Lasttieren auf den Straßen. Einige von ihnen sind Christen oder auf dem Weg, es zu werden. Nichts unterscheidet sie von den anderen Reisenden, es sei denn ein verborgenes Licht, das sie führt. Von Stadt zu Stadt haben sie ihre Beobachtungen gemacht, zugehört und schließlich das Licht des Geistes und den Frieden des Herzens gefunden, wie Justin oder Klemens, die Schüler von gestern und Lehrer von morgen.

Andere Christen, wie Hegesippus, reisen zu ihrer eigenen Information. Sie befragen in Korinth oder Rom die Gemeinden, um »mit der wahren Lehre bei den wichtigsten Kirchen« besser vertraut zu werden.[38] Kurz darauf hat der Afrikaner Julius, der in Emmaus als Abkömmling der dort von Titus angesiedelten Veteranen[39] geboren wurde, nach und nach Edessa, Rom und Alexandria aufgesucht.[40] Abercius, der Bischof von Hierapolis in Kleinasien, ist nach Rom gekommen und hat dann den Orient bis zu den Ufern des Euphrat bereist.[41]

Als Hauptstadt des Imperiums, und bald auch der Kirche, ist Rom auch die am meisten besuchte und am häufigsten angesprochene Gemeinde. Wer nach Gallien oder Spanien will, muß dort vorbei. Polykarp kommt aus Smyrna, Valentin aus Ägypten, Marcion aus Sinope am Schwarzen Meer, der Justinschüler Euelpistus aus Kappadokien und Rhodon aus Asien. Einige gelangen unfreiwillig dorthin, wie Ignatius von Antiochia und sicherlich die beiden Schüler des Justin, die als Sklaven nach Rom gebracht worden waren und mit ihm das Martyrium erlitten.[42] Der Häretiker Hermogenes verläßt den Orient, um sich in Karthago niederzulassen,[43] und Apelles begibt sich von Rom nach Alexandria.[44] Diese christliche Wanderbewegung entfaltet sich und weitet sich aus. Sie befördert Gutes und Schlechtes. Im 3. Jahrhundert reist Origenes von Alexandria und Cäsarea in Palästina nach Tyrus und Sidon, nach Bostra und Antiochia, nach Cäsarea in Kappadokien, nach Athen und nach Rom. Die antike Tugend der Gastfreundschaft wird nun auch zu einer christlichen.

Die Gasthöfe[45]

An den großen Verkehrsadern befanden sich Pferde- und Maultierwechselstationen, Unterkünfte für die Nacht und Lokale, in denen man essen und trinken konnte. Die Apostelgeschichte erwähnt die Tres Tabernae,[46] eine Raststätte an der Straße von Puteoli nach Rom, 47 Kilometer von der Stadt entfernt.

Die Raststätten boten weder den Komfort noch die Qualität der Gasthöfe, die es an den Stränden und in den Sommerfrischen gab. Innerhalb einer Stadt hatte der Reisende die Wahl. Bisweilen lauerte der Inhaber – oder seine Frau – an der Türschwelle, um das Haus anzupreisen und den

Gast zu ködern;[47] aber dieses Verfahren endete nicht immer glücklich, ganz im Gegenteil.

Aristides beklagt den Mangel an Komfort in den Gasthäusern an der Straße von Kavala nach Dyrrhachium (Durres) in Albanien.[48] Insgesamt sind die europäischen Unterkünfte primitiver als die in Asien, denn derselbe Aristides kehrt auf der Reise zwischen Smyrna und Pergamon selbstverständlich lieber in einer wegen ihres Komforts bekannten Herberge ein, als ein Haus von Freunden aufzusuchen.[49] Das Itinerarium des Antoninus erwähnt drei Gaststätten an der Straße von Dyrrhachium nach Byzanz.

Ein Großteil der Gaststätten ist mit Tiernamen beschildert: »Zum Kamel«[50], »Zum Elephanten« (Pompeji)[51], »Zum Hahn« (in Gallien und Spanien)[52], »Zum Esel« (in England)[53]. Die Aufschriften sollen anlocken: »Gute Bedienung, Bäder und Komfort wie in der Hauptstadt.«[54] Und nun eine besonders verführerische, aus Lyon:

»Hier verspricht Dir Merkur Geschäfte, Apollo Gesundheit
und Septumanus [der Wirt] freundliche Aufnahme und Ruhe.
Tritt ein und Du fühlst Dich wohl,
wenn Du bedenkst, wo Du Dich befindest.«[55]

Im Süden Galliens lassen es sich die Gastwirte noch mehr kosten. In Antibes wird der Reisende gebeten, einen Blick auf das Menü und die Weinkarte zu werfen, die in eine Kupferplatte am Eingang der Gaststätte eingraviert sind.[56] Eine syrische Wirtin verheißt noch gewitzter: »Kühle, eine Mahlzeit mit Käse und Obst, Wein, Tanz und Liebe.«[57] Auf einer Kupfertafel sind bisweilen die Preise notiert.[58]

Über die Preise und die Annehmlichkeiten der Mahlzeit werden wir durch ein köstliches, in einer Inschrift verewigtes Gespräch zwischen einem Gast und einem Wirt unterrichtet:

»Herr Wirt, bitte zahlen!«
»Du hast ein Sextarium Wein getrunken.« (Das scheint in der Rechnung nicht festgehalten.) »Brot: ein As.«
»Einverstanden.«
»Das Mädchen: acht As.«
»Auch einverstanden.«
»Hafer fürs Maultier: zwei As.«
»Das Maultier kommt mich aber teuer zu stehen.«[59]

Zu den anderen Ausgaben schweigt er!

Die Kneipen stehen in schlechtem Ruf. Das römische Recht gesteht zu, daß sie Prostitution betreiben;[60] der Wirt gilt als Geizhals, Gauner und kleiner Zuhälter, seine Frau[61] als Hexe und die Magd als Dirne.[62] Dem Inhaber wirft man vor, den Wein für die Gäste zu panschen und den Hafer für die Esel zu stehlen.[63] Keine Sauberkeit, keine Redlichkeit und viel Liederlichkeit – da durfte, wer sich hineinwagte, nicht spröde oder pedantisch sein.

Die Volksstimmung revanchierte sich mit allen möglichen Sticheleien gegen den spitzbübischen Schenkwirt: er wird sehr schnell zur stehenden Figur in der Satire, in der Komödie und im Sprichwort. Die berühmteste unter den Wirtstöchtern ist Helena gewesen, die Mutter des Kaisers Konstantin.[64] Sie ist zum Christentum übergetreten und hat ihren Sohn und damit den Gang der Geschichte beeinflußt.

In Pompeji sind zahlreiche Kneipen aufgefunden worden. Zu einer von ihnen gehörten ein Atrium, zwei Speisesäle, eine Küche und ein mit erotischen Malereien ausgeschmücktes Zimmer, das keinerlei Zweifel über seine Bestimmung zuläßt.[65] Selbst die prächtigen Hotels in den Badeorten galten als Treffpunkt, wo es für Schäferstündchen kaum Schwierigkeiten gab.

Die Karawansereien und Gasthöfe, die ja in erster Linie von Angehörigen der unteren Schichten, nämlich von Kutschern und Maultiertreibern, aufgesucht wurden, standen in dem begründeten Ruf, dreckig, laut und ohne Komfort zu sein.[66] Man konnte dort ins Grübeln geraten über das Mißgeschick, fremd zu sein und weder Freunde noch Bekannte zu haben. Das erklärt, welch große Bedeutung die Antike, und zwar sowohl die heidnische wie die jüdische oder christliche, der privaten und öffentlichen Gastfreundschaft beigemessen hat.

Die Gastfreundschaft

Diese Reisebedingungen muß man vor Augen haben, wenn man die Ermahnungen zum Thema Gastfreundschaft richtig verstehen will, von denen es in den apostolischen Briefen[67] und den christlichen Schriften wimmelt.[68] Die gesamte Antike hat in ihr ein Element des Religiösen gesehen. Der Fremdling, der über die Türschwelle tritt, wird als Götter- oder Gottesbote betrachtet. Städte, Korporationen und Vereinsmitglieder waren zu wechselseitiger Gastfreundschaft verpflichtet.[69] Das Judentum hielt das Andenken an seine Väter und Lehrmeister hoch in Ehren, die Durchreisende als Gäste aufgenommen hatten: Abraham, Lot[70], Rebekka[71], Hiob[72] und schließlich die Hure Rahab[73]. Über Hiob steht geschrieben: »Nie nächtigte der Fremdling auf der Gasse, dem Wandersmann tat ich auf meine Türen.« Wir finden diese alten Vorbilder in dem Brief des Klemens an die Christen in Korinth zitiert, die der Bischof von Rom seinerseits zur Gastfreundschaft ermahnt.[74] Dem Lob der Gastlichkeit begegnet man im Evangelium,[75] und die anderen Schriften des Neuen Testaments betonen nicht nur die Verpflichtung zu gastlicher Aufnahme, sondern sie geben auch eine geistlich begründete Erklärung dafür. Diejenigen, die den Fremdling aufnehmen, nehmen Christus selbst auf.[76] Das ist eine der Voraussetzungen, selbst im Hause Gottes aufgenommen zu werden.

Der dritte Brief des Johannes oder Johannes des Presbyters an Gaius gewährt uns Einblick in eine Gemeinde in Kleinasien – und erschüttert entsprechend die Idealisierung der Urgemeinde, in der man sich oft gefallen hat. Der dortige Leiter erscheint keineswegs gastfreundlich und sieht die Ankunft der Wanderprediger mit Mißfallen. Demetrius, der wohl den Brief überbringt, ist für Johannes ein Mann seines Vertrauens und wahrscheinlich ein Missionar des Evangeliums. Dem Adressaten, der für seine bereitwillige und warme Gastlichkeit bekannt ist, schreibt der Autor:

> »Geliebter, du handelst treu in dem, was du an den Brüdern, und zwar an fremden, tust, die vor der Gemeinde für deine Liebe Zeugnis abgelegt haben; und du wirst wohl tun, wenn du sie für die Weiterreise förderst, wie es Gottes würdig ist. Denn für den Namen [Jesu Christi] sind sie ausgezogen, ohne von den Heiden etwas anzunehmen. Also sind wir verpflichtet, solche aufzunehmen, damit wir Mitarbeiter für die Wahrheit werden.«[77]

Das brüderliche Dach bewahrte zwar den um seine moralische Integrität besorgten Christen vor häßlichen Begegnungen, doch mußte dafür in den großen Zentren und den Städten an den Durchgangsstraßen, wie Korinth und erst recht Rom, die Gastlichkeit – bei dem großen Zulauf – zu einer äußerst aufreibenden Verpflichtung werden. Noch heute sehen Klöster in Paris, London oder sogar Straßburg der Ferienzeit mit Besorgnis entgegen!

Das erklärt einmal den Verdruß der Brüder in Korinth, dieser großen Hafenstadt, die von Klemens ermahnt werden, sich wieder zu beruhigen,[78] und ebenso die Dankbarkeit des Ignatius von Antiochia für den freundlichen Empfang, den man ihm allerorten bereitet hat. Meliton von Sardes verfaßte im 2. Jahrhundert sogar eine heute verlorene Schrift über die Gastfreundschaft.[79] Die Bereitwilligkeit der Gemeinden, die durchreisenden Brüder aufzunehmen, ist für die Heiden selbst Gegenstand der Verwunderung. Aristides konnte in seiner *Apologie* zu ihrer Einstellung schreiben: »Wenn sie einen Fremdling erblicken, dann nehmen sie ihn bei sich auf, und sie haben ihre Freude an ihm, als sei er ein wirklicher Bruder.«[80] Für einige jedoch, wie Lukian, liefert die christliche Großzügigkeit eher Anlaß zum Spott.[81]

Die Verpflichtung zu gastlicher Aufnahme obliegt der gesamten Gemeinde und ganz besonders den Bischöfen, Diakonen und Witwen.[82] Seit der Mitte des 2. Jahrhunderts gibt es in Rom und in Karthago für die Aufnahme von Fremden eine Kasse, die allsonntäglich von der Gemeinde aufgefüllt wird.[83] Der durchreisende Gast hatte in der Regel ein Empfehlungsschreiben bei sich.[84] Wenn nötig, konnte eine taktvolle Überprüfung parasitäre Gestalten ausscheiden. Später hat die Kirche Hospize eingerichtet.[85]

Seit dem 2. Jahrhundert bilden sich die Verhaltensregeln für christliche Gastfreundschaft heraus. Die Richtlinien in der *Didache* (um 150) wenden sich in erster Linie an die judenchristlichen Gemeinden und gewähren uns Einblick in deren alltägliche Probleme.[86] Sie sind nicht an die einzelnen, sondern »an die verantwortlichen Kirchen« adressiert. Vorsicht ist um so dringender geboten, als die falschen Brüder und häretischen Störer allmählich immer mehr werden. Das Unkraut wächst genauso kräftig heran wie das gute Getreide.

Die *Didache* unterscheidet Wanderpropheten und Durchreisegäste. Erstere reisten wie die jüdischen Gelehrten von Stadt zu Stadt und von Gemeinde zu Gemeinde, besonders in der judenchristlichen Zeit. Es kommt darauf an, sich ihrer Rechtgläubigkeit und ihrer Uneigennützigkeit zu versichern.[87] Der Wanderprediger untersteht den üblichen Gesetzen der Gastfreundschaft. Wenn er für die Gemeinde arbeitet, verdient er, wie jeder Arbeiter, Lohn. Aber es ist ein schlechtes Zeichen, wenn einer seinen Aufenthalt ungebührlich in die Länge zieht. Wer sich so verhalten hat, soll bei seiner Abreise nur die Reiseverpflegung erhalten. Die *Didache* schließt demnach die Geschenke, die den Gästen gewöhnlich bei ihrer Abreise überreicht werden, aus.[88]

Die anderen Brüder auf der Durchreise, die in Korinth oder Antiochia an Land gingen, waren einer teilweise vom Judentum übernommenen Regelung unterworfen.[89] Unter diese mischten sich, wie üblich, Schmarotzer, die sich das Mitleid der einen und die Großzügigkeit der anderen zunutze machen wollten.

Am vertrauenswürdigsten waren die, die ein Empfehlungsschreiben der Muttergemeinde bei sich hatten.[90] Andere begnügten sich damit, Landsleute oder Glaubensbrüder aufzusuchen, um bei ihnen Unterstützung zu erhalten. Womöglich gab es ein Losungswort oder irgend etwas Vergleichbares. Vielleicht bezieht sich die Andeutung der *Didache* darauf, wenn von dem »Reisenden« die Rede ist, »der sich euch im Namen des Herrn vorstellt«[91]. Griechen und Römer pflegten eine *tessera hospitalis* auszutauschen, das heißt einen Gegenstand von unterschiedlicher Gestalt – Widder oder Fisch –, von welchem jeder Partner ein Teilstück besaß. Wenn sie zusammengefügt wurden, paßten sie genau zueinander.[92]

Handelt es sich um einen der bescheidenen Wanderer, die ihre Reise von Bleibe zu Bleibe zu Fuß zurücklegten, so empfiehlt die *Didache*: »Helft ihm, so gut ihr nur könnt!«[93] Die Aufnahme umfaßt Unterkunft und Verpflegung. Bei den Griechen wird der Gast nur zu einer einzigen Mahlzeit am Tage seiner Ankunft oder tags darauf eingeladen. Wenn er während eines Festessens eintrifft, wird er auf der Stelle dazugeladen.[94] Das ist mir vor einigen Jahren noch auf Mykonos widerfahren, wo ich völlig unerwartet zu einer Hochzeitsfeier mit eingeladen wurde. Bei Homer wird der Reisende erst im Anschluß an die ihm angebotene Mahlzeit nach seinem Namen gefragt.[95]

Der Gast kann seinen Aufenthalt auf zwei oder drei Tage ausdehnen, wie es noch heute bei den Arabern Brauch ist.[96] Darüber hinaus muß der Fremdling seinen Beruf ausüben und sein Brot verdienen. Wer nicht arbeiten will oder vorgibt, keinen Beruf zu haben, verhält sich »wie einer, der mit dem Christusnamen hausieren geht« – wie es in der *Didache* heißt.[97]

Die *Didache* begründet diese Anweisungen aus den Evangelien.[98] Für den Christen geht es darum, in dem Fremdling Christus selbst aufzunehmen und auf diese Weise die brüderliche Zusammengehörigkeit all jener zu bekennen, die sich auf ihn berufen. Bruderliebe und Gastfreundschaft gehören zusammen, wie schon der Hebräerbrief sagt.[99] Die Zeiten der Denunziationen und Verfolgungen, die für zahllose Christen Flucht oder Vertreibung mit sich bringen, geben auf neue Weise Anlaß zu gastlicher Aufnahme. Der Fremdling war nicht nur ein Bruder, sondern ein Glaubensbekenner, dem die Gemeinde einen Ehrenplatz einräumt.

Der Brief, der von Gemeinde zu Gemeinde und von Land zu Land unterwegs ist, ist zunächst ein Bindeglied zwischen den verstreuten und doch ständig um Einheit bemühten Brüdern. Sie schreiben sich, ziehen sich gegenseitig zu Rate und helfen einander. Besucher sind oftmals die Überbringer einer Nachricht aus der Muttergemeinde. Die Kirchen stehen miteinander in Briefwechsel, und ganz besonders die Bischöfe führen untereinander und mit den Gemeinden eine Korrespondenz, die immer weiter anwächst.[100]

Bei Ausgrabungen konnte dem ägyptischen Sand eine Anzahl von Briefen entrissen werden, die auf sehr unterschiedlichem Material – Metall, Papyrus oder Tonscherben – geschrieben waren. Die Privatleute benützten in der Regel Papyrus, der aus Ägypten kam und in Schreibgeschäften als lose Blätter gekauft werden konnte; der Preis richtete sich nach dem Format. Pergament ließ sich zweiseitig beschreiben, während bei Papyrus nur die Innenseite zu gebrauchen war. Die Ärmsten in Ägypten und Afrika verwandten Tonscherben (*ostraka*), wo immer sie Bedarf hatten: für die Korrespondenz und für Rechnungs- oder Notizbücher.[101]

Ist der Brief geschrieben, dann wird der Papyrus gefaltet, zusammengerollt und mit einem Band verschnürt, dessen Enden versiegelt werden. Die Adresse wird außen daraufgeschrieben. Nach Gebrauch wird die unbeschriebene Seite von Kindern für Schreibübungen und von Erwachsenen als Konzeptpapier benützt.

Der Begriff »Brief« war ziemlich weit gefaßt; er reichte vom einfachen Briefchen bis zur literarischen Komposition, von der Nachrichtenübermittlung bis zur Paränese. Manchmal ist es schwierig, die verschiedenen Gattungen gegeneinander abzugrenzen. Welch ein Unterschied aber dann doch zwischen dem Römerbrief und der Briefnotiz an Philemon! Eine Anzahl von Briefen wurde in den Archiven der Kirchen aufbewahrt, wie es in Korinth für die empfangenen und abgesandten Briefe zutrifft.[102] Sammlungen wurden angelegt.[103] Klemens von Rom kennt bereits eine Zusammenstellung paulinischer Briefe.[104]

Die Korrespondenz des Cicero ist ein literarisches Meisterwerk und zugleich ein historisches Dokument ersten Ranges.[105] Plinius der Jüngere hat seine Briefe, die er immer schon in Gedanken an spätere Leser verfaßte, selbst zur Veröffentlichung zusammengestellt.[106] Das gleiche gilt dann für Gregor von Nazianz.[107]

Den kanonischen Episteln folgend enthalten die christlichen Briefe häufig paränetische Botschaften und Verkündigungsstücke, die in den Gemeinden gewöhnlich während der Eucharistiefeiern zur allgemeinen Erbauung vorgelesen werden. Berichte über das Wirken der Apostel (»Acta«) und die Leiden der Märtyrer waren zahlreich, und ihre Verwendung im Gottesdienst ist bezeugt.

Die Gelegenheit war zu schön, um nicht auch Fälscher anzulocken. Unechte Briefe beginnen sich zu häufen. Die schweigsamsten unter den Aposteln werden plötzlich beredt. Man erfindet eine Korrespondenz von vierzehn Briefen zwischen Paulus und Seneca.[108] Christus selbst wird bemüht und von ihm behauptet, er habe einen Brief an König Abgar geschrieben.[109] Pontius Pilatus wiederum bestätigt in einem Brief an Claudius die Auferstehung Christi.[110] Das ist nicht erstaunlich in einer Zeit, die das Wunderbare heranzüchtet und in der es von »Briefen aus dem Himmel«[111] nur so wimmelt. Der Spötter Lukian hat einen solchen verfaßt, um die verbreitete Leichtgläubigkeit seiner Zeit lächerlich zu machen.[112]

Die Briefe geben Rom Gelegenheit, Auskünfte zu erteilen oder einzuholen und, seit 97, eine mäßigende Rolle auszuüben. Die Tatsache, daß Petrus nach Rom gekommen ist, verleiht dem Bischof von Rom eine Autorität, die sich seit dem Brief des Klemens »an die Kirche Gottes, die in Korinth weilt«[113], verfestigt. Nachdem er von den Schwierigkeiten, die die Gemeinde erschüttern, erfahren hat, schickt er drei Abgesandte dorthin, die einen Brief überbringen, in dem er höflich, aber bestimmt Stellung nimmt, als ein Mann, der Gehorsam erwartet. Fast ein Jahrhundert später wurde der Brief immer noch, wie uns Dionysius aus Korinth berichtet, bei der sonntäglichen Zusammenkunft verlesen.[114]

Das Zusammengehörigkeitsgefühl zwischen den verschiedenen Kirchen festigt sich besonders in Krisenzeiten. Aus diesem Grund entwickelt sich zur Zeit des Montanismus ein lebhafter Briefwechsel zwischen Rom und den Kirchen in Asien und Gallien.[115] Genauso war es unter Papst Viktor anläßlich des Osterstreits.[116] Dionysius von Korinth hat eine ganze Mappe zusammengestellt mit dem Briefwechsel zwischen Rom und den verschiedenen Gemeinden in Griechenland, Kreta und Kleinasien, den die starren Positionen einiger Brüder veranlaßt hatte.[117]

Seit dem 2. Jahrhundert schreiben die Bischöfe einander; sie ziehen sich gegenseitig zu Rate, sie geben ihre Ernennung bekannt, sie erbitten einen Beistand und halten die anderen über dogmatische oder einfach disziplinarische Streitfragen auf dem laufenden.[118] Mit Hilfe dieser

Korrespondenz läßt sich immerhin an einem Zipfel der Schleier lüften, der eine in ihren Umrissen ziemlich verschwommene Periode vor uns verhüllt. Häretiker und Gnostiker bedienen sich desselben Verfahrens, um ihre Lehre unter die Leute zu bringen.[119]

Die sieben Briefe des Ignatius an die asiatischen Gemeinden und Rom sind ein Juwel der altchristlichen Literatur. Sie sind prall gefüllt und stellen Zeugnis, Ermahnung und Lobpreis des Herrn in einem dar. Ein Brief des Polykarp »an die Kirche Gottes, die wie eine Fremde in Philippi weilt«, ist uns glücklicherweise erhalten geblieben.[120]

In Zeiten der Verfolgung stützen die gegenseitigen Briefe die einen und stärken das Durchhaltevermögen der anderen.[121] Der erste Hinweis auf die Märtyrer ist uns in Form von Briefen überliefert, die gleichzeitig der Information, der Belehrung und der Erbauung der versammelten Brüder dienen. Das Martyrium des Polykarp wird uns wie ein liturgischer Vorgang erzählt.[122]

Einer der bewegendsten Briefe wurde von den Kirchen in Vienne und Lyon an die Kirchen in Asien und Phrygien gesandt.[123] Das Vorbild der Märtyrer von Lyon wird zugleich zu einer Unterweisung für die Konfessoren in Ephesus, die offenbar den gefallenen Brüdern in der Gemeinde ihre Reumütigkeit nicht abnehmen.[124] Der Brief bringt auf seine Weise eine Brüderlichkeit zum Ausdruck, die über menschliche Schwächen erhaben ist!

Wie ist nun der Brief von Lyon nach Ephesus gelangt? Die von Augustus geschaffene[125] und bis zum Untergang des Reiches betriebene kaiserliche Post war der Abwicklung von Amtsgeschäften vorbehalten. Sie war eine Art ›Diplomatenpost‹. Wer sie benützen wollte, brauchte einen besonderen, *combina* genannten Berechtigungsschein, der mit Namen und Siegel des Kaisers versehen war. Die Soldaten nützen für ihre Briefe häufig die zwischen Garnisonen bestehenden Verbindungen aus. So jener junge Ägypter, der voll Stolz über seinen neuen römischen Namen an seinen Vater schreibt und ihm sein Konterfei zuschickt, das er mit den ersten drei verdienten Goldstücken bezahlt hat: die ›Photographie‹ des Soldaten prangt seitdem im väterlichen Haus.[126]

Um einen Brief an seinen Adressaten gelangen zu lassen, wurde am einfachsten und häufigsten so verfahren, daß man ihn einem Boten anvertraute. Das war dann ein persönlich zugestellter Brief mit einem kurzen Begleitschreiben. Man konnte Briefboten für sich allein mieten oder sich die Kosten teilen. Andere wandten sich an gesellschaftlich organisierte Vermittler, um ihre Post zu befördern. Nach dem Zeugnis zeitgenössischer Autoren gab es private *tabellarii*.[127] Wir wissen von solchen, unter anderem, durch eine in Puteoli, im südlichen Italien, gefundene Inschrift[128] – was für eine Stadt, in der sich unzählige Reisende einschifften, keineswegs erstaunlich ist. Mit einem Trinkgeld bei der Abreise und bei der Ankunft war es einfach, einem Bekannten, einem Landsmann oder einem im Aufbruch begriffenen Geschäftsreisenden einen Brief mitzugeben. Das Geschenk an den Überbringer bei Empfang des Briefes gewährleistete eine zuverlässige Ausführung. Kaufleute haben die Briefe des Ignatius an die verschiedenen Kirchen mitgenommen.[129]

Der Brief der Brüder aus Lyon muß zunächst seinen Weg über Rom genommen haben; die Verbindungen zwischen den beiden Städten waren zahlreich. Um dieselbe Zeit hält sich Irenäus in der Hauptstadt auf und überbringt einen Brief der Gemeinde.[130] Von Rom aus war es leicht, das Schreiben irgendeinem Glaubensbruder oder Landsmann mitzugeben, der sich von Puteoli oder Ostia aus nach Ephesus einschiffte.

Bei günstiger Jahreszeit konnte der Brief im Laufe von etwa sieben Wochen an seine Adresse gelangen. Ein aus Kappadokien an Cicero gesandter Brief hat fünfzig Tage gebraucht, um ihn zu erreichen.[131] Ein anderer, von Syrien nach Rom, benötigte die doppelte Zeit.[132] Ein Geschäftsbrief vom 23. Juli 174, den ein Betrieb in Puteoli abgeschickt hatte, kam in Tyrus am 8. Dezember an, nach hundertsiebenunddreißig Reisetagen.[133] Ciceros Sohn erhielt in Athen einen Brief von seinem Vater, der sechsundvierzig Tage unterwegs war, und er fand die Beförderungsfrist kurz.[134]

Von all diesen Briefen ist ein Großteil verloren. Das ist nicht erstaunlich, vielmehr ist verwunderlich, daß überhaupt einige davon auf uns gekommen sind. Ob es sich nun um amtliche oder private, um literarische oder ganz persönliche Briefe handelt – sie setzen uns in den Stand, das tägliche Leben der Gemeinden mit seinen Schwierigkeiten und Krisen, seinen Reibereien und Abtrünnigkeiten zu umreißen. Briefe wie der eines gewissen Irenaeus an seinen Sohn, um ihm die glückliche Ankunft der Getreideladung aus Ägypten in Rom zu melden,[135] oder der Geschäftsbrief eines Christen aus Ägypten, bei dem offenbar der Bischof als Verbindungsmann zwischen einigen Christen und einem Reeder in Rom fungierte,[136] gehören zu den ganz schlichten, die uns die Lebenssituation ›unverhüllt‹ greifbar machen; sie sind frei von Schminke und Pathos und Ausdruck des festen Bewußtseins, das die verstreuten Brüder erfüllt, eine einzige und dazu große Familie zu bilden.

Drittes Kapitel

Das soziale Milieu

Das Christentum ist kaum entstanden, da breitet es sich schon wie ein Lauffeuer aus. Wenn auch dabei die Armen und Geringen, wie im Leben überhaupt, in der Mehrzahl sind, so gewinnt es doch seit der ersten Stunde Anhänger aus allen Schichten der Gesellschaft. Ein derartiges Eindringen ist nicht weniger bemerkenswert als die geographische Ausbreitung; beides reißt die sozialen, ethnischen und kulturellen Schranken nieder, nicht um der Auflehnung willen, sondern aus Brüderlichkeit.

Die soziale Herkunft

Der griechische Philosoph Celsus spottet über die neue Religion, deren Stifter mütterlicherseits von einer Arbeiterin abstammt und deren erste Missionare Fischer aus Galiläa sind.[1] Zur selben Zeit machen sich die Heiden darüber lustig, daß sich die christlichen Gemeinden vornehmlich unter den kleinen Leuten ausweiten.

Wie sie spöttisch feststellen, übt das Evangelium seine Verführungskraft nur auf »Ungebildete, kleine Leute, Sklaven, Frauen und Kinder« aus.[2] Tatian selbst kennzeichnet das Bild des Christen seiner Zeit: er flieht Macht und Reichtum; er ist vor allem »arm und bedürfnislos«.[3]

Es gibt eine politische Interpretation, die in dem christlichen Erfolg die Rache des Proletariats an dem kapitalistischen Imperium entdecken will. Doch muß man sich vor derart einseitigen Schlußfolgerungen und vor Schematisierungen hüten, die schon durch eine gründlichere Untersuchung widerlegt werden.[4] Paulus bekehrt den Prokonsul von Zypern, Sergius Paulus,[5] und in Thessalonike und Beröa »viele angesehene Frauen«[6]. Die bekehrten Juden Aquila und Priscilla besitzen ein Haus in Rom und ein weiteres in Ephesus, beide geräumig genug, um dort die örtliche Gemeinde im Triclinium oder im Atrium aufzunehmen.[7] Von Anfang an bekehrt die Kirche wohlhabende und manchmal reich begüterte Menschen. In Korinth schließt sich der Stadtkämmerer der Gemeinde an.[8]

Weniger als ein Jahrhundert später liefert der jüngere Plinius, dem man kaum Voreingenommenheit nachsagen kann, dem Kaiser Trajan nach eigenen Nachforschungen ein differenzierteres Bild der christlichen Gemeinden in Bithynien, in denen sich Gläubige aller Altersstufen, Junge und Alte, Männer und Frauen, Sklaven und römische Bürger, Stadt- und Landbewohner begegnen. Er vermerkt besonders »ihre große Zahl« und die Unterschiedlichkeit ihrer sozialen Herkunft.[9]

Was wir von den zeitgenössischen Gemeinden in Karthago, Alexandria, Rom und Lyon wissen, enthüllt uns ebenso buntgemischte Gruppierungen.[10] Der Glaube nivelliert die Klassen und hebt die sozialen Unterschiede auf, während die römische Gesellschaft darauf aus war, sich abzuschließen und Trennwände aufzurichten. Herren und Sklaven, Reiche und Arme, Patrizier und Philosophen kommen zusammen und vereinigen sich in einer tieferen Gemeinschaft als der des Blutes oder der Kultur. Sie alle finden sich darin, daß sie gemeinschaftlich und persönlich eine Wahl getroffen haben, die es ihnen ermöglicht, einander in Wahrheit »Bruder« und »Schwester« zu nennen.[11] Was den spottsüchtigen Heiden erschüttert, ist die erstaunliche Vereinigung aller Stände in der christlichen Bruderschaft. Ob Sklave oder Bürger, alle haben sie in gleicher Weise die Seele eines Freien,[12] und das Bewußtsein dieser Gleichheit ist so stark, daß kaum je der Sklavenstand auf den christlichen Grabsteinen erwähnt wird.[13]

Mit drei knappen Bemerkungen über die Gemeinden in Rom, Lyon und Karthago werden wir deren soziale Zusammensetzung umreißen können.

Die römische Gemeinde bietet das Bild einer Großstadtgemeinde: hier kommen die grobe Wolle der Umhänge von Handwerkern und Sklaven und die golddurchwirkten und prächtig mit Fransen verzierten Stoffe, die die Damen und Honoratioren tragen, miteinander in Berührung. Wenn die Fremdlinge und kleinen Leute die ersten gewesen sind, die das Evangelium angenommen haben, so tut sich ihm seit dem Ende des 1. Jahrhunderts mit dem Konsul Clemens und seiner Frau Domitilla selbst der kaiserliche Hof auf.[14] Zur Zeit des Commodus begegnen wir dem reichen Herrn des Kalixtus, einem Christen namens Carpophorus, der zum »Haus des Kaisers« gehört.[15] Irenäus versichert sogar, daß es eine beachtliche Gruppe von Gläubigen am kaiserlichen Hof gebe, in der Ritter und Sklaven beieinander sind.[16] Euelpistus, einer der Mit-Märtyrer des Philosophen Justin, kam aus Kappadokien und war Sklave am Hofe.[17] Marcia, die die besondere Gunst des Kaisers Commodus genoß, war wenn nicht selbst Christin, so doch in Verbindung

mit der Gemeinde in Rom.[18] Zur Zeit des Septimius Severus ist die
Anwesenheit von Christen am kaiserlichen Hof allgemein bekannt,
spielt doch Tertullian mehrfach darauf an.[19] Wahrscheinlich gehörten
Christen auch der Prätorianergarde an.[20]

Zur Zeit Mark Aurels gewinnt das Christentum Anhänger innerhalb der
Aristokratie. Der Märtyrer Apollonius – aus dem Hieronymus fälschlich einen Senator macht – gehört zur Nobilität. Mehrere Familienmit-
glieder der Pomponii sind Christen.[21] Unter der Herrschaft des Commodus schließen sich die nach Abstammung und Vermögen vornehmsten Römer mit ihrer Familie und ihrem ganzen Haus der Christenge-
meinde an.[22] Justin berichtet, daß zwei Eheleute, die der wohlhabenden
römischen Gesellschaft angehörten und ein großes Haus führten, mit
Dienerschaft und Gesinde zum Christentum übergetreten sind.[23]

Da die Stadt für alle Einflüsse und alle Schulrichtungen offen ist, erlebt
Rom einen starken Zustrom von Sophisten und Philosophen. Justin ist
in der Mitte des 2. Jahrhunderts der erste Philosoph der christlichen
Gemeinde, von dem man weiß. Als einfaches Mitglied der örtlichen
Kirche gründet er eine Schule für christliche Philosophie, in der Nähe
der Thermen des Timotheus, bei einem Mann namens Martinus.[24]
Justin verleiht dem christlichen Denken Bürgerrecht und den zum
Glauben Gekommenen das Recht zu vernünftigem Nachdenken. Ihm
ist es zu verdanken, daß Denker und Schüler wie der Syrer Tatian zur
Kirche stoßen und ihre Reihen verstärken. Marcion, ein reicher Reeder,
ist von den Ufern des Schwarzen Meeres nach Rom gekommen, weil ihn
die geistige Gärung in der dortigen Gemeinde angezogen hat; er schließt
sich ihr an und überläßt ihr 200 000 Sesterzen, die ihm später zurücker-
stattet werden, als er sich seinerseits zum Gründer einer Schule und
einer rivalisierenden Kirche aufwirft.[25]

Das Bild der römischen Gemeinde hat sich seit dem Tod der Apostel
Petrus und Paulus stark gewandelt. Wenn auch die Mehrzahl der Christen, die der Römerbrief nennt, Namen von Sklaven und Freigelassenen
tragen,[26] so gibt es dort doch seitdem zahlreiche wohlhabende und
begüterte Familien. Sie unterhalten eine Kasse, mit dem Ziel, die
bedürftigen Brüder in Rom und im Reich zu unterstützen. Seit dieser
Zeit ist ihre Großzügigkeit sprichwörtlich. Ignatius von Antiochia und
Dionysius von Korinth widmen ihr einen bewegenden Lobpreis.[27] Die
gemeinsamen Ersparnisse haben solchen Umfang, daß die Christen sie
auf eine Bank bringen; leider haben sie sich bei der Wahl des Bankiers
getäuscht,[28] was sich im Laufe der Geschichte noch häufig wiederholen
wird. Die so bedeutsam gewordene römische Kollekte sollte an erster

Stelle die Armen und die Witwen der Gemeinde selbst unterstützen. Reiche und Benachteiligte ergänzen einander dort. Der *Hirte* des Hermas vergleicht sie mit Ulme und Weinstock, die sich gegenseitig Halt bieten.[29]

Sklaven, kleine Handwerker und Bauern, die aus dem römischen Landgebiet gekommen waren und von der Steuerlast erdrückt wurden, bildeten ein Gegengewicht zu dem Reichtum der Gesicherten. Luxus und Elend waren so dicht beieinander, daß Hilfeleistung hier schon zu einer Staatsinstitution geworden war. Das Bemühen um Ausgleich im Geiste der christlichen Brüderlichkeit führte zu einer Verteilung, die Justin folgendermaßen bezeugt: »Wer im Überfluß lebt und abgeben will, gibt freiwillig, jeder soviel er will, zur Unterstützung der Waisen, der Witwen, der Kranken, der Armen, der Gefangenen, der Gastfreunde, kurz all derer, die in Not sind.«[30]

Kaum hundert Jahre später konnte der Diakon Laurentius dem Kaiser, der sich schon an den Besitztümern der Kirche vergreifen wollte, die fünfzehnhundert Witwen und Notleidenden vorweisen, die nur von kirchlicher Unterstützung lebten.[31] Auch wenn diese Geschichte nicht verbürgt ist, so illustriert sie doch die Haltung der Gemeinde gegenüber den Gliedern, die sich in äußerster Not befanden.

Die Brüder, die aus ganz verschiedenen Richtungen nach Rom gekommen sind und sich mit ihren Landsleuten, nach Volksstämmen gruppiert, in den einzelnen Stadtvierteln niedergelassen haben,[32] verstehen alle die griechische Sprache, die ihnen als Verbindungsmittel dient. Sie sprechen sie mit größeren oder geringeren Abweichungen, zu urteilen nach den einander ziemlich ähnlichen Texten auf den Grabsteinen. Die gepflegte Sprache eines Apollonius erwidert auf die holperige und ungeschlachte Ausdrucksweise eines Plebejers vom Lande und auf den fehlerhaften Sprachgebrauch eines erst seit kurzem in Rom niedergelassenen Afrikaners. Die Gottesdienstversammlung benützt ein und dasselbe Griechisch bis ins 3. Jahrhundert, wo es dann schließlich vom Lateinischen abgelöst wird.[33]

Eine Tatsache beleuchtet besser als alle Statistiken, bis zu welchem Grad die römische Gemeinde Brüderlichkeit verwirklicht hat. Zwei Bischöfe, und zwar bestimmt Pius und Kalixtus, waren ursprünglich Sklaven. Man stelle sich die vornehmen Cornelii, Pomponii und Caecilii vor, wie sie den Segen von einem Papst empfangen, der noch das Brandzeichen seines früheren Herrn an sich trägt! So sieht die Revolution des Evangeliums aus: sie wirkt auf die sozialen Strukturen ein, indem sie das menschliche Herz verwandelt.

Die Gemeinde in Lyon, die zahlenmäßig viel unbedeutender ist als die römische, bietet ein differenzierteres Bild. Zur Blütezeit des Imperiums macht die Gemeinde in ihrer Gesamtheit einen jungen Eindruck. Sie setzt sich zusammen aus Fremden, die vornehmlich aus Asien gekommen sind, und aus Einheimischen aller Stände. Die Herrin trifft in der Gemeindeversammlung auf ihren Sklaven. Die Kirche scheint in hohem Maße Anhänger im Bürgertum gefunden zu haben, dessen Wohlstand und Reichtum Neid erwecken und die Denunziationen erklären. Die wohlhabende Schicht scheint das Evangelium unter den Lohnarbeitern und Sklaven verbreitet zu haben. Sämtliche Schriften der Gemeinde, die auf uns gekommen sind, sind auf Griechisch verfaßt, in der Sprache der Mehrzahl der Christen und der Liturgie.

Die Geschichte der ersten Märtyrer von Lyon läßt die soziale Zusammensetzung der Gemeinde noch genauer erkennen. Ihre Namen, die Gregor von Tours überliefert hat, sind teils griechisch, teils lateinisch:[34] kein Name ist keltisch. Attius und Attalus, letzterer aus Pergamon und als Geschäftsmann unterwegs, sind markante Persönlichkeiten.[35] Vettius Epagathus stammt aus vornehmem Geschlecht und wohnt im hoch gelegenen Teil der Stadt; der Pöbel hat nicht gewagt, ihn zu denunzieren. Alexander ist ein aus dem Osten stammender, in der Stadt außerordentlich bekannter Arzt, Blandina eine einfache Sklavin; sie wurde zusammen mit ihrer Herrin, wohl einer vornehmen Dame, verhaftet, die unauffällig in ihrem Hause das Evangelium verbreitet hat.[36] Man hat sogar ein paar heidnische Diener festgenommen, weil man davon ausging, daß Dienerschaft und Sklaven die Religion ihrer Herren teilen.[37]

Das hohe soziale Niveau der Christen erklärt zum Teil die haßerfüllte Stimmung der Menge, als Attalus erscheint. Dem nämlich ist es sichtbar gut gegangen, was ihm ermöglichte, die Gemeinde finanziell zu unterstützen und sie an seinem Wohlstand teilhaben zu lassen.[38] Die Zahl der Frauen in der Gemeinde muß ziemlich hoch gewesen sein, da doch der Gnostiker Marcus ein Auge auf sie wirft, und zwar vor allem auf die, die reich mit Purpur geziert und demnach offensichtlich begütert sind.[39]

In der Gemeinde von Lyon, wo wohlhabende Christen alles für ihren Glauben opfern, steht nicht die reiche Herrin im Brennpunkt des Interesses – von ihr hat die Geschichte nicht einmal den Namen überliefert –, sondern die geringe, dem Sklavenstand angehörende Blandina, in der sich, nach dem Martyriumsbericht, das Leiden Christi vor den Augen der Märtyrer und Zuschauer neu ereignete.[40] Die sozialen

Unterschiede verblassen und werden in jenem Augenblick vollkommen aufgehoben, durch die gemeinsam praktizierte Brüderlichkeit in Christus.

»So begann das außergewöhnliche Dichtwerk des christlichen Martyriums, dieses Heldenepos aus dem Amphitheater, das zweihundertfünfzig Jahre dauern wird und aus dem die Frau nobilitiert und der Sklave rehabilitiert hervorgehen werden«[41]; denn fortan werden die Menschen nach ihrer Glaubenskraft und einem gewissermaßen sittlichen Adel, der Frucht des Evangeliums, beurteilt und nicht nach ihrer Herkunft.

Die Auskünfte, die Tertullian über die Gemeinde in Karthago erteilt, sind etwas jünger als die über Rom und Lyon. Immerhin setzen sie uns in den Stand, den jeweiligen Umkreis kennenzulernen, in dem das Evangelium verkündet wird. Die Märtyrer von Scili waren Landbewohner, also Bauern oder Landarbeiter.[42] Was Tertullian an den Christen in Karthago erstaunt und diesen rechtskundigen Mann dazu bestimmt, sich ihnen anzuschließen, ist das Schauspiel ihrer Barmherzigkeit und ihres Zusammenhalts, die er im *Apologeticum* beschreibt.[43] Es ist eine bunt zusammengesetzte Gemeinde mit vielen begüterten oder zumindest wohlhabenden Gliedern, die so großzügig sind, regelmäßige Zahlungen in die Gemeindekasse zu leisten. »Das Guthaben der Frömmigkeit« diente dazu, die armen oder verfolgten Brüder zu unterstützen; nach Tertullians Angaben sind es besonders die Waisen, die heiratsfähigen Mädchen ohne Mitgift, die alt gewordenen Diener, die Schiffbrüchigen, von denen es in einer Hafenstadt viele gab, und jene Glaubensbekenner, die zu Bergwerksarbeit, Kerker oder Verbannung verurteilt waren.

Zur selben Zeit hat die christliche Gemeinde von Thuburbo gerade aus der örtlichen Aristokratie eine junge Frau namens Perpetua zusammen mit ihrem jüngeren Bruder aufgenommen – zum großen Leidwesen ihres Vaters, der Heide geblieben ist. Die Gemeinde, die offenkundig erst kürzlich entstanden ist, erscheint jung. Dort werden junge Leute, zum großen Teil Katechumenen, verhaftet, die sich im Gefängnis mit ihrem Katecheten wieder vereinen.[44]

Die Eindringlichkeit, mit der der Bericht die vornehme Herkunft der jungen Frau hervorhebt, beweist, daß sie eine Ausnahme ist. Die andern Inhaftierten zeichnen sich kaum durch ihre Geburt aus, sondern durch ihren Glaubenseifer, die einzige Eigenschaft, die letztlich zählt. Revocatus und Felicitas lebten in bescheidenen Verhältnissen, aber als Freie, die möglicherweise verheiratet waren,[45] und zwar nach einfacher Leute

Art, ›unter dem Kamin‹, und nicht nach dem Ritus der vornehmen Damen.

Die sozialen Unterschiede verwischen sich im Wettstreit untereinander: Die vornehme Perpetua kommt ihrer Kameradin aus dem einfachen Volk zu Hilfe. Die sozialen Schranken sinken vor dem einen, alles einenden Christus. Das wird den Schriftsteller Laktanz am Ende des 3. Jahrhunderts zu der Feststellung veranlassen:

> »Unter uns gibt es nicht Sklaven und nicht Herren. Wir lassen keine Unterschiede untereinander gelten, und wir nennen uns alle Brüder, weil wir uns alle als gleich betrachten. Diener und Herren, Große und Kleine sind gleich auf Grund ihrer Bescheidenheit und ihrer inneren Einstellung, die sie jeder Überheblichkeit entrückt.«[46]

Die Berufe

Der Beruf legte den Platz des Christen in der Gesellschaft fest. Er konnte eine ›Einbruchstelle‹ oder ein Hindernis für das Evangelium darstellen, je nachdem, ob er den Christen kompromittierte oder seinen Wirkungskreis günstig beeinflußte. Alles hing vom Beruf und vom Handwerk ab und von ihrer sozialen Bedeutung.

Griechenland hatte die manuelle Tätigkeit verachtet, die auch zur Zeit des Imperiums noch immer nicht in hohem Ansehen stand.[47] In den Kolonisation betreibenden Staaten, die sich am Fleiß anderer bereichern, hat Arbeit etwas Entehrendes an sich. Für Apollonios von Tyana bedeutet Handel treiben auf den Hund kommen.[48] In Israel übte sogar der Gesetzeslehrer ein Handwerk aus, und Paulus war Zeltmacher. Auf diesem Weg bringt die Kirche Arbeit und Arbeiterstand wieder zu Ehren. Auf den Grabsteinen werden Arbeiter und Arbeiterinnen gelobt, weil sie gute Arbeit geleistet haben.[49] Arbeiten für den Lebensunterhalt, ohne Gedanken an Luxus oder Geiz, erscheint als das christliche Ideal.[50]

Seit dem 2. Jahrhundert wird der Beruf für den Christen zur Gewissensfrage; er begreift allmählich, was dadurch für ihn auf dem Spiele steht: Gibt es womöglich ehrenhafte und unehrenhafte Erwerbszweige?[51] Wie soll man in der Welt leben und ihr das Evangelium predigen, ohne sich während der Arbeit und während der Freizeit in Feldlagern oder Verkaufsbuden mit ihr einzulassen? Die christliche Rechtsprechung tastet sich vor und legt sich im 3. Jahrhundert erst ganz allmählich fest.

Sie erwächst der Lebenserfahrung, ohne diese jemals vorwegzunehmen.

Im 2. Jahrhundert bemühen sich die Gläubigen und die Kirche selbst, einen gangbaren Weg zu finden, indem sie sich soweit wie möglich in das Leben der anderen hineinbegeben und dieselben Berufe ausüben wie sie; das heißt genauer gesagt, daß sie dieselbe Arbeit auch nach ihrer Bekehrung weiter verrichten. Diese verändert eher den Geist als die Alltagsstruktur ihres Lebens. »Wir bewohnen die Welt mit euch zusammen«, sagt Tertullian stolz im Jahre 197, »wir besuchen euer Forum, euren Markt, eure Badestuben, eure Bazare, eure Werkstätten, eure Gasthöfe, eure Messen und eure sonstigen Handelsplätze. Auch fahren wir mit euch zusammen zur See, sind wie ihr Soldaten und Bauern, und ebenso treiben wir mit euch Handel; unser Können, unsere Erzeugnisse stellen wir euch allen zur Verfügung.«[52]

Hochmütige Behauptungen: schon bald wird der Polemiker aus Karthago ernüchtert. Das vorrangige Bestreben der Bekehrten richtete sich darauf, auch als Christen ihren Beruf beizubehalten, gemäß der Empfehlung des Apostels Paulus,[53] die Klemens von Alexandria ausführlich interpretiert, wenn er sagt: »Bestelle das Feld, wenn du ein Landarbeiter bist, aber bekenne den Gott der Feldbestellung; fahre zur See, du, der du gerne zur See fährst, aber rufe den himmlischen Steuermann an; ist der Glaube beim Heeresdienst über dich gekommen, höre auf den General, der dir das Recht anbefiehlt.«[54]

Die Arbeit auf dem Lande und zur See sowie die handwerklichen Berufe, die der Allgemeinheit dienten, wie Bildhauer, Bäcker, Zimmermann, Schneider, Steinmetz, Töpfer oder Weber, stellten kein Problem dar, solange nicht für heidnische Tempel gearbeitet wurde. Eine Vielzahl von Christen war in diesen niedrigen Erwerbszweigen beschäftigt, was Juvenal dazu veranlaßt, sie als »Kleinverdiener« zu behandeln.[55] Die jungen Christen werden hingegen ermahnt, einen dieser Berufe zu erlernen.[56]

Die humanitäre Bedeutung der Medizin, die von dem Vorbild Christi selbst beseelt schien, legte diesen Beruf für die Christen nahe. Alexander übt ihn in Lyon aus und verdankt ihm seine Popularität.[57] In Rom ist Dionysius zugleich als Arzt und als Priester tätig.[58] Die medizinische Fakultät ist der Kirche keineswegs hinderlich, sondern sie dient ihr. In Phrygien ist ein und derselbe Christ Ratsherr (Buleut) und Arzt.[59]

Der Beruf des Juristen oder Richters scheint bei den Christen keine Vorbehalte zu wecken. Minucius Felix und Tertullian hätte es schlecht angestanden, die Berechtigung ihres eigenen Berufes zu bestreiten. Aristides scheint den Richtern lediglich zu empfehlen, »ein gerechtes Urteil zu sprechen«. Flavianus, einer der afrikanischen Märtyrer aus dem Jahr 259, ist Rhetor,[60] was nach heutigen Begriffen soviel wie Professor für Literaturwissenschaft ist.

Vor dem Handelsgeschäft wird auf den ersten Blick nicht gewarnt. Für einen Großteil der Christen war es der Broterwerb. Irenäus, der Bischof einer Handelsstadt im eigentlichen Sinn, in der viele Gläubige – damals wie heute – als Geschäftsleute im Wohlstand leben und wo sich die Frauen in Purpur kleiden, erkennt rückhaltlos »die Berechtigung von Gütern« an, »die durch die Arbeit anderer oder aber vor der Bekehrung angesammelt wurden. Auch wenn wir nun zum Glauben gekommen sind, fahren wir fort, Gewinn zu machen. Wer verkauft denn ohne das Bestreben, gegenüber dem Käufer im Vorteil zu sein? Und umgekehrt möchte, wer kauft, dem Verkäufer gegenüber im Vorteil sein. Wer widmet sich dem Handelsgeschäft und wäre nicht bestrebt, dabei für sich selbst einen Gewinn zu machen?«[61] Daraus spricht der gesunde Realismus eines Levantiners, der Bürger von Lyon geworden ist!

In einem Buch, das sich keine Zurückhaltung auferlegt, erkennt Tertullian selbst an, daß es legitim ist, Handel zu treiben, vorausgesetzt, daß nicht Habgier im Spiel ist.[62] Weil die Christen ihren Gewinn auf das beschränkten, was das tägliche Leben erforderte, scheinen sie sich den Vorwurf eingehandelt zu haben, unproduktiv und nicht erfolgreich genug zu sein.[63] Möglicherweise entsprang die Gehässigkeit der Heiden einfach der Tatsache, daß die Christen ehrlich ihre Steuern bezahlten,[64] was dem mediterranen Menschen zu allen Zeiten verdächtig gewesen ist.[65]

Der *Hirte* des Hermas wendet sich gegen Geschäftsleute, die sich in der Sorge um ihre Reichtümer verzehren und dabei wirtschaftlich so erfolgreich sind, daß es selbst den Heiden in die Augen sticht, – die sich darüber jedoch von göttlichen Geschäften weit entfernt haben.[66] Sie sind lebendige Gegenzeugen des Evangeliums, denn sie verlieren aus dem Blick, daß sie in der Fremde leben. Angesichts der reichgewordenen und ›angepaßten‹ Christen erinnert der *Hirte* daran, daß die Kirche mit der Welt hienieden unvereinbar ist. Es ist eine Mahnung, die noch von der eschatologischen Erwartung geprägt ist und die Christen aller Zeiten an ihr Pilgerdasein erinnert.

Noch deutlicher macht zu einem Zeitpunkt, da der Christ Bürgerrecht erlangt hat, in der reichen Großstadt Alexandria Klemens darauf aufmerksam, daß die Geschäftsleute Gefahr laufen, künstliche Bedürfnisse zu nähren. Erworbener Reichtum findet Geschmack am Luxus.[67]

Ob Bankgeschäfte oder verzinsliche Darlehen, der Geldhandel bringt in
jedem Fall sehr schnell Unterschlagungen mit sich, und das um so stärker, als darin eine fortgesetzte Versuchung für Klerus und Laien lag.[68]
Alle, die Geld zu verwalten hatten, verspürten Lust, damit zu scha-
chern. Der Diakon, von dem der *Hirte* spricht, kann ihr nicht widerstehen.[69] Wie soll man da ehrliche Schatzmeister ausfindig machen? Kalixtus, der spätere Papst, war als Sklave im Dienst eines römischen Bankiers und war – wenn man Hippolytus Glauben schenkt, der ziemlich
unverblümt von ihm berichtet hat – mit der Kasse der Bank, bei der die
»Witwen und Brüder« ihre Ersparnisse deponiert hatten, auf und davon
gegangen. Gläubiger und Gläubigerinnen suchten Carpophorus, den
Herrn des Kalixtus, auf, damit er sich einschalte. Der Schuldige wurde
von der Justiz aufgegriffen und zu Bergwerksarbeit in Sardinien verurteilt, die ihn auf den Weg der Umkehr brachte.[70] Ihm kam das Wohlwollen der Marcia, der Geliebten des Commodus, zugute, er erhielt die
Freiheit zurück, wurde Diakon des Zephyrin und schließlich Bischof
von Rom.

»Bankiers, seid redlich!« Die erstmalig von Klemens von Alexandria
formulierte Mahnung,[71] die schon Paulus und sogar Christus zugeschrieben worden war und später in die *Constitutiones apostolicae* aufgenommen wurde,[72] war eine kaum beherzigte Warnung. Christen, bei
denen Witwen und Rentner ihre Ersparnisse einzahlten, ja sogar Geistliche, Bischöfe wie Diakone, denen die Gemeindekasse anvertraut war,
werden überführt, schamlos die Großzügigkeit der Brüder auszunützen.[73] Der Wettlauf ums Geld, der Gewinn um jeden Preis, einschließ-
lich Wucherei, in die die afrikanischen Bischöfe höchstpersönlich ver-
wickelt sind, all das wird in der Stunde der Verfolgung mit dem Meineid
einer großen Zahl von ihnen ein trauriges Ende finden.[74]
Der Dienst im Staat als kaiserlicher oder munizipaler Beamter oder auch
als Soldat wird für die Christen des 2. Jahrhunderts auf Anhieb nicht
zum Gewissenskonflikt. Gemäß dem paulinischen Rat übten sie nach
ihrer Bekehrung denselben Beruf, von dem sie lebten, weiter aus. Hyacinthus, ein Kammerdiener des Trajan, stirbt als Märtyrer.[75] Die Vorbehalte der Kirche werden sich erst ein Jahrhundert später melden. Die
Traditio apostolica verbietet den Christen munizipale Ämter.[76]
Der Militärdienst[77] war zu einer Art Volontärdienst geworden. Die
gemeine Truppe rekrutierte sich aus den niederen Gesellschaftsschichten. So verhielt es sich natürlich auch in Gebieten wie Asien und Afrika,
wo das Christentum Fuß gefaßt hatte. Der Militärdienst erforderte
Loyalität gegenüber dem Imperium und konnte es mit sich bringen, daß

man Blut vergießen mußte und verpflichtet wurde, dem Kaiser zu opfern.

Von Paulus bis zu Justin und Irenäus ist die Loyalität gegenüber dem Imperium vorbehaltlos. Die Christen sind stolz, dem römischen Staat anzugehören, dessen Frieden und Wohlstand ihnen zugute kam, und sie bewundern die Armee als die Institution, die am meisten dafür leistet. In der militärischen Symbolsprache bewegen sie sich wie Fische im Wasser. Die paulinischen Briefe sind vom Geklirr des römischen Waffenarsenals erfüllt.[78] Im Namen der Gemeinde in Rom stellt Klemens den Gläubigen in Korinth stolz die Armee als Vorbild hin: »Laßt uns doch auf jene achten, die für unsere Obrigkeit zu Felde ziehen, wie genau, wie bereitwillig, wie gehorsam sie die Befehle ausführen. Nicht alle sind doch Heerführer, oder Oberste oder Hauptleute oder Führer von Fünfzigschaften und so weiter, sondern jeder richtet an seinem Orte aus, was ihm vom Kaiser und den Führern befohlen ist.«[79] Gleicht nicht die Kirche dem Imperium, dessen Haupt und Seele der Imperator ist?[80] Wir sind hier noch von den »Lagern des Teufels« weit entfernt, aber einem »Christus imperator« sehr nahegekommen, der mit der goldenen Chlamys der byzantinischen Herrscher angetan ist.[81]

Der Philosoph Justin, der von Kolonisten und möglicherweise römischen Veteranen abstammt, ist bis ins Mark militärisch geblieben. Mit feierlichem Ernst verweist er auf die Soldaten des Imperiums, die ihr Wort verpfänden und ihr Leben einsetzen.[82] Die Wehrdienstverweigerer aus Gewissensgründen werden sich erst ein Jahrhundert später bemerkbar machen.

Zur Zeit Mark Aurels sind die Christen in den römischen Legionen zahlreich vertreten, besonders in der XII., die in Melitene (Türkei), und der III., die in Lambaesis in Nordafrika stationiert ist. »Wir füllen eure Lager!« läßt sich Tertullian lautstark vernehmen[83] – die meisten haben sicherlich subalterne Positionen; das Heer war der Ort, wo einfache Leute aufrücken konnten, für die eine Zenturionenstelle schon ein Marschallstab und die Veteranenpension eine Lebenssicherung bedeutete.

Das Wunder, das sich in der Legion von Melitene zur Zeit Mark Aurels ereignete[84] und das auf der Mark-Aurels-Säule in Rom verewigt ist, beweist, daß es im römischen Heer Christen gegeben hat. Die christlichen Autoren geben an, daß es der christliche Gott war, der allen Soldaten, ohne Ausnahme, zu Hilfe gekommen ist. Tertullian hätte es lieber gesehen, wenn er das »Teufelslager« vernichtet hätte, auch auf Kosten der Seinen. Eigentlich müßte man die Reaktionen dieses Sohnes eines römischen Zenturio tiefenpsychologisch untersuchen und fragen, inwieweit er durch seine militärische Herkunft belastet ist.

Die zum Christentum übergetretenen Soldaten haben keinerlei Bedenken, dem Imperium zu dienen.[85] Im 3. Jahrhundert stellen Tertullian, Laktanz und, etwas differenzierter noch, Origenes die Frage: Kann ein Christ als Beruf den Dienst mit der Waffe wählen? Es ist dies eine Streitfrage ohne rechten Adressaten, wenn man den Prozentsatz der Soldaten unter den Märtyrern des 3. Jahrhunderts ins Auge faßt;[86] und dazu eine ziemlich akademische Diskussion, insofern die christlichen Soldaten am Rande der Gemeinden lebten. Bei den Gottesdiensten waren selten Uniformen zu sehen. In konstantinischer Zeit werden dann die Märtyrerverzeichnisse ›gesäubert‹: Soldaten, die den Wehrdienst aus Gewissensgründen verweigert haben, werden daraus gestrichen.[87]

Alles in allem ermutigt die Kirche des 2. Jahrhunderts die Gläubigen nicht dazu, den Soldatenberuf zu ergreifen, auch wenn sie ihn nicht verbietet. Darin liegt einer der Vorwürfe, die der patriotisch gesinnte Celsus gegen die Christen vorbringt: sie untergraben die Grundmauern des Staates. »Was würde geschehen, wenn es alle so machten? Sehr bald befände sich der Kaiser allein, und das Reich würde eine Beute der Barbaren.«[88] Der Kaiser braucht jedoch, nach Origenes, eher Christen als Soldaten.[89]

Der Waffendienst stellt nur einen Teilaspekt eines sehr viel weiter reichenden grundsätzlichen Problems dar: Ist die Situation des Soldaten eigentlich so verschieden von der Situation einer in der Welt lebenden Kirche? Wie kann man sich in ihr behaupten, ohne auch Ansteckung und Gefährdung zu spüren zu bekommen? Ist der Christ »zu einem Leben als Eremit oder als Gymnosophist«[90] verurteilt? Es ist interessant festzustellen, daß sich gerade Tertullian gegen ein solches Einsiedlerleben wendet. Früher oder später werden sich die Christen, die mit ihrem Leben in die Welt verwoben sind, fragen, wie das Leben in den zwei Reichen zu vereinen sei. Wir werden es bald zu sehen bekommen.

Im 2. Jahrhundert werden Philosophen und Sophisten von den Städten und Fürsten geradezu umworben. Die Philosophie lenkt in der Person Mark Aurels das Reich. Die Römer sind der poesie- und seelenlosen Religion überdrüssig und wenden sich seit langem den großen Denkern zu.[91] Die Philosophie wird zur geistlichen Schule und der Philosoph zum Lenker des Bewußtseins und inneren Lehrmeister. Wie Klemens von Alexandria aus eigener Erfahrung beschreibt, stoßen viele von diesen zum Christentum.[92] Dieser plötzliche Zustrom von Intelligenz in eine für ihren Empfang schlecht gerüstete Kirche bedeutet Bereicherung und Zündstoff zugleich. Wie viele unzureichend bekehrte Philosophen gibt es, neben Justin, die zu jenem Zeitpunkt die Orthodoxie in Gefahr bringen!

Die Philosophen, die wie Justin Christen geworden sind, empfinden keineswegs eine Unvereinbarkeit zwischen Glaube und Vernunft, vielmehr tragen sie stolz und effektvoll ihren Philosophenmantel zur Schau. Der Wahrheit auf der Spur, sind sie zum Evangelium gestoßen,[93] und Platon ist der Erzieher zum Logos.[94] Die Kirche stellt diesem Berufsstand Adelsbriefe aus. Lieferte er nicht neue Mitglieder ganz besonderer Art und erbrachte damit gleichsam einen Beweis für die Weisheit des Evangeliums? Tatian äußert sich ausfallend und Tertullian, wie gewöhnlich, widersprüchlich.[95] Die gärende Unruhe der Gnostiker und das ständige Wachstum der Sekten lehren die Kirche den schwierigen Dialog zwischen Glaube und Verstehen. Die Berufsphilosophen machen sich in der jungen Kirche an eine langwierige Aufgabe: »Platon als Einstimmung auf Christus«, sagt Pascal; wo die platonische Seele und die christliche Seele zusammenfinden, ist ein Einschnitt markiert.

Mit der Bekehrung von Philosophen und Juristen stellt sich für die Kirche das Problem der Bildung, der Glaubensunterweisung und der Philosophie, der Sprache und der Kommunikation. Sind die heidnischen Wissenschaften nicht genauso vom Götzendienst überwuchert wie der Staat? Aber darf man das Erhabenste vom Erbe der Menschheit verschmähen? Tertullian sagt selbst in seiner Abhandlung *Über den Götzendienst*: »Wie kann man die profanen Studien verwerfen, ohne die es doch keine religiösen Studien gibt? Und wie soll man je zu wissenschaftlicher Einsicht über den Menschen gelangen, wie je handeln und denken können, wo doch die Bildung der Schlüssel zum Leben ist?«[96]

Nun, da die Frage so gestellt wird, tritt zum ersten Mal der Widerstreit zwischen Glaube und Bildung zutage. Tertullian lehnt die Ausbildung nicht ab, vorausgesetzt, daß das Gift der heidnischen Autoren nicht eingenommen wird.[97] Vom 3. Jahrhundert an zeichnet sich ein gewisser Vorbehalt gegenüber Schul- und Grammatiklehrern ab, die in den weltlichen Fächern unterrichten. Die *Traditio apostolica* zeichnet als Richtschnur für das Verhalten vor: »Wer Kinder unterrichtet, täte besser daran, seinen Beruf aufzugeben. Hat er keinen anderen Beruf, so soll man ihm zu unterrichten gestatten.«[98] In der Tat finden wir wenig christliche Grabinschriften von Grammatikern oder Lehrern.[99]

Dagegen rät die Kirche von allen Berufen ab, die an Magie und Astrologie rühren,[100] und von denen, die mit den Zirkusspielen zu tun haben:

das betrifft Rennreiter, Gladiatoren oder einfache Angestellte für die Organisation der Spiele. Die Theater- und Tänzerberufe wurden nicht besser behandelt: Komödianten, Mimen, Pantomimen, Tänzer und Tänzerinnen entstammten oftmals der Halbwelt, oder es stand ihnen der Abstieg dorthin bevor.[101]

Die schlichte Moral schloß die Prostituierten beiderlei Geschlechts aus, erst recht, sofern sie aus dem »ältesten Gewerbe der Welt« Profit zogen. Es ist allerdings erstaunlich, daß die *Traditio apostolica* ausdrücklich Bezug darauf nimmt,[102] als ob die Sache sich nicht von selbst verstünde. Das Empfinden der damaligen Zeit entsprach nicht dem unsrigen.

Von Anfang an schließen die Christen alle Berufe aus, die irgendwie mit den heidnischen Kulten zusammenhängen, zum Beispiel solche, die mit dem Bau und dem Schmuck der Tempel befaßt sind, die die Feierlichkeiten ausrichten und die Priester beliefern.[103] Eine gewisse Gleichgültigkeit scheint sich eingebürgert zu haben; »man muß richtig leben«, erklärt Tertullian daraufhin: »Du betest die Götzenbilder an, da du ja die Voraussetzung schaffst, daß sie angebetet werden!«[104] Die Empörung des Priesters aus Karthago erreicht ihren Höhepunkt, als er erfährt, daß ein Mann, der Götzenbilder herstellt, mit kirchlichen Ämtern betraut worden ist.[105]

Durch diese ablehnenden Voten der Kirche gerieten viele Bekehrte in Arbeitslosigkeit, und es oblag der Gemeinde, sie neu einzugliedern oder zu unterstützen. Außerhalb der heidnischen Kulte fand die Kunst nahezu keinen Gegenstand mehr,[106] und eine Fülle von Künstlern und Kunsthandwerkern verloren ihren Broterwerb. Für die Christen stellte sich die Frage, wie sie in einem von Götzen überwucherten Staat leben könnten. Dagegen anzugehen wurde immer unvermeidlicher.

Die Stellung der Frau

Ist die Kirche ihrem Wesen nach weiblich oder ist sie frauenfeindlich? Es wäre nicht schwer, für die eine wie für die andere Behauptung eine ganze Akte zusammenzustellen. Die Wirklichkeit ist sehr viel komplexer. Man darf allerdings niemals übersehen, daß wir die antike Situation nur aus dem beurteilen können, was Männer über sie ausgesagt haben; die Frauen selbst sind stumm geblieben. Innerhalb der christlichen Gemeinden spielen sie freilich eine aktive Rolle. Im Osten wie in Rom, in der Großkirche wie in den abweichenden Sekten tragen Frauen, und zwar häufig die begüterten Frauen, in so hohem Maße zur Ausbreitung des Christentums bei, daß sich die Frage stellt, ob nicht anfangs in der Kirche ein weibliches Übergewicht herrschte, so wie es später in der bürgerlichen Gesellschaft des 19. Jahrhunderts der Fall sein wird.

Man beobachtet, daß die Frauen in der Kaiserzeit, was Eifer und Ausübung der Frömmigkeit betrifft, tonangebend sind.[107] Wie aber läßt sich die große Anziehungskraft erklären, die das Christentum auf sie ausübt? Um so mehr, als doch der Besuch der Tempel, besonders des Isistempels, Sehnsüchte aller Art befriedigen konnte?[108] Die Frauen suchten und fanden dort häufiger Männer als die Gottheit.

Zu dem, was neu war am Evangelium, gehörte die Lehre von der Gleichheit von Mann und Frau, vom hohen Wert der Jungfräulichkeit und von der Würde und Unauflöslichkeit der Ehe. Gottesfürchtiges Handeln und sittliche Reinheit wurden vom Christentum zusammengesehen. Diese Aussagen widersprachen den überkommenen Ansichten und verurteilten die heidnische Moralvorstellung.

Im Kaiserreich wurde das junge Mädchen in einem Alter verlobt, da es noch mit Puppen spielte. Die Heiraten wurden von Mittelsmännern oder spezialisierten Agenturen arrangiert.[109] Wie die Verbindung ohne Zuneigung eingegangen wurde, so wurde sie auch ohne Anstand gelebt. Eheliche Treue wurde verhöhnt: Theatervorstellungen, Bäder und Festivitäten begünstigten die kurzlebigen Bekanntschaften.[110]

Den Frauen, die sich enttäuscht fühlen oder einen hohen Anspruch vertreten, bringt das Evangelium ein reineres Bild, ein Ideal. Patrizierinnen und Plebejerinnen, Sklavinnen und reiche Damen, junge Mädchen und reumütige Dirnen, sie alle kamen und ließen, im Orient wie in Rom oder Lyon, die Gemeinden anwachsen.[111] Die wohlhabendsten unterstützten diese mit ihrem Reichtum. Die Frau drängt in die Großkirche wie in die sich absondernden gnostischen und vor allem montanistischen Gemeinschaften in einem solchen Maße hinein, daß dadurch bei den Männern und den Klerikern Vorbehalte und eine nahezu frauenfeindliche Mißstimmung hervorgerufen wird. Für eine bestimmte Zahl der Kirchenväter, angefangen bei Tertullian,[112] der obendrein noch verheiratet war, ist die Versuchung ein Weib und das Weib eine Versuchung.

Im kleinasiatischen Hierapolis genießen die beiden Töchter des Philippus, der sicherlich nicht der Apostel ist, allseitige Verehrung.[113] Bischof Papias hat ihnen mit Erstaunen zugehört. Am Ende des 2. Jahrhunderts ist in Philadelphia eine weitere Prophetin, Ammia, äußerst einflußreich. In den apokryphen Schriften verschiedener Apostel wird sehr schön der Frauen im Apostolat des Johannes, des Paulus[114] und des Thomas

gedacht: eine erfreuliche Rehabilitation für eine aller Schlechtigkeiten
geziehene Eva.

Die Bekehrung der Flavia Domitilla, der Schwester des Kaisers Domitian, zeigt, sofern sie erwiesen ist, daß der kaiserliche Hof seit dem
Ende des 1. Jahrhunderts mitbetroffen ist. Als Vergeltungsmaßnahme
wurde ihr Mann hingerichtet und Domitilla selbst auf eine Insel verbannt.[115] Marcia, die Lieblingsfrau des Kaisers Commodus, dessen
Harem bis zu dreihundert Frauen und Dirnen und dreihundert Knaben
umfaßte,[116] ist möglicherweise Christin gewesen, so ungeheuerlich sich
ein solcher Sachverhalt für unser modernes Empfinden auch ausnimmt.
Zumindest hat sie ihre Sympathie für die Christen dadurch bekundet,
daß sie die Freilassung der zur Bergwerksarbeit in Sardinien verurteilten
Glaubensbekenner veranlaßte.[117] Unter den christlichen Grabinschriften ist J. B. de Rossi auf Namen von großen, mit dem Kaiserhaus der
Antonine verwandten römischen Familien gestoßen.[118]

Die Missionierung unter den Frauen verändert die antike Gesellschaft
zutiefst. Andere, wie beispielsweise Plutarch, hatten für die Gleichheit
der Bildung gekämpft. Die Stoiker befürworteten die gleiche Schulaus-
bildung für beide Geschlechter. Es blieben platonische Wunschvorstel-
lungen, ohne Einfluß auf die Gesellschaft. Das Christentum handelt
mehr, als daß es doziert. Der Frau verbrieft es ihren christlichen Adel
und würdigt ihre Existenz, die das Heidentum geringschätzte; nachdrücklich lehrt es ihre Gleichstellung neben dem Mann.[119]

Das freiwillige Zölibat um des Reiches Gottes willen bekräftigt die
autonome Freiheit der Frau und die Vorrangigkeit der christlichen
Hoffnung vor den Begierden des Fleisches – und das in einer Zeit, die
noch immer der Prostitution religiöse Weihe verleiht. Die Heiden stoßen sich unaufhörlich an einem Zeugnis, das ihren schwerfälligen Verstand übersteigt. Selbst Galen kann sich nur schlecht »die Art von
Scham« erklären, »die die Christen veranlaßt, sich vom Brauch der Ehe
fernzuhalten«. Wenn es eine Strömung in der Christenheit gibt, die sich
nicht damit begnügt, die Würde der Ehe wiederherzustellen, sondern
ihre Rechtmäßigkeit bezweifelt, dann drückt sich darin niemals die
Position der Großkirche aus. »Christen heiraten, gleich allen«, bestätigt
der *Brief an Diognet*, »sie zeugen Kinder, aber sie setzen die Neugebo-
renen nicht aus.«[120] Unauflöslichkeit und Treue, besonders von seiten
des Mannes, wiederherzustellen, erscheint als unerhörte Forderung.
Minucius Felix konnte den Verleumdungen mühelos das Maul stopfen:
»Ihr klagt uns falscher Inzesthandlungen an, ihr selbst begeht die
eigentlichen!«[121]

Die eheliche Harmonie und die Gleichstellung der Eheleute wurden freilich weniger betont als die Gehorsamsverpflichtung der Frau und ihre erzieherische Aufgabe. Die Rehabilitation der Frauen vollzieht sich nur langsam und schrittweise.

Mit der Achtung vor der Frau fordert das Christentum auch Respekt vor dem Leben, und zwar zu einer Zeit, da die Abtreibung in allen Gesellschaftsschichten, in Ägypten gleichermaßen wie in Rom, gang und gäbe ist. Kaiser Domitian zwang seine Nichte zu einer Abtreibung; sie starb daran,[122] was großen Aufruhr erregte. Die Aussetzung von Kindern war keine geringere Plage. Wir besitzen noch den Brief eines ägyptischen Arbeiters an seine schwangere Frau, von der er getrennt ist, weil er in Alexandria arbeitet. Er bittet sie, den Nachwuchs, sofern es ein Mädchen ist, verschwinden zu lassen.[123]

Man muß sich davor hüten, das Bild der christlichen Antike um jeden Preis zu beschönigen, erst recht auf Kosten der Wahrheit. Das Evangelium hat weder die Menschen auf wunderbare Weise verändert noch alle Schwächen aufgehoben. Der *Hirte* rät, Vergebung zu üben und, wenn nötig, mit dem Reumütigen das gemeinsame Leben wieder aufzunehmen.[124] Verzeihen ist besser, als mitanzusehen, wie sich der Ehegatte wieder dem Götzendienst zuwendet.

Dieser Realismus hebt sich deutlich ab von dem schwärmerischen Geist, aus dem heraus bestimmte Sekten der Frau die Mutterrolle verbieten. Thomas unterweist in den Schriften, die seinen Namen tragen, die Tochter König Gundaphars am Tage ihrer Eheschließung im Glauben und predigt ihr die völlige Enthaltsamkeit. »Ich bin gekommen, die Werke der Frau zu zerstören.«[125]

Einige Gnostiker gehen so weit, die Ehe als Prostitution hinzustellen. Auf der anderen Seite nutzen andere gnostische Sektierer – Simon, Apelles und Marcus – die Gutgläubigkeit der Frauen aus und verdrehen ihnen sogar den Kopf, um sie für Vertraulichkeiten willig zu machen, die die schlichte Moral mißbilligen muß.[126]

Für die verheiratete Frau nehmen die Schwierigkeiten zu, wenn sie sich allein, ohne ihren Mann, zum Christentum bekehrt. Diese Situation war im Laufe der ersten Jahrhunderte in allen Gesellschaftsschichten sicherlich häufig gegeben. Die *Didaskalia* hat diesen Fall, ohne zu dramatisieren, im Auge,[127] und bis in die Zeit Monicas und Augustins hinein soll die christliche Frau ihrem Mann das wahre Antlitz des Christentums zeigen; ihre Seelengröße kann schließlich den Gatten auch zum Evangelium führen. Die Heiden riefen so oder so immer aufs neue: »Sie tragen Zwietracht in die Familien!«[128]

Beispiele gibt es die Fülle. Justin erzählt die Geschichte einer Römerin aus der vornehmen Gesellschaft, die sich nach ihrer Bekehrung zum Christentum vergeblich bemühte, ihren Mann dem wüsten Lebenswandel zu entreißen.[129] Schließlich und endlich läßt sie sich scheiden. Verärgert, wie er ist, denunziert der Ehemann sie als Christin. Das eheliche Rachegefühl wirft ein Licht auf die alltäglichen häuslichen Dramen. Tertullian berichtet von dem Fall des kappadokischen Statthalters Claudius, der sich für den Übertritt seiner Frau zum Christentum rächen will und darum die Christen verfolgt.[130]

Diese Erfahrungen machen die Vorbehalte der Kirche gegenüber Mischehen zwischen Heiden und Christinnen verständlich. Tertullian beschreibt Einsatz und Risiko, wie sie sich für die verheiratete Frau dabei ergeben: »Es wird ihr nicht möglich sein, ihren Verpflichtungen gegenüber dem Herrn nachzukommen, mit einem Knecht des Teufels an ihrer Seite, der von diesem Herrn beauftragt ist, ihren Eifer und ihre Frömmigkeit zu behindern. Wenn sie zum Gottesdienst gehen will, wird er sie schon früh zum Bade rufen; wenn sie fasten will, wird ihr Mann just an dem Tag ein Fest feiern; muß sie ausgehen, so wird so viel im Hause zu tun sein wie noch nie.«[131] Wahrhaftig ein Bild, wie es nur von einem verheirateten Mann ausgemalt werden kann!

Die Bekehrung eines jungen Mädchens verdüsterte seine Zukunftsaussichten. Wie sollte man eine gute Heiratsmöglichkeit innerhalb eines Personenkreises ausfindig machen, in dem die Frauen in der Überzahl waren? Gehörte das junge Mädchen der Aristokratie oder den herrschenden Schichten an, so wurde seine Auswahl innerhalb der Gemeinde, in der die jungen Leute im heiratsfähigen Alter meist aus einfacheren Verhältnissen stammten, noch weiter eingeschränkt. Zur Zeit Mark Aurels verlor die Patrizierin, die einen nichtadligen Mann heiratete, ihren Titel »clarissima«. Es kam auch vor, daß junge Adlige mit Freigelassenen oder sogar Sklaven in wilder Ehe lebten, um ihren Adelstitel nicht zu verlieren.[132]

Tertullian mißbilligt dieses Verfahren und ermahnt die junge Christin leidenschaftlich, den Adel des Glaubens dem des Geblütes vorzuziehen. Innerhalb einer wahrhaftigen Liebesbeziehung entschädigt die Übereinstimmung im Glauben vollauf für die soziale Unebenbürtigkeit.[133] Papst Kalixtus wird diese morganatische Gepflogenheit zwischen einer höhergestellten Person und einem Freien niedrigerer Herkunft oder sogar einem Sklaven billigen und es darüber hinaus, dem römischen Recht zum Trotz, auch genehmigen. »Unverheirateten

Frauen in reifen Jahren, die in Liebe zu einem Mann entbrennen, der ihres Standes nicht würdig ist, und die darum ihre eigene Stellung nicht aufgeben wollen – denen erlaubt er«, so berichtet Hippolytus entrüstet, »sich mit dem Mann, so als wäre es zulässig, zu verbinden und diesen, sei es nun ein Sklave oder Freier, den sie sich zum Bettgenossen erwählten, als ihren Ehemann zu betrachten, ohne vor dem Gesetz verheiratet zu sein.«[134]

Diese damals häufigen freien Beziehungen billigt der Papst unter der Bedingung, daß sie von der Kirche sanktioniert und den allgemeinen Regeln der Treue und Unauflöslichkeit unterworfen sind.[135] Die intern legitimierten, mehr oder weniger in der Verborgenheit geschlossenen Ehen – das Gesetz erkannte sie nämlich nicht an – liefen Gefahr, daß sie entweder unfruchtbar blieben oder aber die Partner veranlaßten, eher Abtreibungsmaßnahmen zu ergreifen, als das Kind eines Freigelassenen oder Sklaven anzuerkennen. Für das vom Gesetz gestattete Konkubinat selbst gab es die Möglichkeit der freiwilligen Sterilisation.

Mag es auch Hippolytus mißfallen, der darüber mit Papst Kalixtus hart ins Gericht geht, so muß man doch den realistischen Sinn eines Hirten würdigen, dem es gelungen ist, in ausweglose Situationen verstrickte Christinnen von einer Gewissenslast zu befreien.

Die Schriften der christlichen Autoren jener Zeit wimmeln von Empfehlungen, die sich wie ein Gärstoff in der überalterten Welt ausnehmen. Tertullian widmet dem »Jungfrauenschleier« eine Abhandlung, um den christlichen jungen Mädchen seinen Gebrauch nahezulegen und zu begründen. Die *Didaskalia* empfiehlt den verheirateten Frauen, ihren Kopf auf freiem Platz und in der Versammlung mit einem Schleier zu bedecken, um ihre Schönheit zu verbergen und keinerlei Begierde zu erwecken.[136] Von den nicht nach Geschlechtern getrennten und häufig von Frauen mit zweifelhafter Lebensweise aufgesuchten Bädern, die die Verfügungen der *Digesten* nicht hatten verbieten können,[137] wird Christen beiderlei Geschlechts ausdrücklich abgeraten.[138]

Der jungen Witwen, denen schon Paulus empfahl, sich zu verheiraten, um nicht der eigenen Untätigkeit zum Opfer zu fallen, hat sich die Gemeindekasse angenommen. Die eifrigsten unter ihnen schließen sich zu einer Kommunität zusammen.[139]

Nirgends treten Würde und Gleichrangigkeit der Frau mit dem Mann deutlicher zutage als in dem Martyriumsgeschehen. Die Zahl der Frauen, auf die wir dabei stoßen, ist Ausdruck ihres Heroismus. Es gibt kaum einen Bericht, der nicht die Beteiligung von Frauen und jungen Mädchen anzeigt.[140] Die Heiden scheinen sich aus einem sadistischen

Gefühl heraus mit besonderer Vorliebe an sie heranzumachen, so als ob sie den Sieg des Christentums verkörperten.

Ungeachtet der Schwächen und Mißerfolge versuchte die christliche Gemeinde immer wieder, im Eifer ihres Glaubens eine andere, eine neue Gesellschaft zu verwirklichen, in der die sozialen, ethnischen und sexuellen Schranken niedersanken vor dem unbändigen Willen, die christliche Brüderlichkeit wahrhaft zu leben, in Geben und Nehmen. Der Bruder, die Schwester, arm oder reich, jeder erscheint im Lichte des Evangeliums nicht nach menschlichen Begriffen, sondern in der Gemeinschaft eines Lebens und derselben Gnade.

Zweiter Teil

Die Präsenz in der Welt

Erstes Kapitel

Die Ansteckungskraft des Glaubens

Die äußerst rasche Ausbreitung des Christentums, im Gegensatz zum Niedergang der heidnischen Religionen, hat die Heiden überrascht und zuweilen erschreckt. Die griechisch-römische Welt ist weder zum Mithras- oder Kybelekult übergetreten noch zum Judentum, trotz der aufgebotenen Propaganda, sondern sie hat sich zum Evangelium bekehrt. Weniger als zwei Jahrhunderte nach Christi Tod nehmen die Christen eine unauslöschliche Stellung im Imperium ein. Am Vorabend des Konstantinischen Friedens wird ihre Zahl auf fünf, ja sogar zehn Prozent der Reichsbevölkerung geschätzt.[1]

Der römische Staat wurde von diesem Prozeß überrascht, und das erklärt, warum er die Gefahr so schwer abschätzen und nur so langsam darauf reagieren konnte. Als er sich schließlich rührte, war der Erdkreis schon angesteckt. Die rechtlichen Maßnahmen, die ergriffen wurden, hinkten hinter den Ereignissen her.

Wie soll man diesen Erfolg erklären, wo doch alle anderen aus dem Osten stammenden Religionen gescheitert sind? Wollen wir die Triebkräfte und Gründe dafür entdecken und aufzeigen, sind Geschwindigkeit und Tiefgang bedenkenswert, mit denen die sozial wie geographisch allumfassende Verbreitung vor sich geht.

Der westliche Geist kann sich Missionsarbeit nicht anders vorstellen als mit Hilfe einer klar umrissenen Strategie und einer von Fachsoziologen gehörig überprüften Methodik des Handelns. Schule, Presse, Organisationen und Bewegungen sind uns jahrhundertelang als unerläßliche Werkzeuge der Mission erschienen.

Im Laufe der beiden ersten Jahrhunderte, während derer die Kirche – weit entfernt von staatlicher Förderung – der Verachtung und Feindseligkeit der Bevölkerung ausgesetzt ist, hat die Ausbreitung des Christentums eher etwas mit Lebendigkeit als mit Strategie zu tun. Die Kirche erlebt die Jugendzeit ihrer Geschichte. »April ist in ihren Augen.«[2] Sie schmettert die gute Botschaft hinaus bis zu den Grenzen der Welt,[3] mit der gleichen Begeisterung, mit der sie selbst diese im Eifer der ersten Liebe aufgenommen hat, einer Liebe, die sich mit der Zeit vertieft, jedoch nicht noch einmal von neuem beginnt. Man brauchte Pastellfarben, wollte man beschreiben, wie dieser Frühling die Welt zum Blühen bringt.

Um einen Begriff davon zu bekommen, genügt es, das, was wir von der Situation der Menschen im 2. Jahrhundert wissen und bisweilen erschließen, mit der der folgenden Generation zu vergleichen, die uns besser bekannt ist. Das Klima ist ganz anders zur Zeit des Tertullian und des Origenes. Der ursprüngliche Schwung ist abgeflaut. Die Kirche hat ihre ersten Erfahrungen gemacht und Abtrünnigkeit erlebt; sie ist durch Häresien verwundet und von Verfolgungen in Atem gehalten worden. Der Alltag erwacht.

Daher rührt das Abwehrverhalten der Bischöfe, daher die aggressive Unversöhnlichkeit Tertullians und eine Gesetzgebung, die ihre spanischen Reiter einsetzt. Die Kirche schützt sich, sie verteidigt ihre Anhänger, was verständlich ist, wenn man bedenkt, was auf dem Spiel steht und wie gefährlich ein losbrechender Sturm wäre; doch finden wir hier eben nicht mehr den Schwung der Frühzeit.

Im Verhältnis zur urchristlichen Kirche vollzieht sich in der auf die zwölf Apostel folgenden Zeit zunächst der Bruch mit der Synagoge, welche die erste Ausbreitungswelle des Christentums wohl erleichtern konnte, die nun folgende jedoch zu behindern droht.

Das Heil kommt von den Juden[4]

In einem ersten Zeitabschnitt, der sich etwa über das 1. Jahrhundert erstreckt, hat das Christentum für seine Entwicklung aus der Einrichtung der Judenviertel Nutzen gezogen, die über die ganze Welt, vom Ebro bis zum Euphrat, verstreut waren. Für Paulus und seine Mitarbeiter, die dem Judentum entstammten, stand fest, daß sie bei ihren Glaubensbrüdern in den wichtigsten Städten des Imperiums Aufnahme finden würden. Die Gastgeber haben als erste die »gute Botschaft«, die aus dem Land ihrer Väter kam, vernommen. Wie sollte man nicht betroffen sein bei der Nachricht, daß die Zeit der Propheten in Israel nicht vorüber war?

Im Judenchristentum hat es eine erste Generation von Missionaren gegeben – und zwar Apostel und reisende Propheten, wie sie die *Didache* erwähnt[5] –, die sich innerhalb der Traditionen des Judentums freiwillig in den Dienst des Evangeliums gestellt haben. Juden, die in Jerusalem oder auf ihren Geschäftsreisen unterwegs bekehrt wurden, können die »gute Botschaft« zu Hause, in Alexandria oder Karthago, weitergesagt und sich zu Fürsprechern der neuen Christusreligion gemacht haben. Die vielen »Gläubigen« – Männer wie Frauen –, an die Paulus am Ende seines Römerbriefes Grüße richtet,[6] noch bevor er zu ihnen gereist ist, mögen zum Teil auf diese Weise erreicht und bekehrt worden sein. Aquila und Prisca sind bei ihrer Rückkehr nach Rom nicht untätig geblieben. Wie sollten sie nicht die Botschaft verbreiten, nachdem sie sie aus dem Mund des Apostels vernommen hatten! Von Junias und Andronicus, die jüdischer Herkunft sind, versichert der Römerbrief ausdrücklich, daß sie vor Paulus Christen geworden, und vor allem, daß sie tätige »Missionare« gewesen sind.[7]

Unter den Nachfolgern des Petrus in Rom wird nur von Evaristus genau vermerkt, daß er jüdischer Abstammung war.[8] Die übrigen Bischöfe in Rom scheinen bereits aus heidnischen Familien zu kommen. Das gleiche gilt für Antiochia, wo alle Nachfolger des Petrus griechische Namen tragen.[9] In Edessa, in Alexandria und in Nordafrika breitet sich die Botschaft des Evangeliums, die von irgendeinem in Jerusalem bekehrten Juden oder irgendeinem mit dem neuen Glauben heimgekehrten Pilger mitgebracht wurde, in den örtlichen Judenvierteln aus. Die ersten christlichen Generationen von Karthago schlafen mit ihren jüdischen Brüdern zusammen den letzten Schlaf.[10]

Während des 1. Jahrhunderts war das christliche Leben noch so verwoben mit dem jüdischen, daß der römische Staat keinen Unterschied machte, sondern sie insofern gleich behandelte, als er ihnen dieselben Privilegien gewährte: freie Ausübung des Kults, Befreiung vom Militärdienst, Freistellung von allen Aufgaben, Verpflichtungen und Ämtern, die sich mit dem Monotheismus nicht vertragen.[11] Die Befreiung vom Kaiserkult wurde durch ein Fürbittegebet für den Kaiser aufgewogen. Die Christen werden diese Gewohnheit beibehalten.[12]

Wenn man von der kurzfristigen und streng auf das römische Stadtgebiet begrenzten Verfolgung durch Nero absieht, hat die junge Kirche bis zum Ende des 1. Jahrhunderts vom jüdischen Status profitiert. Es ist möglich, daß die Juden, denen die Neuartigkeit des Christentums bewußt wurde, darüber wachten, jede Zweideutigkeit gegenüber der römischen Gewalt auszuschalten. Andere, die Christen geworden sind, aber noch sehnsüchtig an ihrer Vergangenheit hängen, sondern sich ab und schließen sich in eigenen Gemeinschaften zusammen.

Die Lage verändert sich zu Beginn des 2. Jahrhunderts, als die Trennung deutlich vollzogen ist. Wie der Brief des Plinius bezeugt, erkennt der Staat die wesensmäßige Selbständigkeit der christlichen Bewegung an. [13] Als im Jahre 135 der Sturm über das Judentum losbricht, wird die Christenheit keineswegs behelligt; sie lebt in Frieden und wächst weiter an. [14]

Die Christen ihrerseits gehen auf Distanz zum Judentum und bekräftigen ihre Eigenständigkeit. Bischof Marcus, der zu jener Zeit der Kirche in Jerusalem vorsteht, ist heidnischer Herkunft. Belehrt durch die paulinische Erfahrung, ist der Kirche die Zweideutigkeit einer solchen Situation zu Bewußtsein gekommen, die auf das Evangelium verfälschend wirken konnte.

Immerhin hatte das Diasporajudentum dem Christentum den Weg bereitet durch sein Bekenntnis zu dem einen Gott, dem Schöpfer Himmels und der Erden, und durch seine Gesetzestreue. [15] Auf heidnischem Gebiet war sich Israel der providentiellen Bedeutung seiner Zerstreuung und der missionarischen Verantwortung seiner Anwesenheit dort bewußt geworden. Das jüdische Proselytentum hatte bei den Spitzen der Gesellschaft Aufmerksamkeit erregt und in Lehre und Moral einen Anspruch erhoben, dem nun die Botschaft des Evangeliums entsprechen kann, was ihr zugute kommt. [16]

Die Selbständigkeit der Kirche gegenüber der Synagoge bedeutet keinen Bruch. Der Dialog geht durchs ganze 2. Jahrhundert hindurch weiter. Die Christen scheuen die Auseinandersetzung nicht. Kontroversen entspinnen sich über die heiligen Schriften und besonders über die in Christus erfüllten Prophetien. Für die Apologeten Ariston von Pella und Justin bleiben die Juden bevorzugte Gesprächspartner. Der *Dialog mit dem Juden Tryphon* ist ein Beispiel dafür und letztlich eine Ehrenerklärung an Israel. In den folgenden Jahrhunderten setzt sich das Gespräch auf einer neuen Ebene fort.

Aber die Diskussion hat bereits etwas Akademisches an sich, denn die lebendigen Kräfte der Christenheit betätigen sich von nun an unter den Heiden. Schließlich wendet sich die erwachsen gewordene Kirche frei von jeder Vormundschaft der griechisch-römischen Welt zu.

Die Methode der Verkündigung

Das Evangelium profitiert von dem, was gleichzeitig Beweglichkeit und Zusammenhalt der mediterranen Welt ausmacht. Mit den erleichterten Verbindungsmöglichkeiten und der Bedeutsamkeit von Handels- und Kulturaustausch entsteht die Wanderbewegung. Orontes, aber auch Nil und Bagradas schütten ihre Wasser in den Tiber und die Rhône. Die Kirche ist mediterran, sie spricht griechisch, die Sprache der literarischen Beziehungen und der Handelsverbindungen. Da sie in jeder Stadt des Reiches verstanden wird, begünstigt sie die Ausbreitung, ermöglicht den Austausch und hält die Verbindungen zwischen den missionierten Gemeinden aufrecht. Die Sprache ist und bleibt ein wirksamer Faktor für die Einheit: man hört auf, einander zu hören, wenn man aufhört, sich zu verstehen. [17]

Das Aramäische zugunsten des Griechischen abzulegen ist ein genialer Einfall gewesen und hat gleichsam das Ferment des Evangeliums mitten in den Teig der Menschheit hineingebracht. Schon dadurch hat sich die Kirche für die Mission entschieden; sie hat die Allerweltssprache gewählt, die am ehesten ihre Botschaft bis zu den Grenzen des Imperiums erschallen lassen konnte. Das Griechische spielte damals die Rolle wie heutzutage das Englische, es befähigte dazu, herumzureisen und sich in allen Metropolen und Zentren der Welt verständlich zu machen. Gefährlich wäre dabei gewesen, sich nur mit dem Griechischen zufriedenzugeben, denn vor den Toren von Antiochia wurde syrisch gesprochen. Und um die Gallier zu missionieren, mußte sich Irenäus »ihres barbarischen Dialekts« bedienen;[18] die Verkündigung war es wert, der schönen Sprache der Griechen zu entsagen.

Der erste Anstoß zur missionarischen Ausbreitung war von Paulus und den übrigen Aposteln ausgegangen. Die ursprünglich apostolischen Gemeinden wie Korinth oder Ephesus halten die Erinnerung an ihre Gründung und den Stolz darüber lebendig. Das missionarische Genie des Paulus hat die Gemüter in Erstaunen versetzt: seine angeborene Gabe der Teilnahme und sein Gespür im Umgang mit den verschiedensten Menschen. Wie ein Fluß, der seinem Zielort zustrebt, umgeht er die Hindernisse und bewässert das gesamte Land. Wie häufen sich doch die Namen in den Grußworten, und wie viele Frauengestalten sind in den Briefen dieses Mannes erwähnt, den man unbedingt zu einem Frauenfeind hat machen wollen!

Als die Apostel nicht mehr da sind, eifern ihnen die Gemeinden nach, anstatt um sie zu trauern. Das apostolische Erbe ist von nun an in ihre

Hände gelegt. Die Verantwortung ruht auf der gesamten Gemeinde.
Bekehrung heißt Mission, und Glaube Teilen. Wenn das apostolische
Charisma einige besonders auszeichnet, so fühlen sich doch alle für die
Mission mitverantwortlich. Die Christenheit zählt »so viele Apostel
wie Gläubige. Die Verkündigung breitet sich von selbst fast überallhin
aus, durch den Einsatz Unbekannter, ohne institutionalisierte Mission.
Das Saatgut des Glaubens breitet sich durch die freie Willensregung der
einzelnen aus.«[19]

Der Anstoß zur Mission kommt selten von seiten der Hierarchie, die zu
jenem Zeitpunkt damit befaßt ist, Fuß zu fassen und der bischöflichen
Autorität Anerkennung zu verschaffen. Wir kennen kein einziges Beispiel eines Missionars, der von dem Haupt einer Gemeinde entsandt
worden wäre.

Mission wird ohne sonderlichen Auftrag allein durch die Kraft des in
der Taufe gegründeten Glaubens betrieben und geht in der Regel von
jedem beliebigen Christen aus. Wir treffen auf Priester, aber die Laien
sind in der Mehrzahl. Das Christentum sickert durch, es breitet sich im
Bereich der Familie, der Arbeit und des persönlichen Umgangs aus. Die
Verkündigung ist unaufdringlich und »spielt sich nicht im grellen Licht
der Öffentlichkeit von Plätzen und Märkten ab, sondern sie geschieht
geräuschlos, als Zwiegespräch im Flüsterton, unter vier Augen, im
Schutz des heimischen Herdes.«[20]

Äußerst zutreffend ist der Begriff »Ansteckung«, den Tacitus und Plinius benützt haben, um die neue Religion und die Art ihrer Verbreitung
zu charakterisieren: als Flüsterpropaganda von der Gattin zum Gatten,
vom Sklaven zum Herrn wie vom Herrn zum Sklaven, vom Schuster
zum Kunden, verborgen in kleinen Lädchen, wie es die Zeugnisse darstellen, die auf uns gekommen sind.

Die neuere Auffassung von der Missionierung eines Milieus durch dieses Milieu selbst scheint zu eng gefaßt zu sein, um dem paradoxen
Tatbestand gerecht zu werden, daß der Sklave dem Herrn und der Herr
dem Sklaven, der Arzt dem Kranken und der Kaufmann seinem Kunden das Evangelium bringt. In der Umgebung des Philosophen Justin
sind die verschiedenartigsten Menschen beieinander: Tatian, der ebenfalls Philosoph ist, neben Euelpistus, einem Sklaven, und Charito, eine
Frau, neben den anderen Schülern.

In Lyon sind Attalus und Vettius als Persönlichkeiten der angesehenen
Gesellschaft den im Amphitheater zusammengedrängten kleinen Leuten wohlbekannt, denn die beiden haben ihnen Dienste erwiesen und
dabei auch die gute Botschaft verkündet. Der Arzt Alexander hat im

Rahmen seiner beruflichen Tätigkeit gewirkt, bei den Kranken, die zu ihm um Hilfe kamen, mehr als bei seinen Kollegen, die nirgends erwähnt werden.[21]

Unter den Christen gibt es solche, die ihr ganzes Leben in den Dienst der Verkündigung stellen, so wie es diejenigen gemacht hatten, die sich schon im Judentum »Apostel« nannten und von denen in der *Didache* die Rede ist.[22] Wie die Propheten und die Schriftgelehrten sind auch sie Reisende; sie wandern von Stadt zu Stadt. Die einen leben von ihrer Arbeit, für den wahrscheinlich größeren Teil jedoch kommen, wenn die Gemeinde besteht, die Brüder auf, die ihren Dienst in Anspruch nehmen – verdient doch jede Arbeit ihren Lohn.[23] Fehlt eine Gruppe, die sie aufnehmen kann, kommen die Missionare mit ihrem Handwerk selbst für die täglichen Notwendigkeiten auf, wie es der Apostel Paulus getan hatte. Ihre Entsagung und Uneigennützigkeit waren schon für sich genommen ein Zeugnis und der Prüfstein, der die wahren Apostel erkennen ließ.[24]

Von dem Historiker Eusebius erfahren wir, daß die reisenden Apostel mit der ersten Generation nicht verschwunden sind.

> »Sehr viele von den damals lebenden Jüngern zogen nämlich, nachdem sie, vom göttlichen Worte zu heißer Liebe für die Philosophie [christliche Lehre] begeistert, in Befolgung eines Erlöserwortes ihr Vermögen an die Armen verschenkt hatten, in die Ferne und waren als Evangelisten tätig und eifrig bemüht, denen, die noch gar nichts von der Glaubenslehre gehört hatten, zu predigen und ihnen die Schriften der göttlichen Evangelien zu bringen. Nachdem sie auf fremdem Boden nur erst den Grund des Glaubens gelegt hatten, stellten sie andere Männer als Hirten auf, um diesen die Pflege der Neubekehrten anzuvertrauen. Sodann zogen sie wieder in andere Länder zu anderen Völkern.«[25]

Eusebius idealisiert und schematisiert hier. Wir hätten gerne genauere Angaben über die ersten Missionarsgenerationen, die die Apostel ablösen. Ob Eusebius sie besaß? Wir wissen es nicht. Wie hießen die Missionare, die zur Verkündigung des Evangeliums aufgebrochen waren und festgefügte Gemeinden hinter sich zurückließen mit Hirten, die das Land weiter bebauen sollten, das sie urbar gemacht hatten? Einen von ihnen hat uns der Historiker immerhin namentlich überliefert: Pantänus, ein Herold des Evangeliums Christi, der die empfangene Botschaft zu den Völkern des Ostens trug und sogar bis nach Indien gelangte.[26] Gewiß ist er nicht der einzige gewesen, denn Eusebius fügt hinzu:

»Tatsächlich gab es damals noch Wortverkündiger die Menge, die das Verlangen hatten, ihren göttlichen Eifer, die Apostel nachzuahmen, zur Ausbreitung und Vermehrung des göttlichen Wortes einzusetzen. Zu ihnen gehörte Pantänus.«[27] Ehe er Katechet in Alexandria wurde, ist er Missionar gewesen – sicherlich um sich für die Aufgabe und die Lebensbedingungen der großen Metropole zu rüsten.

Bei Origenes begegnet die gleiche Feststellung: »Soweit es in ihren Kräften steht, versäumen die Christen nichts, ihre Lehre über das gesamte Universum zu verbreiten. Zu diesem Zweck haben es sich einige zur Aufgabe gemacht, von Stadt zu Stadt und von Ort zu Ort zu ziehen, um die anderen zum Gottesdienst zu bewegen.«[28] »Die missionarische Verbreitung schritt voran«, so heißt es an anderer Stelle bei Origenes, »ohne daß die Zahl der Evangelisten zugenommen hätte.«[29] Einige solcher Prediger scheint er durchaus vor Augen zu haben, denn er spricht von ihnen im Präsens und vergleicht sie mit denen, die noch zu seiner Zeit durch die Welt ziehen.

Zwischen der völligen Entsagung und dem gewöhnlichen Leben war auch Raum für spontane Betätigung von solchen, die ohne ihre Umgebung aufzugeben und unter Beibehaltung ihres Berufes oder aber auf Reisen, die nicht eigens um der Verkündigung willen unternommen wurden, die gute Botschaft predigten.[30] Celsus spottet über diese unvorbereiteten Evangelisten, weil sie keine Schule besucht hätten und es ihnen an Bildung fehle.

> »Wir beobachten in den Privathäusern der Weber, Schuster und Walker Leute, die das letzte an Unwissenheit und bar jeglicher Bildung sind; in Gegenwart der Meister, Männer mit Erfahrung und Urteilsvermögen, würden sie sich hüten, den Mund aufzumachen. Treffen sie aber auf die Kinder des Hauses und die Frauen, die genauso einfältig sind wie sie selbst, dann schwatzen sie ihre Wundergeschichten heraus.«[31]

Es ist deutlich, daß Celsus übertreibt, seine Angriffe sind grobschlächtig. Er redet geringschätzig, um besser triumphieren zu können. Seine überspitzte Art richtet sich gegen die neue ›Chimäre‹, die die Gesellschaft und die Kultur, in denen er tief verwurzelt ist, zum Wanken bringt.

Immerhin hat Celsus, ehe er schrieb, seine Beobachtungen gemacht; er hat Kontakt zu christlichen Gruppen aufgenommen, um Methode und Taktik der Verbreitung zu erkunden. Sieht man einmal von der Unverschämtheit und dem Vorurteil ab, ist die Beobachtung des Celsus zutreffend. Er hat genau gesehen, in welchem Milieu und nach welchem Verfahren christliches Proselytentum sich vollzieht.

Das persönliche Wirken des einzelnen ist die Regel. Es bleibt jedem unbenommen. Jeder Christ kann seine Entdeckung mit den Gliedern seiner Familie, mit seinen Arbeitskollegen oder seinen Freunden teilen. Als erste haben die Geringen, die Armen, die Hafenarbeiter und Handwerker die gute Botschaft mit Staunen vernommen; sie sind einander nahe, denn ein gemeinsames Geschick hat sie zusammengeführt, sie sind durch dieselben Lebensbelastungen miteinander verbunden und empfänglich für jeden, der zu ihnen von Erlösung und Freiheit,[32] von Frieden und Würde spricht. Es sind allerdings genau die kleinen Leute, unter denen sich auch die schändlichsten Gemeinheiten zutragen. Wie das Evangelium aufgenommen wird, ist letztlich eine Frage der menschlichen Ansprechbarkeit, und diese ist nicht nach Maßgabe der sozialen Schichtung verteilt.

Zuerst werden die Mitglieder der Familie missioniert. Die Zeugnisse sind nicht selten, nach denen das Evangelium jeweils das ganze Haus, Ehegatten und Kinder, erfaßt. Justin zitiert das Beispiel von Christen, die »von Kindheit an« dazugehören.[33] Einer der Begleiter des Märtyrer-Philosophen behauptet vor Rusticus, dem Präfekten von Rom: »Wir haben ebendiesen Glauben von unseren Eltern empfangen.«[34] Polykarp selbst bekennt, daß er Christus schon seit sechsundachtzig Jahren diene, woraus man schließen darf, daß er schon in jungen Jahren getauft wurde.[35] Ebenso erwidert Papylus in Pergamon dem Prokonsul, daß er »Gott seit seiner Kindheit diene«[36].

Polykrates, Bischof von Ephesus und Zeitgenosse des Irenäus, läßt uns in einem Brief, den er Papst Viktor zuschickt,[37] wissen, daß er in eine typisch christliche Familie hineingeboren wurde: Sieben nahe Verwandte sind Bischöfe gewesen, und er ist der achte. Er versichert, er sei fünfundsechzig Jahre alt, was wahrscheinlich, da er aus gläubiger Familie stammt, bedeutet, daß ihm der Glaube schon in die Wiege gelegt wurde, in einem Haus, das seit Generationen die Gemeinde leitete, zu einer Zeit, da es für Gallien und Germanien erst einen einzigen Bischof gab.

Seit Paulus kennen wir Familien, in denen sich die Eltern zusammen mit ihren Kindern und dem Gesinde, das im Hause lebt, bekehren; Juden und Heiden benannten sie mit dem zusammenfassenden Begriff »Haus«.[38] Diese »Ansteckung« im Familienbereich erklärt die erstaunliche, von Plinius beschriebene Verbreitung des Evangeliums in Bithynien, die Jung und Alt befällt.

Ignatius von Antiochia grüßt in seinem Brief an die Smyrnioten »die Häuser der Brüder mit ihren Frauen und Kindern«[39]. Er erwähnt ganz besonders die Familie der Tavia und die der Witwe des Epitaphos, deren bereits verheiratete Kinder ihrerseits christliche Ehen geschlossen haben.[40]

Am Anfang dieser angesehenen christlichen Familien, die der Kirche Märtyrer und Persönlichkeiten vom Zuschnitt eines Origenes, eines Basilius und eines Gregor von Nyssa zugeführt haben, steht die Bekehrung. Das Familienoberhaupt spielte mit seinem Glauben eine entscheidende Rolle und zog in der Regel das ganze Haus nach.

In anderen Fällen trat die Frau allein zum Christentum über. Sie brachte nicht notwendig die Kinder mit in die neue Gemeinschaft. Die christlichen Inschriften haben uns den Namen des jungen Apronianus überliefert, dessen Vater vermutlich Heide war und der auf Betreiben der Großmutter getauft wurde.[41] In vielen Familien muß ein regelrechtes Gezerre zwischen der christlichen Mutter, den Kindern und dem Vater stattgefunden haben.[42] Im 2. Jahrhundert werden Söhne und Töchter aus christlichem Hause bei ihrer Geburt getauft, wie es bei den Enkelkindern des Epitaphos der Fall war, an die Ignatius von Antiochia ein Grußwort nach Smyrna richtet. Die Grabsteine bewahren Namen und Gedächtnis vieler getaufter Christenkinder aus gläubigen Familien.[43]

In einem gehobenen Haushalt sind normalerweise Bedienstete und Sklaven in die Familie integriert und nehmen am religiösen Leben des Hauses teil. Den Beweis dafür haben wir in dem Bericht einer Sklavin, die als Christin denunziert worden ist. »Warum folgst du, wo du doch Sklavin bist, nicht der Religion deines Herrn?« fragt sie der Richter.[44] Für ihn versteht sich das von selbst.

Die christlichen Herren verkünden das Evangelium bei Gesinde und Sklaven, die sich in ihrem Dienst befinden, was ihre Beziehungen zueinander von Grund auf verändert und die Barrieren zwischen ihnen umstürzt. Ein jüngst gefundenes, auf Papyrus geschriebenes Fragment der *Apologie* des Aristides erklärt: »Die christlichen Herren bereden die Sklaven oder Dienerinnen und deren Kinder, wenn sie welche haben, Christen zu werden, um sich ihrer Anhänglichkeit zu vergewissern, und wenn diese Christen geworden sind, dann nennen sie sie unterschiedslos ›Brüder‹, denn sie sind ja in derselben Gemeinde vereint.«[45]

Sicher hat die junge Blandina auf diese Weise zum Glauben gefunden. Ebenso muß es auch bei dem Sklaven des Proxenus gewesen sein, dem Freigelassenen von Mark Aurel und Verus, der Kammerherr und

Schatzmeister geworden war. Bei seinem Tod errichten ihm die ehemaligen Sklaven ein Mausoleum, das in Rom, in der Villa Borghese, erhalten ist. Die Inschriften ergehen sich in Lobpreisungen ihres Herren. Einem der Sklaven, der zum Zeitpunkt des Todes abwesend war, liegt daran, bei seiner Rückkehr dort ein persönliches Wort über Proxenus' Glauben anzufügen, dessen vertrauter Zeuge er geworden war. Er schreibt auf den Sarkophag die heute beschädigten Worte: »Proxenus ist in Gottes Schoß aufgenommen worden. Bei seiner Rückkehr nach Rom hat ihm sein Freigelassener Ampelius dieses Zeugnis ausgestellt.«[46]

Hat nun Ampelius die gute Botschaft seinem Herrn gebracht, oder hat der Herr in ihm einen Schüler und dann einen Bruder gefunden? Beides könnte sich ereignet haben. Eine solche Werbung von Anhängern erforderte Behutsamkeit und Zurückhaltung, um simulierten Bekehrungen und Denunziationen zu entgehen. Der vornehme Apollonius aus Rom wurde von einem seiner Sklaven angezeigt.[47] Athenagoras bemerkt allerdings, daß derartige Anschwärzungen selten gewesen sind.[48] Das beweist, daß eine Vielzahl von Sklaven christlicher Herren Heiden geblieben sind. Die Geschichte der Märtyrer von Lyon bestätigt das auch formal, insofern dort heidnische Sklaven aus falschem Verdacht zusammen mit ihren christlichen Herren verhaftet worden sind.[49]

Die Geschichte der Märtyrer hat die Bekehrung eines hohen römischen Beamten mit Namen Hermes durch eine alte, blinde Sklavin überliefert.[50] Wenn dieser Vorfall vielleicht auch nicht historisch ist, so symbolisiert er doch, was sich mehr als einmal abgespielt hat: Ein von dem Wohlwollen seines Herren angerührter Sklave enthüllt diesem die Geheimnisse seines neuen Glaubens. Wie groß mag wohl der Einfluß der christlichen Amme auf den späteren Kaiser Caracalla gewesen sein? Die Geschichte hat uns nicht ohne Grund dieses Detail bewahrt.[51]

Seit den Anfängen des Christentums spielt die Frau für die Verbreitung des Evangeliums eine nicht zu ersetzende Rolle. Priscilla, eine Frau, hat Apollos das Evangelium verkündet.[52] Lukas berichtet uns diese Einzelheit mit Bedacht. Paulus selbst wird auf all seinen Reisen von einsatzbereiten Frauen unterstützt, die den Gemeinden dienen und sie erweitern. Die apokryphen Schriften überbieten das noch – wer hat, dem wird noch mehr gegeben – und stellen Thekla als Evangelistin des Apostels dar. Frauen verbreiten das Evangelium – im Rahmen der Großkirche eher im Hintergrund, bei den Sekten geradezu beherrschend.

Plinius, Celsus und Porphyrius erkennen mit ebenso viel Ironie wie Verachtung, wie schnell die Bekehrungsbewegung unter den Frauen

voranschreitet. Im Orient, wo die Ehefrau ein ziemlich zurückgezoge-
nes Leben führte, ist es mehr noch als in Rom die Frau, die anderen
Frauen das Evangelium bringt. Klemens von Alexandria beschreibt die
Rolle dieser Christinnen im Gefolge der ersten Apostel, die als einzige
Zutritt zu den Frauengemächern haben, und – so vermittelnd – in die
engen, düsteren und stickigen Behausungen die befreiende Botschaft
vom Herrn hineintragen können, »ohne daß Bosheit sie bloßzustel-
len oder ungerechte Verdächtigungen gegen sie zu erheben ver-
möchte«[53].

Die Kirche setzt sehr früh Diakonissen ein, die mit Hilfeleistungen für
Frauen betraut sind und Hausbesuche bei Christinnen machen, die in
heidnischen Häusern leben.[54] Die zurückgezogene Lebenssituation der
griechischen Frau erklärt, warum diese Institution im Osten entsteht,
und auch, warum sie sich im römischen Westen, wo die Frau freier lebt,
kaum durchsetzen wird.

Gegen die Beteiligung der Diakonissen an der Verkündigung innerhalb
der Welt der Frauen erhebt sich im Osten kein Einspruch. Erst viel
später wird sie reglementiert werden,[55] wie noch zu sehen sein wird.

Das römische Heer ist für das Evangelium nicht undurchdringlich
gewesen. Ohne gleich ein Einverständnis zwischen der Streitmacht des
Kaisers und der Jesu Christi feststellen zu wollen, zeigen die Fakten,
daß sich Soldaten im Laufe ihrer langen militärischen Laufbahn zum
Christentum bekehren. Mindestens seit dem 2. Jahrhundert gibt es
Christen in den römischen Legionen. Das schon erwähnte Wunder, das
in die Zeit Mark Aurels fällt, ist ein hinreichender Beweis dafür.[56]

Wie Celsus zu verstehen gibt, sind die ersten Soldaten möglicherweise
durch Wanderprediger missioniert worden, »die die Städte und Feldla-
ger bereisten«.[57] So war es schon bei Paulus, der vor den Prätorianer-
kohorten gepredigt hat.[58] Unter Nero gibt es christliche Prätorianer.[59]
Und Tertullian stellt selbst fest, daß zu seiner Zeit die Christen die
Armeen füllen.[60]

Die Verbreitung des Evangeliums muß zufällig und dabei doch fortlau-
fend vonstatten gegangen sein, denn sie hat kaum Spuren hinterlassen
und sich außerhalb der organisierten Gemeinden abgespielt. Abends,
beim Wachestehen, hat der christliche Soldat einem Kameraden die
»frohe Botschaft«, die er empfangen hat, anvertraut, die mit dem im
Heer verbreiteten Kult des Mithras oder der Kybele so gar nichts
gemein hat.[61] Die militärischen Tugenden wie Gehorsam, Zucht,
Dienst und Todesverachtung konnten sich im übrigen den christlichen
Tugenden annähern.

Das Lagerleben, der Kontakt von Mann zu Mann und bald auch der Anblick der Märtyrer konnten die Verbreitung des Evangeliums unter den Soldaten fördern. Im übrigen brachte das Heer selbst Märtyrer hervor, in Italien, in Afrika, in Ägypten und bis zu den Ufern der Donau. Die letzte Verfolgung begann sogar mit einer Säuberungsaktion in den Legionen.[62]

Paradoxerweise kommen mit der Ausbreitung des Christentums gleichzeitig antichristliche Stimmungen auf. Das ist allerdings erklärlich, wenn man bedenkt, daß die Armee generell zivilen Einflüssen entzogen ist. Andererseits leben gleichzeitig viele Soldaten abgesondert von ihren Truppeneinheiten in Positionen, wo sie in Posten und Amtsstuben als Polizeibeamte und kaiserliche Verwaltungsangestellte Dienst tun. Im Kontakt mit dem zivilen Leben sind dem Soldaten Gerüchte zu Ohren gekommen, er hat Nachforschungen angestellt, er ist Christen begegnet, hat Verdächtige verhaftet und über Angeklagte und Ankläger befunden. Wie viele haben wohl wie Pudens, der den Auftrag hatte, Perpetua und ihre Begleiter zu bewachen, die Ausstrahlung des Glaubens zu spüren bekommen?[63]

Erstaunlich an den Christen des 2. Jahrhunderts ist ihre Präsenz im Leben der Menschen, in den Läden und Werkstätten, in den Lagern und auf den öffentlichen Plätzen. Sie nehmen am wirtschaftlichen und sozialen Leben teil, sie sind in den Alltag verwoben und leben wie jedermann. Die Heiden kennen genau die angesehenen Christen von Lyon, sie begegnen ihnen in den Thermen und auf den beiden Foren, von denen eines da lag, wo heute die Kirche Notre-Dame de Fourvière steht, das andere auf dem Plateau von Sarra.

Polykarp, der Bischof von Smyrna, erzählt, daß der Apostel Johannes selbst oft in die Thermen der Stadt gegangen sei; er verläßt sie nämlich, sowie er den Häretiker Cerinthus trifft.[64] Die Christen von Lyon suchen häufig die Bäder und die öffentlichen Plätze auf, was ihre Popularität erklärt. Sie verlassen sie erst, als sie durch die allgemeine Stimmung vertrieben werden.

In der Kaiserzeit glichen die Thermen unseren heutigen Kasinos; es waren weiträumige Bauwerke mit zahllosen Sälen, mit Säulenhallen für Spiel und Unterhaltung, mit einer Bibliothek und mit Kunstausstellungsräumen.[65] Im nordafrikanischen Dougga grenzt daran sogar ein kleines Theater.

In diesem Miteinander des gemeinsamen Lebens bereiten sich die Bekehrungen vor. Wie hätten die Christen das Salz der Erde sein können, ohne mit ihr in Berührung zu kommen, wie die Seele der Welt,

ohne sich in sie hineinzubegeben? Der *Brief an Diognet* bestätigte dies
bereits mit der apologetischen Absicht, die Christen gegen Verunglimp-
fung zu verteidigen:

> »Die Christen sind weder durch Heimat noch durch Sprache und
> Kleidung von den übrigen Menschen verschieden. Sie bewohnen nir-
> gendwo eigene Städte, bedienen sich keiner abweichenden Sprache
> und führen auch kein absonderliches Leben. [...] Sie bewohnen
> Städte von Griechen und Nichtgriechen, wie es einem jeden das
> Schicksal beschieden hat, und fügen sich der Landessitte in Kleidung,
> Nahrung und in der sonstigen Lebensart, legen aber dabei einen
> wunderbaren und überraschenden Lebenswandel an den Tag.«[66]

Klemens von Alexandria beschreibt im *Pädagogen*, nicht ohne Wohlge-
fallen, die Kleidung der Christen. Auffälligkeiten und Geziertheit mißbilligt er. Weder in Milet noch in Italien bestickte Stoffe und golddurch-
wirktes Tuch, sondern einfache Gewänder in natürlichen Farben, gewöhnlich weiß und von gleicher Art für Mann und Frau. Allenfalls
gesteht er der Frau etwas mehr Eleganz im Schnitt zu und billigt, daß sie
ein weicheres Material wählt.[67]

»Für die Männer keine Schuhe«, bestimmt Klemens, was für Alexandria
begreiflich ist. Den Frauen empfiehlt er einfaches Schuhwerk und verurteilt die »persischen und etruskischen Kothurne«[68], heftiger noch die
mit Nägeln beschlagenen Stiefelchen, die die leichten Mädchen auf das
Straßenpflaster aufschlagen ließen, wobei sie die Worte in den Boden
hämmerten: »Folge mir, folge mir!«[69] Der Moralist von Alexandria beschreibt die Christen, wie sie in den Gasthöfen mit Heiden zusammen-
sitzen, die diesen vorübereilenden Dirnen auflauern.[70]

In seiner gewohnten Strenge verbietet Tertullian sogar das Tragen eines
Ringes und den Gebrauch von Parfum und Kränzen.[71] In Karthago
tragen die Christen jedoch Ringe, die als Siegel dienen. Der Märtyrer
Saturus, ein Leidensgenosse der Felicitas, überläßt seinen dem Soldaten
Pudens als Zeichen der Dankbarkeit.[72] Die Malereien in den Katakomben zeigen uns reich geschmückte Frauen, was uns erkennen läßt, daß
die Aufnahmebereitschaft für christliche Moralpredigten[73] (wie auch
für heidnische)[74] ihre Grenzen hatte.

Bereitschaft zur Präsenz in der Welt und Teilhabe an der allgemeinen
Lebenssituation, gewiß – doch läuft diese Zustimmung auf ein »ja, aber«
hinaus. Vorbehalte ergeben sich, die bei Tertullian dann noch stärker
werden. Wenn er zur Zeit der Abfassung des *Apologeticum* noch eupho-
risch ans Werk geht, so verhärtet er sich in den späteren Schriften,

bezieht eine Gegenposition, verurteilt die Welt und entzieht ihr die Christen. Am Ende des 2. Jahrhunderts wird eine Spaltung deutlich.

Man kann so etwas wie zwei Zeiträume bei der Missionierung des Mittelmeerbeckens während der Regierungszeit der Antonine unterscheiden: Der erste, ohne Behinderung, ist gekennzeichnet durch die frische Wirkung des gerade erst entdeckten Evangeliums und die Freude am Teilnehmenlassen; im zweiten Zeitabschnitt bekommen die Christen angesichts des Widerstandes des antiken Staates zu spüren, bis zu welchem Grade die vom Götzendienst infizierte und für Verleumdung und Vorurteil offene Welt dem Evangelium unzugänglich ist. Sie büßen etwas von ihrer anfänglichen Zuversicht ein und werden vorsichtiger.

Die sich am besten auf die Situation eingestellt haben, befürworten den Dialog und eröffnen das Gespräch. Sie antworten auf die Einwände und weisen die Verleumdungen zurück. So verfahren Justin in Rom und Pantänus und Klemens in Alexandrien.[75] Der Zustrom von Berufsphilosophen leitet einen neuen Abschnitt der Verkündigung ein. Die Initiative des Justin scheint rein privater Natur zu sein und hat offenbar niemals irgendeinen offiziellen Anstoß erhalten. In Alexandrien dagegen lehren Pantänus und später Klemens in der Schule »der heiligen Wissenschaft«, die von den Häuptern der Gemeinde eingerichtet worden ist. Von nun an übernehmen die Apologeten die Ablösung der ersten Missionare.

In der Mitte des 2. Jahrhunderts erlebt die Kirche mit der Bekehrung gebildeter Menschen einen intellektuellen Aufschwung; dieser erklärt die starke, gärende Wirkung der Gnosis, das heißt der Begierde nach Wissen – übrigens einem scheinhaften und im wesentlichen intellektuell bestimmten Wissen. Bereicherung und Bedrohung zugleich! Die Lehre ohne inneres Feuer ist unfruchtbar, aber das innere Feuer ohne die Lehre ist weitaus gefährlicher, wie der Gnostizismus bei schwärmerisch veranlagten Männern und Frauen zeigt.

In Rom bemüht sich Justin, den existentiellen Charakter der Weisheit, die er erkannt hat und die er weitergibt, zu erweisen. Er wendet sich gegen den kynischen Philosophen Crescens, der, mit dem Philosophenmantel angetan, mit dem Bettelsack auf dem Rücken, mit dem Stock in der Hand und mit langer Mähne Unterricht erteilte, wobei ihm mehr an Klienten als an Schülern gelegen war.

Der christliche Philosoph betreibt die mäeutische Kunst der Einführung. Er hält offene Schule, wie die anderen Philosophen, die von ihrem Unterricht lebten. Die Schule ist allgemein bekannt und nimmt die verschiedenartigsten Geister auf, Christen und Heiden. Die einen finden dort in der christlichen Lehre die Antwort auf ihr inneres Suchen; die anderen kommen, um hier ihren Glauben zu festigen und zu vertiefen. Von den Leidensgenossen des Justin, seinen Schülern, wissen wir, daß einige von Geburt oder seit langem Christen waren, während andere sich wohl in seiner Schule bekehrt haben. Die Initiative des Justin ist übrigens nicht vereinzelt geblieben; sein Schüler Tatian ist ihm höchstwahrscheinlich darin gefolgt.

Justin ist nicht allein bei der Missionierung Roms; denn gleichzeitig hat, nach seinem eigenen Bekenntnis, Ptolemäus, ein anderer Laie, eine verheiratete Frau mit ausschweifendem Lebenswandel zum Christentum bekehrt.[76] Die Geschichte hat uns den Namen des Presbyters Hyacinthus überliefert, der am kaiserlichen Hof einen wohltätigen Einfluß ausübte.[77]

Die meisten christlichen Lehrer scheinen Laien zu sein. Ein Teil der Katecheten sind es auch noch ein Jahrhundert später.[78] Sie setzen ihren Unterricht in ihren Schriften fort, die in der Regel »Apologien« des Christentums sind und an zivile Autoritätspersonen, Beamte, ja sogar an die Kaiser gerichtet wurden. Diese mutigen, manchmal auch anmaßenden Adressen zeigen jedenfalls, daß die Christen sich keineswegs auf ein Ghetto beschränkten, sondern sich selbstbewußt der Gesellschaft und den Philosophen stellten.

Beweggründe, die zur Bekehrung führen[79]

Die christliche Verkündigung läßt eher lebendiges als taktisches Vorgehen erkennen. Woher rührt ihre Wirksamkeit inmitten der Religionen und Sekten, die das Imperium überfluten? Warum wird der Erdkreis christlich?

Die zahlreichen Bekehrungen jener Zeit lassen sich nicht auf ein einziges Motiv zurückführen. Wir können sie nur in dem Maße erklären, wie die Bekehrten selbst uns die Gründe für ihre Umkehr erkennen lassen. Es gibt wenig Zeugnisse, und diese stammen zumeist von gebildeten Christen, von Apologeten, die die intellektuellen Gründe begrifflich klären. Wie aber steht es mit den kleinen Leuten, den Sklaven, Kaufleuten, Handwerkern und Soldaten?

Es ist schwierig, aus den historischen Gegebenheiten eine Begründung abzuleiten: diese waren so geartet, daß sie die Entfaltung des Christentums ebenso begünstigen wie erschweren konnten. Rom, das so empfänglich war für alle von den Ufern des Orontes kommenden Kulte, war doch nicht weniger tief in den Traditionen der römischen Religion verwurzelt, die den Staat trug. In jener Zeit war das starke Drängen zur Philosophie und den Philosophen mit einem allgemeinen Skeptizismus gepaart, dessen typischer Vertreter der desillusionierte Mark Aurel war. Derselbe Drang bewirkt die Aufsplitterung in Sekten, die die Einheit und die Unversehrtheit des christlichen Glaubens bedrohen.

Diejenigen, die das Phänomen Christentum im Reich beobachtet haben und von uns befragt werden können, sind oft leichtgläubig gegenüber Gerede und Verleumdungen. Zwei Zeugnisse jedoch scheinen weniger oberflächlich zu sein und verdienen, daß man sich mit ihnen beschäftigt.

Zunächst der kurz nach Justin und Tatian lebende Lukian von Samosata, ein Aufklärer von der Art eines Voltaire, der aus Syrien stammt und sich in Athen niedergelassen hat, von wo aus er seine Beobachtungen macht. Allem Übernatürlichen gegenüber skeptisch, wagt er es nicht, über das Christentum von innen her zu urteilen. Im *Tod des Peregrinus* bringt er eine Persönlichkeit auf die Bühne, die es wirklich gegeben haben muß, die bei den Christen verkehrt hat und ihnen beigetreten ist.

Von dem Umgang mit den Christen entwirft Lukian ein Bild, das wie eine Karikatur aussieht, in dem jedoch einzelne Züge gut beobachtet sind. Er vermerkt an ihnen einmal die Geltung der Heiligen Schriften, zum andern die Achtung, die den Glaubensbekennern von seiten der Gemeinde entgegengebracht wird, die deren Schicksal zu lindern sucht, sie umgibt und ihnen hilft; weiter die von ihrem Begründer vorgelebte Brüderlichkeit, die die Gemeindeglieder untereinander und sogar über die örtlichen Gruppen hinaus eint; dann das geringe Aufsehen, das sie ums Geld machen, das für die Bedürfnisse der Leidenden verwandt wird; schließlich ihre Todesverachtung, die von der Hoffnung auf ein ewiges Leben getragen ist.[80]

Bei aller Oberflächlichkeit hält die Beschreibung des Lukian doch genau das fest, was die Menschen an der christlichen Lebensweise überrascht und die Trefflichsten mitgerissen hat. Wir besitzen noch eine zweite, mit der des Lukian fast gleichzeitige Beschreibung von anerkannter Authentizität, nämlich die des berühmten Arztes Galen, den Justin in Rom kennengelernt haben könnte. Er liefert uns eine kluge und zugleich affektfreie Diagnose der christlichen Wirklichkeit, als Wissenschaftler, der analysiert hat, ehe er spricht, und Untersuchungen angestellt, ehe er ein Urteil abgibt – ohne sich, wie so viele andere, um das Gerede zu kümmern, das um ihn herum kursieren mochte.

»Die meisten Menschen können einer Darlegung nicht mit gleich-
bleibender Aufmerksamkeit folgen, weshalb man ihnen also Gleich-
nisreden anbieten muß. So haben wir zu unserer Zeit beobachtet, wie
diese ›Christen‹ genannten Leute ihren Glauben aus Gleichnissen
entnehmen. Immerhin verhalten sie sich zuweilen wie wahre Philosophen. Genau gesagt haben wir ihre Todesverachtung vor Augen.
Und dasselbe würde ich in bezug darauf sagen, daß eine Art Scham
sie von dem Brauch der Ehe abhält. Es gibt unter ihnen Leute, Frauen
und Männer, die sich ihr Leben lang des sexuellen Verkehrs enthalten
haben. Und desgleichen gibt es welche, die im Blick auf Beherr-
schung und Zucht der Seele und strenge sittliche Lebensführung so
weit gekommen sind, daß sie den wahren Philosophen in keiner
Weise nachstehen.«[81]

Solche klinische Analyse der christlichen Sache ist nicht mit Gold auf-
zuwiegen. Was die Aufmerksamkeit Galens fesselt, ist nicht etwa die
Lehre, über die er sich überhaupt nicht verbreitet – wahrscheinlich hatte
er gar keine Gelegenheit, sie zu erforschen –, sondern das tatsächliche
Verhalten von Christen, die er beobachtet und deren Lebensweise er
»vor Augen« gehabt hat, wie er sagt. Er hat wissen wollen, wie sie sich
tagtäglich verhalten. Aus dem, was er festgestellt hat, hebt er die Todesverachtung hervor, die keusche Lebensführung bei Männern und
Frauen, die bei einigen bis zur völligen Enthaltsamkeit reicht, und die
sittliche Zucht und Strenge.
Galens Beobachtungen passen zu den glaubhaften Nachrichten, die auf
uns gekommen sind. Wir finden dort die drei Hauptgründe wieder, die
die rasche Verbreitung des Christentums unter den Antoninen erklären:
zunächst die Botschaft des Evangeliums selbst, dann die gelebte Brüderlichkeit innerhalb der Gruppen und schließlich die Bezeugung der Heiligkeit bis zum Martyrium. Diese Beweggründe stehen nicht bezie-
hungslos nebeneinander, sondern entfalten erst im Miteinander ihre
vielfache Wirkung.
Das Christentum erscheint zunächst als die Religion des Buches[82] und
als ein dem Skeptizismus der Umwelt sich widersetzendes Glaubens-
zeugnis[83] – was seine Nähe zum Judentum ausmacht. Besser als bei
diesem münden die Verheißungen ein in die messianischen Erfüllungen.
Das Kommen Christi, über das Celsus spottet, bringt die Menschen in
Verbindung zu Gott und hilft ihnen, den geraden Weg einzuschlagen.
Der christliche Glaube erweist sich zugleich als Gottesnähe, Lebens-
weisheit und Kraft des Geistes, der erleuchtet, stützt und leitet.

Die Auferstehung Christi, auf die sich die christliche Hoffnung und das, was Lukian und Celsus »die Todesverachtung« nennen, gründet, wappnet das Herz mit einer wahrhaften Unverletzbarkeit,[84] um so mehr, als sie auf die damals besonders verbreitete Furcht vor dem Tode und dem, was auf den Tod folgt, eine Antwort gibt. Arrius Antoninus kann in diesem Mut nur eine Art Selbstmord sehen: »Ihr Unglückseligen, habt ihr nicht genug Schnüre und Abgründe, wenn ihr euch das Leben nehmen wollt?«[85] Mark Aurel ist spürbar unwillig über den christlichen Heldenmut, den die Auferstehungshoffnung einflößt; er versucht ihn als blinden Eifer und Geschmack an tragischem Pomp hinzustellen.[86] Der kaiserliche Philosoph, der sich an die allgemeine Vernunft hielt, in die er sich in der letzten Stunde auflösen würde, scheint sehr wohl verstanden zu haben, daß der Mut der Christen angesichts des Todes und das Geheimnis ihrer sittlichen Lebensführung von dieser Hoffnung herrührten.

Den Heiden in Lyon war an der christlichen Lehre die Auferstehungserwartung aufgefallen, der entscheidende Punkt der neuen Religion. Daher verstreuen sie auch die Asche der Märtyrer, um »über Gott zu triumphieren und die Märtyrer um die Unsterblichkeit zu bringen«. »Man muß so weit gehen«, sagten sie, »diesen Menschen auch die Hoffnung auf Auferstehung zu nehmen. In dieser Zuversicht nämlich führen sie bei uns eine neue, fremde Religion ein, verachten die Folterqualen und gehen frohgemut in den Tod.«[87]

Die Ehrbarkeit des christlichen Lebens, die bis zum Starrsinn und zur Haltung eines Heiligen getrieben wurde, hat die Heiden in Erstaunen versetzt. Die Bekehrung macht einen Wandel in der Lebensführung erforderlich, aber sie liefert auch die Kraft, die Anforderungen zu verwirklichen. Galen hebt dazu noch die strengen Maßstäbe im Bereich des sexuellen Lebens hervor, nicht allein bei den Frauen, welchen die Ehemänner nur zu gern Reinheit und Treue auferlegt haben, sondern auch bei den Männern, was den an dergleichen in Rom nicht gewohnten Arzt sichtlich überrascht.

Die asketische Lebenspraxis füllt die apokryphe Literatur und kennzeichnet die Übertreibungen des Montanismus. Wenn sich ihr auch nicht alle Christen verschreiben, so ist doch sittliche Strenge die allgemeine Regel, wie der *Hirte* des Hermas zu verstehen gibt.[88]

Wenn das Bekenntnis des Cyprian von Karthago auch an die fünfzig Jahre nach der Herrschaft der Antonine entstand, so ist es doch sehr aufschlußreich. Von den Bekehrungsberichten, die wir besitzen, ist dies einer der wenigen, die die Beweggründe darlegen. Dieser reiche, glänzende Aristokrat war von unbezwingbaren Leidenschaften verblendet. »Wie kann man nur daran denken, sich zu bekehren! sagte ich.«[89] Und doch ist ihm gerade dies widerfahren. Er wurde ein Heiliger, nachsichtig gegen andere und unduldsam gegen sich selbst.

Justin und Tatian, die beide im Erwachsenenalter konvertiert sind, legen in ihren Apologien[90] darum so großen Wert auf die sittliche Reinheit, weil diese zuerst ihre Aufmerksamkeit angezogen hatte und sie durch die Lebenserfahrung im Blick auf dieses ›Wahrzeichen‹ des Christentums dann nicht enttäuscht wurden. Der christliche Philosoph aus Rom erzählt, wie eine reiche, sittlich verkommene Römerin sich bekehrt und ihr Leben geändert hat, und wie sie bemüht war, ihren Mann nachzuziehen. Die untadelige Lebensweise der Christen, die von allen christlichen Autoren bezeugt wird,[91] hat zu zahlreichen Beitritten angeregt.

Das Christentum bezeugt sich eindrücklich und Tag für Tag in der Brüderlichkeit, die die Gemeindeglieder vereint und die von Stadt zu Stadt und Land zu Land Verbindungen knüpft. Auf der Suche nach Erkenntnis haben Menschen wie Justin, Tatian und Pantänus diese im Verlauf ihrer Reisen erleben können. Sie war es, die sie zum Übertritt bewogen hat. Das »Seht, wie sie einander lieben!« ist eine lebendige Rechtfertigung, der heidnische Schriftsteller und Historiker ihre Achtung nicht versagen konnten.

Diese Brüderlichkeit zeigt sich in der vollkommenen Gleichstellung aller und in der Anerkennung eines jeden einzelnen, besonders derer, die in der Antike an den Rand gedrückt wurden: Kinder, Frauen und Sklaven. Diese Brüderlichkeit ohne Promiskuität, was immer die Verleumder auch sagen mögen, reißt die Schranken nieder und eint die Gemüter innerhalb von Gruppen, in denen alle einander kennen, weil sie einen menschlichen Zuschnitt haben.

Die Bezeichnung »Bruder« und »Schwester«, mit der sie einander benennen,[92] bringt die Neuartigkeit der Beziehung zwischen Reichen und Armen und Herren und Sklaven zum Ausdruck; diese reicht bis zur Gemeinsamkeit der Geldmittel und zur Unterstützung all derer, die vorübergehend oder endgültig in Bedrängnis sind. Der Anblick dieser gelebten Brüderlichkeit hat Tertullian anscheinend bekehrt, wenn man die Darstellung aufmerksam liest, die er im *Apologeticum*, seinem ersten Buch, davon gegeben hat.[93]

Der brillante Jurist aus Karthago hat nicht in erster Linie eine Antwort auf metaphysische Angst gesucht und gefunden. In der zerrissenen und niedergehenden Welt, die ihn umgibt, hat er mit eigenen Augen in der afrikanischen Metropole eine Gruppe von Männern und Frauen aufblühen sehen, bei denen der Wohlstand der einen nicht den Neid der anderen weckt; es wird vielmehr geteilt und ein Ausgleich hergestellt zum Nutzen der Minderbemittelten, wobei ein jeder sorgsam auf die Geringsten unter ihnen achtet; die Armen werden keineswegs verachtet oder als Lebewesen zweiter Klasse betrachtet, sondern sind vollgültige Mitglieder, »Pflegekinder des Glaubens«, die der Zuwendung der anderen anvertraut sind und von der tätigen Liebe aller getragen werden. In der Beschreibung Tertullians zittert noch unüberhörbar die Bewegung des Staunens nach, die ihn erschüttert und über seine Bekehrung entschieden hat. Wie viele mögen wohl in Rom, in Ephesus, in Lyon oder entlegenen Ortschaften im Lichtstrahl einer teilenden Liebe den Weg zur Kirche gefunden haben?

Brüderlichkeit bedeutet nicht Abgrenzung, sondern sie ist offen, denn der Glaube teilt mit allen, und wären es Heiden. »Wir sagen ja zu den Heiden: Ihr seid unsere Brüder«, heißt es bei Justin.[94] Und an die heidnische Welt gerichtet schließt Tertullian seine Beschreibung der Gemeinde: »Wir sind sogar eure Brüder«[95], trotz der Verleumdungen, die im Umlauf sind.

Die Pest in Karthago und Alexandria gab den Christen Gelegenheit, diese Brüderlichkeit gegenüber pestkranken Heiden und Christen gleichermaßen unter Beweis zu stellen. Solche Verkündigung ist wirksamer als die lautstärksten Erklärungen; mit ihrer Hilfe wird sich das »Tauwerk des christlichen Zeltes«[96] weiter ausspannen können.

Was die Umwelt an der christlichen Lebensweise besonders tief beeindruckt und schließlich für das Evangelium gewonnen hat, waren die Standhaftigkeit und der Heldenmut der Märtyrer. Die lapidare Formulierung Tertullians bringt das unvergeßlich zum Ausdruck: »Wir wachsen weiter mit jedem Mal, da ihr uns niedermäht. Das Blut der Märtyrer ist der Same der Christenheit.«[97] Pascal wird darauf erwidern: »Ich schenke gerne den Geschichten Glauben, deren Zeugen dafür mit ihrem Leben einstehen.«[98]

Die Beweiskraft beruht nicht auf der Anzahl der Märtyrer, wie eine schlechte Apologie zu wiederholten Malen behauptet hat, sondern auf der Bedeutung ihres Opfers. Tertullian erläutert dies im Schlußwort seines *Apologeticum*:

»Welcher Mensch fühlt sich bei diesem Anblick nicht mit Gewalt angetrieben zu untersuchen, was eigentlich dahintersteckt? Und wer tritt, wenn er es untersucht hat, nicht bei? Wenn er beigetreten ist, wünscht er zu leiden, um die Gnade Gottes vollständig zu erlangen und sich gänzliche Vergebung von ihm um den Preis seines Blutes zu erwerben.«[99]

Es gibt unzählige Beispiele, und sie illustrieren die Aussagen Tertullians. Der Mann, der den Apostel Jakobus, den Bruder des Johannes, vor den Richterstuhl führte, ist fassungslos, als er hört, wie jener Zeugnis ablegt. Er bekennt sich als Christ und stirbt mit dem Apostel zusammen.[100] Auch das Martyrium der Perpetua hat Bekehrungen ausgelöst.[101] Der Soldat Basilides aus der Eskorte des Präfekten, der den Auftrag hatte, die junge Potamiäna zu den Folterungen zu führen, bekennt sich vor soviel Mut seinerseits als Christ und stirbt mit der unschuldigen Märtyrerin.[102] Der Philosoph Justin gibt an, daß ihn erst der Anblick von Christen ohne Furcht vor dem Tod von den christlichen Lehrsätzen überzeugt hat.[103] Tertullian bezeugt es ähnlich.[104] Und Hippolytus stellt fest: »Alle, die sehen, sind voller Bewunderung. Viele von ihnen finden dadurch zum Glauben und werden ihrerseits zu Gottes Zeugen.«[105]

Die Märtyrerakten überliefern viele entsprechende Begebnisse.[106] Die literarischen Übertreibungen vermindern keineswegs die zwingende Kraft des Zeugnisses, jedenfalls nicht für die, die sich ernstlich damit befassen. Das Vorbild und die Unerschrockenheit der Märtyrer, der einfachsten wie der angesehensten, haben nachdenklich gestimmt. In der Seele wie in der Kirche muß dem Samenkorn Zeit gelassen werden, um aufzugehen und Frucht zu tragen.

Die Wirkung des Evangeliums rührt daher, daß es kommt, den geistlichen Hunger jener Zeit – und gewiß den aller Zeiten – zu stillen; der Rhetoren und Philosophen überdrüssig und von dem ringsum verbreiteten Pessimismus niedergeschlagen, erwiesen sich die Menschen in ihrem Hunger empfänglich für ein Ideal. Die Menge war ähnlich wie die Bevölkerung in unseren Ballungsgebieten von Arbeit niedergedrückt, zusammengepfercht und in schlechten Wohnverhältnissen, sie mühte sich ab und kannte nur ein Leben im Leiden. Weder Dichter noch Philosophen hatten ihr Leid wahrgenommen oder ihrer stillen Klage Ausdruck verliehen. Das Christentum aber kam und bot ihr, mit der Zusage des Heils und mit der Hoffnung, einen Bezirk des Friedens im Bewußtsein ihrer eigenen Würde.

Zweites Kapitel

Die Herausforderung des Staates

Das Klischeebild, das – wie wir es in Épinal dargestellt finden – die Kirche der Märtyrer in den Katakomben vergraben zeigt, vermittelt keineswegs die Situation, wie sie im Laufe der beiden ersten Jahrhunderte in Rom oder sonst im Reiche Mark Aurels tatsächlich bestand. Die Präsenz der Christen äußert sich eher herausfordernd und siegesgewiß: sie gewinnt an Raum und bietet der Öffentlichkeit die Stirn. Überall macht sie sich geltend: in der Familie, im Beruf und im politischen Leben. Nach der anfänglichen Zurückhaltung geht das Christentum nun zum Angriff über, behauptet sich und gewinnt an Kraft. Staatsbeamte und Philosophen fordert es zu einer Stellungnahme heraus.

Die Verkündigung eines militanten Monotheismus, die Neuartigkeit der Institution, die moralische Strenge bei den Anhängern, die Ausübung ungewöhnlicher Riten abseits der Gesellschaft, all das erweckt Mißtrauen und führt zu Verleumdungen. Auch wer nicht daran glaubt, trägt sie doch weiter.

Indem das Christentum eine internationale, ja eine Weltreligion verkündet, stößt es sich unweigerlich am offiziellen Heidentum wie am Skeptizismus der Philosophen, für die das Spiel aus war. Der Eindringling drohte die herkömmlichen Strukturen zu erschüttern oder altgewohnte Privilegien zu gefährden. Die Herausforderung schlug sich also im Bereich des Staates, der öffentlichen Stimmung und des Denkens nieder.

Der Christ entdeckt zwei Reiche, die ihn anziehen und sich bei ihm überlagern, und er erlernt seine doppelte Zugehörigkeit. Der *Brief an Diognet* beschreibt die Gratwanderung, die der Christ unternimmt, insofern für ihn jeder Boden Vaterland ist und doch für diesen Pilger des Unsichtbaren jedes Vaterland eine Fremde darstellt.[1]

Wie kann man in einer Welt leben, für die das religiöse Gefüge des Christentums eine Provokation bedeutet? Wie kann man seinen Glauben leben, ohne sich den Überzeugungen und althergebrachten Gepflogenheiten des Hauses, der Straße und des Reiches entgegenzustellen? Wie kann man sich auf ein anderes Reich berufen, ohne sich der Fahnenflucht angeklagt und von Verbannung bedroht zu sehen? Das tägliche Leben häufte Fragen und Schwierigkeiten auf, die es zu bedenken galt.

Im Gegensatz zu den Juden fügen sich die Christen in den antiken Staat ein und betonen ihre loyale Gesinnung. Sie weigern sich, ein Volk für sich zu sein oder ein Emigrantenleben zu führen. Nichts unterscheidet sie von ihren Mitbürgern, weder ihre Sprache, noch ihre Kleidung oder ihr Verhalten.[2] Kein Ghetto also. Und doch mag einem Heiden auf der Straße immer wieder die Einfachheit ihrer Garderobe und bei der Christin das Fehlen von Putz, das schlichte Gewand und die bescheidene Aufmachung auffallen.

Anfangs profitiert die Kirche jedoch von den Sonderrechten, die der Staat der Synagoge und der jüdischen Religion als einer fremdartigen Religion einräumt, die nicht ins römische Pantheon eingegliedert ist. Die ersten Verfolgungen gegen die Christen, von denen uns Sueton berichtet, scheinen an der unklaren Abgrenzung zwischen »Schülern des Chrestos« und Juden festzuhalten. Die Hauptpunkte der Anklage bleiben übrigens dieselben wie die, die gegen das Judentum erhoben worden waren: Atheismus, Exklusivität und Menschenverachtung.[3] Aber sowie die Möglichkeit der Verwechslung mit dem Judentum aufgehoben ist, finden sich die Christen dem Imperium direkt gegenüber. Ihr Monotheismus, der gegen jeden Synkretismus gefeit und nicht, wie beim Judentum, auf ein Volk reduzierbar war, erhob den Anspruch, sich wie die römische Religion bis an die Grenzen der bewohnten Welt auszubreiten. Wie sollte man sich in einem Reich einrichten, in dem eine Staatsreligion diesen Raum schon ausfüllte? Wie sollte man auf die Grenzen des Reiches und seiner Institutionen die Geltung eines Evangeliums beschränken, das sich doch eo ipso über diese hinwegsetzt?

Obwohl die römische Religion gegenüber allem, was von außen kam, aufgeschlossen war und die fremdartigen Gottheiten aus den besiegten Gebieten bereitwillig bei sich aufnahm, sperrte sie sich doch grundsätzlich gegen jede geistliche Erneuerung. Sich ihren Riten zu entziehen war ein Verstoß gegen Vaterlandsgefühl und Staat.

Der Konflikt wurde um so unausweichlicher, als das kaiserliche Handeln ausdrücklich auf politische Einheit und Zentralisation der Verwaltung zielte.[4] Das Christentum erwies sich als ein Ferment der Störung und Aufsässigkeit. Die Religion anzufechten bedeutete den Staat anzufechten, also sich wie ein Aufständischer zu benehmen. Man muß allerdings zugeben, daß christliche Sekten, wie der Montanismus, sich mit der staatlichen Macht absichtlich anlegten und die Rechtsprechung im Prätorium provozierten.

Die ersten Reibereien und Zusammenstöße gibt es innerhalb der tagtäglichen Beziehungen, wo das Heidnische Zugang hat zu dem Bereich familiärer, beruflicher und bürgerlicher Geborgenheit und wo der Mensch voll und ganz dem Staat angehört, mit seinem Hab und Gut, mit seinem Denken und sogar mit seinem Gewissen.[5] Man kann keinen Schritt tun, ohne einer Gottheit zu begegnen. Die Schwierigkeit seiner Situation erfährt der Christ täglich: Er befindet sich am Rande der Gesellschaft, er ist ein innerer Emigrant.

Die Belastungsprobe beginnt schon im heimischen Bezirk. Die Bekehrung eines Familienmitglieds führt zu Gewissensnöten und kann zu einem Drama werden. Bis in sein Innerstes ist der Christ Gefangener der heidnischen Gottheiten: sie beäugen und umzingeln ihn von der Türschwelle an, wo eine Lampe brennt, bis zu den Türpfosten, an denen Lorbeer blüht.[6] Wie kann man sie ertragen und nicht klein beigeben?

Kann sich eine Frau, die konvertiert ist, dem Opfer entziehen, das der Familienvater, den Saum seiner Toga über den Kopf geschlagen, am Hausaltar vor Kindern und Dienerschaft darbringt?[7] Sie muß den Weihrauchdunst zum Jahresanfang und am ersten Tag eines jeden neuen Monats einatmen.[8] Will sie zu einer gottesdienstlichen Versammlung gehen, so regen sich Widerspruch und Verdächtigungen. Eine Inschrift gibt ihrer Zerrissenheit Ausdruck: »Heidin inmitten der Heiden, Gläubige inmitten der Gläubigen«[9].

Tertullian erzählt mit einem Schuß Humor das lächerliche Abenteuer eines eifersüchtigen Ehemanns. Er konnte keine Maus trappeln hören, ohne seine Frau der Untreue zu verdächtigen. Plötzlich beobachtet er, wie sie ihren Lebenswandel ändert, und befürchtet, daß sie konvertiert ist. Lieber sähe er sie einen Liebhaber nehmen, als zu erfahren, daß sie Christin ist.[10]

Die Probleme stellen sich zu jedem Zeitpunkt neu, zu Hause, auf der Straße, auf dem Markt, wo Götzenopferfleisch verkauft wird, in der öffentlichen Versammlung. Die Geburt eines Kindes, das Anlegen der weißen Toga, Verlobung und Hochzeit – all das erfordert kultische Handlungen.

Lehrer und Schüler können dem Einfluß der Mythologie nicht entgehen. Der Schuljunge lernt an Hand von Götternamenslisten lesen. Er erhält seine Ausbildung im Umgang mit Dichtern wie Homer, die nach Tertullians Wort »ein Gift« für den Glauben und für die Sitten sind. Der Lehrer erörtert mit ihm die drei Kräfte der antiken Religion, wie Varro sie gelehrt hat.[11] Noch zwei Jahrhunderte später, und Basilius versucht in seinem berühmten *Traktat an die Jugend über den nützlichen Gebrauch der heidnischen Literatur*, eine Auswahl zu treffen, und deutet die Dichter im Lichte des Evangeliums. Die *Didaskalia* verlangt von den Christen, »daß sie sich von den heidnischen Büchern vollständig fernhalten«.[12]

Der Lehrer opfert der Minerva als der Schutzheiligen der Schulen das erste Lohngeld, das er von einem christlichen Schüler empfängt. Und für den christlichen Lehrer stellt die Unterweisung in der Literatur eine Gewissensqual dar, erst recht, wenn er erst kürzlich konvertiert ist. Gehorsam ist der Gläubige, wenn die Kirche ihm erlaubt, sich mit den heidnischen Autoren zu befassen, er droht ihr ungehorsam zu werden, wenn sie ihm verbietet, diese zum Lehrgegenstand zu machen. Die Kirche schwankt zwischen Duldung und Ablehnung.

Unabhängig davon, ob er römischer Bürger ist oder nicht, muß der Christ auf der Straße sein Haupt vor den Tempeln und Götterstatuen entblößen. Wie kann man sich dem entziehen, ohne Verdacht zu erregen, und wie unterwerfen, ohne einen Achtungsbeweis zu liefern? Wenn er ein Geschäftsmann ist und sich Geld leihen will, dann fordert der Verleiher von ihm einen Schwur im Namen der Götter. Kann er, ja muß er da nein sagen?

Wenn er Bildhauer oder Vergolder ist, wie soll er da nicht aus seinem Handwerk oder seiner Kunstfertigkeit, die sein Brotverdienst sind, dadurch Nutzen ziehen, daß er Götzenbilder herstellt oder für die Tempel arbeitet? Wenn er eine öffentliche Aufgabe übernimmt, ist das Opfer unerläßlich. Und wie soll er sich, wenn er Soldat geworden ist, dem Eid und den Riten entziehen, die der Militärdienst mit sich bringt?

An einem Militärparadetag in Karthago tragen alle Soldaten zu Ehren der Götter einen Kranz auf dem Kopf. Nur einer trägt seinen Kranz in der Hand. Er ist Christ. Man stellt ihn zur Rede. »Ich bin Christ, das ist mir untersagt.« Großer Aufruhr in der Stadt. Es ist das Ereignis des Tages. Man reagiert mit Murren. Die verängstigten Christen selber rügen die Tat. Welch eine Unbesonnenheit, welch ein Vorwitz![13] Was soll man machen, wie soll man leben? Der Christ gerät mit dem Staat aneinander.

Ein einfaches Versäumnis beschwört Tragödien herauf. In den Städten Bithyniens scheint das Problem, das Plinius dem Kaiser unterbreitet, durch das Mißfallen der Heiden entstanden zu sein, und zwar der Handwerker, Kaufleute und Priester, die von den Tempeln und vom Kult lebten und nun sahen, wie ihre Erwerbsquellen versiegten.

Wie häufig werden die Denunziationen durch Viehhändler ausgelöst, denen kein Opferfleisch mehr abgekauft wird, oder durch andere Interessenverletzungen. Das gesamte staatliche Leben war religiös durchsetzt. »Kein Staatsgeschäft wurde ohne Anruf der Götter abgewickelt; das religiöse Element bildete eine so vollkommene Einheit mit der staatlichen Ordnung, daß die Priester in der Regel bloße Staatsbeamte waren, die von denselben Volksversammlungen wie die anderen Amtsträger für einen bestimmten Zeitraum gewählt wurden.«[14] Plinius ist über seine Zuwahl in das Kollegium der Auguren so beglückt, als handele es sich um die Aufnahme in irgendeine Akademie.[15] Der Christ, der ein Amt im Staat übernimmt, wird dessen Priester.

Die Römer ließen sich auf die Riten des Staatskultes etwa so ein, wie sich Voltaire in seiner Gutsherrschaft an den Gottesdiensten beteiligte. Kaiser wie Mark Aurel trieben ihren Skeptizismus niemals so weit, daß sie auf ihre rituellen Funktionen verzichtet hätten. Ohne wirtschaftliche Bedenken opferten sie unzählige Herden. Ammianus Marcellinus überliefert eine burleske Bittschrift, die im Namen von Stieren an den Philosophenkaiser gerichtet war:

> »Gesuch der weißen Stiere an den Cäsar:
> Wenn Du Sieger bist, sind wir verloren!«[16]

Religiöse Gleichgültigkeit und Skeptizismus hindern die Menschen in Griechenland und Italien nicht im geringsten daran, »sich an die Ordnung ihrer Vorväter zu halten und die von diesen angebeteten Götter zu verehren, mit denen sie selbst seit ihrer Jugend vertraut gemacht worden sind«[17]. Im *Octavius* sieht der Heide Caecilius die Religion als eine die Welt umspannende Einrichtung, »die allen Reichen, Provinzen und Städten gemeinsam ist«.

Jeder Staat hatte seine Feste, die er prunkvoll feierte. Wie konnte sich der Christ dem entziehen? Wie konnte man Gesten elementarer Frömmigkeit verweigern, die zwar nahezu gedankenlos geschahen, durch die man sich jedoch einer langen Vergangenheit zugehörig erkannte?[18]

Tertullian hat sehr lebendig das Dilemma des Christen geschildert, der sich dem Leben des Staates zugehörig fühlt mit seinen Festen und Freuden, die gleichwohl das moralische Empfinden und die religiösen Überzeugungen verletzen.[19] Können wir denn mit den Heiden an diesen Feierlichkeiten, Festessen und Vergnügungen teilnehmen? An dem Tag, da man die Göttin, die Schutzheilige der Zunft, verehrt, machen sich auf, die ihr ergeben sind, die Binsenkörbe voll bepackt mit Proviant, und pilgern zu ihrem Heiligtum. Man scherzt, singt und tanzt; der Wein tut das Seine, die Stimmung steigt, mit dem Benehmen und den Gesprächen geht es abwärts. Die lustigen Zechbrüder wünschen sich so viele Lebensjahre, wie sie Becher leeren.[20] So gesehen, können sie eines langen Lebens gewärtig sein! Abends kehrt ein jeder, mit Ach und Krach, beschwipst nach Hause zurück!

Und die Gaffer versammeln sich an den Haustüren, um den Festzug vorbeiziehen zu sehen!

In Rom nahmen die Feiertage religiösen Ursprungs und mit religiöser Bedeutung – beides allerdings häufig vergessen – mehr als die Hälfte des Jahres ein. Zur Zeit Trajans rechnete man auf einen Arbeitstag zwei Feiertage.[21] Das ist die Art, wie Rom der Masse seine Herrschaft auferlegte. Aber jeder Feiertag isolierte den Christen und ließ ihn deutlicher seine Entfremdung spüren.

Im ganzen Reich wurden die Feste mit Feierlichkeiten und Schauspielen gewürzt.[22] »Die Spiele waren das eigentliche Merkmal des Festes; sie waren sozusagen obligatorisch.« Die Zirkusspiele wurden durch Wetten spannend gemacht, die so beliebt waren wie heute das Toto, und sie begünstigten in dem Durcheinander der Menge die Gelegenheiten, in denen das Abenteuer blüht. Die Pantomimen jener Zeit spielten das *Festmahl des Thyest*[23], das immer wieder die Sinne ergötzt und die Frauen in Begeisterung versetzt hatte, ehe es dann die Anschuldigungen gegen die Christen schürte. Das Theater neigte eher dem Singspiel und der »Music-hall« zu; es brachte betrogene Ehemänner und Dreierbeziehungen auf die Bühne.[24] Die Zügellosigkeit der Schauspielerinnen trieb den Striptease bis zur völligen Entblößung. Eine zeitgenössische Inschrift aus Hippo Regius hat uns den Titel eines Stückes überliefert, das Furore gemacht haben muß: *Der gehörnte Ehemann.*[25] Konnte man als Christ ein Schauspiel ansehen und dazu Beifall klatschen, das die Grundbegriffe der Moral verhöhnte und sogar den heidnischen Martial erröten ließ?[26] Wie konnte man sich darüber entrüsten, ohne die Umgebung auf sich aufmerksam zu machen?

Die Spiele im Amphitheater boten das grausame Gemetzel und die Menschenopfer, die uns erschaudern lassen, der rasenden Menge dar, sich daran zu weiden. »Der Mensch ergötzte sich dort am Blut des Menschen.«[27] Mitten unter solchen, die nach dem allgemeinen Recht verurteilt worden waren, sind dort Brüder und Schwestern: Ignatius in Rom, Pothinus, Attalus und Blandina in Lyon, Felicitas und Perpetua in Karthago, den Löwen und der Grausamkeit einer menschenverschlingenden Menge zum Fraß vorgeworfen worden! Der Heldenmut der Märtyrer diente als Schauspiel bei den heidnischen Feierlichkeiten!

Die Kirche wird es noch mit starkem Widerstand zu tun bekommen, wenn sie sich gegen die Theater- und Zirkusleidenschaft wendet.[28] Unter den Gläubigen gibt es Leute, die die Gemeinde im Stich lassen, um nach Lust und Laune wieder zu derartigen Vergnügungen zurückkehren zu können. Noch zur Zeit Augustins ist die Kirche an manchen Tagen leer, denn die Gläubigen sind unterwegs, um die Mimen oder die Wagenrennen zu sehen. Und der Bischof bekennt in humorvoller Demut: »Früher sind wir selbst so dumm gewesen, uns dort niederzulassen; was meint ihr? Wie viele zukünftige Christen sitzen jetzt wohl dort? Ja, wer weiß, wie viele spätere Bischöfe?«[29]

Parallel zu Musik, Komödie und Tanz führt im 2. Jahrhundert auch die bildende Kunst ein reges Leben. Aus Griechenland kommende Baumeister und Kunsthandwerker bringen es zu Reichtum, indem sie bis in die bescheidensten Häuser hinein die Hauptwerke der hellenistischen Plastik bekanntmachen und verbreiten.[30] Aber die Christen stehen dem Schönheitskult fast ebenso zurückhaltend gegenüber wie dem Götzendienst; die beiden hängen im übrigen zusammen, und es sind dieselben Künstler, die ihre Begabung dabei einsetzen.

Tatian und auch sein Lehrer Justin zeigen der Kunst gegenüber nicht das Verständnis, das sie der Philosophie entgegenbringen. Keiner von beiden führt die Ethik auf die Ästhetik zurück. Das Heil ist nicht von irgendeinem schönen Apoll gekommen, sondern »von dem Menschen ohne Schönheit«[31]. In ihren Augen sind Kunst und Künstler Helfershelfer des Götzenglaubens, dem sie dienen und den sie verbreiten; sie errichten der Sappho und anderen berühmten Kurtisanen Standbilder.[32] Man wundert sich nicht, fügt Justin gut informiert hinzu, wenn man erfährt, daß sie sich an ihren jungen Modellen vergreifen![33] Konnte eine jungfräuliche Christin ihren Blick, ohne zu erröten, auf ein Kunstwerk richten, das die wohlgerundete Form verherrlicht und die Sinnlichkeit preist?

Über die Riten der Familie und der Stadt hinaus hatte Augustus den Kult des Imperiums begründet, das in der Person des Kaisers seine Verkörperung fand.[34] Rom- und Kaiserkult stellten zur Zeit der Antonine die höchste Form der offiziellen Religion dar und brachten Huldigung und loyale Gesinnung gegenüber dem Imperium zum Ausdruck. Im Orient ist die kaiserliche Apotheose die populärste römische Exportware. An diesem Kaiserkult werden sich Christen und Märtyrer stoßen, denn er setzt religiöse Überzeugung und politische Loyalität gleich;[35] er war nur die Fassade, hinter der die Götter des Pantheons lebten.

Der Prokonsul von Asien fordert Polykarp auf: »Schwöre beim Heil des Kaisers, kehre zurück und rufe: Nieder mit den Gottlosen!«[36] Die Vergöttlichung des Kaisers verletzte das Gewissen des Christen, für den die Anbetung dem wahren Gott, seinem Herrn, vorbehalten war. Polykarp blickt darum »mit ernster Miene auf die Menge der gottlosen Heiden, die die Stufen des Stadions bedeckten, deutet auf sie mit der Hand, stößt einen Seufzer aus, richtet die Augen gen Himmel und sagt: Nieder mit den Gottlosen!«

Konflikt und schließlich Verfolgung verschärfen sich in dem Maße, wie das Imperium eine Bedrohung spürt und sieht, wie Patrizier und Philosophen sein Gefüge und seine unwandelbare Ordnung in Frage stellen. Eigentlich hätte der Staat gegenüber dem Christentum Einfühlungsvermögen und Beweglichkeit benötigt. Der mißtrauische und auf Bewahrung bedachte römische Verwaltungsapparat erweist sich als dazu unfähig. Der Zusammenprall wird unausweichlich, und die Verfolgung, die zur Zeit der Antonine noch endemisch und lokal begrenzt war, dehnt sich entsprechend der Gefährdung weiter aus.

Die blutige Verfolgung von seiten eines sadistischen Kaisers wie Nero war die erste Begegnung zwischen Kirche und Imperium mit offenem Visier; seitdem lastet sie schwer auf ihrem Verhältnis und führt zu wechselseitigem Mißtrauen. Die Christen fühlen sich überwacht und mit Argwohn beobachtet. In Rom stehen sie in den Polizeilisten unmittelbar zusammen mit Kneipwirten, Zuhältern und Badedieben:[37] ein Vorkommnis, eine Unvorsichtigkeit – und schon geraten sie in Unruhe.

Ein Christ mit Namen Ptolemäus wird in Rom auf Betreiben des Ehemanns der bekehrten Frau und nicht des Präfekten verhaftet. Der Zenturio, als der Befehlshaber der städtischen Kohorten – der Polizeitruppe von Rom – handelt eigenmächtig und ordnet Untersuchungshaft an.[38] Dieses Verfahren ist um so wirkungsvoller, als es eingerichtet worden ist, um schnell handeln und alle Unruhestifter und Anhänger verbotener Religionen vor ein Sondergericht ziehen zu können.[39] Es wird der Christenheit schwer zu schaffen machen.

In kritischen Augenblicken provoziert man nach Bedarf einen Zwischenfall, oder man deckt eine angebliche Verschwörung auf. Dabei soll die Aufmerksamkeit auf die christliche Sekte gelenkt und diese zur Vorsicht veranlaßt werden. Die Situation der Gemeinden ist also prekär; sie sind den Behörden und der Menge ausgeliefert.

In Rom mußte jede Religion vom Senat genehmigt werden. Zudem war die für Gruppen jeder Art erforderliche Versammlungserlaubnis nur durch einen Senatsbeschluß oder eine kaiserliche Verordnung zu erhalten; ohne sie waren die Zusammenkünfte illegal, und die Gemeinde konnte weder Güter noch Gottesdienststätten besitzen. So sah die Rechtslage aus. Das Mißtrauen und die Furcht vor Aufruhr sind so stark, daß Trajan in Asien für die Gründung eines Feuerwehrvereins keine Genehmigung erteilt![40]

Immerhin konnten sich die Gläubigen auf die Begräbnisvereine berufen, die dem niederen Volk zugestanden wurden und in deren Rahmen sie eine Vereinskasse führen, einmal pro Monat Mitgliedsbeiträge erheben und Friedhöfe besitzen durften.[41] Haben sich die Christen vielleicht unter dem juristischen Deckmantel solcher Vereine versammelt? Die Frage bleibt strittig. Doch gestattet das Gesetz über die Vereinsbildung den »tenuiores«, also den kleinen Leuten, sich »religionis causa« zu versammeln.[42] Die Kaiser fürchteten nicht das Volk, sondern die Großen. Der Widerstand erwuchs ihnen aus der Nobilität, denn sehr schnell schon drang das Evangelium in die höheren Gesellschaftsschichten ein – und das erregte Argwohn. Das Kaisertum praktizierte tatsächlich als einen seiner Regierungsgrundsätze religiöse Toleranz.[43]

Um dem Christentum beizukommen, stellte Rom sogar seine herkömmliche Politik in Frage.[44] Doch jeder autoritäre Staat ist angewiesen auf die öffentliche Meinung und die Stimmung auf der Straße, die auch die bestbegründeten Grundsätze umwerfen können. Welche Verbrechen konnte man geltend machen? Gab es ein Delikt »Christsein«, so daß schon das Tragen des Christusnamens ausreichte, um verfolgt zu werden? Manche Historiker haben das behauptet und tun es noch, gestützt auf Tertullian.[45] Eusebius erwähnt »neue Edikte«, die schwer auf der Christenheit lasten.[46] Auf jeden Fall können sich die Statthalter auf ihre Verpflichtung berufen, für die öffentliche Ordnung und Sicherheit zu sorgen, und sie tun das auch immer dann, wenn christenfeindliche Bewegungen im Volk ihnen dafür den Vorwand oder das Recht liefern.

Man muß sich hüten, die Verfolgung auf ihren juristischen Aspekt zu reduzieren. Affektbetonte, psychologische und politische Elemente sind dabei häufig ausschlaggebend.[47] Die Christen leben im römischen Imperium wie die religiösen Minoritäten im Osmanischen Reich oder heutzutage in den islamischen Ländern. Das ist immer eine unsichere Angelegenheit.

Am Ende des 1. Jahrhunderts genügt schon das Bedürfnis des alternden, argwöhnischen und von der Aristokratie und den Philosophen kritisierten Kaisers Domitian, seine Autorität zu behaupten, um den Konsul Manilius Acilius Glabrio und die Mitglieder seiner eigenen Familie, soweit sie Christen waren, mit Strafen zu belegen, weil sie angeblich die Ordnung gestört hatten und den Staat vernichten wollten.[48] Domitians Zorn hat bis nach Asien hinein gewütet, wodurch sich die Angriffe in der Apokalypse gegen den totalitären Staat und den Kaiserkult erklären lassen. Welche paradoxe Umkehrung der Dinge: der Kaiserkult war ja doch orientalischen Ursprungs! Der Brief des Plinius deutet noch auf den Wirbel, den zwanzig Jahre zuvor die kaiserliche Aktion hervorgerufen hatte.

Zu dem Zeitpunkt, da Trajan einen neuen Legaten nach Bithynien schickt, geht es den Christen in Asien gut. Sie bekennen offen ihren Glauben. Der Staat kann ihnen nichts vorwerfen: sie bezahlen ihre Steuern und beteiligen sich an der Verschönerung und Verwaltung der Städte, insofern sie immer bereit sind, die öffentlichen Abgaben zu akzeptieren. In manchen Familien geht das Bischofsamt vom Vater auf den Sohn über. Polykrates ist in seinem Geschlecht der achte, der es bekleidet.[49] In blühenden Städten verfügt der Bischof häufig über beträchtliche Geldmittel. Er ist eine angesehene Persönlichkeit. Der Irenarch von Smyrna läßt Polykarp ehrerbietig zu sich hinauf auf den Wagen steigen.[50] Plinius der Jüngere, der als Vertrauensmann des Kaisers nach Asien geschickt worden ist, trifft überall auf Christen.[51]

Von unangebrachtem Eifer gepackt, beginnt der neue Legat streng durchzugreifen. Christen, die sich beharrlich zeigen, verurteilt er zum Tode. Die einmal begonnene Aktion weckt den Eifer des Volkes, die Denunziationen häufen sich, und die Versuche, auf diese Weise miteinander abzurechnen, nehmen zu. Ehe es zur Katastrophe kommt, wendet sich der bedrängte kaiserliche Beamte in seiner Bestürzung hilfesuchend an den Kaiser, um sich Rückendeckung zu verschaffen. Es war höchste Zeit!

Der Eitelkeit des Plinius, der mehr darauf bedacht ist, der Nachwelt bekannt zu werden, als daß er fähig wäre, ein unabhängiges Urteil zu fällen, haben wir es zu verdanken, daß wir das Reskript des Trajan[52] besitzen, das von nun an maßgeblich sein wird. Der Kaiser bewahrt einen kühlen Kopf und beweist hellsichtigen Realismus. Wohl sollen die Einrichtungen und die Götter des Staates geschützt werden, doch ohne daß dabei persönliche Überzeugung oder religiöser Eifer ins Spiel kommen.

Die lapidaren Formulierungen können sein Dilemma kaum verhüllen.
»Insgesamt läßt sich überhaupt nichts festlegen, was gleichsam als feste
Norm dienen könnte. Nachspionieren soll man ihnen nicht; werden sie
angezeigt und überführt, sind sie zu bestrafen.«

Tertullian hat ohne Schwierigkeit die Inkonsequenz des kaiserlichen
Reskripts durchschaut: »Welch verlegene und verworrene Entscheidung! Sie verbietet die Fahndung, als handele es sich um Unschuldige,
und verlangt die Bestrafung, als handele es sich um Schuldige. Sie ist
milde und grausam, sie schließt die Augen und paßt auf. Warum bringst
du dich, Urteil, selbst zu Falle?«[53]

Immerhin stoppt der liberale Kaiser das übereilte Vorgehen des Legaten. Anonyme Denunziationen, die Plinius angenommen hatte, lehnte
er ab, »weil sie ein verächtliches Verfahren darstellen, unwürdig unserer
Zeit«. Darin liegt ein Verweis für den Beamten. Der Kaiser verbietet der
staatlichen Behörde, die Initiative zur Aufspürung und Verfolgung zu
ergreifen, und beschränkt ihr Einschreiten auf die Fälle, wo Denunziationen ordnungsgemäß vorgebracht wurden.[54]

Mag diese Bestimmung auch noch so liberal und zurückhaltend sein, sie
macht die staatlichen Behörden doch abhängig von der öffentlichen
Meinung, der *vox populi*. Der Kaiser äußert sich nicht über die Art des
Vergehens und bringt keinen Anklagepunkt vor, der das moralische
Empfinden verletzt. In juristischem Formalismus befangen, verteidigt
er den Buchstaben gegen den Geist. Religionsprozesse sind immer Ten-
denzprozesse. Trajan ist, wie Mark Aurel, aufgebracht, weil die Christen so hartnäckig auf dem Christsein beharren.

Das Reskript des Trajan, das von nun an als Charta dient, zeigt deutlich,
wie unsicher sich die Lage für die Christen gestaltet hatte: eine Aufruhr-
stimmung in der Bevölkerung oder ein unduldsamer Beamter können
über ihr Schicksal entscheiden! Für Tertullian ist es ein leichtes, die
Ungerechtigkeit an der Sache aufzuzeigen: »Der Christ ist nicht straf-
würdig, weil er schuldig ist, sondern weil er entdeckt wurde.«[55] Redli-
che Beamte wie Licinius Granianus kommen in Verlegenheit, wenn sie
ein Verfahren als wohlbegründet rechtfertigen sollen, das ihnen äußerst
ungerecht erscheint und das die Behörden ermächtigt, blutjunge Christinnen ins Hurenhaus zu schicken![56]

Die Märtyrerakten lassen uns die Auseinandersetzung zwischen der
Obrigkeit und den Christen noch unmittelbar erfassen. Mag der römische Prokonsul auch noch so viel Verständnis zeigen, der Dialog mit
dem Angeklagten bricht ab. Die beiden sprechen nicht dieselbe
Sprache.[57]

»Wünscht ihr Bedenkzeit?«, fragt Saturninus die Märtyrer in Afrika.
»In einer so gerechten Sache gibt es nichts zu bedenken.«[58]
Im Jahre 185 wird in Rom ein angesehener Mann verhaftet, der gebildete Patrizier und Philosoph Apollonius.[59] Er ist von einem Sklaven als Christ denunziert worden. Als er Perennis, dem Präfekten des Prätoriums, vorgeführt wird, verteidigt er sich mit Würde. Das Verhör läßt das Wohlwollen des Beamten gegen ihn spüren. Offensichtlich will er ihn retten. Er gewährt ihm zunächst einen und schließlich drei Tage Bedenkzeit. Der kaiserliche Beamte verlangte lediglich, daß dem kaiserlichen Genius einige Weihrauchstäubchen dargebracht werden. Apollonius erläutert die Unsinnigkeit des heidnischen Kultes: Er beginge eine schwere Sünde, wenn er den Götzenbildern Opfer darbrächte. Soweit kann Perennis ihm folgen. Hat er nicht gehört, wie andere Philosophen den gleichen Grundsatz entwickelten?
Perennis versteht aber überhaupt nichts mehr, als Apollonius sich weigert, eine rein formale Geste zu vollziehen – erst recht nicht, da es doch um sein Leben geht.
»Du möchtest also sterben?«
»Mein Begehr ist, in Christus zu leben; die Liebe zum Leben läßt mich den Tod nicht fürchten.«
Perennis stellt fest: »Ich verstehe nicht, was du sagen willst.« Den Angeklagten überrascht das nicht. Die Situation ist tragisch. Der Beamte empfindet überhaupt nur Bewunderung für den Angeklagten. Er würde ihn gerne freisprechen. Er kann es nicht. Die Bestimmungen verwehren es. Verständnislos, ja ablehnend steht das Imperium der Proklamation einer inneren Freiheit, einer Gewissensautonomie gegenüber, die ihre Grenzen im Namen der Herrschaft Gottes innerhalb der irdischen Reiche aufrichtet. Schließlich spricht Perennis, obwohl sich alles in ihm dagegen sträubt, das Todesurteil aus.
Zu dem religiösen Problem tritt noch ein politisches hinzu, das der Philosoph Celsus deutlich heraushebt: Die Christen werden beschuldigt, sich gegen das Sicherheitsinteresse des Staates zu verschwören und seine Ordnungen anzufechten. Weit entfernt, eine bewahrende Kraft darzustellen – wie es die Sozialisten und Anarchisten von heute dem Christentum vorwerfen –, spielt es unter den Antoninen die Rolle eines Aufrührers. Es stellt die Gesetzgebung und die Institutionen des Staates in Frage. Die Christenheit begibt sich an den Rand der Gesellschaft.
In einem Augenblick, wo die Barbaren an den Ufern des Rheins und der Donau vor den Toren stehen und die Perser im Osten angreifen, ist das

ein schwerwiegender Anklagepunkt. Es gilt, das Reich zu verteidigen, aber auch das kulturelle und zivilisatorische Erbe vor der Vernichtung zu schützen.[60]

Die Christen verteidigen jedoch nicht dieselben Werte; sie gehen nicht auf im römischen Reich; mit seiner Geschichte können und wollen sie die ihre nicht gleichsetzen; ihre Botschaft ist weitreichender und dauerhafter als Reiche und Kulturen, die aufgerichtet werden und wieder vergehen. Eine solche Haltung stuft der Staat als sträfliche Gleichgültigkeit und Reichsfeindlichkeit ein, weil die offizielle Religion mit dem Staat eine Einheit bildet. Zwei unvereinbare Auffassungen stehen einander gegenüber: ein durch den Kaiser verkörpertes politisches Bewußtsein, das darauf zielt, bei allen und in allen Bereichen zur Geltung zu kommen, und ein persönliches sittliches Empfinden, das eine politische Religionsausübung ohne innere seelische Beteiligung ablehnt und den Götterkult zurückweist.

Der Vorwurf der Gottlosigkeit – ein Synonym für Abkehr von der Staatsreligion – ist von nun an das Schreckgespenst, an das nur gerührt werden muß, um die Massen aufzubringen und zu sehen, wie sich die Tore zur guten Gesellschaft schließen.[61] Es bedarf der Größe, des Mutes und der Freiheit Justins, um auf die Anschuldigung der Heiden antworten zu können: »Wir sind Gottlose in bezug auf eure Gottheiten.«[62] Er unterscheidet sorgfältig zwischen Religion und loyaler Gesinnung; jene lehnt er ab, diese bejaht er.

Bei den Christen in der Antike von Justin bis hin zum *Gottesstaat* würde man nach Sympathien für das Heidentum oder auch nur nach einem Versuch, dieses von innen heraus zu verstehen, vergeblich suchen. Es wird en bloc abgelehnt. Weder Tertullian noch Augustin stellen sich die Frage, ob nicht vielleicht jenseits aller schockierenden oder unvollkommenen Äußerungsformen ein echtes Anliegen, ein religiöser Wert zum Ausdruck kommt.

Seit Paulus befürworten die Christen – abgesehen von einigen kleinen Bereichen des Widerstands – durchweg Loyalität gegenüber dem Staat. Die vereinzelten Verfolgungen des 2. Jahrhunderts können sie in dieser Einstellung nicht erschüttern. Die Apologeten, die vom Wohlwollen der Kaiser überzeugt sind oder einfach dabei bleiben, dieses vorauszusetzen, verfechten mit ihren Schriften vor den Kaisern die Sache des Evangeliums.

Sie versichern, daß sich die Christen in ihrer Eigenschaft als Bürger zu Gehorsam und Loyalität gegenüber dem Staat bekennen. Ihre Bewunderung für das Imperium ist so groß, daß sie über die Verfolgungen,

deren Opfer sie sind, Klage führen. Meliton von Sardes überlegt, daß
»die Kirche die Milchschwester des Imperiums« sei.[63] Athenagoras
rühmt die enge Zusammengehörigkeit, die von nun an die Geschicke
Roms und der Kirche, des Reichsfriedens und des christlichen Friedens
aneinander bindet.[64] So begeistert sich das junge, im Aufbruch begrif-
fene Christentum, das den Wind im Rücken spürt! Das 3. Jahrhundert
wird alles daran setzen, das Christentum zu ernüchtern.

Die Beschuldigungen der Volksmenge[65]

Im pragmatisch ausgerichteten, eher zu Aberglauben als zu Religiosität
neigenden Rom, wo auch die Kaiser keine unduldsamen Eiferer sind,
droht den Christen Gefahr von seiten der Straße, denn die öffentliche
Meinung spielt in diesem kaiserlichen Rom eine beachtliche Rolle und
stellt ein Gegengewicht zur absoluten Herrschaftsform dar.
Unter normalen Umständen ist das Volk weder intolerant noch fana-
tisch. Es interessiert sich weniger für den Priester als für den Astrologen. Der Kaufmann befragt ihn im Blick auf seine Handelsgeschäfte,
und der Bräutigam möchte von ihm das Glücksdatum für seine Eheschließung erfahren. Die Astrologie, die Griechen, Asiaten oder Ägypter betrieben, ist zwar verboten, doch wird sie toleriert und mit erhebli-
chen Steuern belastet. Das hindert aber nicht, daß die Leute sich ihr
verschreiben. Selbst Augustin bekennt noch, daß er einen Astrologen
zu Rate gezogen hat.[66]
Der einfache Mann, der für Astrologie und Magie empfänglich ist,
begeistert sich kaum für ein Evangelium, das eine so bedeutende Veränderung der Lebensweise erfordert: das überläßt er großzügig anderen.
Darum werden die Christen in normalen Zeiten auch nicht behelligt.
Wenn aber besondere Ereignisse, Bedrohungen und Katastrophen eintreten, dann beginnt die Öffentlichkeit zu wüten. Das Reskript des
Trajan tritt auf seine Weise dem anonymen und unkontrollierten Strafgericht entgegen.
Ein Christ mag noch so sehr wie jeder andere leben, Thermen und
Basiliken aufsuchen und die gleichen Berufe ausüben wie andere, es
mischen sich bei ihm doch feine Unterschiede, ja manchmal Vorbehalte
hinein. Ein Bereich seines Lebens entzieht sich den anderen und erregt
Verwunderung. Sein Glaube wird als Fanatismus bezeichnet, seine
Ausstrahlung als Drang, sich Anhänger zu verschaffen, und seine Red-
lichkeit als Zurechtweisung.

Das Volk nimmt schließlich auch eine unverhoffte Veränderung wahr. Die Frau meidet auffallende Kleidung, und der Ehemann flucht nicht mehr beim Bacchus oder beim Herkules.[67] Sogar die Entrichtung der Steuer wird beargwöhnt: »Der will uns eine Lektion erteilen«, sagen sie als typische Bewohner des Mittelmeerraumes. Man weiß von den Christen, daß sie peinlich genau sind, wenn es um Maße und Gewichte geht.[68] Doch selbst ihre Ehrenhaftigkeit kehrt sich gegen sie und führt dazu, daß man sie im Auge behält.

Wer dem Volk gleicht, den liebt es, und wer sich von ihm unterscheidet und absondert, den beobachtet es argwöhnisch. Es wittert Geringschätzung oder Heuchelei; Gerüchte gehen um; die gegenseitige Hilfeleistung unter Christen verblüfft, die Brüderlichkeit zwischen Herren und Sklaven ist fragwürdig und einem kultivierten Menschen unverständlich: Wie kann man überhaupt mit einfachen, unwissenden und ungebildeten Leuten brüderlich umgehen? Tertullian hat uns Äußerungen, wie sie auf der Straße in Karthago zu hören waren, mit genauer Namensnennung überliefert: »Ein wackrer Mann, dieser Gaius Seius, schade nur, daß er Christ ist!« Genauso spricht ein anderer: »Ich bin wirklich überrascht, daß ein so verständiger Mann wie Lucius Titius auf einmal Christ geworden ist!« Und Tertullian bemerkt dazu scharfsinnig: »Es fällt ihnen nicht ein, darüber nachzudenken, ob nicht Gaius vielleicht gerade deshalb ehrenhaft und Lucius deshalb klug ist, weil sie Christen sind, oder ob sie nicht vielleicht deshalb Christen geworden sind, weil der eine ehrenhaft und der andere klug ist.«[69]

In der kaiserlichen Pagerie ist ein Schüler Christ; er heißt Alexamenos. Seine Kameraden machen sich über ihn lustig und kritzeln einen gekreuzigten Esel an die Mauer, mit der Überschrift: »Alexamenos verehrt seinen Gott!« Der junge Christ erwidert darauf beherzt und schreibt seinerseits dazu: »Alexamenos ist gläubig.«[70] Der im Palatin entdeckte Graffito ist uns erhalten und kann im Museum Kircherianum in Rom besichtigt werden.[71] (Siehe Tafel 13.) Wie oft mag sich unter veränderten Umständen der gleiche Dialog wiederholt haben, in allen Gesellschaftsschichten, wo Heiden und Christen dicht bei dicht zusammenlebten.[72] Selbst jedes Nichterscheinen wird mit Mißtrauen beobachtet. Die Christen meiden alle religiösen Festveranstaltungen, und Zeus weiß wahrhaftig, wie viele es davon im Laufe eines Jahres gibt! Auch vom Theater und von den Zirkusspielen hält sich ein Christ fern, was Römern und Afrikanern, bei denen die Freude am Schauspiel tief verwurzelt ist, unmöglich erscheint.[73]

Wenn vage Gerüchte über die christlichen Zusammenkünfte bekannt werden, verschärft sich der Argwohn; da nur Mitglieder zugelassen sind, erscheinen die Versammlungen für Außenstehende zwielichtig. Zu allen Zeiten haben geheime Kultveranstaltungen Anlaß zu Verleumdungen gegeben. Der Skandal der Bacchanalien ist nicht in Vergessenheit geraten. Wenn man sich verbirgt, dann hat man etwas zu verbergen, sagt der Volksmund. Das unmöglichste Geschwätz wird weitergetragen, wobei die ausgestreuten Anschuldigungen den Zustand der Gesellschaft widerspiegeln, die auf diese Weise ihre eigene Lasterhaftigkeit auf die Christen überträgt. Fronto, dem der Kaiser Gehör schenkt, macht sich zwar über diese Anfeindungen lustig, aber er wiederholt sie immerhin.[74] Die Apologeten zitieren sie, bevor sie sie widerlegen.[75]

Die Eucharistiefeier, bei der der Bischof sagt: »Das ist mein Leib, das ist mein Blut«, wird als kannibalischer Ritus dargestellt: Die Christen opfern ein lebendes Kind, heißt es, wie beim Fest des Thyest. Sämtliche Apologeten sehen sich gezwungen, diesem Lügenmärchen, das im Laufe des 2. Jahrhunderts von Stadt zu Stadt weitergetragen wird, den Garaus zu machen.[76]

Die Gemeindeversammlungen, bei denen sich die Christen »Bruder« und »Schwester« nennen und sich den Friedenskuß geben, werden zum Angriffspunkt für sehr häßliche Ausdeutungen und gelten allgemein als ausschweifende Zusammenkünfte.[77] Dem Pöbel fällt es schwer, der Tugendhaftigkeit zu glauben, und dem Wüstling, anzuerkennen, daß es auch Keuschheit unter Männern und Frauen gibt. Von hier aus ist es nur ein kleiner und tatsächlich häufig vollzogener Schritt, das freiwillige Zölibat für staatsfeindlich oder abartig zu erklären.[78] Der gesunde Menschenverstand rechnet mit Übertreibung, fügt aber spitz hinzu: »Kein Rauch ohne Feuer!«

Dasselbe Volk hört auf zu lachen und sich lustig zu machen, wenn seine Interessen verletzt werden. Der Ungläubige wird zum Kirchendiener und Verteidiger der Religion, wenn seine Einkünfte abnehmen. Man stelle sich den Aufruhr unter den Feinbäckern vor, wenn die Kirche die feierlichen Kommunionsfeiern abschaffte! Derselben religiösen Denkweise entstammten die an Plinius herangetragenen Denunziationen!

Diese sind voller Widersprüche: den einen wirft man Wohlstand vor, anderen dagegen Untüchtigkeit.[79] Für einen Christen ist es gleichermaßen gefährlich, sich den öffentlichen Aufgaben zu entziehen, wie sie auf sich zu nehmen. Erfolg, Wohlergehen und Achtung setzen die Christen und Christinnen in Lyon der Denunziation durch die Bevölkerung aus. Das Volk muß nur wie ein braves Kind von professionellen Agitatoren, die in Sachen Verleumdungen herumreisen, aufgebracht werden, und schon schreit der Pöbel nach Geiseln.

Im Jahre 177 fahndet die Polizei in Lyon nach Leuten, die von der Menge benannt werden.[80] Der Tribun der 13. Kohorte und die örtliche Behörde haben in Abwesenheit des Legaten mit der Verfolgung nichts zu tun: diese entsteht unter dem Druck, den die Bevölkerung ausübt. Die Beamten fügen sich, leiten die Voruntersuchungen ein und setzen sich über das Reskript des Trajan hinweg. Zur gleichen Zeit wird in Smyrna der alte Bischof vom Volk angezeigt, das schreit: »Polykarp muß gerichtlich belangt werden!«[81]

Gegenüber den leichtfertigen Verleumdungen der Heiden verfügen die aggressiveren Christen des 2. Jahrhunderts über scharfe Argumente. Man muß nur einmal Tertullian, die Flüche der sibyllinischen Orakel[82] oder die apokalyptische Literatur jener Zeit lesen: dort findet man mystische Verzückung und Unheilsdrohungen, die bis zur Maßlosigkeit überspannt sind.

> »Du wirst trauern und ausziehn den Fürstenmantel, mit breiten
> Purpurstreifen verbrämt, und anlegen Trauergewänder.
> Du hoffärtige Herrin, du Sproß der latinischen Roma . . .
> Wenn Hungersnot herrscht und schrecklicher Bürgerkrieg tobet,
> Nahe ist dann das Ende der Welt und der letzte der Tage
> Und den bewährten Berufnen Entscheidung des ewigen
> Gottes.«[83]

Die damaligen Christen denken apokalyptisch und interpretieren die Drohungen der Offenbarung des Johannes wortwörtlich. Sie verheißen mit dem Ende einer Welt das Ende der Welt überhaupt und verkünden den Weltuntergang als ein großes Freudenfeuer.

Es gibt Schwärmer und Leute, die mit inneren Vorbehalten konvertiert sind. Die Sekten entgleiten vielfach der kirchlichen Kontrolle. Dort herrschen keineswegs immer gesundes Klima und untadelige Sitten. Die Menge differenziert jedoch nicht, wie es angebracht wäre, sondern sie wirft alle in einen Topf und lehnt Christen, Gnostiker und Montanisten in gleicher Weise ab. Die Heiden geraten in Furcht und greifen nun ihrerseits an. So entsteht ein Wettstreit von Drohungen und Unheilsprophetien.

Die Volksreligion setzt sich aus Aberglaube und Pragmatismus zusammen. Sie erbittet von den Göttern zeitliche Güter, Gesundheit, Frieden

und Sieg.[84] Tritt nun plötzlich eine Bedrohung auf – sind etwa die
Barbaren vor den Toren –, dann sind nach dem Verständnis dieser
Religion die Götter erzürnt. Die Obrigkeit macht sich stark, die Geister
erhitzen sich, und Beschuldigungen sprudeln hervor: »Die Christen
bringen uns ins Unglück . . .[85] Sie haben den bösen Blick, sie haben uns
verhext!« Wahrlich ein schwerwiegender Vorwurf in einer Zeit, die sich
von Zauberern schrecken läßt und in der das Volk in Angst vor Verwün-
schung, Behexung und Zaubertränken lebt.[86] In Lyon lassen es die
Heiden an Pothinus aus und glauben, ihre Götter auf diese Weise zu
besänftigen.[87]

Die Verhaftungen und Verfolgungen stehen in unmittelbarem Zusammenhang mit den Bedrohungen, die über dem Imperium lasten. Und es
brechen, weiß Gott, Katastrophen während der Regierungszeit Mark
Aurels herein![88] Im Jahre 162 schleppen die Soldaten die schwerste
Epidemie der Antike von Asien in den Westen ein. Bald danach überfal-
len die Germanen das Reich, überschreiten die Donau und dringen bis
nach Italien und Griechenland vor. Im Jahre 167 bricht die Pest in Rom
aus. Die entsetzliche Tiber-Überschwemmung führt zu Pogromen. Es
ist eine Zeit apokalyptischer Schrecken. Wie bei den Tieren in der Fabel
»kamen nicht alle um, aber alle wurden heimgesucht«.

Der Kaiser und die Priester stürmen in die Tempel und opfern ganze
Herden.[89] Die Menge drängt herzu. Man hält Ausschau nach denen, die
nicht da sind. Die Christen fehlen bei dem Zusammensein. Wo sind
sie?

Dürre, schlechte Ernten und Hungersnot werden immer häufiger.
Nach der Vorstellung der Bevölkerung sind die Götter erzürnt. Man
braucht Schuldige – wie in der Fabel. Vom pöbelhaften Strafgericht ist
der Christ dazu ausersehen, »das räudige schwarze Schaf zu sein, von
dem alles Übel herrührt«. Tertullian beschreibt die Stimmung: Tritt der
Nil wieder über die Ufer? Bedroht Trockenheit die Ernte? Bebt die
Erde? Bricht die Pest in Afrika oder Smyrna aus? Augenblicklich heißt
es: Nieder mit den Gottlosen, die Christen vor den Löwen![90] Wenn sie
zufällig einmal solche Äußerungen miterleben, verrät sie ihr belustigtes
oder überlegenes Lächeln und liefert sie dem Strafgericht aus.[91]

Die Wut des Volkes übersteigt die Kraft der Behörden, die sich vergeblich bemühen, die Ordnung aufrechtzuerhalten und die Legalität zu
wahren. Die Bevölkerung fällt eigenmächtig mit Steinen und Fackeln
über die Christen her. Sie schändet die christlichen Friedhöfe,[92] wie in
den Zeiten des spanischen Bürgerkriegs, und auch die schwersten Verbrechen bleiben unbestraft.[93]

Über Jahrhunderte hinweg werden die Christgläubigen für die Schicksalsschläge des Reiches immer wieder verantwortlich gemacht.[94] Celsus und Apulejus behaupten, daß die Ausweitung des Christentums den Staat schwächt. Die Götter hatten Rom zu seiner Größe verholfen, sie allein konnten es bewahren oder erneuern. Noch Augustin[95] wird beim Fall Roms im Jahr 440 im *Gottesstaat* die Christen verteidigen müssen: von den letzten Heiden werden sie noch beschuldigt, den Zorn der Götter entfacht zu haben, ein Zeichen, wie tief dieses Empfinden in der heidnischen Seele verwurzelt war.

Die Auseinandersetzung mit der Intelligenz[96]

In den *Klementinischen Homilien*, einer im Laufe der ersten Jahrhunderte wiederholt überarbeiteten Sammlung, ist eine Szene überliefert, die wirklichkeitsgetreu geschildert zu sein scheint. Sie zeichnet nämlich die Geschichte einer Bekehrung als Wahrheitssuche im Verlauf einer Reise nach. Ein römischer Bürger namens Clemens vernimmt in Rom die gute Botschaft. Er beschließt, nach Palästina zu reisen. Er schifft sich dorthin ein, wird aber, von widrigen Winden getrieben, nach Alexandria verschlagen. Dort begegnet er Barnabas, dem Schüler des Paulus, der sich hier aufhält. In dieser Hochburg des Geistes trägt der Apostel die christlichen Wahrheiten mit einfachen, direkten Worten öffentlich vor. Die Menge nimmt ihn mit Begeisterung auf.
Auf einmal tauchen Philosophen auf, vollgepfropft mit profaner Gelehrsamkeit. Sie versuchen, mit einem großen Aufwand von Argumenten den Prediger aus dem Konzept zu bringen. Barnabas läßt sich auf ihr Spiel nicht ein: er erläutert seine Botschaft und bringt Zeugen mit, die seine Worte bestätigen sollen. Clemens wird überzeugt, kommt dem Apostel zu Hilfe und schilt die Selbstgefälligkeit der Philosophen. Die Menge ist gespalten.[97]
Man stelle sich nun vor, wie jener Clemens nach dieser ersten Konfrontation in Alexandria bestrebt ist, sich weiter zu informieren und Klarheit zu verschaffen, und zwar zu einem Zeitpunkt, da Basilides, Isidor, Valentin und Karpokrates Zirkel gründen, vor denen sie ihre Phantastereien ausbreiten über den Sturz der Seele und ihre Befreiung mit Hilfe der Erkenntnis oder Gnosis, die sie selbst vermitteln.
Entsprechende Zirkel siedeln sich auch in Rom an, wo Valentin, Marcion, Apelles und Rhodon nach und nach einander begegnen und sich wieder trennen, weil sie, »uneins untereinander, an unvereinbaren

Überzeugungen festhalten«[98]. Sie alle verabscheuen Autorität und hierarchische Ordnung. In Rom, wo man nicht gerade zu Mystizismus und Philosophie neigt, herrscht unter den Gläubigen, mehr noch als andernorts, Mißtrauen gegenüber Leuten, die mit Spekulationen und einem Blendwerk von Ideen aufwarten. »Einfache und ungebildete Gemüter werden von der gewagten Exegese und den überzogenen Interpretationen der Neuankömmlinge zunächst überrascht.«[99] Einige ließen sich verführen, die meisten widerstanden jedoch der neuartigen Unterweisung.

Der Vermessenheit im Lehrsystem entspricht häufig eine moralische Unverfrorenheit. Simon der Magier wird von einer ehemaligen Prostituierten begleitet. Wie man von Tertullian hört, wurde Marcion wegen eines moralischen Vergehens im Osten verurteilt, ehe er in Rom Glaubensverwirrung stiftete.[100] Etliche hat die Vorliebe für junge, noch dazu reiche Verehrerinnen, für »ebenso einträgliche wie angenehme seelsorgerliche Tätigkeiten«[101], verdorben. Marcus hatte die Gastfreundschaft eines Diakons in Asien ausgenützt und dessen Gattin, eine Frau von seltener Schönheit, mißbraucht; die schleppte er seitdem ständig mit sich herum, zur großen Entrüstung der Kirchen.[102] In Karthago mischt Hermogenes, der sich der Gnosis verschrieben hat, als Maler und Liebhaber seiner Modelle das Parfüm der Frauen in die Reminiszenzen der griechischen Philosophie.[103]

Der Gnostizismus in seinen vielfältigen Spielarten von Asien bis Ägypten und von Karthago über Rom[104] bis nach Lyon ist die erste Häresie, die die Kirche bedroht und das Christentum dazu zwingt, sich über sich selbst, über seine Einheit und über die Kohärenz seiner Botschaft und seines Glaubens klar zu werden. Gesunder Menschenverstand und Weisheit tragen schließlich den Sieg davon.

Wenn der Zustrom von Halbgebildeten und halbherzig Bekehrten auch die Gefahr in sich birgt, die Wahrheit des Evangeliums mit befremdlichen Phantastereien zu verseuchen, so steht doch hinter der geistigen Unruhe, die von allen Seiten die judenchristlichen und die heidenchristlichen Gemeinden erfaßt, zunächst die Bereitschaft, das Christentum kennen und verstehen zu lernen: diese Bewegung ist selbst auf der Suche, ehe sie zur Versuchung wird.

Gnosis im Sinne der wahren Erkenntnis bedeutet Christianisierung des Hellenismus, Pseudognosis dagegen Hellenisierung des Christentums.[105] Anstatt die Kenntnis des Evangeliums zu fördern, stürzen sich die alexandrinischen, syrischen und asiatischen Gnostiker wie Valentin oder Marcion auf die christliche Botschaft, um sie im Sinne ihrer eigenen Spekulationen zu verdrehen, auch auf die Gefahr hin, daß der Kern dieser Botschaft dabei verloren geht.

In unterschiedlichen Entwürfen stellen die verschiedenen gnostischen Schulen dem abgründigen und undurchdringlichen Geheimnis Gottes die Gefallenheit und das Elend des Menschen gegenüber. Zwischen dem Schöpfer und seiner Schöpfung setzen sie eine ganze Kette von Vermittlern oder Äonen an, die den Sturz beschleunigen und verständlich machen. Die Sendung des Logos verstehen sie nicht als wirkliche Inkarnation, denn damit setzte sich der Logos selbst der Ansteckung aus, sondern als Manifestation des Archetyps, die dem gefallenen Menschen, wenn er von der Materie erlöst und schließlich zu seinem ursprünglichen Zustand unverlierbarer Geistigkeit befreit ist, zur Rückkehr verhilft. Die Thematik wird später von der Romantik des 19. Jahrhunderts wieder aufgenommen.[106]

Diese pessimistische Auffassung von der Schöpfung und dem Menschen, die vom griechischen Denken angeregt, aber unvereinbar mit den Gegebenheiten des Glaubens ist, sollte immerhin Irenäus von Lyon Gelegenheit geben, sein großes Bild vom Heilsplan und damit die erste christliche Vision der Weltgeschichte zu entwerfen.

Was Irenäus und die kürzlich gefundenen gnostischen Texte uns überliefert haben, ist nur ein Widerschein jener brennenden Unruhe, die zwar zunächst erhellend gewirkt, doch schließlich das Christentum in seinem Wesen bedroht hat. Celsus, der als Heide diese Auseinandersetzung miterlebt, kann nur Spaltung und Verwirrung beobachten.[107] Wenn der einfache Christ in Rom oder Alexandria sieht, wie die Lehrer, die Schulen, ja die Kirchen selbst in Auseinandersetzung untereinander begriffen sind, hat er es schwer, die Sache zu durchschauen und sich der Verführungskraft von Systemen zu entziehen, die behaupten, auf beunruhigte Fragen antworten und Klarheit in die Verwirrung der Zeit bringen zu können.

Der Mensch fühlt das Joch des Schicksals schwer auf sich lasten. Der aristotelische Gott steht der Welt gleichgültig gegenüber, der Gott der Stoiker, weit entfernt, sie zu befreien, unterwirft sie einem alles umfassenden Determinismus. Die orientalischen Religionen bieten dagegen Erlösergottheiten an. Die Antwort des Klemens von Alexandria an einen Valentinianer ist ausgerichtet auf die Erwartung der Welt: »Von dieser Macht, von diesem Kampf der Mächte, befreit uns der Herr, er schenkt uns Frieden; er ist zu uns auf die Erde gekommen, um ihn uns zu bringen.«[108]

Philosophien und Philosophen: Crescens, Mark Aurel, Celsus

Durch die Bekehrung von Berufsphilosophen in der Mitte des 2. Jahrhunderts werden Christentum und Philosophie, Glaube und Bildung, Jerusalem und Athen einander konfrontiert.[109] In Rom wird diese Auseinandersetzung durch zwei Männer individuell geprägt: den Kyniker Crescens und Justin, den Philosophen. Sie beide umhüllen sich gleichermaßen mit dem kurzen, dunklen Mantel aus derbem Stoff, der das Attribut des Philosophen ist, aber keineswegs die nämliche Philosophie beherbergt.

In jener Zeit ist die Hauptstadt von Philosophen jeder Couleur und aus allen Teilen des Reiches überschwemmt. Mark Aurel öffnet Rom für alle Schulrichtungen, um eine umfassende Auseinandersetzung zu ermöglichen. Unter die renommierten Philosophen mischen sich die Schmarotzer der Philosophie, Spitzbuben, Scharlatane und verkommene, zerlumpte Jahrmarktsgrößen, mit ungekämmtem Haar, wallendem Bart und krallenartigen Nägeln, wenn man Tatian Glauben schenkt, der häufig mit ihnen zusammengekommen ist.[110] Ihre Unsauberkeit ist sprichwörtlich und ersetzt weitgehend die Philosophie. Im Gedränge der Menge, an den Straßenecken, treten sie, »die Bettelmönche der Antike«, mit dem Gehabe von Volkspredigern auf.

»Sein Bart bringt ihm 10 000 Sesterzen ein«, hieß es, »bei solchem Preis müßte man Ziegenböcke einstellen!«[111] Für Crescens zahlt der Kaiser im Rahmen einer kaiserlichen Lehrkanzel 600 Goldstücke aus.[112] Die Schulgrenzen verschwimmen. Es ist so gut wie unmöglich, Stoiker und Kyniker auf Grund ihrer Gedankengänge und der Werbung für ihre Lehre zu unterscheiden.[113] Versorgungsbezüge und Freistellungen, in deren Genuß die einen wie die anderen kommen, lassen sie als ›Ziehkinder‹ des Staates erscheinen. Die Vergünstigungen schüren ihre Begehrlichkeit. Mehr Uneigennützigkeit würde mehr Weisheit gewährleisten, bemerkte schon Kaiser Antoninus philosophisch.[114]

Mark Aurel ist von Philosophen umgeben. Seine Lehrer werden seine Minister. Rusticus, dem er sich aufs engste verbunden fühlt, ist Präfekt des Prätoriums und verurteilt später Justin. Der Kaiser scheint die Philosophen gegen die Christen ausgespielt zu haben, die in die Stadt strömen und durch ihren Wunsch, deutlich in Erscheinung zu treten, öffentliche Kontroversen auslösen.[115]

Crescens und Justin eröffnen das Feuer. Sofern sie mit gleichen Waffen kämpfen, macht der erste viel Wind,[116] während der zweite goldene Worte von sich gibt. Der Heide lehrt die Philosophie des Diogenes, der

sich zur Gleichgültigkeit bekennt und den Bettelstab ergreift. Lukian
mit seiner spitzen Zunge wirft den Sektierern vor, Gold in ihren Lum-
pen anzusammeln.[117]

Crescens steht in üblem Ruf. Tatian sagt, er sei Päderast, immer von
Knaben umgeben und geschickt im Erpressen begüterter Familien, in
denen er verkehrt.[118] Dagegen ist Justin ein integrer, liebenswürdiger
und uneigennütziger Mann. Seine Lehre ist kein Geschäft, sondern
eine Vorschrift für die Lebensführung. Die Öffentlichkeit täuscht sich
darin nicht: Sklaven und Gelehrte, Männer und Frauen drängen sich,
ihn zu hören und bei ihm die Wahrheit zu finden.

Heidnische und christliche Philosophen bedienen sich der gleichen
Unterrichtsmethode; sie besteht aus einer frei und ungezwungen geführten Unterhaltung, bei der sich an einen Text oder eine alltägliche
Begebenheit lehrhafte Betrachtungen thematisch anschließen. Im
vertraulichen Umgang zwischen Lehrer und Schüler wird die Ausbildung dann im Beisein eines oder zweier Kommilitonen weitergeführt.
Das Zusammenleben führt die Schüler des Justin in die christliche Gemeinde hinein, die als ganze gemäß der von ihm unterrichteten Lehre
lebt.

Ein vor die Öffentlichkeit gebrachtes Streitgespräch zwischen Crescens
und Justin genügt, um den Heiden in Verlegenheit zu bringen. Fronto,
der Crescens zu Hilfe eilen will, schaltet sich in der Senatssitzung ein.
Justin möchte das Gespräch vor dem Kaiser selbst wieder aufnehmen.[119] Aber sein Widersacher, der sich beim ersten Mal die Finger
verbrannt hat, kneift. Er gehört zu der Sorte Philosophen, von denen
Minucius Felix sagt: »Sie trauen sich nicht, uns in der Öffentlichkeit
anzugreifen!«

Nachdem er im Argumentieren geschlagen ist, verlegt sich Crescens
aufs Verleumden und schließlich, am Ende seiner Tricks, aufs Denunzieren. Anstatt das Rededuell zu akzeptieren, verlassen sich Rusticus
und sogar Mark Aurel auf die Gewalt. Der Kaiser, der doch tagtäglich
sein Gewissen erforscht und sich der kleinsten Versehen bezichtigt,
merkte nicht, daß er sich gegenüber Justin und den Christen als wahrer
Tyrann benahm.

Vor den Präfekten von Rom tritt Justin von seinen Schülern umringt,
was die höchste Anerkennung für einen Weisheitslehrer darstellt.

»Welcher Wissenschaft widmest du dich?«

»Ich habe nacheinander alle Wissenschaften studiert. Schließlich habe
ich mich ganz der wahren Lehre der Christen verschrieben.«[120]

Auf Grund der Unterweisung, die er empfangen hat und zu der er sich bekennt, kann er dem Tod, den der Philosoph fürchtet, mit der Gewißheit entgegensehen, daß mit ihm ein neuer Tag anbricht.

Mark Aurel, »der Heilige des Heidentums«[121], ist aus anderem Metall gegossen als Crescens, diese mißtönende Glocke der Philosophie. In seiner Person vereinigt er Macht und Weisheit. Christliche Autoren wie Tertullian und Meliton von Sardes heben gern seine »Menschlichkeit und seine philosophische Gelassenheit« lobend hervor, wenn sie ihn nicht sogar zum Schirmherrn der Christen erklären.[122] Eine objektive Einschätzung erfordert mehr Zurückhaltung. Es hat keinen Sinn, große Leute mit Gewalt dem Christentum zuzurechnen, wie es die taten, die einen Briefwechsel zwischen dem Apostel Paulus und Seneca ersonnen haben. Büsten des Philosophenkaisers zeigen ihn bärtig, mit feinen Zügen, in die Ferne gerichtetem Blick und einem Kinn, das völlige Zurückgezogenheit zum Ausdruck bringt.

Der Kaiser hat Christen sogar in seinem Palast kennengelernt und ist viel mit ihnen zusammengekommen. Ihre Lehre war ihm im wesentlichen geläufig. In seinen *Selbstbetrachtungen* erwähnt er die Christen, um ihnen seine Verachtung entgegenzuhalten.

> »Wie herrlich ist die Seele, die bereit ist, wenn sie nunmehr vom Körper abscheiden und entweder verlöschen, bzw. sich zerstreuen, oder fortdauern muß; doch soll diese Bereitschaft aus eigenem Urteil kommen. Scheide nicht auf Grund reiner Widersetzlichkeit wie die Christen, sondern überlegt und ernsthaft, und daß auch ein anderer überzeugt wird, untheatralisch.«[123]

Mark Aurel hat die Bedeutung des Christentums nicht durchschaut, denn seine Philosophie hat ihn kurzsichtig gemacht. Er hat nicht gemerkt, daß der Tod von Christen wie Justin oder Apollonius »auf andere überzeugend« wirken könnte, während seine wenig tröstliche Philosophie mit ihm selbst zu Ende gehen würde. Umgetrieben vom Problem des Todes, ist er gegen die Christen aufgebracht, die den Tod nicht fürchten; in seinem System gibt es nämlich nichts, was diesem Heroismus entspricht, und so tut er ihn als »theatralische Geste« ab. In seinen Augen kann nicht das tragische Schauspiel, sondern nur die Vernunft überzeugen. Péguy sagt, Mark Aurel habe nicht die Religion besessen, die er verdient hätte, unglücklicherweise sei er mit ihr in Berührung gekommen, ohne sie zu erkennen, und habe sie verworfen, ohne sie richtig zu verstehen.

Der Stoizismus, wie ihn der kaiserliche Philosoph vertritt, und das Christentum sind tatsächlich unvereinbar. Die allumfassende Vernunft leitet Mensch und Welt; man muß sich ihren Gesetzen und ihren Determinismen nur unterordnen.[124] Wie soll man sich da eine Vermittlerrolle Christi, also göttliches Eingreifen in das Weltgeschehen, vorstellen, und wie kann man überhaupt das Evangelium anerkennen, das den Anspruch erhebt, die Menschen zu verändern und von innen her zu erneuern?

Mark Aurel mag noch so sehr betonen, daß alle Menschen miteinander verwandt sind[125] und allen dasselbe göttliche Wesen innewohnt, welches ihnen Anteil gewährt; da er zu introvertiert und allzu ausschließlich der Vernunft ergeben ist, vermag er die Menschen nicht wirklich zu lieben und soviel Vertrauen in sie zu setzen, daß sie ihr Verhalten ändern. Er äußert keinerlei Sympathie für die Christen und fühlt sich nicht als ihr Bruder.[126] Als Philosoph fühlt er sich genauso bedroht von ihnen wie als Kaiser, weil sie die Auseinandersetzung in seinen ureigenen Bereich hineingetragen und seine Lebensregel angefochten haben.

Vergeblich beruft sich der Philosoph auf »das Licht, das im Innern seiner Seele leuchtet«[127], es erhellt doch keinerlei Hoffnung seinen Weg; einzig der Tod kann ihn vom Leben und vom Sein befreien: wie kann da der Glaube der Märtyrer Anklang finden, die im Tode die Auferstehung des Leibes und nicht nur die Unsterblichkeit der Seele verkünden? Irenäus sah gegenüber den Gnostikern in der letztlichen Unzersetzbarkeit des Fleisches den Stein des Anstoßes der christlichen Anthropologie, das heißt in der Erfüllung einer Verheißung, die in der Schöpfung des Menschen selbst beschlossen liegt.[128] Wer diese Wahrheit bestreitet, lehnt das Christentum ab.

Mark Aurel ist Philosoph und hält doch gleichzeitig an den religiösen Institutionen des Reiches fest. Dagegen ist Lukian von Samosata ein Freidenker, der schon auf Voltaire vorausweist. Dieser hellenisierte Syrer, Weltbürger mehr noch als Bürger des Reiches, bekundet an Stelle jeglicher Religion oder Philosophie einen totalen Skeptizismus. Als Künstler schätzt er an der Gottheit lediglich die schönen Statuen.[129] Er liebt ihre anmutig geschwungene Form, wie er die griechische Kunst und ihre Kultur liebt. Seine Verachtung trifft in gleicher Weise Leute, die Lehrgebäude konstruieren, Moralprediger und Glückspropheten. »Ergreife das Gegenwärtige, gehe lächelnd an allem übrigen vorüber und binde dich an gar nichts ernsthaft.« Der Schluß des Menippos ist dem eines Candide ebenbürtig.

Lukian ist zu oberflächlich und zu frivol, um den Dingen auf den Grund zu gehen, aber er kann beobachten. Die Christen wären ihm ganz sympathisch, insofern als ihre Lehre die heidnische Religion untergräbt und Hexen und Wundertätern den Kampf ansagt. Nirgends gibt er, wie andere Schriftsteller jener Zeit, die vom Volk verbreiteten Anklagepunkte wieder; niemals versucht er, die Lehre und das Leben der Christen, wie bei den Philosophen, in Widerspruch zueinander zu setzen. Wie wir schon sahen, erkennt er ihre brüderliche Gesinnung und wechselseitige Hilfsbereitschaft an.

Allenfalls macht er den Märtyrern »ihren pompösen und theatralischen Selbstmord«[130] zum Vorwurf, wobei er in seiner Vordergründigkeit ihren Heroismus und ihre Glaubensgröße nicht zu erfassen vermag. Sein Geist ist sarkastisch und spöttisch und seine Ironie dabei zu oberflächlich, um das Phänomen Christentum zu ergründen und nicht alle Ausdrucksformen der Religion gleichermaßen zu verwerfen, selbst den Begriff des Glaubens und des Übernatürlichen.

Ein Freund des Lukian, der sicherlich ebenfalls Skeptiker war wie jener »Lacher von Samosata«, verfaßte im Jahre 178 die heftigste Kritik des Jahrhunderts gegen das Christentum. »Die wahre Lehre«[131], wie der Titel des Werkes lautet, wurde nur durch die Widerlegung des Origenes, siebzig Jahre später, vor dem Vergessen bewahrt.

Celsus ist Philosoph von Beruf und mit Platon, Zenon und Epikur großgeworden.[132] Sein Buch macht uns wie kein anderes verständlich, wie schwierig es war zu glauben. Kann ein Philosoph überhaupt Christ werden? Natürlich nicht! Es wäre für ihn überraschend gewesen, wenn er eine Generation später die Schule in Alexandria kennengelernt hätte.

Die Kritik des Celsus wurzelt in einer Hermeneutik, die nichts von ihrer Aktualität eingebüßt hat. Handwerker, Sklaven, Leute also, die keine innere Beziehung zur Kultur haben und wie Fremde in der antiken Stadt leben, können vielleicht von der Botschaft des Evangeliums ergriffen werden; wer aber in der geistesgeschichtlichen Tradition von Athen und Rom lebt, sucht doch das Licht im Gedankengut seiner Philosophen! Celsus urteilt den Vorstellungen gemäß, die sich zu seiner Zeit aufdrängten, so wie sich der moderne Mensch im Namen der Wissenschaft und ihrer Methoden und Techniken äußert.[133]

Celsus behauptet, er habe sich über die eigentlich biblische Literatur bei den Christen selbst informiert.[134] Er hat sie befragt und zum Reden gebracht, um ihre Überzeugungen kennenzulernen. Seine Kritik und seine Widerlegung kreisen um zwei Pole: die Lehre und das Verhalten der Christen.

Gleich zu Beginn bekennt er sich zum Rationalismus und sieht das

Christentum im Zusammenhang mit dem mystischen Gewoge der antiken Religionen.[135] In seinen Augen ist schon die – Christen und Juden gemeinsame – Offenbarungsvorstellung eine Anmaßung.

> »Juden und Christen wirken auf mich wie ein Schwarm Fledermäuse oder ein Haufen Ameisen, die aus ihren Löchern hervorkommen, oder wie eine Gesellschaft von Fröschen, die sich in der Nähe ihres Sumpfes niedergelassen haben, oder wie Regenwürmer, die am Rande eines Morastloches ihre Versammlung abhalten, und also zueinander sprechen: ›Wir sind es, denen Gott alles offenbart und im voraus verkündet; um den Rest der Welt kümmert er sich gar nicht; Himmel und Erde läßt er treiben, wie sie wollen, um sich einzig unser anzunehmen.‹«[136]

Das ist der Ton! Abgesehen von dieser Ironie bringt Celsus gegen die christliche Offenbarung eine Kritik vor, wie sie im 19. Jahrhundert bei David Friedrich Strauß dargelegt wird. Von wissenschaftlicher Exegese läßt er nichts erkennen, differenziert also nicht zwischen den literarischen Gattungen innerhalb der Bibel. Statt dessen wendet er eine primitive Methode des Vergleichens an, um die biblischen Erzählungen auf heidnische Legenden, schlecht dargestellte platonische Thesen oder auf Anleihen bei der orientalischen Mithras- oder Osirisreligion zurückzuführen. So wird die Geschichte von Sodom und Gomorrha zu einer Entlehnung der Phaëtonsage;[137] und Moses soll für die Beschreibung des Turmbaus zu Babel die homerische Episode über die Aloaden kopiert haben, die davon träumen, den Himmel zu erstürmen. Was ihm annehmbar erscheint, das findet sich bei Platon hervorragend zum Ausdruck gebracht.[138] Man könnte es für rationalistische Kritik aus dem 18. Jahrhundert halten.
Celsus wendet sich dann dem Neuen Testament, insbesondere den Evangelien, zu. Die Fleischwerdung eines Gottes mit der Absicht, ein menschliches Leben zu führen, scheint ihm unverständlich, um nicht zu sagen absurd.

> »Was für eine Bedeutung kann denn eine solche Reise für einen Gott haben? Hat sie etwa den Zweck, das Tun und Treiben der Menschen kennenzulernen? Aber weiß er nicht ohnehin alles? Ist ihm denn bei all seiner göttlichen Macht die Besserung der Menschen nicht möglich, ohne eigens jemanden zu diesem Zweck zu ihnen zu senden?«[139]

Für Celsus zerstört die christliche Lehre die Harmonie des Kosmos »und verändert mit einem Schlag die gesamte Welt«. Ohne etwas von dem tiefen Pessimismus erkennen zu lassen, der uns bei den Gnostikern begegnete, stellt er sich vor, daß »der gute, schöne, glückliche Gott, wenn er zum Menschen herabsteigt, seine unwandelbare Natur der Veränderlichkeit des menschlichen Daseins unterwirft«[140].

Der Spottlust des Philosophen, dem es noch dazu an Einfühlungsvermögen fehlt, mußte die Sorge, ja Angst um das Heil bei den Menschen seiner Zeit verborgen bleiben. »Niemals ist das Bedürfnis nach Vergebung, Sühne und Erlösung so stark gewesen« – und das ist als existentielle Reaktion auf den spröden Charakter des offiziellen Kultes zu verstehen.

Das Geheimnis Christi entgeht dem Philosophen. Im Blick auf seine Geburt erzählt er derbe Geschichten.[141] Die wunderbaren Umstände seiner Geburt, sein Auftrag, Krankenheilungen und Totenerweckung – all das wird kritisch gemustert und bis ins kleinste auseinandergenommen. Wie kann dieser armselige Schwarzkünstler, dieser Scharlatan, der weder sonderlich schön noch beredt oder verständig war, der göttliche Logos sein?[142] Origenes, der bis in die Tiefen seines Glaubens und seiner Frömmigkeit betroffen ist, reagiert besonders auf diesen Punkt mit äußerster Heftigkeit und antwortet auf die Sarkasmen des Celsus mit leidenschaftlicher Erregung.[143]

Das Heil, das der geschädigten Menschheit zur Rettung gebracht ist, und die Vorstellung von der Geburt eines neuen Menschen,[144] von einer radikalen Umkehr, sind für Celsus schlechterdings undenkbar, weil sie die Bewegungsabläufe der Welt in ihrer festgelegten Ordnung umstürzen. Die Aufnahme des verlorenen Sohnes erscheint ihm unbegreiflich. Nach seiner Überzeugung ist der Mensch determiniert, »man kann die menschliche Natur nicht ändern«. Die Schlechten bessern sich weder durch Gewalt noch durch Güte.[145] Die christliche Anthropologie, ihre Demut und Reue, verletzen seine Weltanschauung. Der Gott des Celsus ähnelt Nietzsches Gott, und das ist ein Gott hochmütiger Naturen und nicht der Tröster der Betrübten oder Herr der Armen.[146] In seinen Augen ist das Christentum eine barbarische Lehre für ungebildete Leute, die die »schönen Erkenntnisse« verachten, als seien sie der Erkenntnis Gottes im Wege.[147] Man ist an jenen Hellenisten erinnert, der sich weigerte, das Neue Testament zu lesen, weil es nicht in reinem Griechisch geschrieben sei. Hieronymus gesteht ähnlich widerwillige Gefühle ein. Origenes kann Celsus, mehr als jeder andere, von der Höhe seiner Bildung und Gelehrsamkeit her mustern.[148] Er ist zutiefst gekränkt, bei den Ungebildeten einrangiert worden zu sein.

Von der Analyse der Lehre geht Celsus zur Kritik an den Christen über,

die er in ihrer Lebensweise beobachtet hat. Er wirft ihnen ihre Indiffe-
renz als Bürger vor, weil sie sich dem Staat und seinen Aufgaben entziehen. Er schließt sich schon erhobenen Vorwürfen an, ohne dabei, wie
andere Philosophen, die Souveränität eines großen Denkers zu beweisen:[149] Die christliche Religion ist für niemanden Staatsreligion, und
doch hindert sie ihre Anhänger, an den Kultveranstaltungen teilzunehmen, die den Staat festigen.

> »Wenn sie es unter ihrer Würde erachten, sich an den religiösen
> Feierlichkeiten zu beteiligen und den Vorstehern derselben Vereh-
> rung zu erweisen, so sollen sie nicht zu Männern heranwachsen, sich
> nicht verheiraten, keine Kinder haben und sich auch nicht mit den
> Dingen des Lebens befassen; vielmehr sollen sie sich von hier in aller
> Eile fortmachen, ohne Nachkommen zu hinterlassen, damit diese
> Menschenart auf Erden gänzlich ausgerottet werde. Wollen sie aber
> heiraten, Kinder bekommen, die Früchte der Erde genießen, an den
> Freuden des Lebens wie auch an den Leiden Anteil haben, so müssen
> sie auch den Wesen, welche über die Dinge des Lebens gesetzt sind,
> die gebührenden Ehren erweisen.«[150]

Der Hauptvorwurf des Celsus gegen die Christen gilt ihrem mangelnden Bürgersinn und der Tatsache, daß sie den Eid auf den Kaiser verweigern, was ihm zu einem Zeitpunkt, da die Barbaren vor den Toren
stehen, besonders schwerwiegend erscheint.[151]
Die Antwort des Origenes auf diesen Punkt ist schwach und keineswegs
durchschlagend: »Wir unterstützen die Kaiser auf viel wirkungsvollere
Weise, wenn wir ihnen, mit göttlichen Waffen angetan, geistlichen Beistand leisten.«[152] Er hätte Celsus fragen sollen, warum dieser sich nicht
selbst freiwillig verpflichtet hat? Der Polemiker macht sich über die
internen Streitigkeiten und Anathemata lustig, die sich die Kirchen
untereinander anhängen.[153] Er kennt das Gewimmel der Sekten und
unterscheidet sorgfältig davon das, was er bereits »die Großkirche«[154]
nennt. Origenes antwortet schlagfertig, aber etwas knapp: »Unsere
Versammlungen halten ohne weiteres den Vergleich mit den Volksversammlungen in Athen, Korinth oder Alexandria aus.«[155]
Selbst das Martyrium ist für Celsus nichts Neues, und es macht ihm
keinen Eindruck. Jede Glaubensbewegung liefert dafür Beispiele.[156]
Die Auferstehungserwartung, die im Martyrium vorausgesetzt ist,
erscheint ihm völlig absurd.[157] Worauf Origenes erwidert: »Das Leben
der wahren Jünger spricht für Jesus Christus; es spricht laut und ver-
nehmlich und entlarvt den Schwindel.«[158]

Die Argumentation des Celsus ist eher defensiver als offensiver Art; sie verteidigt mehr eine Zivilisation und eine Kultur als eine Religion.[159] Die Philosophen, ob Mark Aurel oder Celsus, sind zu sehr in der griechischen Vorstellung vom Kosmos befangen, als daß sie sich innerhalb seiner ewigen Ordnung einen Wandel oder ein außerordentliches Geschehen vorstellen könnten. Der Gedanke an ein Eingreifen Gottes in die Welt, an so radikale Veränderungen wie das Kommen Christi, »dergleichen Vorstellung wurde erst möglich, nachdem das Christentum den Kosmos der Hellenen zu erschüttern begonnen hatte«[160].

Aus der zeitlichen Distanz, die Origenes zugute kam, war leicht abzuschätzen, in welchem Punkt Celsus, ebenso wie Lukian und Mark Aurel, ihre Gesprächspartner letztlich unterschätzt haben. Daß in den darauffolgenden Jahrzehnten Persönlichkeiten wie Tertullian, Laktanz, Klemens, Origenes und schließlich Augustin zur Kirche gehörten, läßt ermessen, wie kurzsichtig die Heiden geurteilt haben.

Celsus sieht das Christentum nur indirekt, er erkennt weder seine Bedeutung noch nimmt er wahr, daß es sich dabei um eine lebenswichtige Angelegenheit handelt, die an die Tiefen der Seele rührt. Origenes wußte aus Erfahrung, daß es dem menschlichen Verstand gegeben ist, das »göttliche Geheimnis«, von dem Celsus spricht, zu ergründen, wenn der Geist nur immer tiefer in die Geheimnisse der Heiligen Schrift eindringt und die Suche nicht auf halbem Wege abbricht: im Glauben schöpft er aus der Quelle, die ihn hervorquellen läßt.

Ein Jahrhundert zuvor hatte Justin den neuen Weg zur Begegnung Platons mit Christus eröffnet.[161] Ein schöner Optimismus, den die Lehrer in Alexandria und Kappadokien zwar fortsetzen, über den jedoch keine Einhelligkeit besteht. Der Westen, dem die Rechtssprache mehr liegt, bleibt eher pragmatisch als spekulativ. Schon der Assyrer Tatian, der Schüler des Justin, hebt den wahnwitzigen Dünkel der Griechen und ihre Vorliebe für hochtönendes Geschwätz hervor.[162] Auch so unbestrittene Größen wie Sokrates und Platon finden keine Gnade vor seinen Augen. Rom und Karthago, Tertullian und Cyprian sind eher mit Tatian als mit Justin verwandt.

Das Gegeneinander von Christentum und nationaler Religion artet in Opposition und schließlich in offene Verfolgung aus. Hat das Reich die doppelte Zugehörigkeit der Christen, ihre Bürgerschaft zweier Reiche, abgelehnt? Hat es sich durch die gärende Kraft des Evangeliums bedroht gefühlt? Hat die Kirche genau genommen, wie Montesquieu, Gibbon, Nietzsche und Renan behaupten, das Römische Reich demoliert? Ist es richtig, vom Christentum als dem »Vampir«[163], dem

»Lösungsmittel«[164] der antiken Welt zu sprechen? Gaston Boissier hat auf diese mehr von Polemik als von aufmerksamer Beobachtung geprägte Beschuldigung geantwortet und sich dabei auf die Geschichte berufen.[165] Die Dekadenzbewegung hat vor der Ausbreitung des Christentums eingesetzt.

> »Die antike Welt war alt und müde geworden, ihre Energie ließ nach: Bevölkerungsrückgang, Schwächung von Militärgeist und Bürgersinn, Korruption der Sitten – das sind die Übel, die man seit dem Ende der Republik beobachten konnte. Diese Krise spitzte sich unablässig zu, während die Barbaren zuhauf versuchten, die Grenze an Donau und Rhein zu durchstoßen.«[166]

Wenn eine Macht – und wäre sie noch so ehern gefügt – den Menschen verstümmelt und seine Lebensbedingungen und sein tiefstes Verlangen mißachtet, muß sie der Revanche freier Menschen gewärtig sein, die der Gewalt und dem Tod mit Verachtung die Stirn bieten. Die heidnische Reaktion auf die Ausbreitung des Christentums bezeugt das Ende einer Zivilisation. Ist nicht jeder Zivilisation bestimmt, einmal zu Ende zu gehen? Diesen Hinweis sollte sich die Kirche zu Herzen nehmen.

Dritter Teil
Das Gesicht der Kirche

Erstes Kapitel
Die einzelnen Kirchen und die Kirche

»Einen Körper bilden wir, durch die innere Verbundenheit im Glauben, durch die Gemeinsamkeit unserer Lehre, durch den Bund unserer Hoffnung.«[1] So lautet die stolze Behauptung des Tertullian, der in alltäglicher Sprache eine neu anbrechende Wirklichkeit beschreibt, die die heidnische Welt beunruhigt und verwirrt. Die Kirche ist zunächst eine Vereinigung von Männern und Frauen, die einen Glauben und eine Hoffnung miteinander teilen, die – auch wenn sie zerstreut leben – sich im Bewußtsein ihrer Einheit treffen und versammeln.

Wo eine Kirche entsteht, gibt es erst einmal Kirchen, das heißt Menschen, die zusammenkommen. Das Christentum ist eine Religion der Städte: Von Ort zu Ort bilden sich Gemeinden, sie organisieren sich und schließen sich dann in dem Bewußtsein zusammen, daß sie – ungeachtet ihrer räumlichen Trennung und ihrer Verschiedenartigkeit – gemeinsam die eine Kirche Gottes bilden.

Die Ortsgemeinden in Antiochia und Korinth, in Philippi und Lyon sind alle gleichermaßen mit der alleinigen Mutterkirche in Jerusalem verbunden. Die Gemeinden, die sich in Privathäusern treffen, wissen, daß sie die Kirche bilden, die »Ecclesia« – das griechische Wort bedeutet ›die, die zusammengerufen sind‹. Ost und West übernehmen diesen Begriff, ohne sich um eine Übersetzung zu bemühen. Jenseits von überkommenen Gruppierungen wie Griechen, Juden oder Barbaren entsteht ein neues Volk und damit eine historische Wirklichkeit, unterschieden von allen anderen, »das dritte Geschlecht«, wie die Heiden sagen,[2] ohne zu ahnen, wie recht sie damit hatten.

Diese Christen, die Mißtrauen erregen und Streitschriften provozieren, die so verwandt sind und so andersartig, zugleich solidarisch und weltabgewandt – wer sind sie? Was wollen sie? Welches Licht leuchtet in ihren

Augen? Sie leben in dem Bewußtsein, anders zu sein als alle anderen religiösen Gruppen und, bei aller Vielfalt der Gesichter und Charaktere, ein Ganzes zu bilden, einen Leib, ein Volk, eine Kirche – auch wenn sie über alle Breiten verstreut sind.

Die Organisation der Ämter

Die Wende vom 1. zum 2. Jahrhundert ist von grundlegender Bedeutung für die Geschichte des Christentums. Die Apostel sind alle nicht mehr da, bis auf Johannes, den letzten Zeugen. Er wird fast zu einer legendären Gestalt. Lange hält er sich in Asien auf. Klemens berichtet, daß er dort Gemeinden aufbaut, die sich während des ganzen 2. Jahrhunderts auf seine Autorität berufen.[3] Seine Spur läßt sich noch in den Gemeinden verfolgen, die wie Perlen eines Rosenkranzes die Küste säumen.

Die Gemeinden befinden sich von nun an in den Händen von Vorstehern, die einander die Erzählungen und Lehren der Evangelien weitergeben. Sie lösen die ersten Apostel und deren Mitarbeiter ab. Eine flexible, erweiterungsfähige Gemeindeordnung bildet sich aus. Sie entwickelt sich in Etappen, deren Spuren noch wahrnehmbar sind. Die judenchristlichen Gemeinden behalten eine Zeitlang eine kollegiale Leitung bei (Älteste oder »Presbyter«). Die Gemeinden, die auf heidnischem Boden entstehen, sind bestimmt von der gemeinschaftlichen Führung durch Bischof und Diakon. Die beiden Organisationsformen gleichen sich einander an und werden im Laufe des 2. Jahrhunderts miteinander verbunden. Der Aufbau vollzieht sich allmählich, mit Verzögerungen, mit Schwankungen, hin und wieder auch mit Krisen. Das Leben verläuft nicht gleichförmig, sondern es entwickelt sich auf organische Weise und wächst mit der explosiven Kraft von Neuanfängen.

Die Reisetätigkeit der Apostel und Propheten währt nur eine Zeitlang; sie bereitet den Aufbau einer stabilen Ordnung vor, einer Autorität am Ort, die die Apostel ablöst. Manche Reisende lassen sich schließlich an der Stelle ihres missionarischen Wirkens nieder. Pothinus und vielleicht Irenäus sind Beispiele dafür. Andere sind beständig unterwegs, machen neues Gebiet urbar und errichten das Kreuz unter neuen Himmeln. Ihre Tätigkeit hält noch während des 2. Jahrhunderts an, hört dann aber auf.

Die Verkündigung des Evangeliums fällt erst dort auf fruchtbaren Boden, wo sie auch ein Minimum an Struktur und Organisation hinterläßt. Die Bekehrten treffen sich, bilden Gruppen und verschmelzen zu einer Gemeinde, zur Kirche des Ortes. Eusebius sagt ausdrücklich: »Die Apostel verteilen ihr Gut an die Armen, verlassen ihr Land, legen das Fundament des Glaubens in fremden Gegenden, setzen dort Hirten ein, denen sie die Sorge für diejenigen überlassen, die sie zum Glauben geführt haben.«[4]

Ignatius in Antiochia, Polykarp in Smyrna, Pothinus in Lyon, Quadratus in Athen und Dionysius in Korinth sind Leiter ihrer Gemeinden; sie heißen Bischöfe, »Episkopen«, was soviel bedeutet wie ›Aufseher‹ oder ›Vorsteher‹. Der Titel stammt aus der bürgerlichen Verwaltung.[5] Er ist eine Zeitlang gleichbedeutend mit dem des Presbyters, setzt sich aber schließlich zur Bezeichnung der monarchischen Vollmacht durch.

Bei der Entwicklung von der kollegialen Verfassung zur bischöflichen Gemeindeleitung gab es eine Zeit der gleitenden Übergänge,[6] mit Verzögerungen und Widerständen. Einige Städte, wie Jerusalem oder Alexandria, haben ihren Bischof seit den Anfängen des Christentums, andere, wie Philippi, haben anscheinend das Amt noch nicht eingeführt, als Klemens von Rom ihnen schreibt. Jedenfalls erwähnt er es nicht. Er spricht in dem Brief nur von dem Konflikt, der junge und alte Presbyter in der Gemeinde trennt.

Während im 2. Jahrhundert einige Städte Persönlichkeiten von Rang wie Polykarp oder Irenäus zu Bischöfen machen, begnügen sich andere mit einer Nummer kleiner. Nicht alle Korsen sind Napoleon! Das Leben der Ortsgemeinden beginnt oft sehr bescheiden. Die Gemeinde wählt den Mann, der am ehesten verfügbar ist, den nobelsten, der sich durch seine Geistesart und sein Vorbild anbietet.

Die erste Verkündigung findet im Rahmen eines gastlichen Hauses statt, das dem durchreisenden Apostel zur Verfügung gestellt wird.[7] Die Bekehrung des Gastgebers und Familienoberhauptes zieht gewöhnlich die Bekehrung der anderen Mitglieder der Hausgemeinschaft nach sich.[8] Das ist so sehr die Regel, daß in den judenchristlichen Gemeinden die nicht getauften Mitglieder mit Ausschluß von der Tischgemeinschaft rechnen mußten.[9]

Wie es sich in Antiochia abgespielt hat, wo der Zenturio Cornelius, selbst getauft, Verwandte und Freunde in sein Haus einlädt,[10] so muß es sich häufig wiederholt haben. Das Haus ist also die Keimzelle für den Dienst am Evangelium und sodann für die Versammlung der Bekehrten. Ein Christ, der über ein genügend großes Haus verfügt, stellt es dem Missionar zur Verfügung; nach den Regeln antiker Gastfreundschaft nimmt er die Gemeindeglieder während des Aufenthaltes oder bei jeder Durchreise des Apostels auf. Dieser steigt dort ab, es ist sein zentrales Quartier. Hier können die Brüder erfahren, ob und wann er wiederkommt.

Der häusliche Rahmen wird gewissermaßen zur Geburtsstätte der Gemeinde; er bildet ihr Ausstrahlungszentrum und gewährleistet ihre Kontinuität.[11] Um diesen Kern gruppieren sich die Bekehrten, die Familien, die Hausgemeinschaften. Der Ort des gelegentlichen Zusammentreffens wird häufig zum regelmäßigen Treffpunkt. Wenn er für die Gemeinde zu eng wird, wenn diese vierzig oder fünfzig Mitglieder überschreitet und mehr und mehr anwächst, mieten die Christen einen Saal. Meistens schenkt der Eigentümer ihn am Ende der Gemeinde. Der Saal wird umgestaltet, Zwischenwände werden herausgenommen, um genügend Raum zu schaffen. So ist zum Beispiel die Kirche von Dura-Europos ursprünglich eine Privatwohnung. Das gleiche muß sich in Rom abgespielt haben. Der für die Zusammenkunft verantwortliche Gastgeber wird schließlich ganz von selbst zum Leiter der Gemeinde. Diese Situation wird schon vom *Hirten* des Hermas beschrieben.[12] Das Idealbild von einem Bischof, wie es sich aus den Pastoralbriefen ergibt, entspricht ganz dem eines Familienvaters, der seine Angelegenheiten vorbildlich besorgt: er und seine Familie führen ein untadeliges Leben, er zeigt sich gastfreundlich und wird dafür von seiner Umgebung geachtet.

>»Der Bischof soll unbescholten sein, *eines* Weibes Mann, nüchtern, besonnen, höflich, gastfrei, zum Lehren begabt, kein Trinker, nicht gewalttätig, sondern gütig, friedfertig, nicht geldgierig. Er soll seinem eigenen Hause gut vorstehen und seine Kinder in Gehorsam und Ehrbarkeit halten. Denn wenn jemand seinem eigenen Haus nicht vorstehen kann, wie soll er dann für die Gemeinde Gottes sorgen können?«[13]

Dem Bischof steht – seit es dieses Amt gibt – ein meist jüngerer Mitarbeiter zur Seite, der Diakon. Seine persönlichen, familiären und sozialen Lebensumstände sollen es ihm erlauben, den Vorsteher der Gemeinde tatkräftig zu unterstützen. Gemeinsam leiten sie die Versammlung und feiern die Eucharistie; sie verwalten zusammen das gemeinschaftliche Vermögen und kümmern sich um die Nöte der Gemeinde.

Im Laufe des 2. Jahrhunderts verschmilzt das Amt des Bischofs und Diakons mit einer presbyterialen oder Ältestenordnung, die wahrscheinlich jüdischer Herkunft ist. Im Judentum waren die Ältesten

Honoratioren; sie saßen im Synedrium oder leiteten die Gemeinde und die Synagoge.[14] Zur Zeit der Zwölf, als Jakobus Bischof von Jerusalem ist, gibt es dort solche.[15] Zusammen mit den Aposteln nehmen sie am ersten Konzil von Jerusalem teil.[16] Um die Wende zum 2. Jahrhundert begegnen wir ihnen in Rom, in Philippi, in Korinth, wo sie Gegenstand des Konflikts sind, der Klemens von Rom zu seinem Brief veranlaßt.[17]

Die Verschmelzung der beiden Ordnungen hat sich allmählich vollzogen, je nach Ort und Umständen – und nicht ohne gelegentliche Reibereien. Der Brief des Paulus an Timotheus, der das Bischofsamt beschreibt, erwähnt den Ältestenrat, der – nach Paulus – dem Timotheus die Hand auflegt.[18] Titus wird aufgetragen, Älteste einzusetzen.[19]

Die eleganteste Lösung für den Übergang von der kollegialen Autorität zur monarchischen Verfassung bestand in der Wahl des Bischofs aus einem presbyterialen Kollegium.[20] Eine Zeitlang sind »Bischof« und »Presbyter« synonyme Begriffe. Irenäus benutzt sie offenbar ohne Unterschied.[21]

Zur Zeit des Ignatius von Antiochia ist in Asien – von Jerusalem bis Pergamon – das monarchische Amt eingeführt und die Integration des Ältestenrates bereits abgeschlossen. Das bezeugen die Briefe des Ignatius an die verschiedenen Gemeinden, die er bereist hat. Anderwärts scheint sich der Wandel mühsamer vollzogen zu haben.[22] Der Brief des Klemens an die Gemeinde von Korinth, zu dem er durch den Streit unter den Ältesten veranlaßt worden war, erwähnt die Existenz von Vorstehern oder Bischöfen, die zweifellos im Ältestenrat gewählt worden sind. Sie leiten den Gottesdienst und unterscheiden sich deutlich von den hier zum ersten Mal erwähnten Laien.[23]

In Rom scheint der Zusammenschluß der Nachfolger des Petrus mit dem Ältestenrat in der Stadt nicht ohne Widerwillen vor sich gegangen zu sein. Zur Zeit des Klemens wird die römische Kirche noch von einem Presbyterrat geleitet, mit einem Präsidenten an der Spitze.[24] Justin selbst spricht bei der Beschreibung der gottesdienstlichen Versammlung nicht vom Bischof, sondern vom Präsidenten. Als Polykarp und Hegesippus, später Irenäus nach Rom kommen, finden sie hier eine ähnliche Organisation vor wie im Osten und in Lyon.

Die Situation in Rom erlaubt es, sich ein konkretes Bild von den Unterschieden zwischen der Gesamtkirche und den Einzelkirchen zu machen. Bis zum Regierungsantritt des Konstantin gibt es keinen genügend großen Raum, in dem sich alle Gläubigen versammeln könnten.

Die Christen finden sich zusammen nach verwandtschaftlichen Beziehungen, nach ethnischen oder Sprachgruppen – etwa vergleichbar den verschiedenen Kultveranstaltungen heute in Beirut oder Damaskus. Justin bestätigt dies unmißverständlich, wenn er auf die Frage des Präfekten Rusticus antwortet.

»Wo versammelt ihr euch?«

»Wo jeder will und kann. Glaubst du denn, daß wir alle an einem Ort zusammenkommen?«[25]

So erklärt es sich, daß die Asiaten in Rom, die der Tradition ihrer Heimatkirche anhängen, weiterhin das Osterfest am Jahrestag des Passah feiern und nicht, wie die anderen Gläubigen der Stadt, in der Nacht zum darauffolgenden Sonntag. Eine Verschiedenheit, die man noch heute in Jerusalem innerhalb verschiedener Konfessionen findet und die damals offensichtlich den Ärger des um Ordnung und Einheit bemühten Papstes Viktor erregt. Er hat Gemeinden vor Augen, wo die einen noch fasten, während andere schon das Passahfest feiern: wenn Gläubige, für die noch Karfreitag war, andere trafen, die schon Ostern feierten, konnten sie meinen, »sie hätten sich im Datum getäuscht«.

In den verschiedenen Teilen der Stadt sammeln sich die Christen um einen Lehrer oder Ältesten zu Unterricht oder Feier. In solchen heterodoxen Zirkeln, die sich dem Bischof entzogen, haben sich die abenteuerlichsten Lehren ausbreiten können. Der schon erwähnte Zustrom von Lehrern aus Asien oder Ägypten, wie Valentin und Marcion, begünstigt die Bildung kleiner Gruppen, von denen sich einige schließlich als eigene Kirche absondern. Angesichts solcher Bedrohung betont die Kirche die Einheit und Rechtgläubigkeit und überträgt die Verantwortung dafür dem Bischof. Dieser Zug zur Vereinheitlichung ist deutlich wahrnehmbar in den römischen und orientalischen Gemeinden.[26]

Die Einheit und Lebendigkeit einer Gemeinde hängt im 2. Jahrhundert weitgehend von der Persönlichkeit des Bischofs ab.[27] Er schützt die kleinen Kirchen vor Isolation und wird zum Zentrum ihrer Ausstrahlung. Obwohl sie noch jung ist, bringt die Kirche unter der Herrschaft der Antonine Bischöfe von Rang hervor, wie Ignatius, Polykarp, Meliton, Polykrates und Irenäus.

Die Gemeinde wählt einen erfahrenen, selbstlosen Mann, der sich im Familien- und Berufsleben bewährt hat und unabhängig ist. Im Osten bevorzugt man einen wohlhabenden Christen, der in der Lage ist, für die Gemeinde zu sorgen.[28] In einigen Kirchen Asiens ist das Amt so gut wie erblich. Das trifft auch für die alte armenische Kirche zu. In Ephesus übt Polykarp als achter in seiner Familie dieses Amt aus.[29]

Die Erfahrung, die sich ein Mann in der Führung seines Hauses und ererbten Besitzes erworben hat, die menschlichen und sozialen Eigenschaften, die ihn als Persönlichkeit ausgewiesen haben, sind Bedingung und Garantie für seine Ernennung zum Bischof. In der Regel ist er verheiratet. Die Ausnahmen sind so selten, daß sie vermerkt werden, wie im Falle des Meliton von Sardes.[30] Der Bischof ist gewöhnlich in reiferem Alter. Die *Didaskalia* verlangt, daß er fünfzig Jahre alt sein soll.[31] »Man braucht fünfzig Jahre, um ein Mann zu werden«, hatte Platon gesagt.[32] Aber diese Regel gestattet Ausnahmen. Frühe Reife und Weisheit können an die Stelle treten. Der Bischof von Magnesia, zur Zeit des Ignatius, ist jung – was seine Aufgabe außerordentlich erschwert.[33] Der Bischof von Antiochia ermahnt die Magnesier eindringlich, die Autorität ihres Hirten zu stützen.[34]

Die Wahl wird bei einer Zusammenkunft von der versammelten Gemeinde durchgeführt. Es wird mündlich abgestimmt. Dem Volk wird der Name eines Mitglieds – meist eines Priesters oder Diakons –[35] vorgeschlagen. Falls die Wählerzahl nicht ausreicht, können zuverlässige Mitglieder von Nachbargemeinden dazugebeten werden. Diese Praxis zeigt, daß die Kirche nicht an den Grenzen der Stadt haltmacht.[36] Nach der Wahl legen die Nachbarbischöfe dem Gewählten die Hand auf.[37] Von dieser Zeit an ist deutlich spürbar, welche gewichtige Rolle die Gemeindeleiter von großen Städten wie Ephesus durch ihre Zustimmung spielen. Ignatius übt in Antiochia seinen Einfluß auf die anderen Kirchen der Region aus. Er nennt sich bereits »Bischof von Asien«.

Die erforderlichen Eigenschaften werden in ähnlicher Weise in den Pastoralbriefen aufgezählt. Es wird geraten, daß der Bischof weder Handel treibt noch ein öffentliches Amt bekleidet[38], denn die Geschäfte könnten seinen Ruf der Uneigennützigkeit gefährden; auch könnten sonst die Stadtverwaltungen von ihm verlangen, den religiösen Festen der Stadt zu präsidieren und den Göttern zu opfern.

Neben der moralischen Befähigung ist die Kenntnis der Schrift wesentlich.[39] »Der Bischof soll stets aufmerksam die Heilige Schrift lesen, damit er die Bücher richtig auslegen und erklären kann.« Manche Bischöfe lernen sogar Hebräisch, um das Wort Gottes besser erläutern zu können.[40] Zuverlässigkeit gilt mehr als Bildung, Eifer mehr als reiches Wissen. Angesichts der inneren Bedrohungen, wie etwa der Ausbreitung der Gnosis, soll der Bischof sich mehr an die Tradition als an Vernunftgründe halten, mehr an die Glaubensregeln als an die Diskussion.

Der Eifer in der Lehre soll einhergehen mit moralischer Integrität, die gleichermaßen für den Gottesdienst wie für den sozialen Dienst verlangt wird.[41] Der Bischof soll für alle da sein, ohne Ansehen der Person; er soll über Rivalitäten und Parteien stehen, die Spaltungen hervorrufen.[42] Der patriarchalische Charakter der Ortskirche macht den Bischof zum Vater der Gemeinde, der für die Nöte der Armen ebenso aufgeschlossen ist wie für die geistlichen Bedürfnisse aller. Der Ausdruck »Hirte«, der sich langsam durchsetzt,[43] vermittelt etwas von dem Geist eines Amtes, das Hingabe und Festigkeit, Autorität und Güte verbindet.

Der Autor der *Didaskalia*, der möglicherweise selbst Bischof ist, gibt mit dem Gesamtporträt zugleich Auskunft über die verschiedenen Tätigkeiten eines Bischofs gegen Ende des 2. Jahrhunderts.[44] Wenn das Bild auch etwas idealisiert erscheint, so sind doch die dort beschriebenen Aufgaben ganz konkret. Der Bischof ist der Leiter der Gemeinde und des Gottesdienstes; er spricht Recht, schlichtet Streit und zeichnet sich durch Urteilsvermögen und Wohlwollen aus. Er soll ebenso dem Glauben Nahrung schaffen wie den Armen. Kurz, er nimmt in der Kirche den Platz Gottes ein. »Darum, o Bischof, bemühe dich, rein zu sein in deinen Werken, und erkenne deinen Platz, daß du als das Abbild des allmächtigen Gottes eingesetzt bist und die Stelle des allmächtigen Gottes inne hast.« So heißt es in der *Didaskalia*.[45]

Der zunächst einflußreiche Ältestenrat tritt allmählich in den Hintergrund. Es vollzieht sich ein Wandel. Die Honoratioren treten ihren Platz an Priester ab, die den Bischof unterstützen und ihn unter Umständen im Gottesdienst vertreten.[46] Am Anfang werden die Erstbekehrten zu Bischöfen gemacht, später besteht die Tendenz, bei ihrer Berufung Männern in unabhängiger Stellung den Vorzug zu geben.[47]

Das 2. Jahrhundert ist das goldene Zeitalter der Diakone – jener jungen und unternehmenden Helfer in der Gemeinde, die sehr beliebt sind. Ihre Jugend bildet ein Gegengewicht zum Alter der Bischöfe. Sie sind die rechte Hand des Bischofs,[48] die Stützen der Kirche. Sie begleiten den Bischof oder reisen an seiner Stelle. Sie sind die amtlichen Mittler zwischen dem Bischof und seinem Volk. Sie knüpfen die Bande, die Hirten und Herde zusammenhalten sollen.

Die Hauptaufgabe des Diakons in den ersten Jahrhunderten ist weder die Verkündigung noch der Gottesdienst, sondern die soziale Tätigkeit. Sein Amt ist Fürsorge und Dienst, wie sein Name sagt.[49] Der Bischof wählt die Diakone entsprechend der Größe und den Bedürfnissen der Gemeinde.[50] Im Jahre 177 gibt es in Lyon nur einen Diakon; Ignatius

1

4

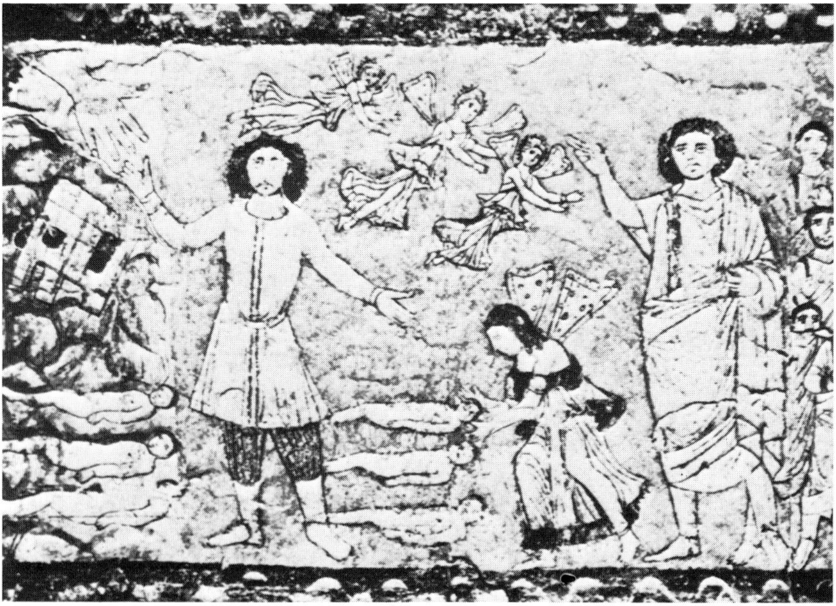

8

◄ 6

◄ 7

9

10

12

14

15

16

17

BEATISSIMAE
DOMINE THEODORA
Q. VIXIT AN XXII
ALEXAND

und Polykarp sprechen im Plural davon; die asiatischen Gemeinden
sind schon weiter entwickelt.

Der Diakon ist Auge und Herz des Bischofs inmitten seiner Gemeindeglieder. Er ist ständig in Verbindung mit den Gläubigen; er kennt sie alle
und ist mit ihrer materiellen und geistlichen Situation vertraut. Er
besucht die Armen und Kranken und steht ihnen bei. Seine Fürsorge gilt
besonders den Witwen, den Alten und den Waisen.[51] Er teilt dem
Bischof die Bedürfnisse und Schwierigkeiten der Gemeinde mit, er
nimmt zusammen mit den Ältesten an der Gerichtsverhandlung teil, um
Streitigkeiten zwischen den Brüdern zu schlichten, wie schon der Apostel Paulus es geraten hatte.[52]

Ein anspruchsvolles Amt, das Takt und Selbstlosigkeit erfordert. Die
Verwaltung von Geld ist immer gefährlich, man riskiert, daß es an den
Händen kleben bleibt. Der *Hirte* des Hermas hat, so scheint es, den
Skandal von gewissenlosen, ja geradezu betrügerischen Diakonen vor
Augen, wenn er ihnen vorwirft, sich zu bereichern statt zu helfen, die
reichen Christinnen auszubeuten und mit den Opfergaben für die Wit-
wen und Waisen den eigenen Beutel zu füllen.[53]

Der oben genannte Brief Plinius' des Jüngeren[54] über die Christen
erwähnt zum ersten Mal zwei Frauen, Diakonissen, die, wie wir schon
sahen, in der Kirche ein bestimmtes Amt innehaben. Entsprechend den
Diakonen widmen sie sich dem ›weiblichen Sektor‹ und kümmern sich
dabei besonders um die Armen, Kranken und Alten. Die anglikanische
und die protestantische Kirche werden im 19. Jahrhundert diese Anre-
gung aufnehmen.

Im Westen finden wir keine Diakonissen. Die später diesen Namen
tragen, sind gewöhnliche Nonnen. In Asien dagegen konnte die Diako-
nisse überall dort hingehen, wo der Bischof oder der Diakon Argwohn
und Eifersucht erregt hätten. Sie besucht die Frauengemächer, um die
dort lebenden christlichen Frauen und Katechumenen, die mit heidnischen Männern verheiratet sind, auf die Taufe vorzubereiten und über
ihre Standhaftigkeit zu wachen. Sie hilft dem Bischof bei der Taufe von
Frauen und übernimmt die Salbungen.[55]

Die *Didaskalia* stellt klar, daß die Diakonissen weder taufen noch predigen dürfen, »denn die Frauen sind nicht zur Lehre eingesetzt«[56], was
sich mit der Bemerkung des Epiphanius deckt: wenn dies der Wille
Christi gewesen wäre, »so wäre vor allen Frauen Maria das Priesteramt
übertragen worden«[57]. In der Großkirche kurzgehalten, entschädigen
sich die Frauen in den Sekten, wo sie weissagen und taufen.

Außerhalb der großen Städte, wie vor allem Rom, behalten die Kirchen

einen menschlichen Zuschnitt: Hirten und Gläubige kennen sich persönlich und bilden *eine* Familie, in der die Aufgaben und Ämter verschieden sind, aber alle dem gleichen Herrn dienen. Der *Hirte* des
Hermas vergleicht sie mit Arbeitern, die einen Turm bauen – die
Kirche.[58]

Charisma und Institution

Der Gemeindeaufbau vollzieht sich im Laufe des 2. Jahrhunderts.
Wenn allmählich eine ständige Autorität die Reisenden, Apostel und
Propheten, ablöst, sollte man sich die Gemeinde nicht wie eine Herde
stummer Schafe vorstellen, geführt vom Hirtenstab des Bischofs. Die
Kirche sammelt sich um Christus und wird vom Heiligen Geist gelenkt.
Diese Tatsache manifestiert sich im Alltag. Der Heilige Geist leitet
Hirten und Gläubige in Korinth wie in Rom; er teilt seine Gaben freige-
big aus.
Ein mystischer Gärungsprozeß voller Visionen und Weissagungen hält
die Kirche das ganze Jahrhundert hindurch in Bewegung. Wenn dieser
Prozeß hier und da anarchische oder heterodoxe Formen anzunehmen
droht, handelt es sich um negative Nachwirkungen oder Pannen, die
man nicht mit der geistigen Unruhe selbst verwechseln sollte, die dahin-
ter steht. Diese wirkt als Ferment, das die Erwartung und Leidenschaft
der Anfangszeit in den Gemeinden wachhält und den Ruf zur Enthaltsamkeit und den Wunsch nach Märtyrertum lebendig erhält. Sie hilft, in
Prüfungen sich zu bewähren, und schützt vor dem Erlahmen. In seinem
Bett zu sterben galt als Verfallserscheinung.
Es wäre keineswegs richtig, Charisma und Amt einander entgegen-
zusetzen. Die Zahl der Charismatiker unter den Bischöfen ist groß:
Ignatius und Polykarp werden vom Heiligen Geist geleitet und mit
Offenbarungen ausgezeichnet.[59] Meliton von Sardes ist besessen
vom Heiligen Geist.[60] Noch ein Jahrhundert später behaupten Visionen und Offenbarungen einen eindrucksvollen Platz im Leben des
Cyprian.[61]
In der Mitte des 2. Jahrhunderts besitzen viele Gläubige Geistesgaben,
ein Zeichen geistlicher Vitalität. Der Heilige Geist inspiriert die Lyrik
der *Oden Salomos*[62], einer judenchristlichen Schrift jener Epoche, in
der sich johanneisches Gedankengut wiederfindet: »Wie der Wind-
hauch durch die Harfe fährt, daß die Saiten singen, so fährt der Geist-
hauch des Herrn durch meine Glieder.«

Justin und Irenäus kennen vom Geist erleuchtete Christen, die die Gabe der Heilung, des Zungenredens, der Weissagung oder der Erkenntnis empfangen haben.[63] »Es ist unmöglich zu sagen«, so schließt der Bischof von Lyon, »wie viele Gaben die Kirche auf der ganzen Welt täglich von Gott erhält.«[64]

In Wahrheit bekundet der Heilige Geist eine überlegene Freiheit in der Wahl seiner Empfänger. Wenn die Propheten, von denen die *Didache* spricht,[65] allmählich aussterben, wählt der Heilige Geist Männer, die man am wenigsten erwartet hätte. So zum Beispiel den wunderlichen Hermas, der den *Hirten* verfaßt. Der Autor ist ein rechtschaffener Mann von begrenzter Bildung, ungelernter Theologe, der aus dem Konzept gerät, sobald er von den Formulierungen des Katechismus abweicht.

Hermas stellt sich selbst als einen Inspirierten dar, der durch zahlreiche Visionen ausgezeichnet ist.[66] Auch wenn man ein gewisses Maß an Fiktion annimmt und die literarischen Kunstgriffe berücksichtigt, die den Apokalyptikern entlehnt sind, spürt man beim Autor des *Hirten* das Bewußtsein, eine Botschaft erhalten zu haben, die er den Kirchen weitergeben muß und die er den Presbytern anvertraut.[67] Er stellt sich als einen tätigen Propheten inmitten einer konkreten Gemeinde dar. Man hört ihn mit Respekt an, aber die Gemeinde bedarf seiner nicht für die Unterweisung in der Lehre.

Das Beispiel des Hermas zeigt uns, daß auch der Prophet sich keineswegs über die Ortskirche stellt, sondern der kirchlichen Autorität untersteht, deren Sache es ist, vom Heiligen Geist geleitet, die wahren von den falschen Propheten zu unterscheiden, die Spreu vom Weizen zu sondern und den Wert der Botschaft zu überprüfen. Nichts berechtigt dazu, sich eine Rivalität zwischen Inspiration und kirchlichem Amt vorzustellen. Wenn es Spannung gibt, besteht sie nicht vielmehr zwischen dem, der bestraft, und denen, die die Schläge empfangen? Die Unterordnung beraubt den Propheten nicht seiner offenen Sprache und hindert ihn in keiner Weise daran, die pflichtvergessenen Diakone gehörig zurechtzuweisen.[68]

Solchermaßen eingedämmt, gehört der Prophetismus zur Lebendigkeit der Kirche. Miltiades, einer der heftigsten Gegner des Montanismus, behauptet sogar: »Der Apostel meint, das prophetische Charisma solle in der gesamten Kirche bis zum Jüngsten Tage andauern.«[69]

Die Wachsamkeit der Kirche im Umgang mit dem Prophetismus scheint nicht übertrieben, wenn man die charismatische Unruhe der Epoche bedenkt, die durch politische Unsicherheit und Verfolgung noch gesteigert wird. Die Märtyrerakten sind ein ausgezeichnetes Zeugnis für die gesteigerte Erregung der Glaubensbekenner in Lyon oder in Karthago.[70]

In Phrygien, dem Land der Mystik par excellence, geriet Montanus im Jahre 172 in ekstatische Zustände.[71] Das ganze Gebiet wurde von der Verwirrung erfaßt, und die Bischöfe hatten alle Hände voll zu tun. Die »Heiligen von Phrygien« beteten mit affektierter Gebärde: die Spitze des Zeigefingers an die Nase gedrückt, was ihnen den Spitznamen »angepflockte Nasen« einbrachte.[72] Pepuza und Tymion waren die Ursprungsorte der Sekte und galten als heilige Städte; die Bevölkerung strömte zur Wallfahrt dorthin;[73] sie suchte den azurblauen Himmel ab, um zu sehen, ob wohl das neue Jerusalem aus den Wolken herabstiege. Gleichzeitig wurden Propheten und Prophetinnen von denselben Proselyten mit Gold, Silber und schimmernden Gewändern überhäuft.[74]

Die Lehre des Montanus breitet sich vom Osten bis nach Afrika und an die Ufer der Donau wie ein Lauffeuer aus.[75] An die Stelle kleinlicher Autorität setzt der Montanismus die Fügsamkeit gegenüber dem Heiligen Geist, an die Stelle der Banalität des täglichen Lebens den unablässigen Ruf nach Vollkommenheit, den Verzicht auf die Ehe oder ihren Vollzug, den Verkauf aller Güter zugunsten der Armen, die Bereitschaft zum Martyrium und die schwärmerische Erwartung des Weltendes.[76] Wäre es nach ihnen gegangen, hätte sich die Welt in ein Kloster verwandelt.

Diese einfältigen und überspannten Gemüter verkündeten die Kirche der letzten Tage mit der Heftigkeit von Pfingstgemeinden, wie sie uns heute noch begegnet. Die ganze Welt war in Bewegung geraten und befaßte sich nicht mit alltäglichen Sorgen. »Was haben die Sorgen um Nahrung mit dem Jüngsten Gericht zu tun?« schreibt Tertullian, der selbst Montanist ist. »Das wird ein schöner Anblick sein, wenn volle Brüste, die Übelkeit der Wöchnerin und Kindergeplärr sich in das Erscheinen des Richters und in den Klang der Trompete mischen!«[77] Die Ankündigung des Jüngsten Tages setzt dem Bedürfnis nach Fortpflanzung ein Ende, ja verurteilt es.

Auf ähnliche Phänomene stößt man in Phönizien und in Palästina. Es ist wahrhaftig eine mystische Ansteckung!

>»Viele Leute ohne Ruf und Namen gibt es, die mit größter Leichtigkeit und aus ganz zufälliger Ursache teils in Tempeln teils außerhalb derselben, einige auch bettelnd und Städte oder Kriegslager heim-

suchend, sich so gebärden, als ob sie weissagen könnten. Ein jeder dieser Propheten pflegt die Worte im Munde zu führen: Ich bin Gott oder göttlicher Geist.«[78]

Celsus übertreibt vielleicht die Schilderung, hat sie aber gewiß nicht erfunden.

In Lyon lassen sich die mystisch Besessenen wie Marcus mit Vorliebe mit schönen, reichen Frauen ein; sie versprechen ihnen, wie die Gnostiker, ekstatische Wonnen.[79]

»Sieh, die Gnade kommt über dich, öffne den Mund und weissage.« »Ich habe noch nie geweissagt, ich kann nicht weissagen«, antwortet die Frau ergriffen. Der Magier wiederholt seine Anrufe: »Öffne den Mund. Von nun an ist jedes Wort Prophetie.«

Außer sich und trunken vor Stolz, mit erregter Phantasie äußert die Frau verrückte, unzusammenhängende, ja schamlose Worte, die ihr auf die Lippen kommen. Die Sitzung, die in mystischer Erregung begonnen hatte, endet in der Wollust körperlicher Umarmung – so behauptet es Irenäus, der die schönen Prophetinnen in ihrer Reue aufnahm, weil sie gezwungen waren, »sich zu verstecken mit der Frucht, die aus der Verbindung mit der Gnosis hervorgegangen war«.[80]

In seinen Berichten vermittelt uns Tertullian, der gewiß nicht der Verleumdung verdächtig ist, eine Vorstellung von jenen ekstatischen Phänomenen, die dem Spiritismus näher sind als dem Heiligen Geist. Eine fromme Frau in Karthago spricht während der sonntäglichen Versammlung verzückt im Geist mit den Engeln, hört verborgene Dinge und liest in den Herzen. Sie empfiehlt Heilmittel all denen, die sie um Rat fragen.[81]

Eine andere Frau wird nachts von einem Engel gepeitscht wegen ihrer Eitelkeit. Derselbe Bote gibt ihr die genaue Länge des Schleiers an, den sie tragen soll.[82] Die Zahl der Frauen, über die der Heilige Geist kommt, ist eindrucksvoll und verdächtig. Einige unter ihnen bemächtigen sich kirchlicher Ämter. Eine tauft,[83] andere geraten während der gottesdienstlichen Feier in Ekstase, weissagen, predigen und bekehren die verblüffte Zuhörerschaft.[84]

Propheten jeglicher Herkunft liefen durch die Straßen, verwirrten trotz der Grobheit ihrer Tricks die Gemüter und fanden Glauben und Aufnahme bei den einfachen Leuten,[85] die ebenso begierig nach Wundern und starken Emotionen waren wie unsere Zeitgenossen nach Erscheinungen und Zeichen.

Die Vorsicht und das Zögern der Kirche sind erklärlich, wenn Irenäus die Umtriebe eines Marcus vor Augen hat, aber mehr noch angesichts ganzer Gemeinden, die, mit dem Bischof an der Spitze, Opfer von Phantasten geworden sind. In Ankyra sind die Presbyter von der Erregung angesteckt.[86] Selbst Zephyrin, Bischof von Rom, scheint einen Augenblick zu zögern.[87] In Syrien »überredet ein Prophet viele Brüder, mit Frauen und Kindern in die Wüste aufzubrechen, um Christus zu treffen.«[88] Sie setzten sich wie eine Herde in Bewegung und verirrten sich schließlich in den Bergen. Wenig hätte gefehlt, und der Gouverneur hätte sie alle ausgerottet, weil er sie für Räuber hielt. Glücklicherweise brachte seine Frau, die Christin war, die Sache in Ordnung.

Ein anderer Bischof an den Ufern des Schwarzen Meeres hatte eine Vision, und später noch weitere; er fing an zu weissagen wie ein Prophet und trieb den Wahnsinn so weit, zu sagen: »Ihr sollt wissen, meine Brüder, daß in einem Jahr das Jüngste Gericht kommen wird.«[89] Er brachte sie schließlich dahin, daß sie in ihrer Verzagtheit ihr Land und ihren Boden verließen und die meisten ihr Hab und Gut verkauften.

So gemäßigte Geister wie Justin und Irenäus stellen sich eine tausend Jahre während Herrschaft Christi mit den Gerechten auf Erden vor.[90] Im folgenden Jahrhundert noch spukt von Ost bis West dieses Tausendjährige Reich in den Köpfen herum. Die modernen Sekten, wie Adventisten oder Zeugen Jehovas, erwarten noch heute seine Wiederkehr, sein »revival«. Die strenge Askese der Propheten findet sich gereinigt von ekstatischem Gebaren bei Marcion und seinen Schülern. Sie predigen absolute Enthaltsamkeit und gewähren die Taufe nur Unverheirateten. Nicht zufrieden damit, den moralischen Rigorismus nur zu predigen, organisieren sie ihre kleinen Gruppen als Kirchen, in Lyon, Karthago, Alexandria und Rom, mit einer eigenen Hierarchie, mit Asketen und Märtyrern.[91] Gesamtkirche und Sekten exkommunizieren sich gegenseitig. Wenn das Martyrium sie auch zwangsläufig zusammenbringt, wollen sie doch nichts voneinander wissen und nichts miteinander gemein haben.[92]

Ein allgemeiner Zug in den unterschiedlichen Strömungen, den diese mit der Gesamtkirche teilen, ist das Leben in Askese, das gewöhnlich Keuschheit und Abstinenz umfaßte. Einen dieser Asketen, Alkibiades, finden wir unter den Märtyrern von Lyon. Es bedurfte einer Intervention des Himmels, um ihn im Gefängnis zur Aufgabe seiner Abstinenz zu bewegen.[93] Selbst bei der Eucharistie ersetzten diese Sektierer den Wein durch Wasser. Deshalb nannte man sie »Aquarier«[94].

Der Rigorismus der christlichen Asketen war nichts Neues; es hatte ihn bei den heidnischen Philosophen wie Apollonios von Tyana und im

Judentum gegeben.[95] Seit der Zeit der Apostel gehörte die konsequente Enthaltsamkeit zu den Wundern des Heiligen Geistes. Sie blühte in Korinth, wo sie vom Apostel Paulus gefördert wurde.[96] Aber seit Ende des Jahrhunderts werden die Asketen zu Streitern und erheben sich im Namen ihrer charismatischen Begabung zu Kritikern und Richtern der Gemeinde; sie gehen so weit, Cliquen und Spaltungen zu provozieren.[97] Im Grunde hätte Paulus – wäre er wiedergekommen – feststellen können, daß sich seine Gemeindemitglieder kaum geändert hatten.

Vor allem in Syrien erscheint Enthaltsamkeit als die ideale Verwirklichung christlichen Lebens. Möglicherweise übt da die jüdische Askese Einfluß aus. Die Enthaltsamen werden als erste getauft,[98] Verheiratete als Christen zweiter Klasse angesehen. Die Asketen gerieten dabei nicht nur in die Gefahr, hochmütig zu werden, sondern vor allem auch die Ehe zu verachten, ja sie als unvereinbar mit der christlichen Hingabe zu verurteilen, die bischöfliche Rechtsprechung abzulehnen und sich Macht und Privilegien im Innern der Gemeinden anzueignen. Ihre Autorität verstärkt sich so, daß sie zeitweilig zum Druckmittel wird, dann nämlich, wenn die Asketen mutig ihren Glauben bekannt haben und sich ihres Märtyrertitels rühmen.

Diese Situation finden wir in Asien und Phrygien vor, als der Brief der Brüder aus Lyon dort den von den Asketen gepredigten Bußrigorismus, die Enthaltsamkeit und absolute Keuschheit mäßigen will. Die Asketen brüsteten sich mit dem Nimbus ihrer Standhaftigkeit, um die Sünder aus der Gemeinde auszuschließen; sie verwarfen Buße und Absolution der Kirche. Nur andere Märtyrer konnten hier ein Gegengewicht schaffen, indem sie gemäßigtere Positionen vertraten. Das ist der Gegenstand des Briefes.[99]

Wie wir aus den Briefen des Dionysius, des Bischofs von Korinth, wissen,[100] rufen die Asketen Spannungen im Innern der Kirchen hervor. Wenn auch das Vorbild moralischer Strenge ein Ansporn ist und den Eifer wachhält, so ist doch die Versuchung zu einem gewissen Pharisäertum nicht weniger gefährlich. Oft machen sich die Asketen ebenso wie die Propheten zu Richtern, beschuldigen die andern der Laxheit und verdammen den Genuß von Wein und die Ehe. Gegen Ende des 2. Jahrhunderts organisieren sich einige wie Tatian und seine Schüler in Sekten und errichten die »Kirchen der Heiligen«.

Andere Asketen schließen sich Marcion und dem Gnostizismus an, die die Ehe verwerfen, da sie – so Satornil – Werk des Dämon sei.[101] Sie enden im Schisma und bilden eine Gegenkirche.[102] Trotz dieser Auswüchse darf man nicht übersehen, daß diese Bewegung die christliche

Verkündigung zutiefst durchdringt und belebt. Sie schützt vor dem Paktieren mit der Welt, sie bewahrt und erneuert die Epoche der apostolischen Charismen und die Gewißheit, daß man sich auf die Endzeit rüsten muß.

Diese geistige Unruhe, eine Mischung aus Enthusiasmus und Übersteigerung, ist spannungsgeladen und zersetzend zugleich; sie bedarf daher einer verantwortlichen Autorität, die die Probleme der Lehre und des Glaubens erkennt und in die richtigen Bahnen lenkt, die Fragen aufnimmt und verwirft, sie abblockt und überwacht. Diese Aufgabe überträgt die Kirche an erster Stelle dem Bischof. Aus der Fülle gnostischer Spekulationen und charismatischer Begeisterung soll er die Spreu vom Weizen trennen, den Weg weisen und die Lehre festlegen. In der vitalen Spannung einer im Aufbau befindlichen Gemeinde bildet der Bischof das Gegengewicht zum Propheten, und das in gemeinsamer Verantwortung gegenüber dem Traditionsgut und dem Bekenntnis des Glaubens.

Die Kirche bemüht sich, das Charisma von seinen übersteigerten Erscheinungsformen zu reinigen und, anstatt es auf solche Manifestationen zu reduzieren, darin vielmehr das Handeln des göttlichen Geistes wahrzunehmen, der erschafft, erweckt, hervorbringt und ruft.[103] Das Apostolat[104], die Unterscheidung der Geister[105] und sogar die Amtsgewalt[106] werden als Charisma anerkannt. Die Hirten der Gemeinde löschen den Geist nicht aus, sondern bemühen sich, ihre Gemeindeglieder für sein Handeln gelehrig zu machen und fähig, die Wahrheit von ihrer Verfälschung zu unterscheiden.

Zwischen rückhaltloser Askese und anarchischer Laxheit verfolgen die Hirten eine Linie der Mäßigung und Menschlichkeit. Erleuchtung durch den Geist und Glaubensbekenntnis bilden für sie keinen Gegensatz, sondern sie siedeln beides im Innern derselben Kirche Christi an, die geleitet ist von seinem Geist. Weit entfernt, den Geist auszulöschen, bemühen sie sich vielmehr, sein Wirken in der Gemeinde wahrzunehmen – denn zu ihrer Erleuchtung ist er gegeben.

Die Kirche verurteilt es, wenn die Güter der Schöpfung und die Ehe verworfen werden. Sie hält die Glut der Märtyrer durchaus wach und mäßigt zugleich die Schwärmer, denen sie verbietet, sich bei den Gerichten gegenseitig anzuzeigen.[107] Es gehört zu ihrer Mütterlichkeit, daß die Kirche im Wissen um die menschliche Schwäche die Sünder nicht in die Verzweiflung drängt, sondern ihnen erlaubt, sich zu besinnen und Buße zu tun, um den Frieden zu finden.

Von Anfang an ist sich die Kirche bewußt, allen Völkern offenzustehen. Sie ist weder an eine Stadt noch an ein Reich gebunden, weder an eine Rasse noch an eine soziale Schicht. Jeder Partikularismus wäre die Aufhebung ihrer selbst. Sie ist weder Kirche der Sklaven noch der Herren, weder die der Römer noch der Barbaren, sondern die Kirche aller, denn sie läßt allen deutlich werden, daß sie Brüder sind. Die einen bedürfen der anderen. Die Großen sind nichts ohne die Kleinen, die Kleinen nichts ohne die Großen.[108] Ihre Einzigartigkeit hängt an diesem gegenseitigen Austausch, an dieser Wechselbeziehung. Schnell – viel schneller, als es ihre Gegner, zum Beispiel Celsus, zugeben – breitet die Kirche sich über einen weiten Raum aus: von Alexandria bis Rom erreicht sie alle Schichten der Gesellschaft, den kaiserlichen Hof und die Intelligenz. Einheit und Katholizität gehören zusammen; die eine ist Grundlage und Lebenskraft der anderen. Sie bezeichnen zwei untrennbar miteinander verflochtene Aspekte der einen, allgemeinen Kirche.

Die Stadtgemeinden von Antiochia bis Rom, von Karthago bis Lyon sind sich bewußt, ein Ganzes zu bilden, einen Leib, ein Volk. Ignatius sagt: »Wo Christus ist, ist die universale Kirche.«[109] Ebenso richtig wäre es zu sagen: Wo eine Gemeinde gedeiht, gedeiht die Kirche. Dieses Bewußtsein, überall zu der universalen Kirche zu gehören, den lokalen Rahmen zu überschreiten, um an der Katholizität teilzuhaben, ist tief eingewurzelt im Herzen eines jeden Gläubigen.

Der Diakon Sanctus aus Vienne, von den Henkern nach seiner Nationalität und seiner Geburtsstadt gefragt, antwortet: »Ich bin Christ.«[110] Das war, so fügt der Bericht hinzu, »sein Name, seine Stadt, seine Rasse, sein alles.« Der Richter Polemon fragt den Pionius: »Bist du Christ?« – »Ja.« – »Von welcher Kirche?« – »Von der katholischen, es gibt keine andere von Jesus Christus gegründete.«[111]

Bischof Ignatius von Antiochia nennt die Kirche »katholisch« zu einem Zeitpunkt, da im Westen nur die Stadt Rom eine christliche Gemeinde besitzt. Die Katholizität ist nicht eine Sache der Geographie und der Zahl, sondern der Botschaft und der Mission. Die Kirche ist offen und zur ganzen bewohnten Erde gesandt, die die Römer mit ihrem Herrschaftsbereich gleichzusetzen schienen. Den Christen wird bald klar, daß sie mit ihrer Botschaft über dieses Reich hinausreichen und es eines Tages überleben würden. Daraus ergeben sich zwei gegensätzliche Konzeptionen, die nicht in Einklang zu bringen waren und die Heiden

dazu reizten, den Christen mangelnden Bürgersinn vorzuwerfen. Wo
Rom auf Eroberung aus war, dachte die Kirche an Mission.

Überall, von Stadt zu Stadt, von Gebiet zu Gebiet praktizieren die
verstreuten Gemeinden die Gemeinsamkeit in ihrem Alltag. Die Brüder
besuchen und informieren sich gegenseitig. Sie kennen die Ereignisse,
die die andern aufrütteln, die Verfolgungen, die sie durchmachen. Dank
Eusebius kennen wir noch einen Brief, der von Smyrna nach Philome-
lion geschickt und »an alle Gemeinden der heiligen katholischen Kirche, wo auch immer sie leben«, adressiert ist. Er erzählt von der Verfolgung, bei der ihr Bischof Polykarp zum Märtyrer wurde.[112]

All diese Briefe rufen zur Standhaftigkeit auf, erörtern aber ebenso
Fragen der Kirchenzucht, wie die Buße der »Gefallenen«, der »lapsi«,
vor allem in Zeiten der Verfolgung.[113] Der Brief des Dionysius von
Korinth an die Athener erlaubt der dortigen Gemeinde, nach äußeren
und inneren Anfechtungen neu anzufangen.[114] Eusebius hat uns ein
Bündel von Briefen erhalten, die zweifellos in den Archiven der Kirche
von Korinth gefunden worden sind; er nennt sie »katholische« Briefe,
das heißt ›an alle gerichtet‹.[115]

Gegen Ende des 2. Jahrhunderts hängt die Verbindung der Kirchen
untereinander weniger an der privaten Initiative, vielmehr fangen die
Gemeinden an, sich miteinander zu organisieren, sich in Synoden oder
Bischofsversammlungen zusammenzutun, um zu aktuellen Problemen
wie Montanismus[116] und Osterstreit[117] Stellung zu nehmen. Der Verband der kleinasiatischen Gemeinden schließt die Häretiker von der
Kirchengemeinschaft aus. Sie teilen den anderen Gemeinden ihre Entscheidung mit, weil diese die ganze Kirche verpflichtet und universale
Geltung hat.[118]

Einheit und Universalität bedeuten nicht Gleichförmigkeit. Die Verkündigung berücksichtigt den Eigencharakter der Völker, ihre Sprache
und die Vielfalt der Kulturen, unterschiedliche Rassen werden getauft.
Der Glaube sucht seinen Ausdruck in der jeweils eigenen Sprache der
Gemeinde. Die syrische Schriftsprache entsteht dadurch, daß eine Kirche sich von der kulturellen Kolonisation freimacht und die Volksspra-
che die Übersetzung der Bibel und die Formulierung des Gemeindege-
bets übernimmt. Die Vielfalt bedeutet nicht einfach das bunte Nebeneinander verschiedener Ausdrucksformen, sondern eine Aufforderung
an alle, selbst schöpferisch zu sein, sich gegenseitig zu bereichern in der
Treue zu dem einen Glauben, dem einen Herrn.

Die Kirche des Ignatius und des Pothinus, des Polykarp und des Irenäus
ist ihrem Wesen nach dieselbe und doch unterschieden. Wieviele Kon-

traste im Innern ein und derselben Kirche! Die schnelle Ausbreitung des
Evangeliums in Kleinasien macht erst deutlich, wie langsam die lateinischen Länder in Bewegung geraten – wie wir ja schon gesehen haben.
Der Osten missioniert den Westen, Smyrna Lyon. Wenn auch alle
Gemeinden das Griechische verstehen, wie viele fühlen wirklich in dieser Sprache? Vor den Toren von Karthago und Antiochia beherrschen
die Dialekte das Feld. Afrika optiert nach anfänglichem Zögern bald
für das Lateinische. In Lyon muß Irenäus die christliche Botschaft
»in barbarische Dialekte« übersetzen, um sie den Galliern nahezu-
bringen.

Von Ost bis West fördert das Evangelium den Austausch. Die zuweilen
stürmische und beunruhigende Fülle kleinasiatischer Mystik und Spekulation befruchtet das eher nüchterne Rom, »das – ganz unphiloso-
phisch – an bäuerlichen, agrarischen und frühzeitlichen Lebensformen
festhält«[119]. Der Handel und Gewerbe treibende Orient mit seinen
zahllosen Städten ist von jeher Nährboden alter Kulturen, in denen
selbst der Bettler Philosoph ist; mit seinem subtilen und von mystischen
»revivals« umgetriebenen Geist haucht er dem eher nüchternen und
bedächtigen, durchs Recht geprägten lateinischen Geist etwas von seiner Dynamik und seiner religiösen Erfahrung ein.

Um die Mannigfaltigkeit ein und desselben Glaubens zu ermessen, ver-
gleiche man nur die Briefe des Ignatius, die zum Bersten gefüllt sind, als
enthielten sie eine brennende, mystische Lava, mit dem abgewogenen
und ernsten Brief des Klemens von Rom; hier sind die Gefühle be-
herrscht, und seine Sprache verrät einen durch und für die Leitung
geformten Menschen. Die Briefe, die die Gemeinden von Antiochia
nach Rom, von Korinth nach Smyrna, von Lyon nach Ephesus austau-
schen, bestätigen die Einheit des Glaubens in der Vielfalt der Lebensbedingungen und Orte.

Die Kirche des Ostens läßt einen großen Spielraum für Kreativität und
Improvisation. Nur zögernd legt sie ihre Liturgie fest. Ihr Denken ist
ständig in Bewegung. Die römische Kirche und die von Karthago fühlen
sich nur innerhalb einer festen Ordnung wohl – auch auf die Gefahr hin,
daß diese von den Ereignissen und dem Leben überholt wird.

Wenn man die gesetzgebenden und die liturgischen Texte vergleicht,
nämlich die *Apostolische Überlieferung* mit der *Didaskalia der
zwölf Apostel*, die beide dem 3. christlichen Jahrhundert eine Gesetzes-
ordnung geben, so macht die erste den Eindruck, das zu reglementie-
ren, was das tägliche Leben bereits zu entkräften scheint, während die
zweite die Richtlinien für eine anpassungsfähige Ordnung mit leben-

diger Verkündigung verbindet. Wenn sich Rom auch allmählich aneignet, was die verschiedenen Gebiete einbringen, bleibt es doch sich selbst und seinem Charakter treu.

Man kann sich vorstellen, welche Probe der Asiat Irenäus zu bestehen hatte, als er sich der Mentalität der Gallier anpassen mußte, die so unempfindlich für seine Feinsinnigkeit waren, jedoch treu in dem erworbenen Glauben, den sie still bis zum Martyrium bekennen. Der Bischof von Lyon besaß die Wendigkeit und Diplomatie des Orientalen. Er war ein Mensch des Dialogs und des Ausgleichs. Er wußte einen mystischen Glauben mit Mäßigung und mit der Führung der Seelen in Einklang zu bringen und die Achtung vor der Mannigfaltigkeit mit dem Sinn für den universalen Charakter der Kirche zu verbinden.

Die Kirche kann sich in Wahrheit nur im ›Komplementären‹ entfalten. Polykarp, der Bischof von Smyrna, ist nicht Viktor, der Afrikaner, der wie alle assimilierten Fremden römischer ist als die Römer. Die Eucharistiefeier in Smyrna läuft nicht genauso ab wie in der Hauptstadt; dennoch kann der alte Bischof auf der Durchreise in Rom diese leiten, ohne die anderen zu befremden oder sich selbst fremd zu fühlen. Wie es nur *eine* Kirche gibt, so gibt es nur *eine* Eucharistie. Sie wird nach den Gepflogenheiten der Ortskirche gefeiert, aber sie ist darauf nicht beschränkt, denn sie ist universal.

Einheit bedeutet nicht länger geregelte Gleichförmigkeit. Papst Viktor, der vom Temperament her eher dazu neigt, Schwierigkeiten aufzugreifen, als sie zu umgehen, der umgetrieben ist von der Idee der Zentralisation und schnell bereit zu autoritärem Vorgehen, hätte leicht die örtlichen Traditionen geopfert und Methoden angewandt, die sein Landsmann Cyprian fünfzig Jahre später ablehnen wird, weil sich Kirchen ebenso wie menschliche Beziehungen nur aufbauen lassen in der Achtung vor ihrer Persönlichkeit und ihrer Verschiedenheit. Was bei dem Osterstreit die Asiaten verletzt, ist weniger das Datum als das Vorgehen. Das diktatorische Verhalten des Papstes, der verfügt statt zu überzeugen, scheint ihnen unvereinbar mit dem Auftrag des universalen Dieners. Polykrates versteht es, dies in seinem Brief mit Würde zum Ausdruck zu bringen.[120]

Anstelle von Jerusalem ist allmählich Rom zur Hauptstadt der Kirche geworden. Die Einnahme und Zerstörung des alten Zion verhindert hinfort, daß die Gemeinde dieser Stadt eine führende Rolle in der Geschichte des Christentums spielt. Die politische Situation Roms, der Metropole aller Städte des Reiches, gibt der christlichen Gemeinde in der Stadt von Anfang an eine unbestrittene Bedeutung, die durch das Wirken des Petrus noch sanktioniert wird.

Die anderen großen Stadtgemeinden wie Antiochia, Ephesus und Korinth, die von den Aposteln Paulus oder Johannes gegründet waren, erkennen sehr schnell den römischen Primat an. Roms Prestige beruht vor allem auf dem Wirken und dem Martyrium der Apostel Petrus und Paulus. Die Autorität des Petrus gibt der römischen Vorherrschaft ihre Weihe. Diese zeigt sich nicht auf Anhieb, sondern entwickelt sich allmählich, entsprechend den Umständen und Bedürfnissen, nach einer Gesetzmäßigkeit, die ein Licht auf die Geschichte der Kirche wirft. Rechtgläubige und Häretiker bemühen sich, in Rom anerkannt zu werden, weil die Gemeinschaft mit Rom ihnen die Gemeinschaft mit der ganzen Kirche sichert.[121]

Zeugnisse für den römischen Primat tauchen auf seit dem Ende des ersten Jahrhunderts, der Zeit der domitianischen Verfolgung. Sie scheinen, einzeln genommen, ohne große Bedeutung, doch füllt ihr ständig wachsendes Bündel bald einen eindrucksvollen Ordner. Der Brief aus Rom, den der dortige Bischof Klemens an die Gemeinde in Korinth geschrieben hat, greift in eine innere Krise ein.[122] Mit Sanftmut, aber Festigkeit fordert er, daß die abgesetzten Presbyter wieder in ihr Amt eingesetzt werden. Denen, die zur Spaltung aufhetzen, rät er, das Land zu verlassen.[123]

Wir wissen nichts darüber, wie der Brief aufgenommen wurde, aber durch Bischof Dionysius erfahren wir, daß er noch siebzig Jahre später bei der sonntäglichen Eucharistiefeier vorgelesen wurde,[124] was schwer verständlich wäre, hätte das Eingreifen nicht Erfolg gehabt. Batiffol sieht in dieser Tatsache einen Beweis für den römischen Primat.[125]

Ignatius, der Bischof der angesehenen Stadt Antiochia, schreibt an die Gemeinde in Rom und begrüßt sie mit besonderer Ehrerbietung, als die, »die den Vorsitz führt in der römischen Region, Vorsitzerin der Liebe und der Brüderlichkeit«[126]. Im Laufe seines Briefes häufen sich Lob und Achtungserweise, was um so erstaunlicher ist, als sich dergleichen in keinem seiner sechs anderen Briefe findet. Aus dem Brief des

Dionysius, den er als Vorsteher einer Gemeinde, die ebenfalls von den Aposteln Petrus und Paulus gegründet worden war, an die Römer schreibt, spricht eine ähnlich bezeichnende Ehrerbietung.[127]

Weniger feierlich und zugleich naiver ist das Zeugnis des Abercius aus der entlegenen Stadt Hierapolis in Kleinasien. Er hat das Imperium bereist und die Vorrangstellung der römischen Gemeinde festgestellt:

> »Ich bin Abercius; ich bin der Schüler eines heiligen Hirten, der seine Schafe auf den Bergen und in den Ebenen weiden läßt, der mit großen Augen weit umher blickt [...]. Er ist es, der mich nach Rom gesandt hat, um die höchste Majestät und eine goldbekleidete und goldbeschuhte Königin zu schauen.«[128]

Der Streit zwischen Asien und Rom über das Osterfest zeigt, daß die Entscheidungen der Gemeinden und der zugezogenen Synoden ihre Autorität von der Zustimmung Roms ableiten. Letztlich hängt die universale Gemeinschaft von Papst Viktor ab.[129] Sein Vorgehen mag kritisiert werden, aber niemand in der Kirche stellt die eingreifende Autorität in Frage. Selbst Irenäus, der um Vermittlung bemüht ist, bestreitet zwar die Zweckmäßigkeit, aber nicht die Legitimität des römischen Eingreifens. Er anerkennt ausdrücklich, daß die römische Gemeinde – er stellt eine Liste ihrer Bischöfe auf[130] – mit größerer Vollmacht bekleidet ist als die anderen.[131] Das veranlaßt Harnack, der sicher nicht voreingenommen ist, zu der Bemerkung: »Von Anfang an besteht eine enge Beziehung zwischen dem Begriff katholisch und römisch.«[132]

Zweites Kapitel

Ein Herz und eine Seele

»Die Welt vor Christus war eine Welt ohne Liebe«: dieses Urteil eines Historikers[1] ist vielleicht übertrieben. Zumindest aber versucht es, die erstaunliche Anziehungskraft des Christentums auf die Massen und die Elite zu erklären. Die Botschaft von der Nächstenliebe wollte die Brüderlichkeit unter den Menschen entfalten und verwirklichen, die dem Innersten des menschlichen Wesens eingeschrieben ist und die noch keine Philosophie in diesem Maße bis in die alltäglichen Handlungen hatte eingehen lassen. Die Kirche will ihrem Wesen nach eine Bruderschaft sein, wie schon Ignatius von Antiochia bemerkt.[2] Für einen Heiden ist es überraschend, wenn er Menschen begegnet, die einander lieben, die mit der Einigkeit, der gegenseitigen Hilfe und dem Teilen in ihrem Leben ernst machen, und wenn er eine Gesellschaft findet, die in echter Brüderlichkeit einen Ausgleich zwischen dem Besitz der Armen und Reichen herstellt. Kaiser Julian muß zwei Jahrhunderte später anerkennen, daß das Geheimnis des Christentums von »seiner Menschlichkeit gegenüber Fremden und seiner Sorge für die Bestattung der Toten«[3] herrührt, kurz, von der besonderen Art seiner Nächstenliebe.

Die Heiden des 2. Jahrhunderts bezeugen dasselbe: »Seht, wie sie einander lieben!« Und Tertullian, scharf und übertrieben wie üblich, fügt hinzu: »Sie aber hassen sich gegenseitig.«[4] Auch Seneca, der heidnische Heilige, verlangt, daß man dem Schiffbrüchigen die Hand reiche, dem Verstoßenen sein Haus öffne und dem Bedürftigen seinen Geldbeutel, um seine Habe mit einem andern zu teilen. Aber er fügt hinzu: »Der Weise wird sich hüten, über das Schicksal des Unglücklichen betrübt zu sein, seine Seele soll unempfindlich sein für die Leiden, die er lindert: das Mitleid ist eine Schwäche, eine Krankheit.«[5] Dieser an Nietzsche erinnernde Ton zeigt den Abstand, der das Heidentum vom Christentum trennt.

In der Flut orientalischer Philosophien und Kulte bringt das Christentum weder ein neues Lehrsystem noch wirklich eine neue Religion; es ist, nach einem Wort des Laktanz, für die Welt ein »Geschenk der Menschlichkeit, die darin besteht, andere zu lieben, ihnen zu helfen und sie zu schützen«[6]. Das Evangelium von Christus knüpft neue Bande zwischen den Menschen, es verwirrt und schafft neu, es handelt und verwandelt, denn es ist eine Herausforderung zur Tat. Wo der Glaube gedeiht, da kann die Liebe die Früchte ihres Wirkens ernten.

Das Wort des Jakobus hallt beunruhigend in allen Gemeinden der wachsenden Kirche wider. »Aber es könnte jemand sagen: du hast den Glauben und ich habe die Werke; zeige mir deinen Glauben ohne die Werke, so will ich dir meinen Glauben zeigen aus meinen Werken.«[7] Der gleiche Evangelist bindet Religion und Tun, Gottesdienst und Dienst am Menschen eng aneinander: »Ein reiner und unbefleckter Gottesdienst vor Gott und dem Vater ist der: die Waisen und Witwen in ihrer Trübsal besuchen und sich von der Welt unbefleckt halten.«[8]

Die Gemeinde von Karthago oder die von Lyon nimmt ganz konkrete und sehr verschiedenartige Menschen mit ihrer persönlichen, beruflichen, wirtschaftlichen und sozialen Situation auf; ob sie reich sind oder arm, jung oder alt, sie werden alle Brüder. Allen gleichermaßen gilt es bewußtzumachen, daß sie von nun an *eine* Familie bilden, daß die Brüderlichkeit gelebt und das heißt: in die Tat umgesetzt werden muß.

Mit dem Blick auf dieses Programm handeln und reagieren die Menschen im Orient und Okzident, der Christ aus Vienne in Frankreich und der aus Ephesus – entsprechend ihrem jeweiligen Temperament,[9] was eine gewisse Variationsbreite in den Ämtern und der Art, wie sie wahrgenommen werden, mit sich bringt. So sind beispielsweise die Funktionen und Aktivitäten der Witwen und Diakonissen im Osten und im Westen verschieden, weil die Lebensbedingungen verschieden sind. Der Orientale ist Empiriker, er erfindet und improvisiert, während der Römer organisiert und regelt.

Es ist schwierig, den Umriß einer durchschnittlichen christlichen Gemeinde zu zeichnen, die in etwas kleinerem Maßstab das Abbild einer hauptstädtischen Gemeinde darstellt. Wir sind besser über Rom unterrichtet als über Thyatira, aber Rom ist nicht die ganze Kirche, sowenig wie Paris ganz Frankreich ist. Welcher Unterschied besteht doch zwischen einer Gemeinde der Hauptstadt und der eines Marktfleckens oder einer Kreisstadt! Rom ist auch nicht Karthago – das gilt entsprechend für das Budget der beiden christlichen Gemeinden. Der Bürgermeister von Athen stellte auf einer Reise nach Montreal fest, daß die kanadische Hauptstadt allein für die Schneebeseitigung soviel ausgibt, wie seine Hauptstadt insgesamt zur Verfügung hat! Die Probleme von Athen sind nicht die von Montreal, sowenig wie die Bedürfnisse und die Mittel.[10]

Die Aufnahme in der Gemeinde

Zu der Zeit, die uns hier beschäftigt, überschreitet die Gemeinde außerhalb der großen Städte kaum den Rahmen eines Gästehauses. Der Begriff Brüderlichkeit gewinnt dort ganz konkrete Bedeutung: Die Brüder und Schwestern kennen sich und nennen sich mit Vornamen.

Die Kirche von Dura-Europos, eine der ältesten, auf die man überhaupt gestoßen ist, repräsentiert ein Haus, das schon weitgehend zu einem Versammlungsort umgebaut ist. Es handelt sich hier um eine kleine, durchschnittlich bevölkerte Stadt des 3. Jahrhunderts. Die Kirche faßt gerade sechzig Personen, das entspricht der Stärke einer Großfamilie.

Die syrische *Didaskalia* kennt und beschreibt noch die Gemeinde von menschlichem Ausmaß, in der sich der Bischof persönlich die Verteilung der Hilfsmittel vorbehält, weil er die genau kennt, die in Schwierigkeiten sind.[11] Wenn ein Bruder auf der Durchreise an einer Versammlung teilnimmt – ähnlich wie ein Mitglied des Rotary-Clubs auf einer Reise –, muß er sich ausweisen, um zu der Zusammenkunft zugelassen zu werden.[12]

Das Erstaunliche an den Richtlinien der *Didaskalia*[13] ist der partriarchalische und zugleich persönliche Charakter. Sie haben nichts Bürokratisches oder Administratives an sich. Der Diakon steht an der Tür, um die Ankommenden zu empfangen. Jedes Gesicht ist ihm vertraut. Er kennt die Wohlhabenden und die Mittellosen, die glücklichen Kinder und die Waisen, die Männer ohne Arbeit und die Witwen. Er weiß, was für jeden die Taufe bedeutet hat: Einige Bindungen zerreißen, Hindernisse jeglicher Art tauchen auf und neue Beziehungen werden angeknüpft. Viele von ihnen können sich von nun an nur noch auf die neue Familie stützen, deren Mitglied sie um den Preis alles übrigen geworden sind!

»Der Diakon soll das Ohr des Bischofs sein, sein Mund, sein Herz und seine Seele«, heißt es in der *Didaskalia*.[14] Diese Empfehlungen bedeuten für den Diakon eine verantwortungsvolle Aufgabe. In diesem »Herzen«, dieser »Seele« wohnen alle Brüder und Schwestern, jeder mit seiner Geschichte, jeder mit seinen materiellen und geistlichen Nöten. Es gibt niemanden zu dieser Zeit, für den der Glaube nicht ein Risiko bedeutete, ein Wagnis, einen Bruch. An der Geschichte der Perpetua können wir sehen, wie tief die Konversion in lebendige Familienbande einschneidet. Aber welche Zartheit zugleich in der Freundschaft zwischen Perpetua und Felicitas, zwischen den anderen Gefährten und der Gemeinde von Karthago! Die Diakone belagern die Gefängnistore, um mit Hilfe von Geld die Bedingungen der Gefangenen zu erleichtern. Das ist wirklich ein Bild gelebter und teilender Brüderlichkeit.

Die Witwen und Waisen

Für uns bringt der Schutz von Witwen und Waisen beispielhaft die Großzügigkeit dessen zum Ausdruck, der den Unterdrückten und von der Gesellschaft Vernachlässigten Hilfe gewährt. Von Justin bis Tertullian finden wir Witwen und Waisen regelmäßig unter die dringendsten Sozialfälle gerechnet.[15] Die Verknüpfung beider hat tiefreichende biblische Wurzeln. »Witwen und Waisen sollt ihr nicht bedrücken. Wenn du sie doch bedrückst, und sie schreien zu mir, so werde ich ihr Schreien gewiß erhören und mein Zorn wird entbrennen!«[16] Da sie ohne Schutz und Schirm sind, werden diese beiden Gruppen bevorzugte Glieder der Gemeinde.

Die Urgemeinde versteht die Hilfe gemäß dem Wort des Jakobus[17] als Ausdruck und Fortwirken des Glaubens und des Gottesdienstes. Selbst Lukian, der sarkastische Beobachter der Christen, beschreibt die Stellung der Witwen und Waisen innerhalb der christlichen Gruppen.[18] So mußte auch der Kurzsichtige bemerken, welch ein Ehrenplatz ihnen im Leben der Gemeinde und in bezug auf ihre Mittel zugeteilt wurde.

Die Waisen befanden sich in der gleichen Lage wie die ›natürlichen‹ Kinder‹ in der Antike. Erst im christlichen Zeitalter, in der Regierungszeit Konstantins, gibt es Stätten, die sie aufnehmen. Die Situation von Kindern ohne Vater – legitim oder nicht – war völlig ungesichert. Gesetzgeber und Philosophen erlaubten sogar das Aussetzen unerwünschter Kinder.[19] Tertullian wirft dieses Verbrechen den Heiden seiner Zeit mit Heftigkeit vor.[20] Aber er spricht weder von Bastarden noch von illegitimen Kindern – vielleicht werden sie schonend den Waisen gleichgestellt.

In Griechenland und in Rom waren nur die Interessen solcher Kinder geschützt, die als freie Bürger geboren waren. Das Gesetz kümmerte sich nicht um die anderen, deren Zahl der der christlichen Waisen entsprach, die aus dem niederen Volk und der Arbeiterschicht kamen. In einem Brief aus Bithynien befragt Plinius den Kaiser nach der rechtlichen Stellung und dem Unterhalt der Kinder, die, frei geboren, ausgesetzt worden waren und dann aufgenommen und für die Sklaverei erzogen wurden.[21] Trajans Antwort bestätigt die bei den Griechen

geltenden Prinzipien – in Ermangelung einer gemeinsamen Gesetzgebung für das ganze Reich; damit duldet er die Mißstände, denen diese
Kinder zum Opfer fielen.[22]

Nur die Sklaverei und die Prostitution retteten einen großen Teil der
ausgesetzten Kinder vor dem Tod. Um in dieser Situation Abhilfe zu
schaffen, macht Plinius eine Schenkung zugunsten armer Kinder aus
verschiedenen Städten, besonders aus Como, seiner Heimatstadt.[23] Er
ermahnt seine Freunde, seinem Beispiel zu folgen.[24] Eine Frau, Caelia
Macrina, hinterläßt testamentarisch so viel, daß hundert Kinder, Jungen und Mädchen, bis zum 16. oder 13. Lebensjahr unterhalten werden
können.[25]

In Rom wurde mit Getreidezuteilungen ungenügend für die Bedürfnisse der Kinder ohne Familie gesorgt. Trajan ist der erste Kaiser, der
eine öffentliche Unterstützung für ›natürliche Kinder‹ organisiert,
immer unter Ausschluß der Sklaven. Diese Einrichtung, die zunächst
auf Rom beschränkt war, breitete sich über ganz Italien aus. Es war die
verdienstvollste soziale Tat während seiner Regierungszeit.[26] Eine
Bronzemünze bewahrt die Erinnerung an dieses Ereignis: Eine Frau
führt dem sitzenden Kaiser Kinder zu, die unter seinem Schutz
stehen.[27]

In diesem soziologischen Kontext lassen sich die Maßnahmen, die die
Christen zur gleichen Zeit treffen, besser einordnen. Nahmen sie ver-
lassene Kinder auf? Kein Text bestätigt dies ausdrücklich. Doch könnte
Tertullian die Aussetzung von Kindern, wie er sie vor Augen hat, mit
solcher Heftigkeit als Kindsmord bezeichnen,[28] wenn die Christen
nicht geglaubt hätten, sich im Falle der Nichtaufnahme »eines dieser
Geringsten« des gleichen Verbrechens schuldig zu machen?

Wie auch immer es sich mit den Findelkindern verhält, durch die *Didaskalia* wissen wir, welche Haltung die Christen den Waisen gegenüber
einnehmen.[29] In erster Linie ist der Bischof für sie verantwortlich. Ist er
als Vater der Gemeinde nicht vor allem ein Vater für alle die, die keinen
Vater haben? Gewöhnlich vertraut er das Waisenkind einer christlichen
Familie an.

> »Wenn sich herausstellt, daß einer der Christen, ob Junge oder Mäd-
> chen, Waise ist, sollte einer der Brüder, der keine Kinder hat, den
> Jungen als Sohn annehmen, und wenn einer einen Sohn hat, soll er
> das Mädchen annehmen und es diesem, wenn die Zeit gekommen ist,
> zur Frau geben, um sein Werk im Dienste Gottes zu krönen.«[30]

Diese Situation zu irgendeinem Vorteil auszunützen kommt nicht in Frage; vielmehr geht es darum, die Häuser zu öffnen, um dem Waisenkind eine Familie zu geben, es auszubilden und ins Leben einzuführen. Der Bischof soll darauf achten, daß die Waise mit einem Christen verheiratet wird, und die erforderliche Mitgift festsetzen. Handelt es sich um einen Jungen, so achtet der Gemeindeleiter darauf, daß er einen Beruf erlernt und das nötige Handwerkszeug erwirbt, damit er seinen Lebensunterhalt ehrlich verdienen kann und nicht mehr der Gemeinde zur Last fallen muß.

Die Reichsten waren nicht immer zu einer so brüderlichen Verwendung ihrer Güter bereit: es genügte nicht, die Taufe zu empfangen, um sein Wesen zu ändern. Denen, die keinen guten Gebrauch von ihren Gütern zu machen wußten, wurde von der Kirche, vom Bischof das Diktum vorgehalten: »Was die Heiligen nicht gegessen haben, werden die Assyrer verschlingen.«[31]

Die Kinder der Märtyrer waren die besonders gehegten Zöglinge der Gemeinde. In Karthago nimmt eine Frau spontan das Kind der Felicitas auf und adoptiert es.[32] Über den Sohn der Perpetua wird nichts gesagt: da seine Familie wohlhabend war, brauchte er nicht die Unterstützung der Gemeinde. Auch der junge Origenes wird beim Tod seines Vaters, des Märtyrers Leonides, von einer Frau aus Alexandria aufgenommen.[33] Eusebius spricht von einem Christen namens Severus, der sich in Palästina um die Witwen und die Kinder der Märtyrer kümmert.

Im kleinasiatischen Pergamon erinnert die Menge eine Mutter namens Agathonike an ihre Kinder, um ihren Mut zu brechen. »Habe Mitleid mit dir und deinen Kindern, wie es die Menge fordert«, drängt der Prokonsul. »Meine Kinder? – Gott wacht über sie!«[34] Agathonike wußte, daß die Brüder und Schwestern im Glauben ihre Kinder aufnehmen würden.

Witwen mit Kindern stellten für die Gemeinde einen ganz anderen Sozialfall dar. Ihre Existenz ist nur in der Operette lustig. Die historische Wirklichkeit sieht ganz anders aus. In Rom geriet die Frau beim Tod ihres Mannes ganz unter die Fuchtel ihrer eigenen Familie oder der ihres Mannes.[35] Ihre Lage kann besonders unglücklich sein, wenn keine von beiden christlich ist. Zudem begünstigen die juristischen Bestimmungen die Kinder und nicht die Witwe.

In der griechischen Welt empfehlen Sitte und Gesetz im Fall der Witwenschaft die zweite Heirat.[36] Der Brief an Timotheus entspricht dem überkommenen Brauch, wenn er rät: »Die jungen Witwen sollen wieder heiraten!«[37] In Rom dagegen wurde die Wiederverheiratung nicht so günstig aufgenommen. Dort ehrte man Frauen, die Witwen blieben.[38] Diese Zurückhaltung findet Unterstützung bei den christlichen Autoren der Epoche.[39]

Die Lage der verwitweten Frau ist schon schwierig, wenn sie für Kinder zu sorgen hat, aber sie verschlechtert sich, wenn diese volljährig sind und der Besitz in deren Hände übergegangen ist; eigentlich sollten sie für den Unterhalt der Mutter und für ihre Wohnung aufkommen. »Leichter ernährt eine Mutter sechs Kinder als sechs Kinder eine Mutter« – sagt ein Sprichwort, das eine jahrhundertealte Erfahrung zum Ausdruck bringt. Ob reich oder arm, die Kinder kommen nur zögernd den alten Eltern zu Hilfe. Für die Witwen aus bescheidenen Verhältnissen hatte also die Gemeinde zu sorgen, wie es im Judentum gewesen war.[40]

Daß die Kirche diese Frauen in ihre Obhut nimmt, ist, angesichts der Hartherzigkeit der antiken Gesellschaft, Ausdruck ihrer Menschlichkeit und ihrer sozialen Gesinnung. Briefe und Schriften empfehlen den Hirten und der Gemeinde mit Nachdruck, Sorge für die Witwen zu tragen.[41] »Es ist schön und nützlich, die Waisen und die Witwen zu besuchen, besonders die, die arm sind und viele Kinder haben.«[42] Die Witwen nehmen sogar einen Ehrenplatz in der Gemeinde ein. Polykarp nennt sie den »Altar Gottes«[43] – was heißen soll: Sie leben von den Opfergaben der Gläubigen.

Es ist schwer zu sagen, von welcher Zeit an die Witwen unter der Leitung einer von ihnen ein Gemeinschaftsleben im Haus eines reichen Christen führen. Diese Art der Versorgung ersparte es den Witwen, sich wiederzuverheiraten, und ermöglichte ihnen, in einer Art klösterlicher Askese zu leben.[44]

Gott in den Geringsten

Zur Zeit des Papstes Cornelius ernährt die römische Kirche »fünfzehnhundert Witwen und Notleidende«.[45] Den Hauptanteil dieser eindrucksvollen Zahl stellten die Armen. Was für Rom galt, galt für alle Gemeinden. Jede hatte ihre Armen. Diese Situation spiegelt die ökonomischen Bedingungen einer Gesellschaft wider, in der, selbst im goldenen Zeitalter der Antonine, die Unterschiede kraß und die wirtschaftlich Schwachen zahlreich sind, wie heutzutage in einigen Ländern Lateinamerikas.

Die Verteilung von Getreide in Rom deckte nur die dringendsten
Bedürfnisse. Aber die Provinzen hatten keinen Anspruch darauf. Hier
und da finden sich Wohltäter wie jener Apotheker, der 300 Arzneitöpfe
und 60000 Sesterzen abgibt, um die Armen seiner Heimatstadt gratis
mit Heilmitteln zu versorgen.[46] So lobenswert diese Maßnahmen auch
sind, sie waren doch nur ein Tropfen auf den heißen Stein.
Von der sozialen Situation waren am schlimmsten betroffen die Kranken, die Gebrechlichen, die Notleidenden, die Arbeitslosen, die Alten,
besonders Sklaven, die nicht mehr arbeiten konnten, und die Schiffbrüchigen, die in den Hafenstädten, in denen sich die ersten Gemeinden
konzentrieren, besonders zahlreich sind. Diese Liste läßt sich nach
schlechten Ernten und in Kriegs- oder Katastrophenzeiten noch verlän-
gern.
Es sind vor allem Härtefälle, leidgeprüfte Menschen ohne Familie, Ver-
triebene und Gestrandete, die fortan von den Brüdern unterhalten werden. Hier gewinnt die Brüderlichkeit einen konkreten Sinn und bedeutet tätige Verantwortung. Was nützte es, ihnen Frieden zu wünschen,
ohne ihnen, wie Jakobus sagt, Schutz, Nahrung und Kleidung zu
geben![47]
Angesichts dieses menschlichen Elends fordert die Kirche die Wahl
eines Bischofs, »der den Armen liebt«[48]: »Denke an die Armen«,
empfiehlt ihm die *Didaskalia*, »nimm sie an die Hand und ernähre
sie.«[49] Besaß der Bischof ein persönliches Vermögen, so wurde damit
die größte Not der Gemeinde gedeckt. Der Diakon kannte die einzelnen Fälle, suchte die Kranken auf, untersuchte die Verhältnisse
jedes einzelnen, prüfte, wer der Anteilnahme besonders würdig war,
und fand die Armen heraus, die sich schämten und ihre Not ver-
bargen.
In den Städten waren die Armen zahlreicher als auf dem Land. Sie
konnten – in Antiochia oder Rom – ein Zehntel der Bevölkerung ausma-
chen. In der Hauptstadt, wo die Fremden aus dem gesamten Reich
ebenso wie die verarmten Bauern aus dem ländlichen Umkreis landeten,
lebten die Armen von Spenden des Staates oder einzelner, von der
annona, der monatlichen Kornverteilung. Die christliche Nächstenliebe machte sich die Sitten und Gepflogenheiten jener Zeit zunutze: in
Form öffentlicher Speisungen (*sportula*), um jedem Bedürftigen Hilfe
zukommen zu lassen.[50] Die Kirche spielte etwa die Rolle der Heils-
armee. Ein Verzeichnis enthielt die Liste der unterstützten Personen.
Im Budget fiel die Aufnahme von Fremden und Armen besonders ins
Gewicht.

Bei Hausbesuchen können die traurigsten Verhältnisse entdeckt werden, vor allem bei den Kranken, denen die Diakone Stärkung durch die Kommunion bringen; denn sie kennen sie genau und unterstützen sie gleichzeitig oft noch materiell.[51] Später, im 5. Jahrhundert, fordert das *Testament unseres Herrn Jesu Christi* sogar vom Diakon, daß er »in den Gästehäusern nachsehen soll, ob er dort einen Gebrechlichen oder Armen findet oder vielleicht auf einen alleingelassenen Kranken stößt«.[52] Die Diakonissen und Witwen kümmern sich im Orient, wie wir schon sahen, besonders um arme und kranke Frauen.[53]

Die Sorge um den Nächsten ist die Sorge aller. Die Brüder können nicht passiv bleiben und sich auf die beamteten Helfer verlassen. Es reicht nicht, daß sie Geld bezahlen; sie müssen auch ihre Person und ihre Zeit einsetzen. Sie lernen das im Laufe des Katechumenenunterrichts, denn der Glaube hat ihnen eine wirkliche Familie mit ihren Freuden und Leiden erschlossen. Wir wissen aus der *Apostolischen Überlieferung*, daß der Prüfer den Kandidaten bei der Taufe unter anderen folgende Fragen stellte: »Haben sie den Witwen Ehre erwiesen? Haben sie die Kranken besucht? Haben sie alle möglichen guten Taten getan?«[54] Der Katechismus wurde im Leben erlernt und erprobt.

Praktische Nächstenliebe war um so nötiger, als es noch keine Krankenhäuser gab. Ärzte waren gewöhnlich den Reichen vorbehalten. Während es in Ägypten und Griechenland schon lange staatliche Ärzte gibt, setzen sie sich in Italien nur langsam durch.[55] In Rom, zur Zeit der Antonine, kommt die Mehrzahl von ihnen aus Griechenland und Kleinasien. Die Brüder oder Priester, die, wie wir von Epitaphen wissen, Ärzte waren, fanden ein weites Betätigungsfeld für ihre Kunst und Hilfe.

In vielen Fällen bemühte sich der Diakon, eine Familie oder einen einzelnen für die Pflege eines einsamen Kranken zu finden. In Rom wurden leidende und gebrechliche Sklaven oft auf der Tiberinsel ausgesetzt und dem Gott Äskulap überlassen. Die Vernachlässigung ging so weit, daß Kaiser Claudius die Herren verpflichtete, ihre Sklaven zu pflegen. Er setzte ebenfalls fest, daß die Geheilten freizulassen seien. Ein Herr, der einen kranken Sklaven, um ihn nicht pflegen zu müssen, tötete, sollte wegen Mordes verfolgt werden.[56] Dieses Gesetz spricht Bände über die Unmenschlichkeit römischer Sitten zu einer Zeit, da die Zivilisation in hoher Blüte steht.[57]

In der Antike hatte das Begräbnis eher religiösen als familiären oder sozialen Charakter. Herren und Sklaven, Freigelassene und Handwerker trafen im besten Mannesalter Vorkehrungen für ihre Bestattung. Es kam darauf an, seinen »Abgang nicht zu verpatzen« und ihn nach allen Regeln der Kunst zu gestalten. Die verschiedenen Vereinigungen – Berufsverbände und andere – begründen eine Gemeinschaftskasse, die von Kuratoren verwaltet wird. Eine Summe wurde eingezahlt, die bis zu 750 Denaren gehen konnte und zu der noch der monatliche Beitrag kam. Die Gesellschaft konnte auch Vermächtnisse und Schenkungen entgegennehmen.[58]

In der christlichen Gemeinde war das Begräbnis die letzte Form der Nächstenliebe gegenüber den Armen. Kaiser Julian schreibt die Ausbreitung des Christentums, wie wir gesehen haben, vor allem der Menschenliebe gegenüber Fremden und der Bestattung der Toten zu.[59] Diese beiden Dinge kamen oft zusammen, denn die Fremden – entfernt von ihrer Familie und ihrer Heimat, manchmal auch ohne Verwandte – hatten niemanden, der sich um ihre Beerdigung kümmerte.

Die Haltung der Christen hat die Heiden überrascht, weil die Kirche sich nicht damit begnügte, ihre eigenen Toten zu bestatten; vielmehr erfüllte sie diese Pflicht an allen Toten ohne Begräbnis, an den Opfern von allgemeinen Katastrophen und Schiffbrüchen.[60] Dies war eine der Aufgaben des Diakons: »Er kleidet und schmückt sie.« »Wenn er in einer Stadt am Meer wohnt, soll er öfter an der Küste entlanggehen, um einen zu finden, der durch Schiffbruch ums Leben gekommen sein könnte. Er soll ihn kleiden und begraben.«[61]

Die Antike mißt der Beerdigung größte Bedeutung bei; nur ein Begräbnis gewährt Ruhe und einen Ort für den Totenkult. Noch heute ruinieren sich die Madegassen der Hochebenen buchstäblich für das Begräbnis ihrer Vorfahren; das Leben dauert eine Zeitlang, der Tod ewig – sagen sie. Gewöhnlich kümmert sich die Familie darum, aber die anderen sind auch betroffen. In Athen ist der, der einen Toten findet, verpflichtet, ihn zu begraben. Das war das Problem der Antigone. Es wäre gottlos, jemanden ohne Begräbnis zu lassen, und wäre es ein Feind.[62] Der Haß macht vor dieser Schwelle halt.

Bei den Christen wurden Arme und Fremde auf Kosten der Gemeinde begraben.[63] »Immer wenn ein Armer diese Welt verläßt und ein Bruder das bemerkt, sorgt er für dessen Begräbnis, seinen Mitteln entsprechend.«[64] Es wird beerdigt und nicht eingeäschert; in Rom wurden

beide Arten praktiziert. Die Christen verachteten die Verbrennung –
aus Treue gegenüber den biblischen Bräuchen oder mehr noch, um dem
Begräbnis Christi zu folgen.

In Rom öffnen die reichen Familien ihre Grüfte für die Armen der
Gemeinde.[65] Auf diese Weise reicht die Krypta der Lucina bis ins
1. Jahrhundert zurück. Die Katakomben sind dort von Christen einfacher Herkunft besetzt, zum Teil von Nachkommen Freigelassener, die
in den Genuß des Familiengrabs kommen. Wenn das Terrain an der
Oberfläche nicht mehr ausreicht, werden unterirdische Gänge ausgeho-
ben. Bis zum Tod bekräftigen die Christen – seien sie nun Patrizier oder
Sklaven – ihre Gemeinschaft und ihre Brüderlichkeit in der gleichen
Hoffnung.

Die schlimmste Bestrafung, die die Heiden den Märtyrern zufügten,
bestand darin, sie ohne Begräbnis zu lassen. In Lyon werfen sie die
Toten den Raubvögeln hin, unter militärischer Aufsicht. Selbst mit
Hilfe von Geld gelingt es den Christen nicht, sie von dieser letzten
Gemeinheit abzuhalten.[66] Der Bericht gibt den Grund an: »Sie glaubten, auf diese Weise über Gott zu triumphieren und ihren Opfern die
Möglichkeit einer Auferstehung zu nehmen. Wir wollen doch einmal
sehen – sagten sie –, ob sie auferstehen, ob ihr Gott sie retten und
unseren Händen entreißen kann.«

Die um der Gerechtigkeit willen leiden

Die Unsicherheit ihrer Situation brachte die Christen einander nahe; sie
waren solidarisch im gleichen Glauben und lebten unter der gleichen
Bedrohung. Wenn diese Solidarität schon in gewöhnlichen Zeiten unter
den Gemeindegliedern eine Rolle spielte, so konnten Verfolgung und
die mit ihr verbundenen Prüfungen die Bande zwischen ihnen nur noch
verstärken. Alle fühlen sich betroffen, verständigen sich untereinander
und legen Geld zusammen.

Auf diese Weise konnte jener Sabina, die von einer unwürdigen Herrin
wegen ihres Glaubens in die Berge verbannt worden war, heimlich von
den Brüdern geholfen werden; es gelang ihnen, sie zu befreien.[67] Soweit sie noch nicht festgenommen sind, kümmern sie sich um die Brüder im Gefängnis. Sie besuchen sie,[68] versorgen sie, wenn nötig,
mit Vorräten und verbessern mit Geschenken ihr Schicksal und ihre
Unterbringung.[69] Auf diese Weise erreichen die beiden Diakone von
Karthago, Tertius und Pomponius, gegen Geld, daß sich Perpetua und

ihre Gefährten einige Stunden außerhalb des Gefängnisses ausruhen dürfen. Manche Glaubenszeugen lehnen diese Erleichterungen ab, um der Gemeinde nicht zur Last zu fallen.[70] Dann rächen sich die enttäuschten Gefängniswärter an den Gefangenen.

Manchmal zahlen die Brüder ein Lösegeld für die vollständige Befreiung.[71] In Rom protestiert Lucius beim Präfekten der Stadt gegen die Festnahme von Ptolemäus – eine Intervention, die ihn das Leben kostet.[72] In Lyon übernimmt Vettius Epagathus, der aus einer bedeutenden Familie stammt, öffentlich die Verteidigung seiner Brüder: er bezahlt seinen Mut mit seinem Blut.[73]

Auch der sarkastische Lukian beschreibt, wie Christen und Christinnen das Gefängnis belagern, in dem ihr Bruder eingesperrt ist, und wie sie alles in Bewegung setzen, um ihn zu befreien. Sie bleiben die Nacht über bei ihm, bringen ihm Nahrung und versuchen, mit Hilfe von Geld die Wärter zu bestechen.[74] Selbst wenn er karikiert, muß Lukian die Brüderlichkeit und Solidarität der Christen untereinander und ihre Sorge für die Glaubenszeugen anerkennen.

Am bewegendsten ist der Bericht über den jungen achtzehnjährigen Origenes. Während der Verfolgung im Jahre 203 verschreibt er sich ganz dem Dienst der Märtyrer.

> »Er stand nämlich den heiligen Märtyrern nicht nur zur Seite, solange sie noch im Gefängnis waren und das Endurteil noch nicht über sie gesprochen war, sondern auch nachher, wenn sie zum Tode geführt wurden, freimütig und geradewegs den Gefahren entgegengehend. Er wäre auch, wenn er so mutig zu den Märtyrern trat und sie offen und frei mit einem Kusse begrüßte, oftmals von dem herumstehenden wütenden Pöbel fast gesteinigt worden, wenn er nicht ein für allemal unter dem Schutze der göttlichen Rechten gestanden und so stets auf wunderbare Weise entkommen wäre.«[75]

Besonders tief wird die Brüderlichkeit bei denen empfunden, die für die gleiche Sache leiden. Welches Zartgefühl und welche gegenseitige Aufmerksamkeit unter den Zeugen des Glaubens! In Lyon stärkt die junge Blandina dem erst fünfzehnjährigen Ponticus den Mut.[76] Die Märtyrerakten sind ein Epos der Brüderlichkeit. Die sozialen Verhältnisse gelten nicht mehr. In Lyon steht im Mittelpunkt des Interesses die zierliche Blandina, für die die ganze Gemeinde zittert. Schließlich zeigt gerade sie so viel Widerstandskraft, »daß sie die Henker zur Erschöpfung bringt«[77]. Auf Grund ihres Beispiels kehren abtrünnig gewordene Brü-

der wieder zurück und bekennen sich schließlich auch noch zu ihrem
Glauben.

Welche Zartheit in der Beziehung von Felicitas und Perpetua in Karthago! Die eine achtet darauf, daß das Schamgefühl der anderen nicht
verletzt wird. Wie gut verstehen sich diese jungen Mütter! Wie sehr sind
sie Frauen – im besten Sinne des Wortes! Sie haben vor ihrer Niederkunft dieselben Ängste durchgemacht. Perpetua ist stark im Glauben
und hört nicht auf, an ihren Sohn zu denken, den sie noch nährt.[78] Am
Vorabend der blutigen Spiele im Amphitheater trösten Perpetua und
Felicitas sich gegenseitig.

Die Jüngsten, die Schwächsten, alle, die Angst haben und aufgeben
wollen, umfängt eine Atmosphäre der Wärme und Zärtlichkeit, die sie
stärkt und nach einer Schwäche wieder aufrichtet. Wenn die letzte
Stunde gekommen ist, geben sich die Brüder und Schwestern den Friedenskuß, wie sie es taten, wenn sie gemeinsam die heilige Eucharistie
feierten, um die brüderliche Gemeinschaft zu besiegeln.[79]

Welcher Stolz auf die Märtyrer bei denen, die zurückbleiben – über das
Durchhalten und den Tod der Brüder hinaus! Mit welcher Pietät sammeln sie ihre Gebeine![80] Sie schreiben an andere Gemeinden, um die
Geschichte ihrer Märtyrer zu erzählen, deren Opfer für alle ehrenvoll
ist.[81] Von Gemeinde zu Gemeinde machen die Christen davon Ko-
pien,[82] denn es geht um Familiengeschichte und Familienehre.

»Leidet ein Glied? So leiden alle mit ihm«

Nicht alle Glaubenszeugen waren zum Schwert oder Scheiterhaufen
verurteilt. Einige werden in Bergwerke geschickt, vergleichbar der
Zwangsarbeit in Sibirien. »Kaum weniger grausam als der Tod«, sagte
man. Bei den Griechen und Römern überließ man die Arbeit in den
Minen im allgemeinen den Sklaven. Neben den Sklaven beschäftigten
die Römer auch freie Männer, und zwar meistens Verurteilte. Die
Zwangsarbeit dauerte zehn Jahre.[83] Während der Verfolgungen in
Afrika, Italien und Palästina war dieses Schicksal den Christen vorbehalten, Männern und Frauen.

Die Verurteilten wurden mit einem glühenden Eisen am Arm oder auf
der Hand gezeichnet, damit man sie leicht wiederfinden konnte. Es war
monotone Arbeit, bei der die Kolonnen ununterbrochen aufeinander-
folgten und die Brenndauer der Lampen die Länge der Schicht bestimmte. In den Stollen konnte man kaum atmen; der Minenarbeiter

quälte sich, auf dem Bauch liegend, zehn Stunden und mehr in erdrükkender Hitze. Auch die robustesten Naturen hielten dem nicht stand. Soldaten und Gefängniswärter wachten, wüteten und schritten bei der geringsten Unregelmäßigkeit ein.[84]

Die Brüder begnügen sich nicht damit, für die zur Minenarbeit Verurteilten zu beten, sie kommen ihnen auf mannigfache Weise zu Hilfe. Die römische Gemeinde, die besonders überwacht und periodisch von dieser Strafe betroffen wird, schickt Mittel, um die Brüder im Bergwerk zu unterstützen – wie es Dionysius, der Bischof von Korinth, bezeugt.[85] Die Kirche in Rom führt eine Liste der Verbannten. Sie schickt Brüder zu ihnen, sie zu stärken und ihre harten Lebensbedingungen etwas zu mildern, auch um sie spüren zu lassen, daß Brüderlichkeit kein leeres Wort ist, sondern sich gerade in den schmerzlichsten Stunden bewähren möchte.

Bischof Viktor von Rom besitzt ein Verzeichnis der Gläubigen, die in den Eisenbergwerken auf Sardinien arbeiten. Um 190 erwirkt er durch die Vermittlung eines Priesters ihre Freilassung, dank der wirkungsvollen Intervention der Marcia, der Geliebten des Kaisers Commodus. Hyacinthus, der sie erzogen hat, überbringt das Begnadigungsschreiben dem Gouverneur von Sardinien, der die Christen freiläßt.[86]

Andere Brüder befanden sich aus banaleren Gründen in Haft: Sie hatten ihre Schulden oder Steuern nicht bezahlt.[87] Das Strafrecht jener Zeit kannte keinen Vergleich. Kalixtus, der spätere Papst, befand sich in Sardinien; er war mit anderen christlichen Brüdern zur Arbeit im Bergwerk verurteilt worden, weil er Gelder unterschlagen hatte. Das ist der Grund, warum Kalixtus nicht auf Viktors Liste erscheint. Er konnte dennoch mit den anderen begnadigt werden. Hyacinthus hatte gut verhandelt, und der Gouverneur kannte seine Beziehungen zum Hof.

Die zu Gefängnis und Bergwerk verurteilten Brüder stellen eine zusätzliche Belastung für die Gemeinde dar, die mit Mühe das nötige Geld aufbringt, »um sie zu unterstützen und womöglich freizubekommen«[88]. Während der diokletianischen Verfolgung sind so viele Christen zur Arbeit in den Kupferminen von Phaeno, vierzig Kilometer südlich des Toten Meeres, verurteilt worden, daß sie eine ganze Gemeinde bilden.[89]

Andere Brüder fallen in Afrika oder an den Mittelmeerküsten Piraten in die Hände. Daher sammelt eine Generation später die Gemeinde von Karthago unter Cyprian in aller Eile 100 000 Sesterzen für den Freikauf der erpreßten Opfer.[90]

Von Anfang an ermutigt die Kirche die christlichen Herren, ihre Sklaven freizulassen, allerdings nicht zu Lasten der gemeinsamen Kasse. Ignatius von Antiochia schreibt: »Die Sklaven sollten nicht zu ungeduldig sein, auf Kosten der Gemeinde freigelassen zu werden – das hieße Sklave seiner eigenen Wünsche werden.«[91] Für ihn wie für den Apostel Paulus[92] ist die wahre Freiheit die innere. »Bin ich Sklave, ertrage ich es, bin ich frei, rühme ich mich dessen nicht.«[93]

Der marxistische Gedanke der Entfremdung, besonders im Hinblick auf die Lage der Sklaven, findet sich bei den Gnostikern, aber nicht in der Großkirche;[94] diese bemüht sich mehr um eine theologische als um eine soziologische Sicht des Menschen und ist überzeugt, daß die christliche Brüderlichkeit schon viel wirksamer die Schranken durchbrochen hat, als es irgendeine wirtschaftliche oder soziale Gleichstellung je erreichen könnte.[95] Auch lebt die Kirche in dem Bewußtsein, daß die Gestalt dieser Welt vergeht und daß es eigentlich ihre Aufgabe ist, das kommende Reich vorzubereiten.

Probleme der Hilfeleistung stellen sich nicht allein im Zuständigkeitsbereich der Ortskirche. Jede Gemeinde ist per definitionem offen und weiß, daß sie zur universalen Kirche gehört und deshalb solidarisch mit den Bedürfnissen und Lebensbedingungen der Brüder verbunden ist, die andernorts unterwegs sind. Die Brüderlichkeit zwischen den Kirchen drückt sich nicht einfach im Empfang und Austausch von Briefen von Stadt zu Stadt und von Land zu Land aus. Der Apostel Paulus hatte bereits eine Kette der Solidarität geschmiedet durch die Kollekte, die er in allen Missionsgemeinden zugunsten der Mutterkirche in Jerusalem veranstaltet hatte.

Wenn eine Gemeinde bedroht, geplündert und verfolgt wird, kommen ihr seit der Zeit des Domitian die anderen Gemeinden zu Hilfe.[96] Darin äußert sich im Alltag das Bewußtsein der Katholizität.

Keine Gemeinde reicht in der Nächstenliebe an die römische heran – ihr Ruhm ist legendär. Ignatius nennt sie stolz »Vorsteherin in der Liebe«. Man hat das übersetzt: die, die wegen ihrer Nächstenliebe jederzeit den ersten Platz verdient hat.[97] Ähnlich enthusiastisch äußert sich Dionysius von Korinth. »Seit Beginn«, schreibt er, »ist es bei Euch üblich, auf mancherlei Weise allen Brüdern Gutes zu tun und Hilfe in jede Stadt und viele Gemeinden zu schicken. Ihr lindert so das Elend der Armen, von Anfang an unterstützt Ihr mit Euren Mitteln die Brüder in den Minen.«[98]

Ein Jahrhundert später trifft dieses Lob immer noch zu. Rom unterstützt die Gemeinden in Syrien;[99] es hilft Kappadokien, die christlichen

Gefangenen von den Barbaren zurückzukaufen.[100] Rom ist die große Metropole, in der Geschäfte gemacht werden und das Geld rollt, wo es verdient und wieder ausgegeben wird. Das beweist der reiche Reeder, für den der ›Scheck‹ von umgerechnet 10 Millionen alten Francs, den er der Gemeinde vermacht, wenig zählt.

Die Mittel der Gemeinde

Rom hielt den Rekord an unterstützten Personen, aber auch an aufgewandten Mitteln. Die Verwaltung dieser Güter war einem Diakon, später einem Erzdiakon übertragen und machte ihn zur wichtigsten Persönlichkeit nach dem Bischof und gewöhnlich zu seinem Nachfolger. Die römischen Geldmittel entsprechen bald denen einer großen Pariser Gemeinde. Rom war nicht die ganze Christenheit. Im Jahre 253 erbrachte ein Hilferuf an die Gemeinde in Karthago zugunsten der Brüder in Numidien die stattliche Summe von 100 000 Sesterzen.

Jede einzelne Gemeinde hatte – wie jeder Berufsverband – eine eigene Kasse, die sich aus den Spenden der Gläubigen speiste. Seit der Zeit des Paulus bringen die Christen zur sonntäglichen Versammlung ein Opfer mit.[101] Ursprünglich wurden diese Gaben auf dem Altartisch niedergelegt.[102] Die gespendeten Naturalien, Kleidung und Nahrung, zeigen, wie für die Bedürfnisse der Gemeinde gesorgt wird.

Justin von Rom beschreibt in seiner 1. Apologie in zweifacher Wiederholung die Opfergaben, die mit der sonntäglichen Feier verbunden waren.[103]

> »Alle, die Besitz haben, kommen den Bedürftigen zu Hilfe, und wir unterstützen uns gegenseitig. Alle, die im Überfluß leben und spenden wollen, geben freiwillig, jeder was er will. Was dabei zusammenkommt, wird dem Vorsteher übergeben; er hilft den Waisen, den Witwen, den Kranken, den Armen, den Gefangenen und den Fremdlingen, die zu Gast sind. Mit einem Wort: er hilft allen, die in Not sind.«[104]

Wie Juden und Heiden bringen die Christen ihre Opfergaben zum Gottesdienst, aber nicht, damit sie, wie bei jenen, nutzlos vom Feuer verzehrt werden[105] – damit kann Gott nichts anfangen –, sondern um sie den völlig Mittellosen zukommen zu lassen. Durch die geläuterte und vergeistigte Auffassung vom christlichen Opfer lassen sich die Opfergaben von nun an als Antwort auf die göttliche Unterweisung des

Menschen begreifen, die ihn über die universale Rückkehr der Schöpfung zu Gott belehrt und damit lehrt, die allen und für alle gewährten Gaben brüderlich zu teilen.

Seit dem 2. Jahrhundert scheint die Gemeinde über zwei Sorten von Abgaben zu verfügen: die spontanen Almosen in Gestalt von Geld, die in einen Opferstock gelegt wurden[106] – Tertullian vergleicht sie mit den monatlichen Abgaben in den Berufsverbänden –, und die Naturalspenden, »Oblationen«, die die Diakone einsammelten; einen Teil des Brotes und des Weins behielt man für die Eucharistiefeier zurück, das übrige ging an die, die den Gottesdienst hielten, und an die Armen. In Cirta (Constantine) sieht der Bestand der Kleidersammlung, die durch Spenden zusammengekommen ist, im Jahre 303 folgendermaßen aus: 82 Frauenkleider, 38 Schleier, 16 Männerkleider, 13 Paar Männerschuhe und 47 Paar Frauenschuhe.[107]

Ob die Opfergaben nun in Form von Geld oder Naturalien, wöchentlich oder monatlich gespendet werden, das Besondere an ihnen ist ihre absolute Spontaneität. Jeder gibt freiwillig. Manche Christen geben sogar ihr Letztes.[108] Ganz arme Leute fasten und bringen das Erfastete mit, um nicht mit leeren Händen zu kommen.[109] Alle wollen die Brüderlichkeit unter Beweis stellen, und die ist auf äußere Zeichen und das Teilen angewiesen, um sich zeigen zu können. Die Christen hatten das Gefühl, über das gesetzliche und institutionelle Denken des Alten Testaments hinausgelangt zu sein und es überwunden zu haben. Auf die Ära der Knechtschaft folgt die Ära der neuen Menschen, die nicht mehr unter dem Zwang des Gesetzes spenden, sondern im Eifer ihrer kindlichen Dankbarkeit.

Seit dem 3. Jahrhundert sieht sich die umfangreicher und dabei unfreigebiger gewordene Kirche genötigt, wieder auf die jüdischen Abgaben, Erstlinge und Zehnten, zurückzukommen.[110]

Wenn Tertullian das zu den christlichen Versammlungen gebrachte Opfer mit den Beiträgen vergleicht, die in den heidnischen Zünften erhoben werden, so tut er es, um die Gegensätze deutlich hervortreten zu lassen.[111] Diese Verbände besaßen eine feste Ordnung, eine Kasse, einen Versammlungsort, gelegentlich eine Kapelle für irgendeinen Schutzheiligen;[112] ihre Mitglieder kamen zusammen, um eine Isolierung zu vermeiden oder Beziehungen anzuknüpfen; sie dienten einem lukrativen und eigennützigen Zweck.[113]

Die Christen dagegen pflegen das Prinzip der Unentgeltlichkeit. Die Beitrittsgebühr, die bei den Verbänden oft beträchtlich ist, fällt bei den Christen weg: »Die Dinge Gottes lassen sich nicht mit Geld erwerben.

Die christliche Religion wird nicht versteigert!«[114] Die Beiträge sind frei. Bei den Heiden verbindet das Geld die Interessen, hier dient es dazu, den Armen Brot zu geben und sie zu bestatten, Waisenkinder beiderlei Geschlechts zu erziehen und den Alten zu helfen.[115] Ähnliches haben die heidnischen Körperschaften niemals getan, das ist die Initiative des Christentums.

Zuweilen profitiert die Gemeinde von außergewöhnlichen Opfergaben. Manche Konvertiten machen anläßlich ihrer Taufe eine Schenkung.[116] Aber die *Apostolische Überlieferung* reduziert bereits die Geschenke an den Täufer auf ein bescheidenes Maß,[117] denn die Taufe läßt sich nicht kaufen. Die großen Ereignisse im Leben, wie zum Beispiel die Heirat, waren ebenfalls von einem Opfer bei der Eucharistiefeier begleitet.[118] Außergewöhnliche Nöte, Verfolgung und Katastrophen riefen eine Welle der Solidarität und spontane Großzügigkeit hervor. Die Märtyrerakten bezeugen in mancherlei Beispielen, wie insbesondere reiche Christinnen ihr Vermögen ausgeben, um den Glaubenszeugen zu Hilfe zu kommen. Im Jahre 253 wenden sich die numidischen Bischöfe an Cyprian von Karthago, um die von den Berbern verschleppten Christen, Frauen und Kinder, auszulösen.[119]

Die Geldmittel haben ihren Wert nur als Ausdruck der Brüderlichkeit. Die Kirche lehnt jedes Opfer ab, das durch einen unrechtmäßigen Vorteil oder Handel erwirtschaftet sein könnte.[120] Auf die Behauptung, dem Geld hafte kein Geruch an, erwidern die Christen: »Lieber im Elend sterben als die Geschenke der Gottlosen und Sünder annehmen!« Es liegt schon Größe in der Geste der römischen Christen, die dem zum Ketzer gewordenen Marcion das Geld zurückgeben, das er der Gemeinde gestiftet hat.

Die Initiativen der Nächstenliebe und des Güterausgleichs unter den Gliedern jeder Gemeinde können – aus der historischen Distanz – den Eindruck einer etwas ›handwerklichen‹ Methode zur Bewältigung der Ungleichheiten und Konflikte machen. Ihr Wert liegt in erster Linie in ihrer Motivation. Für die christliche Antike sind Verkündigung und Diakonie (Dienst) nicht zu trennen; die eine besteht nicht ohne die andere.[121] Der Gottesdienst – recht verstanden – forderte den Dienst des konkreten Menschen in der Ganzheit seines Wesens, seiner Bedürfnisse und seines Strebens. »Ahmt der Gerechtigkeit Gottes nach, und keiner wird arm sein«, sagt ein christlicher Text jener Zeit.[122] Das Anteilgeben erhält seine Begründung im Rahmen der eucharistischen Versammlung, bei der Reiche und Arme, Herren und Sklaven – sie alle gleichermaßen Schuldner und »Bettler an der Pforte Gottes«[123] –

beschenkt und satt gemacht werden. Die Kirche ist die Schleuse Gottes. »Der ist wahrhaft reich, der den anderen zu Hilfe kommt und Gott nachfolgt, welcher gibt, was er hat. Er hat uns alles gegeben, was wir besitzen. Denkt daran, ihr Reichen, daß ihr mehr als nötig empfangen habt, damit ihr es teilt.«[124]

Wer etwas mitbringt, bringt, was er bekommen hat. Wer empfängt, empfängt aus der Fülle Gottes. Statt sich zu rühmen, ist dem Reichen bewußt, daß auch er Schuldner ist; der Arme, der nichts besitzt, erfährt, daß Gott sich in seinem Heilsplan der Geringsten annimmt. So verstanden, läßt die Opfergabe nicht die Unterschiede hervortreten, sondern sie verbindet wie Zement die ›lebendigen Steine‹, die Kirche, und macht diese zum Ort der göttlichen Epiphanie.

Drittes Kapitel

Familienporträts

Der Eifer zum brüderlichen Leben, das Besondere der christlichen Lebensführung, soll nun im Bild einzelner Personen deutlich werden, damit wir konkrete christliche Gestalten, Geistliche und Laien, Männer und Frauen, wiederentdecken und den Hauch des Lebens zu spüren bekommen in Menschen aus Fleisch und Blut, die von der Gnade erfüllt und verwandelt worden sind.

Ignatius von Antiochia, Bischof und Märtyrer[1]

Zu Beginn des 2. Jahrhunderts, als die Gemeinde gerade fünfzig Jahre besteht, ist Ignatius Bischof von Antiochia. Paulus unterscheidet sich von Ignatius wie ein Missionar, der sich der indischen Welt anpaßt, von einem Inder, der sich zum Evangelium bekehrt und das Christentum neu durchdenkt. Als ursprünglicher Heide ist Ignatius durch die Philosophen geprägt worden. Seine Briefe sind die eines Griechen, für den das Griechische die Sprache seines Herzens, seines Empfindens, seiner Kultur und seines Denkens ist.

Mit seiner Sprache und seinen Bildern kann er sein mystisches Verlangen in Formulierungen kleiden, die auch ein Platoniker nicht verachtet hätte. In der Beschreibung der reinen Liebe Christi empfangen griechische Sprache und griechisches Denken ihre höchste Weihe. Sie dienen von nun an dem neuen Herrn, der die heidnische Welt und alle gültigen Werte mit seinem Blut getauft hat.

Der Bischof von Antiochia, der so bemüht um seine Herde und sein Martyrium ist, kümmert sich nicht minder um die anderen Gemeinden, die in Schwierigkeiten sind. Er verwirklicht die bischöfliche Kollegialität mit Takt und Maß, ohne je zu übersehen, daß er Diener Jesu Christi ist.

Unter Kaiser Trajan wird der Bischof festgenommen, vor Gericht gestellt und zum Tierkampf verurteilt. Er geht den Weg der Glaubensbekenner und der Apostel; in Rom, das sich die berühmtesten Opfer vorbehält, wird er hingerichtet. Seine Sehnsucht nach dem Martyrium hindert ihn nicht, die kaiserliche Grausamkeit zu brandmarken – »zehn

Leoparden« schickt man zu seiner Bewachung – wie auch die harte
Behandlung, die ihm widerfährt: mit Bösem erwidert man seine Güte.
Auf seinem Weg dankt er den verschiedenen Gemeinden, die ihn ge-
grüßt haben, dann wendet er sich nach Rom, das er eilends erreichen
möchte. Er bittet die Römer, nichts zu unternehmen, was ihm das
Martyrium ersparen könnte. »Ich bin der Weizen Gottes. Ich muß von
den Zähnen der wilden Tiere zermahlen werden, um zum unbefleckten
Brot Christi zu werden.«[2]

Den Menschen Ignatius kennen wir nur durch seine sieben Briefe, die
allein es uns gestatten, in den »verschlossenen Bereich seiner Persönlichkeit« einzudringen. Hier gilt der Satz: Wie die Sprache, so der
Mensch. Welch einem Menschen und welch einem Herzen begegnen
wir da! In kurzen, dichten Sätzen und in der verkürzten, stockenden
Ausdrucksweise fließt ein feuriger Strom. Kein Pathos, keine literarische Ambition, sondern ein ungewöhnlicher Mensch, glühend und leidenschaftlich, heldenmutig und dabei bescheiden, gütig und von klarem
Verstand, mit einer angeborenen Gabe der Anteilnahme, wie beim
Apostel Paulus, und einer untrüglichen, klaren Lehre, an die sich eine
anspruchsvolle Ethik knüpft.

Ignatius hat Verständnis für den Menschen und Achtung vor jedermann, und sei es ein Ketzer. Die Schwierigkeit ist nicht, alle zu lieben,
sondern jeden einzelnen, vor allem den Geringen, den Schwachen, den
Sklaven, den, der uns verletzt oder uns leiden läßt – so schreibt und rät
er dem Polykarp.[3] Er versteht es, die Menschen ohne Demagogie zu
lieben und sie ohne Demütigung zu belehren. Mit Vorliebe wendet er
auf Christus das Bild des Arztes an:[4] es paßt vorzüglich auf ihn selbst.
Er dient der Wahrheit des Glaubens, auch wenn sie unbequem ist und
ihm womöglich Verständnislosigkeit und sogar Feindschaft einträgt.
Die Zuneigung, die er erregt, ist zu allererst Hochachtung. »Dieser
Amboß unter dem Hammer« ist kein Mann der Zugeständnisse.

Die Herrschaft über sich selbst hat Ignatius durch Geduld erworben,
ein Begriff, den er schätzt und der ihn charakterisiert. Dieser aufbrau-
sende Mensch ist sanft geworden und Herr über die Erregbarkeit, die er
sich vorwirft. Wie gut kennt er sich, wenn er schreibt: »Ich lege mir ein
Maß auf, um mich nicht in meiner Großsprecherei zu verlieren.«[5] Der
Großsprecherei setzt er die Demut entgegen, den Lästerungen das
Gebet, den Verirrungen die Festigkeit des Glaubens, der Arroganz ein
mustergültiges urbanes Benehmen.

Mit zunehmender Reife wandelt sich sein Scharfblick in Wachsamkeit,
seine Kraft in Überzeugung, seine Liebe in Zartgefühl. »Ich erteile Euch

keine Befehle«[6], schreibt er. Er möchte lieber überzeugen. Er überstürzt nichts; er kann warten und sich gedulden. Nichts in der Gemeinde von Smyrna ist ihm entgangen. Auf seiner Durchreise hat er nichts kritisiert, er hat sich damit begnügt, zu beobachten. Er nützt seinen Dankbrief aus, um seine Beobachtungen in bescheidene Anregungen umzusetzen.[7] Nach seiner Abreise sollen weder seine Gegenwart noch sein Blick irgend jemanden demütigen.

Über der Verantwortung für andere hat er nicht verlernt, sich selbst zu durchschauen. Er kennt sich. Er weiß, daß er für Schmeicheleien empfänglich und leicht reizbar ist. Auf seinem triumphalen Weg nach Rom, auf dem er mit Ehren überhäuft wird, gesteht er demütig: »Ich bin in Gefahr!«[8] Die Zeichen der Achtung berauschen ihn nicht, sondern wecken seine Vorsicht.

Von allen seinen Briefen gibt der an die Römer die mystische Leidenschaft, die in ihm brennt, am unmittelbarsten wieder. Die Sprache ist aufgerührt, um die Erregung und Begeisterung zum Ausdruck zu bringen, die ihn durchdringen. Leidenschaft bestimmt die Sprache und bringt sie zum Glühen. Was bedeuten Worte? Für ihn zählt allein, zu seinem Christus und zu Gott zu gelangen. »Herrlich ist es, der Sonne gleich, fern von der Welt, zu Gott hin unterzugehen. Könnte ich doch in seiner Gegenwart wieder aufgehen!«[9] Für Ignatius handelt es sich nicht einfach um die Erwartung eines abstrakten Glaubens, sondern um eine Leidenschaft, die ihm die Kehle zuschnürt, um eine Liebe, die ihn verzehrt, um eine brennende Wunde, die sich mit keiner Wunde unseres menschlichen Herzens vergleichen läßt. »In mir ist kein Feuer mehr, das Irdisches verzehrt; wohl aber ein lebendiges Wasser, das murmelt und inwendig zu mir spricht: Komm zum Vater.«[10]

Wer den Brief an die Römer ohne Vorurteil liest, findet hier eines der bewegendsten Glaubenszeugnisse, das durch und durch echt ist und weder sich noch andere täuschen kann, das zu Herzen geht, weil es wahr ist. Auf den ersten Blick scheint uns dieser Mensch einem anderen Zeitalter anzugehören. Doch muß man nur die Asche ein wenig schüren, und siehe da: die Seiten haben das Feuer bewahrt, das sie verzehrte.

Justin, der Philosoph

Von allen christlichen Philosophen des 2. Jahrhunderts rührt uns Justin am tiefsten. Dieser Laie, dieser Intellektuelle veranschaulicht das Gespräch, das zwischen dem Glauben und der Philosophie in Gang kommt, zwischen Christen und Juden, zwischen dem Orient, wo er geboren ist, und dem Westen, wo er nach mannigfachen Stationen in Rom eine Schule gründet.

Sein Leben war eine lange Suche nach der Wahrheit. Aus seinem Werk, das ungeschliffen und kunstlos abgefaßt ist, tritt uns ein Zeugnis entgegen, dessen Wert die Jahrhunderte noch erhöht haben. Das Christentum ist für diesen Philosophen nicht in erster Linie eine Lehre oder gar ein System, sondern eine Person: das in Jesus fleischgewordene und gekreuzigte Wort, welches ihm das Geheimnis Gottes enthüllt.

Die Philosophie selbst war für ihn niemals geistige Neugier, sondern Suche nach Weisheit. Er hat das Denken der Philosophen aller Schulen erforscht, sich darin geübt und es geliebt; er kannte es von innen, hatte er doch die Wahrheit immer nur gesucht, um sie zu leben. Er war gereist, hatte geforscht und gelitten, um die Wahrheit zu finden. Sicherlich fällt uns deshalb jene Schmucklosigkeit, ja Kahlheit in der Darstellung seiner Erfahrung auf, die seinem Zeugnis erst recht Gewicht verleiht. Dieser Philosoph des Jahres 150 steht uns näher als mancher moderne Denker.

Justin stammte aus Nablus, einer römisch-heidnischen Stadt, die an der Stelle des alten Sichem erbaut worden war, nicht weit von dem Jakobsbrunnen, an dem Jesus der Samariterin die neue Religion verkündet hatte. Nablus war eine junge Stadt, in der Granatäpfel und Zitronenbäume gediehen, die eingebettet zwischen zwei Hügeln auf halbem Weg zwischen dem fruchtbaren Galiläa und Jerusalem lag.

Justins Eltern waren wohlhabende Siedler, vielleicht gehörten sie zu jenen Veteranen, denen vom Imperium Land zugewiesen worden war. Das erklärt den aufrechten Charakter des Philosophen, seinen Sinn für historische Genauigkeit, aber auch die Lücken in seiner Argumentation. Er verfügt weder über die Wendigkeit noch die subtile Dialektik eines Griechen. Er ist mit Juden und Samaritern umgegangen.

Bei seiner vornehmen Art und seiner Liebe zum Absoluten entwickelte er schon früh einen Hang zur Philosophie, so wie man sie zu jener Zeit verstand: nicht als dilettantische Spekulation, sondern als Suche nach der Weisheit, die zu Gott führt. Sie geleitete ihn Schritt für Schritt bis an die Schwelle des Glaubens. Justin selbst erzählt uns im *Dialog mit dem Juden Tryphon* von seinem langen Weg der Suche, allerdings ohne daß sich literarische Stilisierung und Autobiographie klar unterscheiden lassen.[11] Nacheinander nahm er in Nablus Unterricht bei einem Stoiker, dann bei einem Aristotelesschüler, den er bald verließ, um statt dessen einen Platoniker zu hören. In aller Unbefangenheit hoffte er, die platonische Philosophie könnte ihn »Gott unmittelbar schauen« lassen.

Er zog sich in die Einsamkeit zurück, wanderte am Meeresstrand entlang und meditierte über die Gottesschau, ohne jedoch Ruhe zu finden. Da begegnete ihm ein rätselhafter alter Mann, der seine Illusionen zerstreute. Er machte ihm nämlich klar, daß die menschliche Seele nicht aus eigener Kraft zu Gott gelangen könne; das Christentum allein sei die wahre Philosophie, die alle Teilwahrheiten vollende. »Platon als Einstimmung auf das Christentum«, wird Pascal sagen.

Ein unvergeßliches Datum und ein wichtiger Einschnitt in der Geschichte des Christentums (an den Péguy gern erinnert) ist der Augenblick, da die platonische und die christliche Seele einander begegnen. Die Kirche nahm Justin und mit ihm Platon auf. Auch als er um das Jahr 130 Christ wird, ist der Philosoph keineswegs entschlossen, die Philosophie aufzugeben, sondern versichert, daß er im Christentum die einzig wahre Philosophie gefunden habe, die alle Wünsche erfüllt. Er zeigt sich immer mit dem Philosophenmantel bekleidet. Für ihn ist »Philosoph« ein Ehrentitel.

Justin verstand es, den Wahrheitsgehalt in allen philosophischen Systemen zu erkennen. Er betont mit Vorliebe, daß die Philosophen Christen seien, ohne es zu wissen. Er rechtfertigt diese Behauptung mit einem Argument, das aus der jüdischen Apologetik stammt und besagt, daß alle Denker das jeweils Beste ihrer Lehre den Büchern Moses verdankten. Für ihn erleuchtet das Wort Gottes alle Menschen; so sind die Teilwahrheiten zu erklären, die sich bei den Philosophen finden.[12] Die Christen brauchen diese um nichts zu beneiden, denn sie besitzen Gottes Wort selbst, das nicht nur die Geschichte Israels lenkt, sondern auch bei jeder aufrichtigen Suche nach Gott den Weg weist. Diese noble Sicht der Geschichte birgt trotz einiger ungeschickter Formulierungen eine großartige Intuition, die nach Irenäus von Augustin bis hin zu Bonaventura und in unserer Zeit von Maurice Blondel immer wieder aufgenommen wird. Sie ist unserer heutigen Problematik eigentümlich nah.

Justin ist weder Literat noch Sprachkünstler. Ihm geht es nur um die Lehre und um die Echtheit des Zeugnisses. Der Mensch ergreift uns mehr als sein Werk; die Neuorientierung, um die er sich bemüht, ist wichtiger als sein literarisches Schaffen. Hinter dieser Untersuchung begegnet uns das Zeugnis eines engagierten Philosophen, der eine Entdeckung und eine Bekehrung in Worte zu fassen versucht. Die Argumente, die er anführt, haben eine Geschichte: seine eigene; die Versuchungen, vor denen er warnt, hat er selbst durchgemacht. Für die, die bereit sind, Justin bis dahin zu folgen, bewahrt das Werk ganz seinen zeugnishaften Wert.

»Niemand glaubte dem Sokrates so, daß er für seine Lehre zu sterben bereit war. Aber für Christus haben Handwerker und sogar Ungebildete Angst und Tod verachtet.«[13] Diese edlen Worte, die von Pascal stammen könnten, hat Justin an den römischen Senat gerichtet. Auch er nimmt es auf sich, für den Glauben, den er empfangen und weitergegeben hat, zu sterben. Im Augenblick seines Martyriums ist der christliche Philosoph nicht allein; er ist umgeben von seinen Schülern. Die Akten nennen uns sechs.[14] Und diese Gegenwart, diese Treue bis in den Tod war die ergreifendste Huldigung, die man einem Lehrer der Weisheit darbringen konnte.

Auch in diesem Menschen, der vor 1800 Jahren gelebt hat, vernehmen wir den Widerhall unseres eigenen Suchens, unserer Einwände und unserer Gewißheiten. Durch die Öffnung seiner Seele, seine Gesprächsbereitschaft und seine Aufnahmefähigkeit bleibt er unser Zeitgenosse.

Blandina, die Sklavin aus Lyon

Blandina war ihr Name, fein und zierlich war sie von Gestalt und hatte eine empfindsame Seele. Sie war anschmiegsam, wie der Name, den sie trug: dieser war lateinisch, aber sie mag aus Smyrna oder aus Phrygien gestammt haben. Sie war Sklavin; das bedeutete, daß sie gesellschaftlich überhaupt nicht existierte. Eine Frau unter den zwei Millionen menschlichen Wesen, die die Entfremdung ihres Fleisches und ihrer Ehre ertragen mußten. Selbst die Bindungen der Familie waren ihnen untersagt. Für sie wie für viele andere gab es keine Hoffnung, so zu leben wie alle, und selbst zu wählen, wen sie liebte. Alle Mädchenträume stießen sich an den Schranken des Sklavenseins. Nichts konnte das Brandzeichen auf ihrer Hand löschen, das ihr Tag und Nacht ins Gedächtnis rief, daß sie ein Objekt war und keine Person, daß sie einem anderen gehörte und nicht sich selbst.

Ein Lichtstrahl erhellte ihr Leben: Sie befand sich im Dienst einer begüterten Dame in Lyon, deren wahrer Reichtum ihre Feinfühligkeit und ihre Menschlichkeit gegenüber den Niedrigsten war. Diese Frau war Christin; ihr Glaube hatte sie gelehrt, durch die Nächstenliebe, beginnend bei den Ärmsten, die ungerechte soziale Ordnung umzustoßen und im Allergeringsten der zärtlichen Liebe des himmlischen Vaters zu begegnen, unter dessen Obhut er steht.

Die reiche Dame aus Lyon konnte die Freude über ihre Entdeckung nicht für sich behalten. Mit wem sollte sie darüber sprechen? Mit wem den neuen Glauben teilen? Richtig, sie hatte ja in ihren Diensten eine schmächtige, aber anhängliche Dienerin, Blandina. Der vertraute sie die große Neuigkeit an, die ihr Leben verändert hatte. Für die Sklavin war es eine Erleuchtung. Ihr war, als hörte sie ihre Ketten fallen: die bis dahin über ihr Leben und ihren Tod zu bestimmen hatte, erschien ihr plötzlich wie eine große Schwester, eine geliebte Mutter, die Gott ihr auf den Weg geschickt hatte.

Blandina wurde von jener Frau, deren Namen uns die Geschichte verschweigt, in die Gemeinschaft der Brüder und Schwestern von Lyon eingeführt. Hier begegnete sie dem vornehmen Attalus, dem Arzt Alexander aus Phrygien und all den anderen, die sie zunächst einschüchterten. Ihre Frische, ihre Ursprünglichkeit und die Kraft ihrer Leidenschaft eroberten rasch die Herzen all derer, die durch Reichtum oder sozialen Rang besser gestellt waren, aber die Vorzüge dieser Sklavin doch zu erkennen wußten. Man muß nur den Brief der Gemeinde lesen, um zu erkennen, welchen Platz sie dort einnimmt.[15] Alle umgaben sie mit warmer Anteilnahme, als der alte Bischof Pothinus an ihr die Taufe vollzog. Wahrscheinlich wurde diejenige, die sie in den Glauben eingeführt hatte, zum Bürgen für ihre Beständigkeit.

Das tägliche Leben nahm wieder seinen Lauf. Die Arbeit hatte sich nicht verändert, aber sie war leichter geworden. Blandina ließ sich nichts anmerken von dem Wandel, sondern zeigte ihrer Herrin gegenüber die gleiche Ehrerbietung und tat ihr die gleichen Dienste. Aber ihre Beziehung hatte an Tiefe und Bedeutung gewonnen. Da, wo die Gegensätze der Herkunft aufeinanderstießen, hatte der Glaube unsichtbare Bande geknüpft. Dieses tägliche Fest dauerte nicht lange.

Man näherte sich den Festlichkeiten, die jedes Jahr im August am Zusammenfluß der beiden Ströme die drei Gallien vereinte, welche durch ihre Abgeordneten vertreten waren. Aus allen Provinzen kam die Menge herbei. Ein großer Markt, eine Art universaler Jahrmarkt wurde in der Feststadt abgehalten. Zu keinem Zeitpunkt war die Obrigkeit mehr darauf bedacht, die Emotionen des Volkes zu überwachen. Den Christen war es verboten, in der Öffentlichkeit zu erscheinen. Die Gegenwart von überheblichen Leuten genügte, um einen Tumult auszulösen. Die Volksbewegung ließ es dabei nicht bewenden. Die Christen wurden zu Hause aufgespürt und polizeilich gesucht; die heidnischen Sklaven wurden gefoltert, damit sie ihre christlichen Herren denunzierten. Unter dem Druck der Soldaten klagten sie sie aller Verbrechen an, die in den Köpfen des Volkes herumspukten. Die Obrigkeit erwies sich als Komplize und tat, als kennte sie das Reskript des Trajan nicht.

Blandina wurde festgenommen, zusammen mit ihrer Herrin, der Namenlosen, die ihr eigenes Schicksal vergaß und nur an ihre Sklavin dachte. Sie schien ihr so zerbrechlich, daß sie zweifelte, ob sie fähig wäre, ihren Glauben öffentlich zu bekennen. Blandina war ein Wunder an Energie und Tapferkeit. Sie wurde zur Folter verurteilt, aber ihre Widerstandskraft erschöpfte und zermürbte schließlich die Henker. Sie wechselten sich den ganzen Tag ab, und als der Abend kam und sie am Ende ihrer Kräfte waren, wunderten sie sich, daß ein so zerschlagener Körper immer noch atmete.[16]

Darauf folgte von neuem das Kerkerloch, in dem man kaum noch atmen konnte. Die Gegenwart und das Mitgefühl der Brüder stärkten die Märtyrerin. Der Aufschub währte nicht lange. Neue Qualen erwarteten die Glaubenszeugen. Blandina wurde auf einer eigens errichteten Bühne an einem Pfahl aufgehängt und nackt den Blicken der Zuschauer ausgesetzt, die raubgieriger waren als wilde Tiere, um so zur Beute der Bestien zu werden.

Die Brüder hatten nur Augen für sie. Der Blick auf Blandina erfüllte sie mit Stolz und Mut. Schmächtig, schwach und verachtet, war sie nicht nur ein Symbol des Mutes, sondern es schien ihnen, als weilte Christus mitten unter ihnen. »Die Brüder glaubten, in ihrer Schwester den für sie gekreuzigten Christus zu erkennen« – so berichtet der Brief.[17] Kein Tier berührte Blandina, als wären die Tiere zu mehr Menschlichkeit fähig als die Menschen. Der Pöbel hingegen zeigte keine Spur von Mitleid.

Die Festlichkeiten dauerten mehrere Tage. Nach den Spielen der Gladiatoren und der Jagd auf Menschen, die um ihres Glaubens willen verfolgt wurden, fand der Wettstreit der Beredsamkeit in griechischer und lateinischer Sprache statt.[18] Alle Schichten fanden daran Vergnügen, die Gebildeten ebenso wie die Landbevölkerung und die Besitzlosen. Jeden Tag wurden die Gladiatorenkämpfe abgelöst von den Folterungen der Christen, die jeweils zu zweit, wie die Gladiatoren, hereingeführt wurden – ein wohlfeiles Schauspiel für das Volk.

Blandina und Ponticus wurden für den letzten Tag aufgespart. Auch nachdem sie alle Prüfungen ihrer Brüder und Schwestern mit angesehen hatten, konnte sie nichts ins Wanken bringen. Die Menge, von kollektiver Hysterie erfaßt (wofür die jüngste Geschichte uns Beispiele geliefert hat) und gereizt durch solche Widerstandskraft, mißachtete Scham und Mitleid.

Der Jüngling gab unter der Folter seine Seele auf. Blandina blieb an diesem letzten Festtag schließlich übrig. Von sich aus bot sich die Sklavin den Henkern dar. Unter der Geißelung wurden ihr zuerst die Schultern zerrissen. Die Tiere, denen man sie vorsetzte, bissen sie nur. Der Feuerstuhl wurde ihr nicht erspart. Schließlich warf man sie in ein Netz gewickelt einem Stier vor, der sie wütend in die Luft schleuderte; sie fiel zerschlagen zu Boden. Blandina setzte, als spüre sie nichts, das Gespräch mit dem fort, den ihr Herz erwählt hatte und der sie erwartete. Des Kampfes überdrüssig, erwürgten die Henker sie schließlich. Die Heiden gestanden, vielleicht beschämt über ihre Barbarei: »Wahrlich, nie hat man in unserem Land eine Frau so leiden sehen.«[19]

»Das Beispiel der Dienerin Blandina zeigte, daß sich eine Revolution vollzogen hatte. Die wahre Sklavenemanzipation, die Emanzipation durch Heldenmut, war zum großen Teil ihr Werk.«[20] Sie ist der eigentliche Star des Berichts. Die alten Martyrologen, die ihren Namen an die Spitze der Liste setzen, bringen die gleiche Huldigung zum Ausdruck. Ihr Mut und ihr Martyrium werten die Stellung der Frau und der Sklavin gleichzeitig auf. Sie bezeugen den Adel ihres Herzens.

Statt die neue Religion auszulöschen, trug die Verfolgung des Jahres 177 nur zu ihrer Verbreitung auf dem gesamten gallischen Boden und sogar darüber hinaus bei. Diese Bekehrungsaktion wurde von dem Nachfolger des alten, unter der Folter gestorbenen Bischof Pothinus, von Irenäus geleitet.

Irenäus von Lyon, Bischof und Missionar

Irenäus vereinigte in seiner Person Eigenschaften und Neigungen, die gewöhnlich nicht zusammengehen: Unbeugsamkeit in der Lehre, Flexibilität in den menschlichen Beziehungen, Unbeirrbarkeit angesichts der gnostischen Behauptungen und Nachsicht gegenüber Menschen, die bereit sind zur Reue. Er ist ein heftiger Kämpfer, ironisch und scharf, und bleibt doch immer der Hirte. Die loyale Auseinandersetzung hindert ihn nie, den zu achten, den er bekämpft – selbst wenn dieser Häretiker ist –, und Frieden zu suchen, wenn die wesentlichen Wahrheiten gesichert sind. Er war, um ein Wort Jullians aufzunehmen, »der in den Gottesstaat eingetretene Staatsmann«.

Zur Zeit der Verfolgung von 177 befindet sich Irenäus in den besten Jahren: er ist klug, besonnen und ausgeglichen, voll Eifer für das Evangelium, bereit zu schreiben und zu kämpfen und immer bestrebt, den Glauben zu schützen und zu verbreiten. Ihn wählt die Gemeinde aus für die Leitung der Kirche von Lyon und Vienne.

Wer war dieser junge Bischof? Woher stammte er? Er war, wie viele seiner Gläubigen, aus Phrygien gekommen, vielleicht aus Smyrna, deren christliche Gemeinde er kannte und deren alten Bischof Polykarp er häufig besucht hat; so berichtet er selbst darüber in einem Brief an Florinus, der bei dem Historiker Eusebius überliefert ist.[21]

Florinus war der Häresie verfallen. Irenäus bemüht sich, ihn zum rechten Glauben zurückzuführen.

»Denn als ich noch ein Knabe war, sah ich dich im unteren Asien bei Polykarp; du hattest eine glänzende Stellung am kaiserlichen Hofe und suchtest die Gunst Polykarps zu erwerben. Ich kann mich nämlich viel besser an die damalige Zeit erinnern als an das, was erst vor kurzem geschah; denn was man in der Jugend erfährt, wächst mit der Seele und bleibt mit ihr vereint. Daher kann ich auch noch den Ort angeben, wo der selige Polykarp saß, wenn er sprach, auch die Plätze, wo er aus und ein ging, auch seine Lebensweise, seine körperliche Gestalt, seine Reden vor dem Volke, seine Erzählung über seinen Umgang mit Johannes und den anderen Personen, welche den Herrn noch gesehen, seinen Bericht über ihre Lehren, ferner das, was er von diesen über den Herrn, seine Wunder und seine Lehre gehört hatte. Alles, was Polykarp erfahren von denen, die mit eigenen Augen das Wort des Lebens gesehen haben, erzählte er im Einklang mit der Schrift. Seine Worte habe ich durch die mir von Gott zuteil gewordene Gnade damals mit Eifer aufgenommen; nicht auf Papier, sondern in mein Herz habe ich sie hineingeschrieben. Durch Gottes Gnade erinnere ich mich auch immer wieder genau daran.«

Kaum eine Generation trennte Irenäus vom Apostel Johannes. Seine Jugend war erfüllt von den Erinnerungen, die bei den Zeugen der Anfänge des Christentums ehrfürchtig gepflegt wurden; sie haben ihn für sein Leben geprägt. Auch die Gläubigen von Lyon, die ihn als Beauftragten nach Rom schicken, betonen diese Treue, die kennzeichnend für ihn ist, und schreiben: »Wir haben große Achtung vor ihm wegen seines Eifers für das Zeugnis Christi.«[22]

Als Bischof von Lyon entfaltet Irenäus seine Tätigkeit an zwei Fronten: er widmet sich der gallischen, und zwar vor allem der ländlichen Bevölkerung, deren »barbarische« Sprache er versteht und sogar spricht. Er treibt die Evangelisation in Richtung Norden weiter voran: Dijon, Langres, Besançon und bis an die Ufer des Rheins. Die starke Zunahme der Gnostiker in den beiden Gallien löst bei ihm eine literarische und theologische Tätigkeit aus, in der es darum geht, die Vollständigkeit der christlichen Botschaft gegenüber dem Ansinnen der Gnostiker zu verteidigen, die das Evangelium zu zerlegen versuchen. Der Bischof von Lyon ist für die Kirche – in einem entscheidenden Augenblick ihrer Geschichte – so etwas wie ein Gewissen. Den Häuptern der Schulen bestreitet er ihre Autorität. Sie lehren nicht die empfangene Wahrheit, sondern ihre eigenen Hirngespinste. Die Kirche und die Bischöfe gründen ihre Autorität nicht auf ihre persönliche Bedeutung, sondern auf das ihnen verliehene Amt und auf ihre Treue zur Tradition und zum überlieferten Glauben.

Die Werke des Bischofs, die uns erhalten sind, lassen mehr von dem Menschen erkennen. Seine Sprache ist flüssig, er kennt die heidnischen Autoren und die Philosophen; gelegentlich unterläuft ihm ein Homerzitat. Aber er mißtraut dem heidnischen Denken, in dem seine Seele nicht beheimatet ist: er sieht darin den Nährboden der Gnosis, deren unheilvolles Wirken er besser als irgendeiner ermißt.

Irenäus ist nicht nur von großer intellektueller Redlichkeit – er liest die Texte gründlich, auch die gnostischen –, sondern er hat auch Achtung vor jedermann, selbst vor seinem Gegner. In der Widerlegung des Gnostizismus läßt er keine Leidenschaft und keine Aggressivität aufkommen; allenfalls würzt er die Auseinandersetzung mit etwas Humor, was von einer gesunden und ausgeglichenen Verfassung zeugt. Er weiß zwischen dem Menschen und seinem Irrtum zu unterscheiden. Bis in die Kontroverse hinein bleibt er Hirte. Auch die Gnostiker sind seine Schafe. Schrieb er doch selbst einmal: »Es gibt keinen Gott ohne Güte.« Er hat vom Hirten den Reichtum der Lehre, den Sinn für das Maß und den aufmerksamen Blick für die Menschen. Etwas Johanneisches zeigt sich in seiner Person: eine Wärme, eine verhaltene Leidenschaft, eine Glut, die sich weniger in Beredsamkeit als im Handeln äußert, dazu ein Sinn für das Wesentliche und ein Scharfblick, der die ersten Risse im Gemäuer erspäht und ihre Gefährlichkeit erkennt.

Irenäus schreibt einfach und angemessen. Manchmal packt ihn die Erregung, und sein Ton steigert sich bis zur Beredsamkeit. Den Kommentar zum 4. Kapitel der Apostelgeschichte schließt er zum Beispiel folgendermaßen: »Dies ist die Stimme der Kirche, von der die gesamte Kirche ihren Ursprung genommen hat; dies ist die Stimme aus der Hauptstadt der Bürger des Neuen Bundes; dies sind die Stimmen der Apostel, dies sind die Stimmen der Jünger des Herrn, dieser wahrhaft vollkommenen Menschen, die die Vollkommenheit vom Heiligen Geist empfangen haben.«[23]

Das Innere dieses Menschen ist schwerer zu erkennen. Er kommt aus jenem Teil Asiens, wo die Charismen des Geistes gedeihen. Als Bischof hat er in einem geistlichen Klima gelebt, das mit der Aussicht auf das Martyrium die mystische Schwärmerei begünstigte. Er kannte die Gesichter von Pothinus, von Alexander und von Blandina, die in Lyon ihren Glauben bekannt hatten. So konnte man ihm den Brief zuschreiben, der ihre wunderbaren Heldentaten den Brüdern in Phrygien erzählt.[24] Er hatte einen Hang zu außergewöhnlichen Manifestationen des Geistes. Dieser besonnene Christ war Chiliast; er glaubte an die dicht bevorstehende Herrschaft Christi, die tausend Jahre dauern würde.

In *Adversus haereses* klingt das Gebet durch den Text hindurch.[25] Es erscheint wie ein spontanes Hervorsprudeln seiner Seele, eine unwillkürliche Offenherzigkeit. Zurückhaltend wie er ist, verbirgt er die Glut unter der Asche. Seine mystischen Aufwallungen entspringen einem starken Glauben, der sich vor Gott ausspricht. Prüfung und Bedrängnis weichen, sobald er sich dem Gott seines Lebens zuwendet. Selbst sein Buch der Widerlegung hat er im Angesicht seines Herrn geschrieben, als ein Bekenntnis zu dem Gott Abrahams und dem Gott Jesu Christi. Mit seiner Definition des Christen als »lebendige Ehre Gottes«[26] hat er sich selbst beschrieben.

Irenäus gewinnt heute wieder an Aktualität, und das mit Recht. Kaum ein Schriftsteller der ersten christlichen Jahrhunderte ist so wenig veraltet, ja sogar in seiner Qualität mit der Zeit immer besser erkannt worden. Gleicht er nicht selber der Amphore, von der er spricht, die erfüllt ist von dem Duft, den sie aufbewahrt? Wenige Theologen, selbst aus jüngerer Zeit, erhellen besser die Grundprobleme, die die heutige Zeit uns aufgibt. Nicht, daß er darauf bedacht wäre, sie zu beantworten, aber sein Denken belebt unser eigenes Nachdenken und weist ihm den Weg.

Leicht ließen sich weitere Beispiele etwa aus der Geschichtstheologie oder der christlichen Anthropologie anführen, die sein reiches, differenziertes Denken erkennen lassen sowie die Perspektiven, die es der Reflexion eröffnet. Die Ideen, die er verteidigt hat, haben sich in der ganzen Kirche durchgesetzt. Seine Geschichtsdeutung gilt allgemein als Antizipation.

Was an Irenäus auffällt – ähnlich wie an dem uns näheren Kardinal Newman –, ist die lebendige Einheit von Person und Lehre. Mitreißend ist die Menschlichkeit seines Glaubens, seine Liebe zum Häretiker, den er nicht so sehr von seinem Irrtum abzubringen als zur Wahrheit zurückzuführen strebt. So ist er auch ein Meister des richtig verstandenen ökumenischen Dialogs.

Irenäus ist zugleich Prophet der Vergangenheit und Prophet der Zukunft. Weil er in der überkommenen Wahrheit verwurzelt ist, kann er all die Kühnheiten und theologischen Intuitionen hervorbringen, von denen wir noch heute zehren. Für unsere Zeit, die alles in Frage stellt, ist er mit seinem feinen Gespür für das, was echt ist und wahr klingt, vielleicht vor allem der Prophet der Gegenwart.

Perpetua, die junge Mutter aus Afrika

Unter Kaiser Septimius Severus, also um die Wende vom 2. zum 3. Jahrhundert, war die Einstellung des Staates gegenüber der christlichen Mission sehr unnachgiebig geworden. Der Kaiser ist verantwortlich für das Martyrium von Potamiäna und Basilides in Alexandria und von Felicitas und Perpetua in Karthago. Perpetua, die wahrscheinlich in dem Jahr geboren wurde, in dem die ersten afrikanischen Märtyrer von Scili starben, gehört noch ins 2. Jahrhundert. Die erhaltenen Dokumente zeichnen ein lebhaftes Bild von ihr.[27]

In der Stadt Thuburbo (dem heutigen Thébourba), 44 Kilometer westlich von Karthago, nehmen afrikanische Beamte Christen fest, die angeklagt sind, dem kaiserlichen Edikt zuwidergehandelt zu haben. Sie sind alle jung, wie die Gemeinde selbst; einige sind noch Katechumenen. Sie sind aus den verschiedensten sozialen Schichten zu der jungen Kirche gestoßen: Felicitas und Revocatus stammen aus einfachen Verhältnissen, während Urbia Perpetua einer der vornehmsten Familien der Stadt angehört.

Die Eltern der Perpetua hatten auf ihre Erziehung besonderen Wert gelegt und ihr eine hervorragende Ausbildung zukommen lassen. Während des Prozesses verhehlt ihr Vater nicht, daß sie immer sein besonderer Liebling war; sie ist seine einzige Tochter. Die ganze Stadt sprach noch von der glänzenden Heirat, durch die sie der örtlichen Aristokratie verbunden worden war. Eigenartigerweise ist in den Akten nie von ihrem Mann die Rede.

Die Angeklagten wurden wahrscheinlich im Haus eines Magistraten in

Gewahrsam gehalten; hier, in der Haft, verschlimmern sie ihre Lage noch dadurch, daß sie sich taufen lassen. Die junge Frau, die man sich überschwenglich, dem Wunderbaren zugeneigt vorstellen könnte, notiert ganz schlicht: »Der Heilige Geist wird mir eingeben, von dem heiligen Wasser nichts zu erbitten als die Kraft, körperlich durchzuhalten.«[28] Wir sind hier weit entfernt von der montanistischen Arroganz.

Sobald sie getauft sind, fallen die Gefangenen unter die prokonsularische Gerichtsbarkeit, und es droht ihnen ein Kapitalprozeß. Saturus, der die Gruppe bekehrt hat, zeigt sich selbst an, um ihr Los zu teilen, wie sie seinen Glauben geteilt hatten. Sie werden allesamt nach Karthago in ein Gefängnis geschickt, das dem prokonsularischen Palast am Hügel von Byrsa angegliedert ist. Wir besitzen Perpetuas Tagebuch ihrer Gefangenschaft, aus dem uns durch die Erzählung der Ereignisse und die sehr persönliche Wiedergabe der Eindrücke ihre Persönlichkeit anschaulich entgegentritt.

Sie ist jung und schön; ihre natürliche Vornehmheit flößt Achtung, ja Bewunderung ein. Bis in die Arena hinein »zwingt ihr Blick die Zuschauer, die Augen niederzuschlagen«[29]. Sie hat ein heiteres Gemüt und ein empfindsames, liebevolles Wesen; in ihrer Umgebung sorgt sie für gute Stimmung und ist feinfühlig und vergnügt zugleich. »Ich war immer fröhlich«, notiert sie, »ich werde im anderen Leben noch fröhlicher sein.«[30] Perpetua ist für das Glück geboren, für die Freude am Leben und dafür, ihre Fröhlichkeit zu teilen; aber sie ist auch zu heroischem Entschluß und unumstößlicher Entschiedenheit fähig, wenn der Glaube zu Gott sie in Konflikt mit ihrer Familie bringt.

Kaum getauft, strebt sie schon nach dem Martyrium. Ihre ganze Verwandtschaft stellt sich gegen ihren Entschluß: ihre Mutter, ihr Bruder, vor allem aber ihr Vater, ein Heide durch und durch, und jenes kleine Wesen, das noch nicht sprechen kann, aber dessen bloße Existenz sie zurückhalten müßte, das sie bis zuletzt nährt und das die langen Tage ihrer Gefangenschaft erhellt.

Das Gefängnis stellt das Feingefühl einer Frau, die an Luxus gewöhnt war, auf eine grausame Probe. Am ersten Tag schreibt sie in ihr Tagebuch: »Ein qualvoller Tag.«[31] Sie leidet unter der drückenden Hitze, die scharfen Gerüche und das enge Zusammenleben im Gefängnis widern sie an. Überdies werden Christen und Christinnen von den Soldaten bedrängt, die von ihnen Geld erpressen wollen. »Vor allem aber«, bemerkt Perpetua, »hat mich die Sorge um mein Kind verzehrt.«[32] Nach wenigen Tagen, schreibt sie, »wurde das Gefängnis für mich plötzlich zu einem Palast, und ich fühlte mich dort besser als irgendwo sonst.«[33] Die junge Frau besaß eine einzigartige Anpassungsfähigkeit. Die Diakone der Gemeinde von Karthago bringen Unterstützung; es gelingt ihnen mit Hilfe von Geld, eine etwas mildere Behandlung von Seiten der Kerkermeister zu erwirken. Die Eltern der Perpetua besuchen sie. Vor allem aber hat man ihr ihr Kind wiedergegeben, das sie von nun an regelmäßig stillt.

Ihre hochherzige Gesinnung grenzt zuweilen ans Heldenhafte, und doch hat ihre Entschiedenheit ihre Empfindsamkeit nicht geschwächt, im Gegenteil. Sie liebt weiter mit der gleichen Unmittelbarkeit, der gleichen zärtlichen Zuneigung die Ihren, die sie leiden sieht und denen sie helfen möchte. Selbst zu leiden, läßt sich ertragen, aber denen, die man liebt, Leid zuzufügen, ist eine Qual. Ihr Glaube hat ihr Herz nicht verändert, sondern bereichert. Wenn es sie betrübt, ihre Familie traurig und niedergeschlagen zu sehen, tröstet sie sich in der Überzeugung, daß die Ihren eines Tages ihre Entscheidung verstehen und ihre Hoffnung teilen werden. Einer ihrer Brüder ist schon Katechumene. Trotz allem bleibt sie hin- und hergerissen zwischen der Liebe zu ihren Eltern, der Mutterliebe und der Bereitschaft zum Martyrium, die der Glaube in ihrem Herzen hat wachsen lassen. Niemals spricht sie von ihrem Mann.

Ihr erster Gedanke im Gefängnis gilt ihrem Kind. Seit sie es bei sich haben und versorgen kann, ist sie überglücklich. Die Mutterliebe ist die verwundbare Stelle in diesem edlen Herzen, das heldenmütig geworden ist durch die Kraft der Gnade. Von dieser Seite her versuchen die Ihren ihren Entschluß anzugreifen: »Sieh deinen Sohn; er wird ohne dich nicht leben können«, hält ihr der Vater entgegen.[34] Diese Szene wiederholt sich vor versammeltem Gericht. »Mein Vater erschien alsbald mit meinem Sohn«, erzählt Perpetua. »Er zog mich beiseite und sagte in flehendem Ton: Hab Mitleid mit deinem Kind.« Der Magistrat, sichtlich bewegt, gibt sich väterlich und ermahnt sie: »Schone deinen Sohn.« Die junge Frau gibt nicht nach.[35]

Ins Gefängnis zurückgekehrt, denkt sie an ihren Sohn. Sie bittet den Diakon, ihn ihr wieder zu bringen. »Aber mein Vater weigerte sich, ihn herzugeben«, notiert sie. »Durch den Willen Gottes verlangte mein Sohn nicht mehr die Brust, und die Milch ging zurück. Auf diese Weise hörten die Sorgen um mein Kind und die Schmerzen in meiner Brust auf.«[36] Sie bleibt Frau und Mutter bis in die heroischsten Augenblicke. Gott schien der Mutter zu Hilfe zu kommen und ließ sie ihr mütterliches Empfinden überwinden.

Perpetuas Kampf mit ihrem Vater verlief nicht weniger dramatisch. Sie liebte ihn und wußte sich von ihm geliebt. Der vornehme Mann aus Thuburbo fühlte sich durch den Entschluß seiner Tochter, den er für Starrsinn und Torheit hielt, in seiner Ehre gekränkt und in seiner zärtlichen Liebe verletzt.

Seine Offensive begann gleich mit der Haft, in Thuburbo. Perpetua schreibt:

>»In seiner zärtlichen Liebe bemühte er sich, meinen Glauben zu erschüttern. ›Vater‹, sagte ich, ›siehst du die Vase am Boden, diesen Krug oder irgend einen anderen Gegenstand?‹
>›Ich sehe ihn‹, sagte mein Vater.
>›Kann man ihm einen anderen Namen geben als den, den er hat?‹
>›Nein‹, antwortete er.
>›Nun, ebenso ist es bei mir, ich kann mir keinen anderen Namen geben als den wahren: ich bin Christin.‹«[37]

Der Vater gab sich nicht geschlagen. Er zog alle Register des Gefühls, mal grob, mal zärtlich, mal verärgert, mal verzweifelt. Perpetua war davon so erschöpft, daß sie »Gott dankte und sich über die Abwesenheit des Vaters freute«, als er einige Tage nicht wiederkam.[38]

Im Gefängnis von Karthago gab sich der Vater, als er mit seinen Argumenten am Ende war, pathetisch. Er appellierte an ihre Zuneigung und an die Familienerinnerungen:

>»Meine Tochter, hab Mitleid mit meinen weißen Haaren. Hab Mitleid mit deinem Vater, wenn ich noch wert bin, von dir Vater genannt zu werden. Wenn ich dich selbst bis zur Blüte deines Lebens aufgezogen habe, wenn ich dich deinen Brüdern vorgezogen habe, so liefere mich jetzt nicht dem Gespött der Leute aus. Denke an deine Brüder, denke an deine Mutter und ihre Schwester, denke an dein Kind, das ohne dich nicht wird leben können. Nimm deinen Entschluß zurück, richte nicht deine ganze Familie zugrunde. Keiner von uns wird mehr frei sprechen können, wenn du verurteilt werden solltest.«[39]

Der unglückliche Vater wirft sich seiner Tochter zu Füßen und bedeckt ihre Hände mit Küssen. Die junge Frau spürte, wie sie ein Schaudern ergriff. Aber sie gab nicht nach. Verzweifelt verließ sie der Vater.

Die gleiche Szene wiederholt sich einige Tage später, mitten im Verhör. Dank seiner Beziehungen hatte der Vater in das Prätorium eindringen können. Er machte solch einen Lärm, daß er mit Gewalt hinausgebracht wurde und sogar einen Peitschenhieb erhielt. Und Perpetua, unerschütterlich, aber immer noch liebevoll, schreibt, wie sehr sie diesen Schlag mitempfand. »Dieser Schlag verletzte mich, als hätte man mich selbst geschlagen. Mich schmerzte sein leiderfülltes Alter.«[40] Das Tagebuch verrät die Stimmung der jungen Frau. Der Vater ließ nicht locker, er benutzte alle Argumente, brachte alle Gefühle ins Spiel. Perpetua notiert nur vielsagend: »Er fand Worte, die jeden wankend gemacht hätten.«[41] Einen Corneilleschen Kampf kämpft diese junge Frau: hin- und hergerissen zwischen zweierlei Liebe, zwischen zwei Welten, mit einem Herzen, das nur lieben möchte, wird sie gezwungen, sich ihrem Vater zu widersetzen, um dem Ruf des »Vaters im Himmel« zu folgen. Die Gefangenschaft ermöglicht ihr, ganz allmählich die natürlichen Bindungen zu lösen und nur noch dem verheißenen Glück zu leben, das eine Vision ihr offenbart hatte. Hier endet das Tagebuch der Perpetua. Der Bericht über ihren Tod stammt von einem anderen Verfasser.

Trotz der Erwartung des Martyriums bleibt Perpetua in ihrem Wesen unverändert. Sie weiß Humor mit Seelengröße zu verbinden. Als sie von einem etwas abergläubischen Tribun ziemlich rauh behandelt wird, entgegnet sie ihm ins Gesicht: »Warum verweigerst du so vornehmen Gefangenen eine menschlichere Behandlung, wo sie doch für Cäsars Geburtstag kämpfen müssen? Gereicht es dir nicht zum Ruhm, wenn du recht wohlgenährte Gefangene in der Arena ausstellst?«[42] Der verwirrte, von einer jungen Frau zurechtgewiesene Tribun »zitterte und wurde rot«, sagt der Text. Es bedurfte schon einer außerordentlichen Persönlichkeit, um einen Gefängniswärter erröten zu lassen und zu menschlicheren Gefühlen zu bewegen.

Am Tag der Hinrichtung verlassen die Märtyrer das Gefängnis und begeben sich zum Amphitheater. »Ihre Gesichter leuchteten, sie waren schön. Perpetua ging als letzte mit bedächtigem Schritt, wie eine große Dame Christi, wie eine Geliebte Gottes.«[43] Am Eingang zur Arena wollte man den Frauen das Gewand der Cerespriesterinnen aufzwingen. Perpetua wehrt sich beharrlich dagegen.

»Wir sind freiwillig hierhergekommen, um unsere Freiheit zu verteidigen. Die Ungerechtigkeit mußte vor der Gerechtigkeit weichen«, bemerkt der Chronist.[44]

Perpetua und Felicitas wurden entkleidet und, wie Blandina, in ein Netz gewickelt in der Arena vorgeführt. Das Publikum, das oft feige oder aber aufgehetzt ist, »zitterte bei dem Anblick vor Scham«[45]. Schließlich gab man ihnen ihre Kleider wieder. Perpetuas Seele ist fest-

lich gestimmt, sie singt. Wie ihre kleine Schwester aus Lyon ist sie ganz
in Gott versunken. Mitten im Amphitheater gerät sie in eine Art
Ekstase, die sie unempfindlich macht für das, was geschieht, unempfindlich für die Verletzungen. Als sie in einen der Arena benachbarten
Raum gebracht wird, kommt sie zu sich; sie fragt: »Wann werden wir
denn dieser wütenden Kuh ausgesetzt?«[46] Man erklärt ihr, daß dies
bereits geschehen ist. Um sie zu überzeugen, muß man ihr die Spuren
der Folter an ihrem Körper zeigen.

Während des ganzen heldenhaften Kampfes bleibt Perpetua mit ihrer
natürlichen Weiblichkeit sich selbst treu. Sie erfährt Augenblicke der
Schwäche, aber sie bewahrt bis zum Schluß das Zartgefühl und die
Scham der Frau, ja, bis in die Gebärden hinein, sogar eine »tugendhafte
Koketterie«, etwa wenn sie ihre Haare in Ordnung bringt und mit einer
Spange befestigt.[47] Wie die antike Polyxena[48] wollte sie mit Anstand
sterben. Als sie merkt, daß ihre Tunika an der Seite zerrissen ist, nimmt
sie die Falten zusammen, um ihre Beine zu bedecken – »mehr um ihre
Keuschheit als um ihren Schmerz besorgt«[49].

Perpetua macht sich um Felicitas Sorgen, die sich von ihrer Niederkunft
noch kaum erholt hat. Sie ist blaß, »aus ihrer Brust tropft Milch«[50].
Als Perpetua Felicitas am Boden liegen sieht, kommt sie zu ihr, reicht
ihr die Hand und hilft ihr, sich wieder aufzurichten. Sie nutzt einen
Augenblick der Ruhe und ruft ihren Bruder, den Katechumenen, herbei, um Ermahnungen für ihre Familie und die anderen Christen aus-
zusprechen. »Bleibt fest im Glauben. Liebt euch untereinander.
Unsere Leiden sollen für euch nicht zum Gegenstand des Anstoßes
werden.«[51]

Perpetua kommt in die Arena zurück und sieht ihre Gefährten und die
Gefährtin, einen nach dem anderen, fallen. Schließlich ist sie an der
Reihe. Der Gladiator schlägt sie so ungeschickt, daß sie einen Schrei
ausstößt. Sofort besinnt sie sich und führt die Hand des noch unerfahre-
nen Gladiators selbst an ihre Kehle. Wahrhaftig eine Corneillesche
Gestalt, bis zum Schluß! »Sicherlich konnte eine solche Frau nur mit
eigenem Zutun sterben«, bemerkt der Erzähler.[52]

Das also ist jene bewundernswürdige Christin, deren Tagebuch in allen
Gemeinden Afrikas und der ganzen Christenheit bis in die griechische
Kirche hinein gelesen und wiedergelesen wurde; in dem Schauder, den
es überall auslöste, drückt sich weniger Entsetzen aus als Stolz und der
Wille, ihr nachzueifern.[53] Perpetuas Name wurde in die ältesten Märty-
rerlisten eingetragen, und sie ist eingereiht in den Triumphzug der Märtyrer in San Apollinare Nuovo in Ravenna. Der Mosaikkünstler der

Stadt stellt sie in der erzbischöflichen Kapelle dar, elegant gekleidet, in vornehmer Haltung: eine große Dame. Sie gehört zu den Frauen, die dem Heiden Libanios den Ausruf abnötigen: »Was für Frauen findet man doch unter den Christen!« Sie rütteln uns auf aus Willensschwäche und Mittelmäßigkeit.

Vierter Teil

Heldenmut im Alltag

Erstes Kapitel

Der Rhythmus der Tage

»Das ganze Leben des Christen ist ein langer Festtag«, schreibt Klemens von Alexandria.[1] Der Glaube bringt fortan Licht in das graue Einerlei der Zeit. Der Gläubige teilt seine Tage zwischen Familie, Arbeit und Gemeinde. Die Christen, die ja mit den Heiden zusammenleben und ständig von Verunreinigung und Denunziation bedroht sind, haben das Bedürfnis, sich zu treffen und das Brot der Verkündigung und des Herrenmahls in gemeinsamem Glaubenseifer zu teilen. Sie versammeln sich an *einem* Ort; sie bilden eine »Parochia«, ein Ausdruck, den wir mit ›Gemeinde‹ übersetzen, der aber genaugenommen diejenigen bezeichnet, ›die Fremdlinge sind‹ auf dieser Welt und um die Vergänglichkeit ihrer Existenz wissen.

Auf Grund seiner besonderen Situation ist der Christ zugleich Bürger und Fremdling, fest verwurzelt und doch Pilger; mit seinen Landsleuten teilt er die gleiche Stadt, aber sein ganzes Wesen ist ausgerichtet auf die zukünftige Stadt. Jeder Gläubige teilt denselben Glauben mit all denen, die am Tag seiner Taufe um ihn waren und ihn aufgenommen haben; und immer wenn sich die Brüder und Schwestern wieder treffen, vergegenwärtigen sie sich gemeinsam, daß der Herr mit ihnen ist.

Innerhalb seiner alltäglichen Umgebung vergißt der Gläubige niemals – ob er nun allein oder mit Familie lebt –, daß er zu einem ganzen Volk gehört, das sich auf Wanderschaft befindet. Er möchte diese Überzeugung von Herzen gern mit seinen Nächsten teilen. Welch eine Belastung mag es für ihn oder sie darstellen, nicht mit den liebsten, den nächsten Menschen, wie dem Vater oder dem Ehemann, über diese unsichtbare Hoffnung sprechen zu können. Perpetua überzeugt ihren Bruder und macht ihre Mutter unsicher, aber bei ihrem Vater stößt sie auf Granit.

Die Zeit des Christen, sein Tag, seine Woche, sein Jahr, erhält ihren Rhythmus durch den Glauben, der ihn aufgerufen hat und seinen Weg bestimmt. Der gläubige Christ weiß – ebenso wie der Jude –, daß der Herr Zeit und Geschichte lenkt, sie heimsucht und sie nicht verläßt. Der lebendige Gott gibt der Zeit ihre Fülle und ihre Richtung, und damit ihren Sinn und ihre Spannung.

Der Tag: Arbeit, Gebet und Muße

Das kaiserliche Rom erwachte wie ein Dorf bei Anbruch der Morgenröte oder schon beim ersten Morgengrauen. Zu jener Zeit, da der Rhythmus der Natur noch nicht durch die Elektrizität gestört war, bemühten sich Reiche und Arme, das Tageslicht so gut wie möglich auszunutzen. »Leben heißt wachen«, sagt Plinius der Ältere.[2] Das Tageslicht, das die Dichter besangen, bildete ein sich stets erneuerndes zauberhaftes Schauspiel im Wechsel der Jahreszeiten. Als die heidnischen Freunde, die den Christen Pionius vor dem Tod und dem Martyrium bewahren wollen, mit ihren Argumenten am Ende sind, beschwören sie die Ultima ratio, der kein Grieche widerstehen kann: »Du darfst nicht sterben, das Leben ist so süß und das Licht so schön.«[3] Bei Tagesanbruch und bei Einbrechen der Nacht sammelt sich der Christ im Gebet.[4] Zu diesen beiden wichtigen Zeiten kommt der Christ zur Ruhe, meditiert über der Schrift und singt einen Psalm.[5] Der private Charakter dieser beiden Gebete erklärt, warum wir keinen festgelegten Text besitzen.

Tertullian rät, sich morgens zum ersten Gebet, das den neuen Tag eröffnet, hinzuknien – zum Zeichen der Verehrung und der Selbstdemütigung vor Gott.[6] Der Betende ist nach Osten gewandt, »von wo das wahre Licht kommt.«[7] Der Osten, so drückt es Klemens von Alexandria aus, »ist das Symbol für den, der unser Licht ist; im Osten ist das Licht der Wahrheit aufgegangen, das über uns leuchtet.«[8] »Christen sind«, nach Tertullian, »alle die, die staunend dasselbe Licht der Wahrheit haben leuchten sehen.«[9]

Die Juden richteten ihre Synagogen in der Diaspora – jedenfalls im Westen – nach Jerusalem, ihrer geistigen Hauptstadt, aus. Bevor die Kirchen in ost-westlicher Richtung gebaut wurden, wendet sich der Christ gegen das »Zweistromland«, wo er sich den »Garten Eden« vorstellt, in den Christus ihn zurückgeführt hat; sein Glaube lehrt ihn, daß er von dort eines Tages wiederkommen wird.[10] Der Märtyrer Hipparchos hatte auf die Ostwand seines Hauses ein Kreuz gemalt, vor dem er täglich siebenmal betete.[11]

Origenes rät den Christen, möglichst einen Ort in ihrem Haus für das Gebet zu reservieren.[12] Seit dem 3. Jahrhundert gab es also in Privathäusern Betkapellen, jedenfalls bei den höhergestellten Christen Ägyptens.

Bei Sonnenuntergang betet der Christ noch einmal;[13] Tertullian fordert ihn auf, seine Stirn mit einem Zeichen zu versehen, genau gesagt mit dem Zeichen des Kreuzes in Form eines T.[14] Biblischer Text und freies Gebet, all das soll die Wachsamkeit steigern.

Nach der *Didache* haben die Christen den jüdischen Brauch bewahrt, dreimal am Tag zu beten;[15] der Gläubige füllt diesen bewährten Rahmen mit dem Vaterunser, dem Gebet, das Christus ihn gelehrt hat. Dieses Gebet eint die Gemeinde, auch wenn sie verstreut lebt, und erlaubt, überall und zu jeder Zeit im Plural zu beten. Aber es wird nicht genau festgelegt, zu welchen Tageszeiten diese drei Gebete stattfinden sollen, woraus sich schließen läßt, daß dies dem Gläubigen überlassen bleibt. Aus dem lateinischen Bedürfnis nach Kodifizierung werden die Gebetszeiten ein Jahrhundert später auf die dritte, die sechste und die neunte Stunde festgelegt.[16] Zu jener Zeit sind mehr und mehr Wasser- und Sonnenuhren zu finden, die auf dem Markt, an öffentlichen Gebäuden und am Eingang zu den Thermen die Stunden anzeigen.[17]

Die Christen hatten die Gewohnheit, im Stehen, mit erhobenen Händen und geöffneten Handflächen zu beten, in der Haltung der Betenden in den Katakomben; so hatte Christus seine Arme am Kreuz ausgebreitet.[18] Eine solche Haltung nahmen sicher auch die Gläubigen von Antiochia, Rom, Karthago und Alexandria ein. Diese aus der sumerischen Welt und dem Judentum überkommene Gebärde schien besonders geeignet, die Regungen der Seele und ihre Sehnsucht nach Gott körperlich zum Ausdruck zu bringen.[19]

Ein Gebet im Knien drückt Demut und inständiges Flehen aus. Dabei kann es zur Prostration kommen, bei der der Kopf auf der Erde liegt – so wie es in den Kirchen von Syrien und Chaldäa im Nordirak üblich geblieben ist. Dieselben Kirchen haben noch eine weitere Gebetshaltung bewahrt: Man betet stehend, die Arme über der Brust gekreuzt, wie die sumerischen und akkadischen Königsstatuen. Nirgends faltet man die Hände; diese Geste, die die Huldigung des Vasallen ausdrückt, ist germanischen Ursprungs.[20]

Das Gebet zu festgelegten Stunden ist nicht das einzige jüdische Erbe. Hinzu kommt der Segen vor den Mahlzeiten.[21] Auch darin folgt die christliche Gemeinde dem Beispiel Christi selbst.²² Für den Israeliten wie für alle antiken Menschen hatte die Mahlzeit religiösen Charakter;²³ dieser konnte in den Hintergrund treten, doch ist er in der Kaiserzeit nie gänzlich verschwunden; er wurde vor allem bei besonderen Feierlichkeiten noch spürbar.

Mahlzeiten von unterschiedlicher Wichtigkeit markieren den Tag. Das Frühstück, mit dem das Fasten gebrochen wurde, fand um die dritte oder vierte Stunde mitten am Vormittag statt und bestand gewöhnlich aus Brot, das in Wein getaucht wurde. An den Fastentagen, Mittwoch und Freitag, verzichteten die Christen auf diese erste Mahlzeit.²⁴

Die zweite Mahlzeit wurde um die sechste oder siebte Stunde eingenommen, d. h. gegen Mittag, nach der Rückkehr vom Markt oder den Geschäften. Sie war leicht. Die Speisen konnten warm oder kalt sein. Das Nationalgericht der Römer war lange Zeit ein Brei aus Weizen oder Dinkel, der geröstet oder in einem Mörser zerstoßen wurde. An Fastentagen wurde diese Mahlzeit bis zur neunten Stunde hinausgezögert.²⁵ Sehr eifrige Christen und Sekten wie die Montanisten fasteten bis zum Abend.

Die dritte Mahlzeit, das Abendessen, lag in Rom und Alexandria nach der achten oder neunten Stunde, gegen drei Uhr am Nachmittag, wenn die Geschäfte getätigt und die Arbeit beendet war. Diese Mahlzeit fand in der Familie oder in Gesellschaft statt. Zu Freunden konnte man auch uneingeladen kommen und sogar noch Freunde mitbringen – daraus entstand die verachtete Klasse der Parasiten. Für Griechen und Römer war diese Mahlzeit zu Feierabend die wichtigste. »Ein Grieche glaubte nicht richtig zu Abend gegessen zu haben, wenn er nicht mit Freunden gespeist hatte.«²⁶ Uns sind auf ägyptischen Papyri noch Einladungsbriefe erhalten zu Familienessen oder religiösen Mahlzeiten, zu Hause oder im Serapeum: »Chairemon lädt Dich zum Tisch des Herrn Serapis ins Serapeum ein, morgen, am 15., ab der 9. Stunde«, oder: »Heraïs lädt Dich zum Hochzeitsessen seines Kindes in sein Haus ein, morgen, am 15., ab der 9. Stunde.«²⁷

In einem Bürgerhaus in Oudna (Uthina), 25 Kilometer von Karthago entfernt, können wir auf einem Mosaik²⁸ aus der Zeit des Tertullian noch das Menü einer Mahlzeit aus den Resten erkennen: Eierschalen, Gräten und Köpfe von Fischen, Melonen, Zitronen, Brechbohnen und ausgekeimte Erbsen.

Klemens warnt die Christen davor, mit Geschirr und auserlesenen Speisen Luxus zu treiben. Die Samariterin, sagt er, hat Christus in einem einfachen Krug zu trinken angeboten und nicht in irgendeinem Silberbecher, der dem Wasser einen schlechten Geschmack verleiht. Die goldene Regel bei Tisch ist Mäßigung und Anstand. Der *Pädagoge* gibt uns einen Kodex der Lebensführung, der einen nachdenklich stimmt in bezug auf die Sitten der höheren Schichten jener Epoche. Für Klemens und für Tertullian beginnt eine Mahlzeit, genau wie die Agapefeier, mit dem Gebet und geht mit gebührendem Anstand zu Ende.[29]

Der religiöse Charakter des Essens war so bestimmend, daß die christlichen Familien die Heiden davon ausschlossen. Wahrscheinlich las man Verse aus der Schrift oder irgendeine Psalmstrophe. Der Familienvater erinnerte dabei möglicherweise an das Geheimnis der Eucharistie.

Das Gebet, das den Tag und die Zeit einteilte, veränderte das Leben des Christen und machte es zu einem langen Festtag in einer durch Christus geheiligten Welt und Geschichte. »Beten ohne Unterlaß« bedeutete für den Christen, sich einzufügen in das Stundengebet, das der Zeit ihre Weihe gibt – wobei das persönliche Gebet und das der Gemeinschaft aufeinander abgestimmt waren.

Die Gestaltung der Mußestunden stellt die Christen täglich vor Gewissensentscheidungen. Von Tatian bis Tertullian verurteilt die Kirche Feste und Theatervorstellungen aus den schon dargelegten religiösen und moralischen Gründen.[30] Der Autor des *Apologeticum* gesteht den Gläubigen höchstens zu, an Familienfeiern, einer Hochzeit oder der Anlegung der *toga virilis*, teilzunehmen unter der Bedingung, daß dabei keine Zugeständnisse an den Götzendienst gemacht wurden.[31]

Die körperliche Erziehung, die in der Antike in hohen Ehren stand, hatte ihre Befürworter und ihre Gegner. Rom hatte die gymnastischen Übungen aus hygienischen, nicht aus sportlichen Gründen übernommen.[32] Tertullian verurteilt völlige Nacktheit bei den Sportlern und ausführliche Körperpflege wie Einreiben und Massage.[33] Am schärfsten verurteilt er die Palästra, »wo der Teufel seine Geschäfte treibt«. Er gibt nicht genauer an, welche. Laktanz ist hinsichtlich der Nacktheit nicht weniger streng; sie erinnert ihn an die wohlgerundete Gestalt von Cupido und Venus.[34] In seiner hellenischen Gemütsart läßt Klemens gymnastische Übungen zu und empfiehlt sie, solange sie mit Maßen betrieben werden. Er ermutigt darin besonders die jungen Leute und die Männer. Für den Autor des *Pädagogen* erhält der Sport die Gesundheit, stärkt den Wettbewerbsgeist und dient schließlich der Seele selbst.[35] Niemand verurteilt die Jagd oder gar den Fischfang, mit dem die ersten Apostel ihr Brot verdienten.

Spielen war eine äußerst populäre Zerstreuung im Kaiserreich. Wenn man Sueton glauben darf, war Kaiser Claudius ein leidenschaftlicher

Spieler.[36] Weit verbreitet war das Würfelspiel, das die einen reich machte und die anderen ruinierte; allen stahl es die Zeit. Die Einsätze waren oft beträchtlich.[37] Durch die Ausgrabungen sind uns *tabulae lusoriae* (Spieltische) erhalten. In Rom hat man Spielpläne in das Pflaster der Basilica Iulia eingeritzt gefunden, wo die Müßiggänger flanierten; Cicero hatte sich schon darüber entrüstet. Ein weiteres Spiel, das man auf den Steinplatten von Timgad gefunden hat, zeigt, wie verbreitet es war: es wurde am Straßenrand gespielt und ermöglichte den Spielern, auf einer Bank sitzend, daran teilzunehmen. Rom allein hat über hundert Spieltische zur Kollektion beigesteuert.[38]

Die Kinder in Rom und Karthago spielten mit Nüssen wie die Kinder heute mit Murmeln. Es gab dabei vielfältige Kombinationsmöglichkeiten. Noch Augustin denkt daran, als er sich seiner Kindheitsjahre erinnert. »Sich von den Nüssen trennen« war gleichbedeutend geworden mit: die Kindheit hinter sich lassen. Auf dem Basrelief eines Sarkophags in Ostia sind zwei Gruppen von Kindern dargestellt, die mit Nüssen spielen. Eines von ihnen hält in seiner Tunika die übriggebliebenen Nüsse fest. Es weint, weil es verloren hat.[39]

Das Ballspiel, das den Kindern soviel Spaß macht, wird auch von den Erwachsenen nicht verachtet. Der jüngere Cato und Spurinna, ein Freund des Plinius, lieben es besonders.[40] Ein Geschicklichkeitsspiel mit kleinen Knochen – ursprünglich ein Spiel für Kinder, wie die Nüsse – gibt den Erwachsenen die Möglichkeit, um Einsätze zu knobeln. Die Glücksspiele, die kultivierte Beschäftigungslosigkeit und die Spielleidenschaft erklären die Vorbehalte der Kirchen. Erst recht verdammen die Christen Betrügerei und Lustbarkeit, wenn sie ein Mittel zur Bestreitung des Lebensunterhaltes werden.[41]

Die Abhandlung *De aleatoribus*, die dem Cyprian zugeschrieben wird, zeigt die verheerende Wirkung, die das Spiel auch unter den Christen anrichtete. Dort heißt es abschließend: Besser sein Vermögen in guten Werken ausgeben, als es im Spiel verlieren.[42] Im 4. Jahrhundert beschließt das Konzil von Elvira die Exkommunikation von Gläubigen, die beim Würfelspiel um Geld ertappt werden.[43] Es wagten auch Christen, sich in den Tavernen mit den Heiden zum Spiel zu treffen;[44] sie, die am Morgen einen liturgischen Gesang über die Unsterblichkeit gesungen hatten, stimmten abends in den Refrain ein: »Trinken und essen wir, / denn morgen sind wir tot.«[45] Die Atmosphäre in den Kneipen verleitete den Gläubigen dazu, übermäßig zu trinken und mit schwerem Kopf und erregten Sinnen den Annäherungsversuchen der Dirnen nachzugeben, die wie eine Spinne auf Beute lauerten.[46] Es war sicher nicht leicht, in einer heidnischen Welt dem Evangelium gemäß zu leben.

Die Christen versuchten, sich während der Woche wiederzutreffen. Feierten sie die Eucharistie? Eines ist sicher: diese findet nicht mehr abends statt, wie es ursprünglich Brauch war, sondern morgens, wenn die Gemeinde versammelt ist. Sie eröffnet die beiden Tage freiwilligen Fastens, den Mittwoch und den Freitag.[47] Tertullian nennt sie *statio*, ein militärischer Ausdruck, der ›Wachestehen‹ bedeutet. Es war eine Übung im Wachen und eine besondere Ruhepause während der Woche. Wahrscheinlich gab es zu jener Zeit häusliche Eucharistiefeiern für kleinere Gruppen, auf die Cyprian anspielt.[48]

Im 2. Jahrhundert ist es bei den wohlhabenden Christen üblich, Gemeindeglieder zum Abendmahl einzuladen, wobei besonders Menschen in Not berücksichtigt werden, dazu der Bischof oder Diakon. Griechen und Afrikaner gaben dieser Mahlzeit den schönen Namen »Liebesmahl« oder »Agape«.[49] Die Zahl der Gäste durfte nicht größer sein, als das Triclinium fassen konnte, bis die Kirche dann selbst das Mahl organisiert und einen Saal für diesen Zweck bereitstellt.[50] Die erste Anspielung darauf kommt wahrscheinlich bei Plinius dem Jüngeren selbst vor. »Die festgenommenen Christen«, so schreibt er, »geben zu, daß sie sich treffen, um gemeinsam ein einfaches, völlig unschuldiges Mahl einzunehmen.«[51]

Die Einladungen wurden bei der sonntäglichen Zusammenkunft oder bei einem Treffen auf dem Markt in den Säulenhallen ausgesprochen. Möglicherweise rät der Diakon dem Gastgeber, welche Personen er einladen soll.

Tertullian hat uns im *Apologeticum* eine anschauliche Beschreibung der Agapefeier hinterlassen, deren Einfachheit sich deutlich von dem Aufwand heidnischer Feste abhebt, die er scharf verurteilt: nichts fehlt hier, nicht einmal der klangvolle Rülpser,[52] der – so will es die Sitte – bei den Afrikanern von damals wie bei den Arabern heute die völlige Zufriedenheit ausdrückt.

Der Autor des *Apologeticum* bemerkt, indem er auf den Wortsinn des Namens »Agape« anspielt, daß dieser Brauch aus dem Geist der großen Liebe erwachsen ist, die die Christen füreinander hegen. Dieses Mahl, das die Heiden zu den infamsten Witzeleien provoziert hat, läßt sich in nichts mit den Festen vergleichen, die etwa zu Ehren des Serapis veranstaltet wurden, dessen Tempel in Karthago sehr besucht war; dort versetzte der Qualm der Küchen »die Feuerwehrmänner in Alarm«.[53]

Der Name dieses christlichen Mahles, »Agape«, bezeichnet deutlich das Motiv, aus dem es entstanden ist. Die das Mahl ausrichten, sind bei ihren Einladungen von dem Wunsch geleitet, den Armen zu helfen, ohne sie zu demütigen, ihnen die Möglichkeit zu geben, ihren Hunger zu stillen, und sie gleichwohl zu ehren. Die Christen begegnen den Armen mit der gleichen Güte wie Gott selbst, während der heidnische Amphitryon über seine Klienten, die Parasiten geworden sind, spottet.

Das Essen bei der Agape ist bescheiden und einfach, fährt Tertullian fort. Es gibt weder Verschwendung noch Ausschweifung. Die Gäste, Männer und Frauen, die nach antikem Brauch auf Diwanen ausgestreckt sind, bewahren Zucht und Würde, wie es eine religiöse Versammlung verlangt.

> »Nicht eher legt man sich zu Tisch, als ein Gebet zu Gott im voraus verkostet ist; man ißt soviel, wie man für den Hunger braucht; man trinkt soviel, wie Anständigen gut ist. So sättigt man sich wie jemand, der daran denkt, daß er auch zur Nachtzeit zu Gott beten muß; so spricht man miteinander wie jemand, der weiß, daß Gott es hört.«[54]

Das Mahl, das mit einem Gebet eröffnet worden ist, wird mit einem Danklied beschlossen. Das Waschen der Hände, das den Abschluß bildet, hat religiöse Wurzeln und religiöse Bedeutung. In der Kaiserzeit hat Griechenland von den Römern den Gebrauch des Mundtuchs übernommen, das den gleichen Namen trug wie das Händetuch, das man nach dem Waschen benutzte.[55] Es wurde dazu benutzt, erlesene Stücke mit nach Haus zu nehmen, um das Fest (*festa*) dort weiterzufeiern.

Bei Einbruch der Dunkelheit werden die Lichter angezündet; jeder ist aufgefordert, sich zu erheben und zu Ehren Gottes einen Lobgesang aus der Heiligen Schrift anzustimmen, wahrscheinlich einen Psalm. Die Verwendung des Psalters für das Beten geht bis in die Anfänge des Christentums zurück. »Das Mahl endet, wie es begonnen hat: mit dem Gebet.«

Den Brauch, den Gästen Geschenke (*apophoreta*) zu machen,[56] erwähnt Tertullian nicht, aber wir kennen ihn anderswoher. Es handelt sich um ausgewählte Stücke, die der Gast in einem Korb oder Tuch (Serviette) mitnahm und zu Hause verzehrte. Sie treten mehr und mehr an die Stelle des Mahles und werden zu einer selbständigen Form der Hilfe.

Stärker noch als der Anfang unterschied sich das Ende der Agapefeier von den lärmenden Gelagen der Epoche, die Anlaß waren für die Epigramme des Martial und die Satiren des Juvenal. Ein solches Gelage (*diffa*) endete gewöhnlich anstößig, »in Unsittlichkeit und Ausschweifung«. Die Christen aber kehren heim, »mit Ordnung und Anstand, wie jemand, der sich weniger an einer Mahlzeit gelabt hat als vielmehr an einer Lehre«[57].

Die Märtyrer verwandelten, wie wir gesehen haben, die letzte Mahlzeit, die den Verurteilten gewährt wurde, die Henkersmahlzeit, in eine Agape, um am Vorabend der äußersten Prüfung ihre Brüderlichkeit und ihre gegenseitige Unterstützung in gemeinschaftlichem Eifer zu bezeugen.[58] Möglicherweise gab die Gegenwart des Bischofs oder Diakons diesem letzten Brotbrechen seine kirchliche und liturgische Bedeutung.

Mit der Agapefeier verbunden oder unabhängig davon eröffnete die Segnung der Lampe oder des Leuchters die liturgische Feierstunde am Samstagabend. Nach Tertullian ist diese Sitte vom Judentum übernommen worden.[59] Paulus scheint in Troas beim Schein vieler Lampen[60] eine der ersten christlichen Lichtdanksagungen gefeiert zu haben. Die Lampe am Samstagabend symbolisiert die Auferstehung Christi und verdeutlicht, daß der Auferstandene von nun an das Licht der Welt ist. Diese christliche Umdeutung der Lichtthematik im Osten und in Afrika ist möglicherweise eine Reaktion auf den Sonnenkult bei den Heiden. Wir besitzen noch einen der ältesten Gesänge auf das Licht des Abends:

> Strahlendes Licht des Ruhmes,
> Licht des unsterblichen, glückseligen Vaters,
> O Jesus Christus.

> Beim Untergang der Sonne angelangt
> Schauen wir die Helle des Abends:
> Wir preisen den Vater, den Sohn
> Und den Heiligen Geist Gottes.

> Du bist ewig würdig,
> Von reinen Stimmen besungen zu werden,
> O Sohn Gottes, der du das Leben gibst.
> Auch das Universum verkündet deinen Ruhm.[61]

Der Tag des Herrn[62]

Die Einteilung der Woche in sieben Tage ist ein Kompromiß zwischen der jüdischen Woche und der ursprünglich babylonischen Planetenwoche, die den orientalischen Ländern vertraut ist. Die Griechen teilten die Zeit in Perioden von zehn, die Römer von acht Tagen ein. Die unterschiedlichen Bezeichnungen für den Sonntag haben die Spuren der verschiedenen Einflüsse bewahrt. Im Englischen und im Deutschen hat sich der Name erhalten, der zur Zeit Justins üblich war: ›Tag der Sonne‹ (*Sonntag, Sunday*). Franzosen, Italiener und Spanier benutzen die christliche Bezeichnung, die seit dem Ende des 1. Jahrhunderts gebräuchlich ist: ›Tag des Herrn‹ (*dimanche, domenica, domingo*), während im Orient und in Rußland vom Ostertag oder ›Tag der Auferstehung‹ (russisch *voskresenie*) gesprochen wird, was seit dem 3. Jahrhundert bezeugt ist.[63] Der Sonntag ist der erste Tag der Woche. Die reformierte Kirche in Frankreich singt noch heute: »Zu wem sollten wir an diesem ersten Tag der Woche gehen als zu Dir allein!«

»Für die Babylonier ist ein Tag die Zeit zwischen zwei Sonnenaufgängen«, sagt Plinius, »für die Athener zwischen zwei Sonnenuntergängen; die Umbrer rechnen von Mittag zu Mittag, die römischen Priester und die, die den bürgerlichen Tag festgelegt haben, von Mitternacht zu Mitternacht, ebenso die Ägypter und Hipparch.«[64] Gallier und Germanen ließen – wie die Juden und Mohammedaner heute – den Tag mit dem Sonnenuntergang beginnen.

Es ist ebenso abwegig, sich vorzustellen, daß sich die Christen an einem Sonntag in eine Katakombe verkriechen, wie daß sie untätig und schön gekleidet unter den Arkaden flanieren. Sie feierten den Sonntag, wie heute die Juden in Rom oder Paris den Sabbat begehen: inmitten der massiven Gleichgültigkeit der Umwelt. Ihre eigenen Feiern traten an die Stelle der Feste, die nach dem römischen Kalender gefeiert wurden.

Zur Zeit des Justin hatten die Römer für den ersten Tag der Woche, den *dies solis*, im Zuge des Synkretismus den Saturn-Kronos der Planetenwoche durch den Sonnengott Helios ersetzt – gerade als sich der Mithraskult ausweitete.[65] Justin stellt, vielleicht um den Unterschied zu betonen, Parallelen zwischen dem Mithraskult und der Eucharistie her.[66] Der Tag der Sonne, der auf den jüdischen Sabbat folgt, ist der christliche Tag schlechthin, an dem sich die christliche Gemeinde in Asien, Griechenland oder Rom versammelt, um die Eucharistie zu feiern. Plinius erwähnt in seinem Brief »einen bestimmten Tag, an dem die Christen gewöhnlich vor Tagesanbruch zusammenkommen, um Christus als ihrem Gott einen Wechselgesang zu singen.«[67]

Justin beschreibt es noch genauer: »An dem Tag, den man den Sonntag nennt, versammeln sich alle, die in den Städten und auf dem Lande wohnen, an *einem* Ort.«[68] Offensichtlich bezieht sich der christliche Philosoph auf eine für die ganze Kirche gemeinsame Veranstaltung, deren Ablauf im Blick auf eine Stadt wie Rom wohl differenziert werden müßte, da wir für diese Zeit dort noch keinen Kultort kennen, der eine vergleichbar große Versammlung aufnehmen könnte.

Die lebenswichtige Bedeutung des Sonntags für die Christen wird deutlich in dem Verhör der Gläubigen von Abitina in Tunesien, die man die ›Sonntags-Märtyrer‹ nennen könnte. Wegen unerlaubter Zusammenkünfte verhaftet, erscheinen sie vor dem Prokonsul, der ihnen vorwirft, die kaiserlichen Edikte mißachtet und die Eucharistie im Hause eines der Ihren gefeiert zu haben. Saturninus antwortet ihm:

»Wir müssen den Tag des Herrn feiern. Das ist unser Gesetz.«[69]

Dann kommt Emeritus an die Reihe.

»Haben bei dir verbotene Versammlungen stattgefunden?« fragt der Prokonsul.

»Ja, wir haben den Tag des Herrn gefeiert.«

»Warum hast du ihnen erlaubt einzutreten?«

»Das sind meine Brüder; ich konnte es ihnen nicht verbieten.«

»Du hättest es tun müssen.«

»Das konnte ich nicht, denn wir können nicht leben, ohne das Mahl des Herrn zu feiern.«

Der Tag und die Stunde sind durch das Osterereignis vorgegeben, durch die Auferstehung Christi, deren Gedächtnis dieser Tag bewahrt; das macht ihn zu einem Fest des Dankens und der Erwartung.[70] Aus demselben Grunde beten die Christen an diesem Tag stehend,[71] und alles Fasten ist vorüber.[72]

Wenn auch der Sabbat für die Juden ein arbeitsfreier Tag war, so ist doch die Vorstellung von Ruhe ursprünglich nicht mit dem christlichen Sonntag verbunden. Es gab zahlreiche Festtage ohne Arbeit in Rom, an denen Arbeiter und Sklaven sich ausruhen konnten und an denen für Unterhaltung gesorgt war; aber es gab keinen regelmäßigen Ruhetag.

Wann und wo kommen die Christen am Sonntag zusammen? Die Gläubigen mußten sich außerhalb der Arbeitszeit treffen. In Troas versammelten sie sich nachts,[73] am ersten Tag der jüdischen Woche, also in der Nacht von Samstag auf Sonntag. Bei Tagesanbruch nahm jeder seine Arbeit wieder auf. Das entspricht etwa dem, was Plinius der Jüngere

sagt, der die Zusammenkunft »vor Tagesanbruch« ansetzt,[74] also vor
Sonnenaufgang. Die aufgehende Sonne als Symbol der Auferstehung ist
sehr alt und hat vielleicht schon die Redaktion der Evangelien beein-
flußt.[75]
Die Christen treffen sich gewöhnlich in einem Privathaus, bei einem der
Ihren, der einen ausreichend großen Raum besitzt, um die Gemeinde
dort zu versammeln. Das Haus des Pudens, in dem Petrus in Rom
empfangen wird, hat möglicherweise als Versammlungsort gedient. Bei
den Grabungen in Santa Pudenziana – einer Verballhornung von *titulus
Pudentis* – sind Ziegel gefunden worden mit dem Stempel des Quintus
Servius Pudens. In Antiochia feiert Theophilus die Eucharistie zu
Hause.[76] Ebenso ist es in Smyrna zur Zeit des Ignatius von Antiochia.[77]
Im Orient befand sich das Zimmer des Obergeschosses direkt unter
dem Dach. Es war der ruhigste und zugleich unauffälligste Raum. Die
Orientalen drängen sich mühelos auf beschränktem Raum zusammen –
das beweisen die winzigen Bergkirchen in Kurdistan[78] und Äthiopien.
Der Autor des *Philopatris* beschreibt eine liturgische Versammlung, die
in der oberen Etage eines sehr reichen Privathauses abgehalten wird.[79]
Die Geschichte der Thekla erzählt, wie die junge Heidin in Iconium von
ihrem Fenster aus Paulus bei einem Gottesdienst im Hause gegenüber
predigen hört.[80] Die Zusammenkünfte der Christen, die vom Gesetz
nicht genehmigt waren, konnten nicht wie die der Heiden unter freiem
Himmel stattfinden, wodurch sie in den Verdacht geheimer Aufwiege-
lei gerieten.[81]
Dagegen scheint in einem römischen Haus, dessen ursprünglicher
Grundriß als bäuerlicher Wohnsitz erhalten ist, lieber das Triclinium,
der geräumige Eßraum, benutzt worden zu sein. Es ist indessen auch
möglich, daß sich zur Zeit des Tertullian die karthagischen Christen auf
dem Gelände (*area*) eines Friedhofs unter freiem Himmel trafen, mitten
in einem von Mauern eingeschlossenen und vor Blicken geschützten
Garten. In Cherchel, in Nordafrika, hat man eine dieser *areae* gefunden. Vielleicht läßt sich von daher der gegen die Christen gerichtete Ruf
der Heiden erklären: »*Areae non sint* – sie sollen keine Friedhöfe
haben!«[82]
In Antiochia verwandelte ein gewisser Theophilus, der vornehmste
Bürger der Stadt, sein Haus in eine Basilika und errichtete dort den
Stuhl Petri.[83] Selbst wenn es kein historischer Tatbestand ist, spiegelt es
doch die Situation der Zeit. In Tripolis in Syrien sagt ein Bürger mit
Namen Marcus zum Apostel:

»Mein Haus ist sehr groß, es kann mehr als fünfhundert Menschen aufnehmen. Es gibt dort auch einen Garten.«

»Zeig dein Haus und deinen Garten.«

Petrus findet den Ort sehr geeignet für die Predigt.[84]

Der große Saal des Hauses von Amrah in Syrien mißt 6,30 mal 7,20 Meter.[85] Doch ein für den Gottesdienst bestimmter Raum konnte auch zu anderen religiösen oder profanen Zwecken genutzt werden, besonders in einem Privathaus. Irgendwann einmal bot der Eigentümer das Gebäude dann der Gemeinde an. Mehrere römische Kirchen, die bei Ausgrabungen zutage kamen, so etwa die Klemenskirche und die Johannes- und Pauluskirche, sind auf Privathäusern errichtet. Es gab also im Rom des 2. Jahrhunderts für die sich ständig verändernde und zerstreut lebende Bevölkerung mehrere Kultorte in den verschiedenen Vierteln der Stadt, die von einfachen Priestern oder Presbytern geleitet wurden. Im *Liber Pontificalis* gehen die Namen dieser Amtsträger in der Stadt bis auf Papst Evaristus zu Beginn des 2. Jahrhunderts zurück.[86]

Die älteste erhaltene Kirche befindet sich in Dura-Europos am Euphrat.[87] Es ist ein Haus wie jedes andere – an einer Straßenecke gelegen. Die Gemeinde dort verfügt über einen großen Versammlungsraum, einen Saal für die Agapefeier und ein Baptisterium. Bemerkenswert ist, daß der Gottesdienstraum nach Osten ausgerichtet ist. An der Seite befindet sich ein kleines Podest, auf dem der Bischofssitz stand; das entspricht durchaus den Richtlinien der *Didaskalia*.[88]

Es gibt noch keinen Kirchenbaustil, da die Kultorte im Westen und Osten die Form der Wohnhäuser der jeweiligen Gegend übernehmen und sich ganz der Architektur des Landes anpassen. Mit dem 2. Jahrhundert treten zum ersten Mal Kirchen auf, die eigens für den Gottesdienst gebaut sind, vor allem in solchen Gegenden, die weit von der Hauptstadt entfernt liegen.[89] Edessa besitzt eine Kirche aus dieser Zeit.

Justin hat uns die erste Beschreibung der sonntäglichen Versammlung überliefert:

> »Man liest, solange die Zeit es erlaubt, aus den Werken der Apostel und den Schriften der Propheten. Dann hört der Vorleser auf, und der Gemeindeleiter übernimmt das Wort, um uns zu ermahnen, den schönen, eben verlesenen Beispielen zu folgen. Daraufhin erheben sich alle zum Gebet. Schließlich, wenn das Gebet beendet ist, bringt man, wie wir das schon beschrieben haben, Brot, Wein und Wasser.

Der Gemeindeleiter betet und dankt möglichst ausführlich. Das Volk antwortet mit ›Amen‹. Man teilt jedem seinen Anteil am eucharistischen Mahl aus und schickt ihn den Abwesenden durch die Diakone.«[90]

Die Versammlung wird vom Bischof oder seinem Vertreter geleitet.[91] Die Diakone sind ihm dabei behilflich, sie heißen ihn willkommen und gehen ihm zur Hand. Priester und Gläubige tragen alltägliche Kleidung; nichts unterscheidet sie untereinander oder vom Mann der Straße, dem sie nach dem Gottesdienst wieder begegnen. In Griechenland bedecken die Frauen ihren Kopf mit dem *himation*, einem Wolltuch, das sie dann wie einen weiten Schleier tragen, oder aber sie schlagen den Schoß ihres Gewandes (*peplos*) um.[92] Tertullian stellt den eitlen Damen in Karthago die eingeborenen Frauen als Vorbild hin, die nicht nur den Kopf, sondern das ganze Gesicht verhüllen.[93] Der gestrenge Moralist rügt auch, wenn der Kopf mit einem Schleier aus allzu dünnem Stoff bedeckt wird. Den jungen Mädchen mißt er noch die Länge des Schleiers ab und schreibt vor, wie er umgelegt werden soll. Warum ist er nicht Schneider geworden!

Die Messe beginnt. Sie besteht aus zwei großen Teilen: Der eine ist dem Predigtdienst gewidmet – an ihm können auch die Katechumenen teilnehmen –, der andere ist den Gläubigen vorbehalten: dort vollzieht sich das Sakrament der Eucharistie. Im Orient wird an bestimmten Tagen, abgesehen vom Sonntag, ein liturgischer Gottesdienst ohne Eucharistie gefeiert.

Von Smyrna bis Rom unterscheidet sich die Form der Messe kaum, denn der Papst fordert den alten Bischof Polykarp auf, sie an seiner Stelle zu zelebrieren. Möglicherweise wurde die Feier mit einem Gruß des Bischofs eröffnet, etwa: »Der Herr sei mit euch!« – »Und mit deinem Geist!« Die semitische Form dieses Grußes, die den paulinischen Formulierungen sehr ähnlich ist, bezeugt das hohe Alter dieser Anrede.[94] Ein Vorleser, der sicherlich aus dem Kreis der Zuhörer geholt wurde, liest Texte aus den Evangelien und dem Alten Testament. Wir wissen durch Tertullian, daß die Apostelbriefe hinzugenommen wurden.[95] Es wird griechisch vorgelesen; dies ist die Sprache, die von Syrien bis Lyon in allen Gemeinden am weitesten verbreitet war. Das Alte Testament wird in der Übersetzung der Septuaginta gelesen, die seit der Zeit der Apostel benutzt wird. In der Mitte des 2. Jahrhunderts setzt sich das Lateinische in Afrika durch. In den zweisprachigen Versammlungen, wie in Lyon oder in Skythopolis, übersetzte wahrscheinlich ein

Dolmetscher Stück für Stück den Text, wie es heute noch in den Gemeinden Schwarzafrikas üblich ist.

Außer den kanonischen Schriften lesen die Christen andere Werke wie den Brief des Klemens an die Korinther oder den *Hirten* des Hermas. Die Korinther lasen sonntags auch den Brief des Papstes Soterus[96] und die Karthager das Edikt des Papstes Zephyrin.[97] Cyprian bittet darum, daß seine Briefe aus dem Exil der versammelten Gemeinde vorgelesen werden.[98]

Zwischen der Lesung und der Predigt werden Psalmen gesungen. Wahrscheinlich nahm die Gemeinde einen Vers als Refrain auf. In Ägypten singt man seit dieser Zeit Psalmen.[99] Ursprünglich muß der Gesang dem in der Synagoge verwandt gewesen sein; diese Verwandtschaft existiert noch heute (darauf machte vor einigen Jahren der Großrabbiner von Rom im Anschluß an eine nach syrischem Brauch gehaltene Messe Kardinal Tappouni aufmerksam).

Die Gemeinde und der Bischof sitzen. Der Priester legt den Text der Lesung aus und ermahnt seine Gemeindeglieder. Diese Predigt paßt sich ganz dem Geist des Landes an: etwas lyrischer bei den Syrern, nüchtern und mit einer Neigung zum Moralisieren im Westen. Eine Predigt aus dem 2. Jahrhundert kann uns noch einen Begriff von dem Predigtstil jener Zeit geben.[100]

Diese bezieht sich unablässig auf das Wort Gottes. Sie beschreibt die Güte des Herrn als Retter der Menschen und Richter der Kirche. Das Dramatische an der christlichen Existenz, das sich aus der Konfrontation mit der heidnischen Umwelt ergibt, wird nachdrücklich hervorgehoben: jeder Gläubige steht in einem ständig währenden Kampf. Die Isthmischen Spiele, die in der Nähe von Korinth, dem Predigtort, abgehalten wurden, führen den Prediger zu dem Vergleich mit Wettkämpfen im Stadion. Der Ruf zur Buße kehrt wie ein Leitmotiv ungefähr zehnmal wieder. »Helfen wir uns gegenseitig, um auch die Schwachen zum Guten zu führen, auf daß wir alle gerettet werden.«[101] Das ist kein Evangelium für Heroen, sondern eine Ermutigung zu täglicher Treue und Solidarität.

Es ist möglich, daß der abschließende Aufruf zum Friedenskuß und die Doxologie, ein Lobpreis zur Ehre Gottes, wie er den 2. Brief des Paulus an die Korinther beschließt, den Eucharistiegottesdienst einleiteten: »Die Gnade unseres Herrn Jesus Christus und die Liebe Gottes und die Gemeinschaft des Heiligen Geistes sei mit euch allen!«[102]

Dann folgt das gemeinsame Gebet. Die ganze Gemeinde steht mit erhobenen Händen. Der Bischof bringt die Hauptsorgen der Kirche und der

Welt zur Sprache. Hierin äußert sich das Bewußtsein der Einheit und
der Katholizität. Der Priester bittet um Durchhaltevermögen der Gläubigen, er bittet für die Katechumenen, aber auch »für die, die uns regie-
ren«, und für den Frieden in der Welt.[103] Das Gebet, das den Klemens-
brief abschließt, ist ein Beispiel für ein allgemeines Gebet. Als der alte
Polykarp festgenommen wird, bittet er darum, eine Stunde beten zu
dürfen,[104] wobei er sich bestimmt an die liturgischen Gepflogenheiten
hält. »Er betete laut.« Bei dieser Anrufung »gedachte er all derer, die er
während seines langen Lebens kennengelernt hatte, er erwähnte Kleine
und Große, Bekannte und Unbekannte und schloß die gesamte katholische Kirche, die über die ganze Welt verstreut war, in sein Gebet
ein.«

Das Fürbittegebet wurde ohne Zweifel im Wechsel gesprochen, das
heißt mit Strophen und Gegenstrophen, wie in der Synagoge, wo die
Gemeinde mit Zurufen antwortet, die aus den aramäisch sprechenden
Gemeinden ohne Übersetzung entlehnt sind, wie »Halleluja!«, »Maranatha!«, »Amen!« Andere Gebete kommen aus der griechischen
Welt, wie das »Kyrie eleison!«, das sich in den lateinischen, koptischen
und syrischen Gottesdienstordnungen findet.

Der Friedenskuß ist eine Geste der Versöhnung und der Brüderlichkeit
unter denen, die die Eucharistie zusammen feiern wollen. Die Verbundenheit manifestiert sich im Opfer: »Die unter uns, die etwas besitzen,
helfen denen, die nichts haben.«[105] Von den mitgebrachten Gaben wählen die Diakone Brot und verdünnten Wein aus und stellen sie vor den
Priester auf den Tisch.[106]

Der Bischof spricht ein freies Gebet zum Lob des Vaters und dankt für
die Heilstaten von der Erschaffung der Welt an bis zur Sendung seines
Sohnes, der alle Verheißungen erfüllt und vollendet. Im Rahmen der
vorgegebenen Themen ist das Gebet der Improvisation des Priesters
überlassen. Mit dem Gebet weiht er die Oblaten und macht sie zu dem
einzigen wahren Opfer, welches – nach der Weissagung des Maleachi –
von Osten bis nach Westen gereicht wird.[107] Die Danksagung ist dabei
so wesentlich, daß schließlich die ganze Feier danach benannt wird:
»Eucharistie« – ein Begriff, der sich heute wieder durchgesetzt hat.

Das eucharistische Gebet wird wahrscheinlich mit einer Einladung an
die Gemeinde eröffnet; darauf spielt vielleicht der jüngere Plinius an,
wenn er von einem Wechselgesang an Christus spricht: »Erhebet Eure
Herzen! – Lasset uns Gott danken!« Die Gläubigen nehmen durch die
konzentrierte Stille an dem Gebet des Priesters teil und besiegeln es in
gewisser Weise mit dem »Amen« am Schluß, das – wie später Hierony-

mus sagen wird – »als ein gewaltiges Donnern ausgerufen wird«. Alle
kommunizieren mit dem geweihten Brot und Wein. Sicherlich wird der
Kelch unter den Gläubigen herumgegeben. Jeder empfängt das Brot »in
der Handfläche«[108]. Einige Christen nehmen die eucharistischen Gaben
mit nach Hause, um sie dort zu verzehren.[109] Auch hier werden die
Abwesenden, vor allem die Kranken und Alten, nicht vergessen. Die
Diakone bringen ihnen die Gabe Gottes und die der Brüder, die in *einer*
Feier vereint werden. Die Bischöfe der verschiedenen Gemeinden
haben die Gewohnheit, anderen Gemeinden geweihtes Brot zu schik-
ken, um die Einheit zu besiegeln.[110]

Die Morgenröte erhellt den Horizont. Jeder kehrt nach Hause oder an
seine Arbeit zurück, wo er im Herzen und mit seiner alltäglichen Existenz jene Danksagung fortsetzt, die niemals enden wird.

Ein ständiger Austausch belebt die Gemeindeversammlung, zu der die
Menschen »aus der Stadt und vom Lande« zusammenkommen. Die
Gemeinde versteht sich als Einheit bis in die Zerstreuung hinein. Die
sozialen Maßnahmen, die sich an den sonntäglichen Gottesdienst
anschließen, besonders die Einrichtung der Agapefeier, werden als
seine natürliche Fortsetzung empfunden und als Anwendung des
gemeinsam erfahrenen Mysteriums auf das tägliche Leben. Bei den
Werken beschränkt man sich nicht auf die körperlichen Bedürfnisse,
sondern bemüht sich, den Hunger nach Gerechtigkeit und das Verlangen nach Brüderlichkeit zu wecken und zu stillen.

Der sonntägliche Gottesdienst gliedert den Ablauf der Zeit. Er hat auf
den Fresken der Katakomben, den Hausinschriften, den Epitaphen der
Sarkophage, in den Märtyrerakten und in der Erbauungsliteratur seine
Spuren hinterlassen. Auf Papyri und Tonscherben sind uns Bruch-
stücke der Liturgie erhalten, von der die alltägliche Frömmigkeit lebte.
Das »Kyrie eleison« und das »Maranatha« kehren immer wieder.[111] In
Scili und in Karthago antworten die Märtyrer auf ihre Verurteilung mit
dem liturgischen Dankesruf »Deo gratias«.[112] Ehe sie sterben, tauschen
die Christen von Karthago den Friedenskuß, der den gottesdienstlichen
Charakter ihres Opfers besiegelt.[113] Das Gebet des Polykarp auf dem
Scheiterhaufen stellt bis in seine Ausdrucksform hinein das Martyrium
als höchsten Gottesdienst und Vollendung der Eucharistie dar.[114]

»O Nacht, heller noch als der Tag!«

Das Osterereignis prägt fortan die Geschichte. Die Tage und die Woche sind mit dem Mysterium der Auferstehung verknüpft, welches den gesamten Zeitlauf erhellt. Der große Osterstreit, der die Beziehungen zwischen Rom und Asien überschattet, macht zumindest deutlich, welche Bedeutung der Auferstehungsfeier in allen Kirchen von Anfang an zukommt.[115]

Die Gemeinden in Asien und Palästina und sicher auch die Asiaten in Rom, die an jüdischen Gepflogenheiten festhielten, feierten das Passahfest weiterhin, wie die Hebräer, am 14. Nisan, am Tag des Frühjahrsvollmond, gleichgültig, auf welchen Wochentag dieser fiel. Hierbei lag der Nachdruck auf Christus als unserem wahren Passah, das an diesem Tag geopfert worden ist. Die römische Kirche und all die Kirchen, die sich ihr angeschlossen und vom jüdischen Kalender gelöst haben, stellten dagegen die Auferstehung als das Wesentliche ins Zentrum. Sie feiern sie am ersten Sonntag, der auf den 14. Nisan, das heißt auf den Vollmond nach der Frühlings-Tagundnachtgleiche, folgt,[116] wobei sie den »Tag des Herrn« festlich begehen.

Die Feierlichkeiten werden mit einem Fastentag begonnen. Bei Anbruch der Dunkelheit versammeln sich die Christen, um die Nacht im Gebet zu verbringen. Zu Beginn der Vigil zündet man nach jüdischem Brauch Lampen an. Es war die große Nachtwache, »die bedeutendste aller Vigilien«, sagt Augustin. Sie dauerte bis zum Morgengrauen. Sie sollte die Herzen bereit machen, den Herrn zu erwarten. Auferstehung und Erwartung des Kyrios verschmelzen in einer Feier.

> »Ihr sollt euch versammeln und nicht schlafen; die ganze Nacht sollt ihr in Gebet und Tränen wachen, sollt die Propheten, die Evangelien und die Psalmen lesen bis zur dritten Stunde der Nacht, die auf den Samstag folgt. Dann sollt ihr das Fasten beenden und das Opfer darreichen. Ihr sollt essen und euch freuen und jubilieren, denn Christus, der Wegbereiter unserer Auferstehung, ist auferstanden!«[117]

Die Texte der Lesung bezogen sich auf das Ostergeheimnis. Aus dem Buch des Exodus wurde die Erzählung vom Passahlamm verlesen,[118] in Rom das 6. Kapitel des Propheten Hosea: »Kommt, wir wollen wieder zum Herrn«.[119] Wie uns die erstaunliche Predigt des Meliton von Sardes sehen läßt, zeigte der Priester in seinen Ausführungen eine Parallele zwischen dem jüdischen Passah und dem christlichen Osterfest auf. Christus beendet die Zeit der Vorbereitungen und führt das auserwählte Volk für immer in das Reich Gottes ein.

Der Hahnenschrei verkündet den neuen Tag, einen Tag der Festlichkeit und der Freude. Das Fasten wird abgebrochen. Die Eucharistiefeier erhält ihren vollen Sinn als Erinnerung an Tod und Auferstehung Christi. An keinem anderen Tag waren die Herzen der Christen so leidenschaftlich bewegt wie an diesem Morgen, wenn sie in aller Frühe zu ihren täglichen Aufgaben zurückkehrten.

Was der Westen oft in entstellter Form für die Weihnachtsnacht beibehalten hat, das tun die Christen des 2. Jahrhunderts von Antiochia bis Karthago und von Rom bis Lyon in der Osternacht: Sie widmen die schönste aller Nächte dem Gebet, der Lektüre biblischer Texte und der Erwartung des Herrn. Bei dem Versuch, die Ostervigil wiederzubeleben, wurde diese auf die Bedürfnisse von Christen zugeschnitten und verkürzt, die sich ständig unter Zeitdruck fühlen. So konnte sie dem Westen nicht die geistliche Fülle eines Erbes zurückgeben, das in Rußland und Griechenland erhalten geblieben ist. Noch heute verbringen die Russen vierundzwanzig Stunden in der Kirche, um das Osterfest zu feiern. Westliche Christen aber, die nicht zögern, eine ganze Nacht hindurch zu tanzen, sind heutzutage nicht in der Lage, eine Nacht daranzugeben, um das Mysterium ihres Glaubens zu feiern.

»O Nacht, heller noch als der Tag,
Strahlender als die Sonne,
Süßer als das Paradies,
Nacht, die ein Jahr lang erwartet wird!«[120]

Die auf das Mysterium der Auferstehung ausgerichtete Gestaltung der Tage, der Wochen und des Jahres bereitet die Kirche und das Universum auf den Tag der Auferstehung aller vor, da das Licht leuchtet, das niemals erlöschen wird. Der »achte Tag«, an dem der Herr auferstanden ist, verkündet den Jüngsten Tag und das Ende der Zeiten.

Jeglicher Gottesdienst ist für den Christen, ebenso wie das tägliche Leben, letztlich nur Vorbereitung und Erwartung. Die schwierige, angstvolle Situation der Christen, die häufig durch die Staatsgewalt bedroht waren und oft nicht wußten, was der nächste Tag bringen würde, half ihnen, diese Vorläufigkeit besser zu ertragen. Mit dem »Maranatha« der gottesdienstlichen Versammlung, das bei jedem »Mahl des Herrn« gesprochen wurde und zugleich »Der Herr kommt« und »Herr, komm« bedeutet, schließt das letzte Buch der Bibel. Es ist der Ruf der Kirche: Gewißheit und leidenschaftlichste Erwartung in einem.

Zweites Kapitel

Die Lebensabschnitte

Ein Christ kann die großen Ereignisse in seinem Leben rot im Kalender markieren: Bekehrung, Taufe, Hochzeit, Tod. Sie lassen ihn ermessen, was ihn mit der Gesellschaft, in der er Tag für Tag lebt, verbindet oder von ihr trennt. Neue, andersartige Werte erleuchten seinen Weg und leiten seine Entscheidungen. Liebe, Leben und Tod, die jede menschliche Existenz rhythmisch gliedern, erhalten vom Glauben her ewige Geltung. Christen und Märtyrer, wie Johanna auf dem Scheiterhaufen, wissen, daß »die Liebe stärker ist als der Tod, daß die Liebe überhaupt am stärksten ist« (P. Claudel), weil der Christ am Tage seiner Taufe das Antlitz des Ewigen, der selbst das Leben ist, geschaut hat.

Die Aufnahme in die Christenheit

Was heutzutage in Ländern mit langer christlicher Tradition eine Ausnahme ist, war im 2. Jahrhundert die Regel: »Man kommt nicht als Christ auf die Welt, sondern man wird Christ«, sagt Tertullian.[1] Die Bekehrung brachte in der Lebensführung und der Religionsausübung eine Veränderung mit sich, die zum Bruch mit dem Staat führte und den Christen in seiner Umwelt und seiner Familie, sofern sie heidnisch geblieben war, isolierte.

Unabhängig von seiner tiefsten Überzeugung als Grieche oder Römer, als Ägypter oder Gallier wurde das religiöse, berufliche und soziale Leben eines Menschen durch die Taufe von Grund auf verändert. Bindungen an eine gesellschaftlich verankerte Religion sind besonders schwer zu lösen. Um sich davon zu überzeugen, muß man nur an den Widerstand denken, den schwedische oder auch französische Gesellschaftskreise, die nicht selten selbst agnostizistisch sind, dem Übertritt eines Sohnes oder einer Tochter zum Katholizismus entgegensetzen.

Es war nicht einfach, als Katechumene zugelassen zu werden. Die Gemeinde ließ jede mögliche Vorsicht walten, um unerwünschte Personen fernzuhalten und die Bewerber zu überprüfen. Gewöhnlich wird man von einem Christen bei der Gemeinde eingeführt. Der Heide, den das Evangelium anzieht, beginnt sich zu informieren. Er begleitet seinen christlichen Freund oder seinen Verkündiger zu den Versammlungen der Gemeinde. Er unterrichtet sich über die neuen Wahrheiten und versucht, sie in die Tat umzusetzen – ein langwieriger Lernprozeß, den die Kirche ein Jahrhundert später organisieren und strukturieren wird.

In der zweiten Hälfte des 2. Jahrhunderts beginnt Pantänus in Alexandria seine Arbeit als Katechet.[2] Die Vorbereitungzeit heißt Katechumenat, ein griechisches Wort, das als solches ins Lateinische übernommen wurde, um die Zeit der Katechese und der Ausbildung zu bezeichnen. Der Zustrom von Kandidaten, das Risiko, das mit dem Bekenntnis zum Christentum verbunden ist, die Erfahrung ständiger Verfolgungen und Apostasien machen die Kirche vorsichtig und anspruchsvoll zugleich.

Die Märtyrerberichte wissen von Christen und Christinnen, die die Taufe noch nicht empfangen haben, woraus hervorgeht, daß die endgültige Aufnahme in die Gemeinde erst nach einer langen Probezeit stattfindet. Felicitas und Revocatus, Perpetua und einer ihrer Brüder sind zur Zeit ihrer Verhaftung noch Katechumenen.[3] Vier weitere Katechumenen sind in Thuburbo inhaftiert. Ebenso verhält es sich zur Zeit des Origenes in Alexandria mit den Märtyrern Heraklides und Heraïs: letztere schied »mit der Taufe durch das Feuer«[4] aus dem Leben.

Die Länge der Probezeit zur Stählung des Glaubens paßt sich flexibel den Lebensumständen an. Wir sind weit entfernt von der urchristlichen Zeit, da Philippus auf der Straße nach Gaza den Kämmerer der Königin von Äthiopien auf der Stelle taufte und eine Rede des Petrus genügte, um eine »begeisterte Menge ins Taufwasser« zu treiben. Die Glaubenserziehung bestimmt den Lebensstil. Justin spielt schon auf die vorbereitende Unterweisung an, wenn er von denen spricht, »die sich von der Wahrheit unserer Belehrungen und Aussagen überzeugen lassen«[5]. Diese Katechese ist mit Gebet und Fasten verbunden. Der Kandidat hört von den großen Glaubenswahrheiten und erlernt das Gebet des Herrn, das die Gemeinde prägt. Sicherlich gibt es auch bereits eine eigene Formel für das Taufbekenntnis.

In seiner *Darlegung der apostolischen Verkündigung* vom Ende des 2. Jahrhunderts überliefert uns Irenäus den Text der »Glaubensregel, wie sie von den Vätern (Presbytern) auf uns gekommen ist«:

> »Vor allem unterweist uns der Glaube zu gedenken, daß wir die Taufe empfangen haben zur Vergebung der Sünden im Namen Gottes des Vaters, und im Namen Jesu Christi, des fleischgewordenen

und gestorbenen und auferstandenen Sohnes Gottes, und im heiligen Geiste Gottes; und daß diese Taufe das Siegel des ewigen Lebens sei und die Wiedergeburt in Gott, damit wir nicht der gestorbenen Menschen, sondern des ewigen und beständigen Gottes Kinder seien.

Wenn wir aber durch die uns im Namen der drei Personen [der Dreifaltigkeit] zuteil gewordene Taufe erneuert sind, dann sind wir durch diese Wiedergeburt mittels des Sohnes mit dem Heiligen Geist reich gemacht an Gütern, die in Gott dem Vater sind. Denn die getauft sind, empfangen den Geist Gottes, der sie zum Wort, das heißt zum Sohn führt. Und der Sohn nimmt sie und führt sie seinem Vater zu, der Vater aber läßt ihnen Unverweslichkeit zuteil werden.«[6]

Der Glaube, der die Kirche aufbaut, macht den Christen zum Christen. Es ist überall derselbe Glaube, der den weitgestreuten Gemeinden angeboten ist, deren Zeugnisse miteinander übereinstimmen von Ägypten bis Karthago und von Kleinasien über Rom, die große Wegkreuzung zwischen den verstreuten Gemeinden, bis nach Lyon. Irenäus erinnert zu Beginn seines Werkes *Adversus haereses* an die Grundwahrheiten des Glaubens. Dann fügt er hinzu:

»Nun wohl, diese Botschaft und diesen Glauben bewahrt die Kirche, wie sie ihn empfangen hat, obwohl sie, wie gesagt, über die ganze Welt zerstreut ist, sorgfältig, als ob sie in einem Hause wohnte, glaubt so daran, als ob sie nur eine Seele und ein Herz hätte, und verkündet und überliefert ihre Lehre so einstimmig, als ob sie nur einen Mund besäße. Und wenngleich es auf der Welt verschiedene Sprachen gibt, so ist doch die Kraft der Überlieferung ein und dieselbe. Die in Germanien gegründeten Kirchen glauben und überliefern nicht anders als die in Spanien oder bei den Kelten, die im Orient oder in Ägypten, die in Libyen oder in der Mitte der Welt.«[7]

Der Katechet bringt den Schüler dahin, die Größe des Glaubens und den Anspruch des Taufritus zu erfassen, und lehrt ihn, die Veränderung des Lebens sowie die damit verbundenen Gefahren richtig einzuschätzen: die christliche Religion ist illegal, jede gottesdienstliche Versammlung, so lebenswichtig sie für den Glaubenden ist, ist strafbar. Der Staat schlägt unversehens zu, und er schlägt kräftig zu.

Sich zum Christentum bekennen bedeutet, daß man sich selbst aus der guten Gesellschaft ausstößt und mit der Umwelt in Konflikt gerät. Es

genügt nicht, diese Situation theoretisch zu bedenken, man muß sie
vielmehr erproben, Erfahrungen in ihr sammeln und sie praktisch
durchleben, um sich in voller Kenntnis der Sache dafür zu engagieren.
So beharrt die Kirche auf der Zeit des Noviziats, und das um so mehr,
als weder Heiden noch Häretiker dieses Institut kennen. Die Myste-
rienreligionen forderten keinerlei moralische Erneuerung. Die Marcio-
niten in Afrika tauften, soviel sie nur konnten.[8] Demgegenüber setzt
das Christwerden voraus, daß man sich von den Götzen und all dem
teuflischen »Pomp« losmacht, den die Schriftsteller anprangern;[9] diese
denken dabei vor allem an die Theatervorstellungen und Zirkusspiele,
nach denen es die Afrikaner so sehr verlangte. Die Lehre von den »zwei
Wegen«, die zur Grundkatechese gehört, hob den dramatischen Charakter der Konfrontation mit dem Christentum hervor.

> »Zwei Wege gibt es, einen zum Leben und einen zum Tode; zwi-
> schen beiden Wegen ist ein großer Unterschied. Der Weg zum Leben
> ist nun der: ›Erstens, du sollst Gott lieben, der dich gemacht hat;
> zweitens deinen Nächsten wie dich selbst; alles, was du willst, daß dir
> nicht geschehe, tue du auch keinem andern!‹«[10]

Mit Vorliebe greifen die christlichen Autoren zu sportlichen und vor
allem militärischen Vergleichen, um klarzumachen, daß der Kampf
fortan unerbittlich ist.
Wenn er alles wohl erwogen und Erfahrungen gesammelt hat, fällt der
Katechumene seine Entscheidung, und er weiß, daß sie unwiderruflich
ist; wie bei einem Soldaten handelt es sich um einen Treueschwur auf
Leben und Tod, was für einen Afrikaner oder sonst lateinisch Sprechenden in dem Wort »sacramentum« (Sakrament) zum Ausdruck kommt.
Den vor der Kirche bekannten Glauben wird der Christ vor der Staatsgewalt und den Gerichten bekennen müssen. Die Gemeinde gibt ihrerseits ihre Zustimmung. Bei der Ankunft neuer Kandidaten ist sie in
erster Linie betroffen und kollegial verantwortlich für deren Durchhalten. Sie überprüft also die Haltung des Bewerbers und seinen Eifer,
»Armen zu Hilfe zu kommen und Kranke zu besuchen«[11]. Manche
Katechumenen ersucht der Bischof, ihren Beruf zu wechseln, wenn ihm
ihre frühere Lebensweise unvereinbar oder schwer verträglich mit dem
neuen Glauben und den in Gegenwart der ganzen Gemeinde übernommenen Aufgaben erscheint.
Der christliche Taufritus ist keine christliche Erfindung. Er taucht zu
einer Zeit auf, da heilige Bäder wie bei den Essenern, so auch bei anderen religiösen Sekten üblich waren. Zur Zeit Christi gab es in Palästina

eine regelrechte Taufbewegung. In allen orientalischen Religionen haben heilige Flüsse wie Ganges und Jordan reinigende Wirkung und schenken Gesundheit.

Die Symbolkraft des Wassers hat in der Religionsgeschichte eine bedeutende Rolle gespielt. Wasser weist auf Geburt und Fruchtbarkeit. Der Schöpfungsbericht läßt die Welt Gottes aus den Wassern hervortreten. Der Gedanke findet sich in den anderen Kosmogonien wieder, in denen das Leben aus dem Wasser entsteht. Die Religionen verknüpfen mit der Fruchtbarkeits- die Reinigungsvorstellung. Das Leben quillt nicht nur aus dem Wasser hervor, sondern es wird auch vom Wasser erneuert und gestärkt. Tatsächlich stellen der erste Petrusbrief und die frühe liturgische Tradition das Werk Christi als einen Sieg über das Ungeheuer der Flut und die Taufe als Befreiung des Menschen aus dem Schlund des Leviathan dar. Christus steigt hinab in die großen Wasser des Todes und tritt wieder daraus hervor, wobei er die Schöpfung und die erneuerte Menschheit in seinen Sieg mit hineinnimmt.

Vorstellungen aus religiösen Mythologien und biblische Themen treten, häufig miteinander verbunden, in der Taufliturgie und -katechese zutage. Hervorbrechendes Leben, Reinigung von früheren Verfehlungen und Licht auf dem Weg, den der Glaube absteckt – so klingt es gleichlautend, gelegentlich mit einer Verschiebung des Akzents, bei allen Autoren der Epoche.

Zwei Schriften aus dem 2. Jahrhundert liefern uns genauere Angaben über die Art, wie getauft wurde: die *Didache* und die *Apologie* des Justin, die überaus reich an Informationen über das liturgische Leben jener Zeit ist. Die *Didache* bietet uns das älteste Ritual:

> »Betreffs der Taufe aber, taufet also: Nachdem ihr alles Obige mitgeteilt habt, taufet auf den Namen des Vaters und des Sohnes und des Heiligen Geistes in fließendem Wasser. Hast du aber kein fließendes Wasser und kein kaltes, dann in warmem Wasser. Hast du beides nicht, so gieße auf das Haupt dreimal Wasser auf den Namen des Vaters und des Sohnes und des Heiligen Geistes. Vor der Taufe sollen der Täufer und der Täufling fasten und womöglich noch einige andere. Dem Täufling befiehl, daß er einen oder zwei Tage vorher faste.«[12]

Die beiden Formen der Taufe in fließendem Wasser oder in einem Becken, durch Untertauchen oder durch Übergießen, zeugen noch von Tauffeierlichkeiten, die ursprünglich unter freiem Himmel im Fluß- oder Meerwasser abgehalten und später dann ins Innere der Häuser

verlegt wurden. Die Baptisterien von Lalibela in Äthiopien aus dem
11. Jahrhundert befinden sich noch unter freiem Himmel. Die Tauf-
formel ist, wie im Matthäusevangelium, deutlich trinitarisch. Das dreifache Untertauchen ist eine nicht zu bestreitende Anspielung auf die
dreifache Anrufung, die vorausgeht.

Um 150 beschreibt Justin in seiner *Apologie* die Taufe, wie sie in den
verschiedenen Gemeinden der griechisch-römischen Welt praktiziert
wird. Fasten und Gebet bereiten den Kandidaten darauf vor. Die
Gemeinde nimmt daran teil, denn sie ist es sich schuldig, neue Mitglieder, um die es hier geht, mit Entgegenkommen aufzunehmen.

> »Dann werden sie von uns an einen Ort geführt, wo Wasser ist, und
> werden neu geboren in einer Art von Wiedergeburt, die wir auch
> selbst an uns erfahren haben; denn im Namen Gottes, des Vaters und
> Herrn aller Dinge, und im Namen unseres Heilandes Jesus Christus
> und des Heiligen Geistes nehmen sie alsdann im Wasser ein Bad. [...]
> Es heißt aber dieses Bad Erleuchtung, weil diejenigen, die das an sich
> erfahren, im Geiste erleuchtet werden.
>
> Wir aber führen nach diesem Bade den, der gläubig geworden und
> uns beigetreten ist, zu denen, die wir Brüder nennen, dorthin, wo sie
> versammelt sind, um gemeinschaftlich für uns, für den, der erleuch-
> tet worden ist, und für alle andern auf der ganzen Welt inbrünstig zu
> beten.«[13]

Das Motiv vom Licht der Taufe ist Justin besonders wichtig, weil es
dem Glauben an Christus Ausdruck verleiht und den geistlichen Weg
vorzeichnet. Zunächst stellt sich die Frage: Wann und wo wurde
getauft? Die frühe Kirche nimmt den Bewerber, sofern er bereit ist,
wahrscheinlich an einem Sonntag auf. Die Taufe während der Ostervigil
ist an die Organisation des Katechumenats und der Fastenzeit gebunden, die erst aus dem 3. Jahrhundert stammt.[14] Zuvor scheinen die
Dinge weniger festgelegt. Perpetua und ihre Gefährten werden im
Gefängnis getauft, ohne daß von einem Sonntag dabei die Rede wäre.
Was Justin beschreibt, scheint sich dagegen im Rahmen einer sonntäglichen Versammlung abzuspielen.

Wo wurde getauft? Wenn sich der Versammlungsort in der Nähe eines
Flusses oder an der Küste befand, wie es bei den bestehenden Synagogen in Philippi oder Delos der Fall war, wurde die Taufe wahrscheinlich
in »fließendem Wasser« vollzogen; in Rom möglicherweise im Tiber.[15]
Privatgebäude, die für den Gottesdienst benützt werden konnten, mußten über einen oder mehrere Baderäume mit Bassin verfügen, die soge-

nannten Baptisterien[16], deren Name später auf das Taufbecken über-
geht.
Für die Gestaltung gottesdienstlicher Räume war die schnelle Errichtung eines Baptisteriums erforderlich. Die Kirche von Dura-Europos
hat schon zu Beginn des 3. Jahrhunderts einen eigens für die Taufe
bestimmten Raum. Die Taufbecken sind zugedeckt. Gemälde erinnern
an die Thematik vom Paradies oder an den guten Hirten und halten im
Bild eine Taufkatechese fest.
Das zunächst sparsame Ritual hebt die Symbolik des Wassers hervor.
Völlig entblößt treten die Katechumenen bis zur Gürtellinie ins Wasser.
Die Frauen lassen ihre Haare, die sie – mit Ausnahme der Sklavinnen –
lang tragen, herabhängen. Jeglichen Schmuck haben sie abgelegt.[17]
Pflegte man Kinder zu taufen? Justin läßt daran denken.[18] Er spricht vor
dem Präfekten Rusticus von denen, die schon »in ihrer Kindheit« Chri-
sten geworden sind, und sein Gefährte desgleichen: »Wir haben diese
dreifache Lehre von unseren Eltern erhalten.«[19]
Bei dem dreifachen Untertauchen, das schon die *Didache* bezeugt,
spricht der Bischof wahrscheinlich die Formel: »Getauft im Namen des
Vaters und des Sohnes und des Heiligen Geistes.«
Beim Heraussteigen aus dem Wasser wurde der Täufling vermutlich seit
jener Zeit mit einem weißen Gewand bekleidet und mit einem Kranz
geschmückt, wie aus den *Oden Salomos* hervorgeht.[20] Der *Hirte* des
Hermas verbindet mit dem weißen Gewand das Siegel, das auf der Stirn
der Neugetauften eingetragene Zeichen, das ihre Zugehörigkeit zum
Gottesvolk in dreifacher Hinsicht, nämlich im Blick auf ihre Person, auf
die Gemeinde und auf die Enderwartung anzeigt.[21]
Verschiedene Termini bringen den Taufritus und seine Komponenten
zum Ausdruck: »Bad«, »neue Geburt«, »Erleuchtung« sind von Justin
benutzte Begriffe, zu denen »das Siegel des Geistes« hinzuzufügen ist,
ein Ausdruck, der Paulus und der urchristlichen Gemeinde wichtig
war.[22] Ein frühes Tauflied entwickelt mit dem Bild des Lichtes die
Katechese von der neuen Geburt:

> »Wach auf, der du schläfst,
> Und steh auf von den Toten,
> So wird dich Christus erleuchten,
> Er, die Sonne der Auferstehung,
> Aufgegangen vor dem Morgenstern.«[23]

Auf welche Zeit geht die Gepflogenheit zurück, dem jungen Getauften im Laufe der Eucharistiefeier Milch und Honig zu reichen?[24] Es ist schwer zu sagen. Die Bedeutung dieses Brauches ist klar: Die Taufe läßt den Neugetauften in das gelobte Land eintreten. Der Initiationscharakter der Taufe erfüllt sich in und mit der Eucharistie.

Justin fügt nur hinzu, daß der Neugetaufte zu seinen Brüdern geführt wird, die ihn in ihren Kreis aufnehmen. Der Friedenskuß besiegelt dann die Brudergemeinschaft. Wie in Emmaus vollendet sich die Aufnahme in die Gemeinde mit dem Brechen des Brotes: Begegnung, Weggemeinschaft und Kommunion. »Von nun an muß er für die Wahrheit Zeugnis ablegen, wandeln in guten Werken und die Gebote halten, um das ewige Heil zu erlangen.«[25]

Die Märtyrer berufen sich ständig auf ihr Taufbekenntnis. Vor den römischen Prokuratoren nehmen sie die heiligen Formeln daraus wieder auf. Ob sie die Taufe mit Wasser bereits empfangen haben oder sich erst darauf vorbereiten, die Taufe mit Blut erscheint als etwas unvergleichlich Höheres. In Karthago ließ man zum Abschluß der Spiele im Amphitheater, deren Akteure und Opfer die Christen waren, gegen Saturus einen Leoparden los, »der ihn mit einem Schlag seines Raubgebisses in ein Blutbad tauchte«[26]. Die Menge, die den Vorgang verstand, rief ihm zu, als wollte sie die zweite Taufe bezeugen: »Jetzt ist er rein gewaschen! Jetzt ist er erlöst!« In den Märtyrerakten heißt es dazu: »Fürwahr, der wurde bestimmt erlöst, der in seinem Blut gewaschen war.«[27]

Die Menschen, die die Kirche errichten

Ein Querschnitt durch eine konkrete Gemeinde ermöglicht eine Bestandsaufnahme über die Art ihrer Zusammensetzung. Außer denen, die den Gottesdienst halten, finden wir Männer und Frauen, die in Reinheit und Askese leben, sowie christliche Familienväter und -mütter, die in der Überzahl sind.

Am Morgen seiner Taufe kehrte der junge Christ gewöhnlich in das Alltagsleben zurück. Die Hirten fürchten diese Begegnung. Werden dieses junge Mädchen, dieser einflußreiche Mann, diese mit einem Heiden verheiratete Frau, dieser junge Sklave durchhalten? Die Erwartung der Parusie, der Wiederkehr des Herrn, und die Bedrohung durch Verfolgungen lassen den Eifer nicht erlahmen, sie nähren aber auch eine mystische Schwärmerei, die von den Montanisten und ihresgleichen weidlich ausgenützt wurde.

Für einen Teil der Kandidaten stellt die Taufe einen Eintritt in die Religion so dar, wie der Begriff im 17. Jahrhundert verstanden wurde, nämlich als ein in Armut und Keuschheit Gott geweihtes Leben. Vor allem in der syrischen Kirche gehören Taufe und Reinheit eng zusammen; die sich der Enthaltsamkeit verschrieben, wurden als erste getauft, als handele es sich um vollendete Christen. Diese Spiritualität, die vielleicht mit der Vorstellung der Taufe als Rückkehr zum vorsexuellen Zustand im Paradies zusammenhängt,[28] hat tief auf die apokryphe Literatur und das frühe Mönchtum eingewirkt, welches daraus seine Nahrung zog. Irenäus und die antiochenische Theologie weigern sich, dem Bericht über die ersten Menschen und den Sündenfall eine ›sexuelle‹ Ausdeutung zu geben. Konvertiten wie Cyprian von Karthago leben seit ihrer Taufe in vollständiger Enthaltsamkeit, ohne dabei die Ehe im mindesten herabzuwürdigen.

Viele Gemeinden umfaßten genauso wie Verheiratete auch Jungfrauen, Enthaltsame und Asketen, und dieses Miteinander war ein Ansporn für alle. Unter den Männern widmeten einige ihr enthaltsames Leben der Verkündigung, wie wir es schon bei den Aposteln gesehen haben.[29] Mit ihrer Entscheidung waren sie nur vor Gott verantwortlich. Sie konnten sie wieder aufgeben und sich verheiraten, ohne Schande und schon gar nicht Strafe auf sich zu laden.

Damit ist eine neue Situation geschaffen, die sich deutlich von dem offiziellen Judentum und von der griechisch-römischen Welt abhebt. Bei den Juden »sündigt gegen Gottes Gebot, wer keine Kinder zeugt«. Verheiratung ist darum strenge Pflicht. Das Judentum als solches bietet eine ausgewogene und wohlgeordnete Konzeption vom sexuellen Leben, aber es wird bereits von den essenischen Gemeinschaften und den Therapeuten heftig attackiert.[30]

Die römische Gesetzgebung machte es dem Bürger zur Pflicht, sich zu verheiraten, um den Fortbestand von Familie und häuslichem Kult zu gewährleisten und dem Staat Bürger und Soldaten zuzuführen. Die eheliche Harmonie tritt in den Hintergrund. Kaiser Augustus hatte eine Reihe von Gesetzen erlassen, die den Unverheirateten Verluste brachten und sie so zur Verheiratung zu bewegen suchten;[31] es handelt sich dabei jedoch um rein politische Entscheidungen, bei denen moralische Erwägungen keine Rolle spielen. Immerhin war die Askese einigen philosophischen Bewegungen nicht unbekannt, und so kam es, daß Apollonios von Tyana aus religiösen Gründen in völliger Keuschheit lebte.[32]

Die heidnische Moral verpflichtete Ehemänner genausowenig zu Treue

wie Unverheiratete zu Enthaltsamkeit. Mit einer Dirne, die als Tempel-
sklavin zum Tempel gehörte, Unzucht zu treiben galt sogar als religiöser Akt. »Wir nehmen eine Dirne zu unserem Vergnügen, eine Konkubine, um die tägliche Pflege, die unsere Gesundheit erfordert, zu empfangen, wir nehmen eine Gattin, um legitime Kinder und eine treue
Hüterin für alles, was unser Haus betrifft, zu haben.«[33] Gegen solch
›bürgerlichen‹ Realismus macht das Christentum zu allen Zeiten seiner
Geschichte Front.
Angesichts dieser zügellosen Annehmlichkeit verbietet das Evangelium
nachdrücklich Hurerei und führt die Forderungen der neuen Moral ins
Feld. Die Töchter des Diakons Philippos in Cäsarea, die ihr Leben der
Jungfräulichkeit geweiht haben,[34] stehen in legendärem Ruf und sind
noch dazu von einem prophetischen Nimbus umgeben. Entsprechend
verhält es sich in der turbulenten Gemeinde von Korinth, die von
gegensätzlichen Tendenzen, Ausschweifung und Askese, moralischer
Strenge und Sittenlosigkeit, beklemmender Enge und Phantasterei, zerrissen ist. Die Männer und Frauen in Korinth haben sich kaum verändert, als Klemens von Rom die Prahlerei der Jungfrauen tadelt, die den
Wert ihres Zeugnisses beeinträchtigt.[35]
Sofern es Asketen gibt, bleiben sie Ausnahmefälle innerhalb der
Gemeinden. Die Jungfrauen leben gewöhnlich in ihren Familien und
behalten ihren Besitz unter dem Schutz ihres Vaters oder ihres Vormun-
des. Ihr Entschluß ist völlig frei und gründet sich auf die Erwartung des
Himmelreichs.[36] Dem Bischof gegenüber haben sie ihre Entscheidung
zum Ausdruck gebracht.[37] Einige von ihnen beginnen in Gruppen als
»Beginen« zu leben, oder aber sie schließen sich den schon eingerichte-
ten Witwengemeinschaften an.[38] Es scheint auch, als hätten sich
gemischte Asketengruppen gebildet;[39] im 3. und 4. Jahrhundert werden
sie zum Gegenstand ständiger Sorge für das Kirchenregiment, das sie
schließlich unter dem Druck der Verirrungen und Ausschweifungen
regelrecht verbietet.
Asketen und Jungfrauen stellen eine Art Aristokratie innerhalb der
Kirche dar, was die demutsvolle Haltung außerordentlich erschwert.
Die Gemeinde betrachtet sie als »die Auserwählten der Auserwählten«[40]. Die einen wie die anderen sind in Gefahr, sich davon einfangen
zu lassen. In Korinth ist die Versuchung zum Stolz verlockender als das
Berauschen der Sinne. Warnungen reihen sich aneinander von Polykarp
bis Tertullian, in Philippi wie in Karthago. Nichts ist so allgemeingültig
wie die Neigungen der menschlichen Natur, und nichts so subtil wie der
Dünkel der Tugendhaftigkeit. Noch schlimmer ist das Bestreben, der

Allgemeinheit eine Lebensweise aufzudrängen und den Brauch der Ehe zu verurteilen. Die Christen in Lyon bringen Alkibiades, der eine übertriebene Askese praktizierte, dazu, von den Schöpfungsgütern wieder Gebrauch zu machen und zu einer normalen Ernährung zurückzukehren.[41]

Dergleichen Schatten heben nur um so deutlicher das großartige Zeugnis von Jungfrauen und Asketen für das Evangelium hervor. Die Apologeten kehren es gegenüber den heidnischen Sitten positiv heraus.[42] Sogar der Altmeister der Ärzte, Galen, geht mit Erstaunen auf das Beispiel dieser Männer und Frauen ein, die sich ihr ganzes Leben hindurch jeder sexuellen Betätigung enthalten.[43]

Die Großkirche erkennt bis auf wenige Ausnahmen die Legitimität der Ehe und des sexuellen Lebens an, wie es die Mehrzahl der Gläubigen praktiziert. Die schweigende Mehrheit steht einer laut prahlenden Minderheit gegenüber, die am liebsten die Kirche in ein Kloster mit Jungfrauen und Eunuchen verwandelt hätte. Die Menschen haben auch schon vor den großen Tageszeitungen und dem Fernsehen dem Sensationellen einen Vorrang eingeräumt!

Sehr viele Christen, allen voran Bischöfe und Diakone, sind verheiratet. Die Schriften jener Zeit heben besonders hervor, wenn ein Bischof »enthaltsam« lebt, weil es die Ausnahme ist. Immerhin stellt sich der Christ, wie der Stoiker jener Zeit, die Frage, die später Rabelais' Witz anregen wird: Muß man eigentlich heiraten?[44]

Das Christentum hat, wie wir schon sahen, die Lebenssituation der Frau grundlegend verändert und die Ehegesetzgebung modifiziert; Heiligkeit und Unauflöslichkeit, die das antike Recht nicht kannte, freie Wahl zwischen Ehe und Zölibat, die Verpflichtung für einen jeden, auf die Unbeflecktheit seines Standes zu achten, schließlich die Möglichkeit für alle, auch die Sklaven, eine Verbindung nach christlichen Grundsätzen einzugehen. Wer sich zur Taufe meldete, mußte seine Lebenssituation normalisieren, das heißt, er mußte seine Konkubine heiraten oder sich von ihr trennen, und er mußte sich zur Monogamie verpflichten,[45] was in der damaligen Zeit völlig überzogen gewirkt haben muß; denn viele Patrizier konnten es im Blick auf ihre Ehescheidungen mit unseren heutigen Filmstars aufnehmen.

Die Kirche übernimmt von der bürgerlichen Gesetzgebung, was ihrer Vorstellung von der Ehe nicht entgegensteht, aber sie widersetzt sich da, wo etwas dieser widerspricht.[46] Die Geschichte der Ehescheidung, zunächst in Frankreich, jetzt in Italien, zeigt deutlich, wie die Kirche diese Linie verfolgt.

Wir sind im übrigen über die Ehe der ersten christlichen Generationen schlecht unterrichtet. Ignatius von Antiochia schreibt an Polykarp, um ihm gegenüber einen Wunsch zu äußern: »Männern und Frauen, die in die Ehe treten, ziemt es, mit Gutheißen des Bischofs sich zusammenzutun, auf daß die Ehe sei nach dem Herrn und nicht nach sinnlicher Begierde. Alles geschehe zur Ehre Gottes!«[47] Ignatius ist stark von Paulus beeinflußt.[48] Wie dieser fordert er ein Aufsichtsrecht. Die Zustimmung, möglicherweise Erlaubnis des Bischofs war vor allem dann geboten, wenn die Ehe nicht vor dem Gesetz geschlossen wurde, etwa zwischen zwei Sklaven oder zwischen einer Patrizierin und einem Freigelassenen.[49] Erst recht mußte er sich bei der Heirat von Waisen, für die er zu sorgen hatte, einschalten. Bei der Größenordnung der Gemeinden war es dem Bischof möglich, über die individuellen Lebensbedingungen der Gemeindeglieder Bescheid zu wissen und die Risiken abzuwägen.

Die Zuneigung der Eheleute, insbesondere aber der Frau, wurde nicht für wichtig gehalten. Sogar die *Didaskalia* ermahnt christliche Eltern, »für ihre Söhne Frauen auszuwählen und sie zu verheiraten«[50]. Gesellschaftliche Erwägungen müssen hinter religiösen Überlegungen zurücktreten, »nach dem Herrn und nicht nach sinnlicher Begierde« ist zu verfahren, wie Ignatius sagt. Der zu Rate gezogene Kirchenführer entscheidet darüber, ob das christliche Ideal durch die Verbindung womöglich gefährdet ist. Wahrscheinlich hat sich der Bischof seinerseits beim Diakon und bei der Gemeinde informiert, um zu der Heirat raten oder von ihr abraten zu können. Seine Erfahrung als Familienvater konnte ihm dabei wertvolle Dienste leisten. Die Empfehlungen des Ignatius scheinen sich nur auf seine Kirche zu beziehen. Lediglich die Montanisten machen daraus ein Gesetz.[51]

Nach Aussage des Aristides und des Arnobius passen sich die Christen der jeweiligen Gesetzgebung an, die von Stadt zu Stadt verschieden ist. Bis auf Vogelschau und Opfer ist »das gesamte römische Hochzeitsritual im Christentum üblich geblieben«, schreibt Duchesne.[52] In der griechischen und orientalischen Welt wird die Ehe nacheinander in zwei Etappen geschlossen, die beide unerläßlich sind: Es beginnt mit dem Heiratsversprechen und endet mit der Trauungsfeierlichkeit. In der chaldäischen Kirche hat der zukünftige Ehemann noch bis vor kurzem der Familie der Verlobten ein Lösegeld bezahlt. Prostestgeschrei erhob sich, als der Patriarch das abschaffte.

In Rom wie in Karthago übergab der Bräutigam der Braut bei der Verlobung einen ursprünglich aus Eisen gefertigten Ring; sie trug ihn am darum auch »Ringfinger« genannten vierten Finger der linken Hand, weil nach Aulus Gellius (gest. 180) dieser Finger in den Nerv mündet, der vom Herzen kommt. Der Brauch, Geschenke auszutauschen, ist aus dem Orient gekommen. In Ägypten ist die vornehme Form der Verbindung die Verheiratung durch Briefwechsel, mit dem die getroffene Vereinbarung zwischen zwei Eheleuten bestätigt wird. Manchmal tritt die Frau selbständig in den Ehestand, was ihre Gleichberechtigung erweist.

In Rom ist die persönliche Zustimmung der Frau erforderlich, das eheliche Einverständnis ist dort der entscheidende Faktor. Dieser wechselseitige Wunsch, sich miteinander zu vermählen mit der Absicht, Kinder zu zeugen und aufzuziehen, verleiht der Frau die Würde der *uxor* und denselben sozialen Rang wie dem Mann.[53] Von einem Ehering ist nicht die Rede.

In den griechischen Gebieten wurde die Zeremonie am Vortag der Hochzeit mit dem Bad der Braut eröffnet, das auch in Ephesus üblich gewesen sein muß, da der Apostel Paulus darauf anspielt.[54] Noch heute sieht man in Ägypten die Mutter mit der Tochter zum Hochzeitsbad in den Nil steigen. Die heidnische Braut begrub ihr Leben als junges Mädchen, indem sie ihr Spielzeug und ihre Kleidung der Artemis zum Opfer brachte.

Hinsichtlich der Hochzeitsfeierlichkeiten richteten sich die Christen zwar nach dem, was in ihrer Stadt gang und gäbe war, doch vermieden sie sorgfältig alles, was einen götzendienerischen Beigeschmack hatte, wie etwa die unanständigen Gesänge des Hochzeitszuges. Auf keinem anderen Gebiet hat der Glaube so tiefgreifende Wandlungen bewirkt und dabei doch so wenig nach außenhin verändert. Aber deswegen fehlte es nicht an Vergnügungen. Ein ägyptischer Bauer, der sicherlich Christ ist, stellt in der zweiten Hälfte des 3. Jahrhunderts fest, daß es üblich war, die ganze Nacht hindurch zu feiern.[55]

Am Hochzeitsmorgen setzte sich die Braut auf ihr Haar, das in sechs Zöpfen geflochten war, einen Blumenkranz aus selbst gepflückten Myrten oder Orangen. Sie trug das *flammeum*, den feuerroten Brautschleier, an dem man sie schon von weitem erkennen konnte. Das war dann das Zeichen, mit den Liedern zu beginnen. Catull besingt die Braut: »Kränz' die Schläfen mit Blüten dir / Des süß duftenden Majorans, / Nimm das flammende Tuch und komm / Fröhlich her [...].«[56]

Das lateinische Wort *nubere* bedeutet ursprünglich ›sich verschleiern‹. Die ganze Nachbarschaft ist in Bewegung, Passanten bleiben stehen. Die Feierlichkeit beginnt im Hause des jungen Mädchens: der Vertrag

wird, sofern er schriftlich abgefaßt ist, verlesen und anschließend, in
Rom jedenfalls, von zehn Zeugen paraphiert;[57] dann wird die Zustimmung wechselseitig zum Ausdruck gebracht mit der üblichen Formel:
»Ubi Gaius, ibi Gaia«[58], und schließlich die junge Frau ihrem Ehemann
übergeben. In Rom wie in Athen reichen sie sich die Hände. In Griechenland ist die Vereinigung der Hände noch im 4. Jahrhundert der
entscheidende Ritus. Die Heiden bringen ein Opfer dar, was die Christen sehr bald durch eine liturgische Handlung, vielleicht die Eucharistie, ersetzt haben.

Sicherlich denkt Tertullian an das Ineinanderlegen der Hände vor einer
verheirateten Frau, wenn er schreibt: »Beglückt von einem solchen
Anblick schickt Christus den christlichen Eheleuten seinen Frieden.
Wo sie sind, ist auch Christus.«[59]

Und dann beginnt das Festessen. Das *epithalamium* (Hochzeitslied)
gehört im antiken Griechenland und auch noch heute dazu. Am Ende
des Festes wird die verschleierte und mit Blumen bekränzte Gattin
feierlich ins eheliche Gemach geführt.

Es ist Nacht geworden. Das Hochzeitsgefolge mimt eine Entführung:
Man tut so, als entrisse man die junge Frau ihrer Mutter, um sie zu
ihrem neuen Wohnsitz zu geleiten. Fackelträger führen den Zug an,
Flötenspieler und -spielerinnen bringen die Hochzeitsgesellschaft
rhythmisch in Schwung. In den »Feszenninen«, derben Gesängen, die
aus dem etrurischen Fescennia stammen, werden deftige Komik und
Unanständigkeiten ausgebreitet. Die jungvermählte Griechin verläßt
das Haus in ihrem Wagen, eine Szene, die die bildende Kunst unsterb-
lich gemacht hat:[60] Der Ehemann hebt dort seine junge Frau sanft von
der Erde auf, und sie nimmt mit bewegtem Herzen auf dem Hochzeits-
wagen Platz. Drei Kinder begleiten sie, deren eines eine aus einem
Weißdornzweig gefertigte Fackel trägt. Spinnrocken und Spindel werden hinter der Verheirateten hergetragen.

Prachtentfaltung ist die Regel. Apulejus äußert sich spöttisch über
die Kosten einer großen, in Rom gefeierten Hochzeit, die sich auf
50000 Sesterzen beliefen.[61] Die Christen haben sicherlich auf mehr
Bescheidenheit geachtet.

Uns ist kein gottesdienstlicher Ritus bekannt, doch ist anzunehmen,
daß der Bischof oder sein Vertreter zum Hochzeitsmahl eingeladen
war; vielleicht nahm sogar die Gemeinde selbst daran teil, zumindest
stellte sie die Zeugen in einer Zeit, da es nicht viele Brüder gibt und die
religiösen und sozialen Bindungen noch nicht fest geknüpft sind. Die
Thomasakten zeigen uns den Apostel, wie er im hochzeitlichen Haus

mit den Eheleuten betet.[62] Klemens gibt genau an, daß in Alexandria ein
Presbyter den Eheleuten die Hände auflegt.[63]
Sarkophage und Verzierungen auf Schalen illustrieren die Christianisierung der Ehe: Christus selbst bekränzt die Eheleute und überwacht das
Ineinanderlegen der Hände, die sich über den Evangelien zusammenfinden.[64] Ein Fresko in der Priscilla-Katakombe stellt vielleicht die verschleierte Neuvermählte dar.[65]
Die Ehe setzt in den Augen der Christen das Schöpfungswerk fort, und
so sind Kinder das Glück der Eltern. Klemens formuliert genauer:
»schöne« Kinder.[66] Griechischer Adel verpflichtet. Wir heiraten überhaupt nur, um Kinder zu haben, versichern Justin[67] und Aristides[68] und
setzen dabei Richtlinien und Grenzen für das sexuelle Leben der Eheleute. Die Kirche legt sich mit den ›Extremisten‹ an: mit den Verächtern
der Ehe und des sexuellen Lebens überhaupt und mit den Verfechtern
einer ausschweifenden Lebensweise, wie sie in den großen Mittelmeer-
häfen verbreitet ist.[69] In seinem *Pädagogen*, einem moralischen Traktat, wendet sich Klemens mit Nachdruck gegen Prostitution und Päd-
erastie.[70] Er reglementiert darin das eheliche Leben mit so vielen Vorbehalten, daß ein neuerer Kommentator sich nicht ohne Humor die Frage
stellt, wann der Moralist aus Alexandria nun eigentlich die Umarmung
erlaubt.[71]

> »Jene, denen die Ehe gestattet ist, bedürfen des Pädagogen: er lehrt
> sie, das Geheimnis der Natur nicht tagsüber zu vollziehen, sich bei-
> spielsweise nicht aus der Kirche oder vom Markt kommend zu begat-
> ten, nicht früh am Morgen, wie die Hähne, nicht zur Stunde des
> Gebets, der Lektüre oder anderer nützlicher Dinge, die im Laufe des
> Tages zu tun sind. Abends aber, nach der Mahlzeit und der Danksa-
> gung für die empfangenen Wohltaten, soll man der Ruhe pflegen.«[72]

Verkehr mit einer schwangeren Frau ist ausdrücklich verboten, und
zwar mit dem drastischen Argument: »Man sät nicht auf ein besätes
Feld.«[73] Sexuelles Vergnügen unabhängig vom Zeugungswillen »ist
ungesetzlich, ungerecht und unvernünftig«[74]. Die christlichen Schriftsteller nehmen die biblischen Vorschriften auf, machen sie aber noch
unerbittlicher. Sie sind stark von der Populärphilosophie stoischer Prä-
gung beeinflußt.[75] Musonius lehnte das bloße Vergnügen im ehelichen
Umgang als unstatthaft ab.[76] Das instinktmäßige sexuelle Leben beschwört die Kunst der Kurtisane herauf, die in Korinth und in Alexandria eine Blütezeit erlebte. Die ermüdenden Ausführungen über die
Lebensgewohnheiten von Hasen und Hyänen bei Klemens deuten

schon auf das schlimmste, was es an Volkspredigerliteratur gibt.[77] Die
»Kasuistik für das tägliche Leben«[78] ebenso wie für das nächtliche, das
gleichbedeutend ist mit »Schändlichkeit«, geht dem Leser des *Pädagogen* allmählich auf die Nerven; erleichtert sieht er schließlich den befrei-
enden Logos, wie einen Deus ex machina, als letzte Zuflucht hervortreten.[79] Die Gesetzgeber sind maßvoller und beschränken sich darauf, die
Rechtmäßigkeit des ehelichen Lebens sowie die Unsinnigkeit ritueller
Reinigungen, wie sie aus dem Judentum übernommen wurden, festzustellen.[80]

Dagegen verurteilt die alte Kirche mit äußerster Strenge folgende
Gepflogenheiten der Antike: Empfängnisverhütung, Abtreibung und
Kindesaussetzung, auch wenn sie weitgehend wirtschaftlich begründet
sind.[81] Eine gewisse Geburtenbeschränkung um den Preis der Enthaltsamkeit ist ein Beweis für Mäßigung, sagt Klemens.[82]

Die Familie erscheint als Keimzelle der Kirche. Paulus und Petrus, und
alle Prediger nach ihnen, entwerfen das Bild eines christlichen Haus-
halts, das sie den heidnischen Lebensgewohnheiten gegenüberstellen.
Tertullian rühmt die Harmonie zwischen zwei Eheleuten, die ihre Liebe
beim Empfang der Eucharistie gemeinsam vertiefen.[83]

Das Evangelium kann noch so sehr die Gleichstellung von Mann und
Frau befürworten, die Führung eines Hausstandes erfordert eine Autorität, die die Antike immer dem Vater der Familie übertragen hat. Er
führt das Regiment im Hause, zu dem die Gattin, die Kinder, das
Gesinde und die Sklaven gehören. In Rom ist er weltlich und religiös
gesehen das Oberhaupt der Familie bis zu seinem Tod. Er züchtigt und
bestraft, er verheiratet seine Söhne und seine Töchter. Die römische
Gesetzgebung bezüglich des Pater familias hat schließlich auch auf die
griechische Welt Einfluß ausgeübt. Bei den Juden wird der geistliche
Auftrag des Vaters betont: Ihm obliegt es, den Sohn in der Thora zu
unterweisen.

Wenn das Evangelium auch die Grundgegebenheiten der antiken Familie nicht umstößt, so verwandelt es die Familie doch in ihrer Gesinnung,
um sie zur lebenskräftigen Zelle der Kirche zu machen. Sie rekrutiert
und wählt ja doch aus der Zahl derer ihre Hirten aus, die einen vorbildlich geführten Hausstand vorweisen können. Ein neuer Grundsatz verwandelt von innen her die Beziehung zwischen den Eheleuten und
zwischen Eltern und Kindern. Paulus hat ihn formuliert,[84] und Klemens sagt das gleiche zu den Korinthern: »Seid einer dem anderen
untertan in der Furcht des Herrn.«[85] Von nun an setzt Gott der Herr
unsichtbar Richtschnur und Maß.

Die Kirche erkennt die väterliche Autorität über das Haus, mit kleinen Besonderheiten einzelner Landstriche und ihrer Zivilisation, an. Die breiten Ausführungen in der *Didaskalia* über die Pflichten und Verantwortlichkeiten des Vaters[86] zeigen deutlich seine Bedeutung innerhalb der Gemeinde. In dieser Beschreibung wird die erzieherische Tätigkeit, bei der Vater und Mutter zusammenwirken, besonders hervorgehoben.

Autorität ist nur in dem Maße wirksam, wie sie durch Zuneigung gemildert wird – das zeigt Gottes Art, die Menschen zu führen: »keine Tyrannei, kein Laisser-faire, sondern eine Verbindung von Festigkeit und Milde, von Autorität und Güte«[87], von Maßregel und Ermutigung.

In den orientalischen Gemeinden ist der religiöse Einfluß der Mutter beträchtlich. Wir finden dort glückliche und tatkräftige Familien,[88] in denen die Mutter zu dominieren scheint.[89] Paulus erkennt die Rolle an, die die Mutter des Timotheus gespielt hat,[90] und Petrus weiß, daß die Frau ihren Mann für den Glauben gewinnen kann.[91]

Die Struktur der antiken Hausgemeinschaft begünstigte die religiöse Verbreitung. Klemens von Alexandria gestattet der Ehefrau sogar etwas Koketterie, um den heidnischen Ehemann zu gewinnen.[92]

Die Kinder, die der Mutter oder der Kinderfrau anvertraut waren, bekamen besonders in der griechischen und der orientalischen Welt den Einfluß hochstehender Frauen zu spüren. Für die alexandrinischen Verhältnisse, wo die Frau von Luxus und Prunk völlig absorbiert zu werden drohte, dringt Klemens darauf, daß sie mit Hand anlegt, Verantwortung im Haus übernimmt und für ihren Mann eine tatkräftige Hilfe darstellt.[93]

Die Grabinschriften jener Zeit[94] sind – sofern sie nicht konventionell und verlogen die »ewige Trauer« des wiederverheirateten Witwers beteuern – ergreifend und aufschlußreich; sie verbinden im Tod, die im Leben vereint waren. »Gaia Phoebe, der treuen Gattin, und Capiton, ihrem Gatten«, Successus seiner Gattin, »der ganz außergewöhnlichen, äußerst züchtigen und wirklich untadeligen Eusebia, für die zu beten er die Besucher einlädt.«[95] Oft ist es schwer, eine Inschrift zu datieren, denn die Christen der ersten Generation sind im Blick auf ihre religiösen Überzeugungen zurückhaltend: Gewöhnlich verwendeten sie heidnische Formulierungen, die man in verschiedenen Epochen der Epigraphik antrifft.

Das Evangelium hatte das Kind in seiner Wertschätzung steigen lassen und dadurch die überkommenen Gewohnheiten gründlich verändert, denn nach römischem Recht war es dem Vater gestattet, seinen Sprößling auszusetzen.[96] Die frühe Kirche betont dagegen seinen Anspruch auf einen Platz in der Familie. Die Kinder werden immer wieder ausdrücklich erwähnt, wenn von »christlichen Häusern« die Rede ist.[97] Aristides lobt ihre Unschuld,[98] Minucius Felix gerät bei ihrem ersten Stammeln in Entzücken,[99] und Klemens legt im *Pädagogen* ausführlich das Evangelium von der geistlichen Kindschaft dar.[100]

Von seiten der Eltern wurde in Erziehung und Aufgabenstellung kein Unterschied zwischen Jungen und Mädchen gemacht; darin hob sich das Christentum von der jüdischen wie von der griechisch-römischen Welt ab, die das männliche Geschlecht stark bevorzugten. Noch heute gratuliert man in Israel dem Vater nur zu einem Sohn. Gibt er die Geburt einer Tochter bekannt, wünscht man ihm diskret beim nächsten Mal einen Jungen.

Eine Grabinschrift, die allerdings aus späterer Zeit stammt, vermag mehr über die Zuneigung einer Mutter auszusagen als breite Ausführungen:

> »Magus, du argloses Kind,
> du weilst jetzt inmitten unschuldiger Kinder.
> Dein Leben ist glücklich und sicher vor Gefährdung.
> Die Kirche nimmt Dich bei Deinem Aufbruch auf,
> mütterlich und mit Freuden.
> O mein Herz, stelle das Seufzen ein.
> Und ihr, meine Augen, haltet ein mit den Tränen.«[101]

In bescheideneren Kreisen, als es die alexandrinischen waren, wird betont, daß Kinder unterwiesen und gezüchtigt werden müssen, daß man sie lehren muß, Müßiggang zu meiden, daß es nötig ist, ihnen einen Beruf und Handwerkszeug zu verschaffen, ihren Umgang zu überwachen[102] und sie jung zu verheiraten, »um sie gegen jugendliche Ausschweifungen zu schützen«[103].

Von Paulus aus Tarsus[104] bis zu Klemens von Rom[105] gibt die Kirche christlichen Eltern Ratschläge über die Art, wie sie ihre Kinder erziehen sollen. Der Papst von Rom benutzt bereits den Ausdruck »christliche Erziehung«, der sich später durchsetzen wird: »Ihre Kinder christlich zu erziehen, sie am Schatz des Glaubens teilhaben zu lassen, ihnen ein gesundes Verhalten in Dingen des sittlichen Lebens anzugewöhnen, ist die Hauptpflicht der Eltern. Es liegt darin mehr, als die römische Tradition forderte.«[106] Das frühe Christentum setzt diesbezüglich die jüdische Tradition fort und erweckt ein erzieherisches Verantwortungsbewußtsein der Eltern. Dieses ist im Osten stärker ausgebildet als im Westen. Um sich davon zu überzeugen, genügt es, die *Didaskalia* noch einmal zu lesen.

Die Kirche setzt sich deswegen noch nicht an die Stelle der Schule, aber sie ist bemüht, den unseligen Einfluß, den die heidnischen Schriften und Einrichtungen auf den jungen Schüler ausüben können, zu neutralisieren. Erstaunlich ist die eindeutig positive Haltung, die die Christen, bis auf einige Ausnahmen, im 2. Jahrhundert gegenüber Bildung und Erziehung einnehmen.

Wenn Väter wie Athenagoras und Theophilus, beide Männer aus dem Osten, gegenüber der Unterweisung zurückhaltend sind, so betont Irenäus deren Notwendigkeit für die Auseinandersetzung mit den Gnostikern, die behaupten, alles zu wissen.[107] Tertullian, der sonst schonungslos über die Lehrer spricht, hält die Unterweisung des Grammatiklehrers für unerläßlich, um Christen heranzubilden, die sich gegen das Heidentum behaupten können.[108] Ein Jahrhundert später, im Jahre 202/203, eröffnet Origenes im Alter von siebzehn Jahren eine Grammatikschule in Alexandria, um für den Lebensunterhalt seiner Familie zu sorgen; deren gesamter Besitz nämlich war beim Tod seines Vaters Leonides, der als Märtyrer starb, eingezogen worden.[109] Die Väter des 4. Jahrhunderts, die zum größten Teil durch die Universität geprägt worden sind, stehen der klassischen Bildung wohlwollend gegenüber. Das Urteil des Basilius in seinem *Brief an junge Leute* ist berühmt geblieben: Man muß es wie die Bienen machen, die den Honig einsammeln und das Gift übriglassen.[110]

Die Pastoralbriefe hatten sich gegen junge untätige Witwen gewandt, die vergnüglich von einem Haus zum anderen zogen; sie empfahlen ihnen, sich wieder zu verheiraten. »Wenn sie nur müßig wären! Aber sie sind auch geschwätzig und vorwitzig und reden, was nicht sein soll.«[111] Von Witwern ist nirgends die Rede, sie haben bestimmt wieder geheiratet. Die Kirche des 2. Jahrhunderts ist weniger liberal und zeigt mehr Vorbehalte gegenüber einer zweiten Eheschließung,[112] was möglicherweise auf den Einfluß des Montanismus und asketischer Strömungen zurückgeht. Athenagoras lehnt die Zweitehe ab.[113] Irenäus spottet über »Eheanhäufungen«.[114] Minucius Felix gestattet nur eine einzige Wiederverheiratung.[115] Hermas[116] und Klemens von Alexandria[117] wiederholen die paulinische Empfehlung an die Korinther: »Seliger zu preisen ist die Witwe, so meine ich, wenn sie ledig bleibt.« Die Kirche ermutigt die eingefleischten Junggesellen, eine Ehe einzugehen, weil

das Alter das Feuer nicht auslöscht, das unter der Asche weiter-
glimmt.[118]
Das christliche Ideal vom Ehe- und Familienleben stößt auf menschliche Schwächen, so daß sich sehr bald das Problem der Buße und der
kirchlichen Disziplinargewalt stellt. Hermas, der uns von seinen – wahren oder erdachten – Leiden in der Ehe berichtet, ist hierfür ein namhaf-
ter Zeuge.

Heiligkeit und Barmherzigkeit

Bedenklich ist der Versuch – und die Versuchung –, eine Kirche von
Heiligen zu konstruieren, aus der nicht nur die Sünde verbannt, sondern auch der Sünder selbst ausgeschlossen ist. Von den Montanisten
bis zu den Katharern und von den Enkratiten bis zu den Jansenisten
begegnen uns immer wieder dieselbe Kompromißlosigkeit und dieselben Verfemungen.
Ein Idealismus, der im Widerspruch zum Leben steht, wird immer aufs
neue von der täglichen Erfahrung widerlegt. Die Urgemeinde, trotz
ihrer lukanischen Idealisierung, der Anblick der paulinischen Gemeinden und die Beschwerden der Apokalypse gegen verschiedene Kirchen
ergeben ein objektiveres Bild. Wohl oder übel begegnet die Kirche der
Sünde und den Sündern.
Von Paulus bis Klemens von Rom bietet die von Streitigkeiten zerris-
sene Gemeinde in Korinth immer wieder den Anblick von Gläubigen,
die ein ausschweifendes Leben führen. Klemens verlangt von den
Anstiftern der Unordnung, »sich wie Kinder der Buße zu unterwerfen
und die Knie des Herzens zu beugen. Lernt, euch unterzuordnen, legt
ab die prahlerische und stolze Frechheit eurer Zunge.«[119]
Die Gemeinde von Philippi erlebt nicht minder das Auf und Ab. Polykarp legt den Presbytern ihre Doppelaufgabe als Hirten und Richter ans
Herz, die darin besteht, »mitfühlend und barmherzig gegen alle zu sein;
sie sollen die Verirrten zurückholen; sie sollen nicht hart im Urteil sein,
da sie ja wissen, daß wir alle der Sünde Schuldner sind.«[120]
Gegen die tägliche Schwachheit sucht der Christ Abhilfe in Gebet,
Fasten und Almosen, die die Kirche miteinander verknüpft, wie es das
Evangelium getan hatte. Über Exerzitien zu bestimmten Stunden und
an festgesetzten Tagen und über Gebet und Fasten hinaus praktiziert
Hermas ›gesonderte Fasten‹ aus persönlichen Gründen, die die göttlichen Offenbarungen vorbereiten und ihm die Gewißheit geben, daß

sein Gebet erhört wird.[121] Er nennt dieses Fasten »Wache halten«, ein Ausdruck, der in die christliche Literatur eingehen wird.

Fasten zugunsten der Armen paßt die Nächstenliebe jedem Geldbeutel an und schafft zugleich Abhilfe bei den alltäglichen Verfehlungen. Das Eingeständnis der Fehler ist seit der *Didache* Bestandteil des Gottesdienstes, und das Gebet des Klemens widmet ihm einen langen Passus.

> »Vergib uns unsere Sünden und Verfehlungen,
> Unsere Vergehen und Übertretungen.
> Rechne deinen Knechten und Mägden die Sünden nicht zu,
> Sondern reinige uns mit der Reinheit deiner Wahrheit.«[122]

Das Sündenbekenntnis und die Werke der Barmherzigkeit haben nicht nur in der gottesdienstlichen Versammlung ihren Platz, sondern sie tragen das sakramentale Element des Gottesdienstes auch in das alltägliche Leben hinein. Apollonius faßt den christlichen Glauben gegenüber dem Präfekten des Prätoriums in Rom folgendermaßen zusammen: »Jeden Tag sollst Du zu Gott allein deine Gebete erheben, dieses unblutige und reine Opfer in seinen Augen, in gottesfürchtigem und menschenfreundlichem Tun.«[123]

Wie verhält es sich nun mit den größeren Vergehen, die offenkundig werden, wie Ehebruch, Mord und Apostasie? Die Rigoristen, eine Art Jansenisten des Altertums, die auch unter den Bischöfen zu finden waren, verweigern diesen Sündern und Sünderinnen Buße und Vergebung und schrecken nicht davor zurück, sie in die Verzweiflung zu treiben. Irenäus beschreibt die Nöte der gefallenen Frauen, die »im Gewissen gebrandmarkt, still an einem Leben aus Gott verzweifelten«[124].

Bei ihrer Erfahrung war es sich die Kirche einfach schuldig, die Anfälligkeit der Getauften einzugestehen und ihnen in der Stunde ihres Scheiterns eine rettende Planke hinzuhalten. In dem christlichen Milieu, das Hermas als Wirklichkeit oder Fiktion beschreibt, sind Reiche versammelt, die die Geringen verachten, daneben geldgierige Geschäftsleute, Diakone, die das Vermögen der Witwen vergeuden, und sogar Apostel, die das Siegel ihrer Taufe verleugnet haben.

Der *Hirte* zeichnet die Kirche als eine Frau, die dabei ist, einen Turm zu errichten. Er tritt herzu und befragt sie, denn die Steine, die ausgewählt und verworfen werden, haben seine Neugier geweckt. Er erhält Antwort.

»Die viereckigen, weißen und in ihren Fugen übereinstimmenden Steine, das sind die Apostel, Bischöfe, Lehrer und Diakone. – Und die Steine, die aus der Tiefe des Wassers gezogen und in den Bau eingefügt werden, die in ihren Fugen mit den anderen, schon eingebauten, so trefflich übereinstimmen, wer sind sie? – Das sind die, welche um des Namens des Herrn willen Leiden erduldet haben. [. . .] – Die aber ausgeschieden und weggeworfen wurden, wer sind sie? – Das sind die, welche gesündigt haben und Buße tun wollen; deshalb sind sie nicht weit vom Turme weggeworfen worden, denn sie werden wohl brauchbar sein für den Bau, wenn sie Buße getan haben.«[125]

Der *Hirte* verweist nachdrücklich auf die Notwendigkeit, sich zu bekehren, aber er versichert auch, daß es Vergebung für alle nach der Taufe begangenen Sünden gibt. Eine bei Klemens überlieferte Anekdote[126] illustriert dieselbe Wahrheit. In einer Gemeinde nahe Ephesus hatte der Apostel Johannes unter den Katechumenen einen stattlichen jungen Mann wahrgenommen. Er empfiehlt ihn dem Bischof und vergißt ihn. Der Schützling gerät auf die schiefe Bahn und wird der Anführer einer Bande. Bei einer neuerlichen Durchreise hört der Apostel Johannes davon. Er macht sich auf, ihn zu suchen, findet ihn und spricht mit ihm: »Ich bin dein Vater, ich habe keine Waffen, ich bin ein Greis. Hab Erbarmen, mein Sohn, und fürchte nichts, es ist noch Hoffnung für dein Leben vorhanden!«
Der Räuber, der zunächst widerspenstig ist, läßt sich erweichen und weint schließlich bitterlich. Johannes führt ihn zur Kirche zurück und »bat dort in flehenden Gebeten Gott für ihn um Gnade, er unterstützte ihn durch anhaltendes, gemeinsames Fasten und gewann seinen Sinn in unablässigen Gesprächen.« Wahrlich, eine mühevolle Reinigung, die mit der Bekehrung und Heilung endet! Das Ansehen des großen Apostels – des Donnerssohnes, wie Jesus ihn genannt hatte –, der gekommen war, um Barmherzigkeit zu erweisen, bedeutete viel in den östlichen Gemeinden, die von ihm die Vergebung lernen.
In der Mitte des 2. Jahrhunderts führen die Verfolgungen zu Abfallserscheinungen. Die Rückkehr der Abtrünnigen stellt einen heiklen Gewissensfall dar, der sich ein Jahrhundert später nochmals in schärferer Form stellt, als die Verfolgung des Decius zu einem regelrechten Desaster führt. In Asien setzt sich die strenge Position durch. Sie entspricht der Sache der Asketen, dieser Enthaltsamkeitsapostel, deren Rigorismus die Kehrseite jeder entschiedenen Tugend ist.[127]

Dionysius von Korinth schreibt ihnen, um ihnen ins Gedächtnis zu rufen, daß den Christen freie Wahl zwischen Ehe und Enthaltsamkeit gelassen ist. Er »gebietet ihnen, die wieder aufzunehmen, die reumütig sind, was immer sie auch begangen haben mögen.«[128]
In Kleinasien empfahl ein Teil der Märtyrer ebenfalls dieses unnachsichtige Verhalten gegenüber Abtrünnigen und erkannte ihre Bußfertigkeit nicht an. Der Brief aus Lyon stellt diese Haltung deutlich heraus, die den dortigen Märtyrern völlig entgegensteht, »die niemanden banden und doch alle losbanden«. Die Lehre, die hier erteilt wird, ist unmißverständlich.

> »Denn nicht waren sie gegenüber den Gefallenen von Stolz erfüllt. Vielmehr teilten sie von ihrem Überflusse den Bedürftigen in mütterlichem Erbarmen mit. Vor dem Vater vergossen sie ihretwegen reichliche Tränen und baten um Leben, und er gab es ihnen, und dieses Leben teilten sie mit dem Nächsten, als sie, in allem siegreich, zu Gott heimgingen. Da sie den Frieden stets geliebt und uns zum Frieden ermahnt hatten, sind sie im Frieden zu Gott gegangen, der Mutter nicht Trauer, den Brüdern nicht Aufregung und Kampf, sondern Freude, Friede, Eintracht und Liebe hinterlassend.«[129]

Mäßigung und Menschlichkeit stehen hier im Gegensatz zur Kompromißlosigkeit der Märtyrer in Asien: Sie erinnern an solche ›Widerstandskämpfer‹, die sich das Recht nehmen, im Namen derer zu sprechen, die nicht mehr sprechen können, weil sie tot sind! Die Botschaft aus Lyon dagegen ist erfüllt vom Geist des Evangeliums und ein Widerhall der Vergebung Christi und des Stephanus; sie erkennt demütig an, daß Jesus allein »der treue und wahrhaftige Märtyrer« ist.[130]

Der Anbruch eines neuen Tages

Die ersten Generationen haben sich Tag für Tag mit dem Gedanken an den Tod vertraut gemacht; ihre Glaubenserwartung, der Mangel an Komfort in ihrem Leben und die Bedrohung durch Verfolgung brachte sie wohl oder übel dazu, diese Perspektive ins Auge zu fassen. Die Haltung der Glaubenden gegenüber dem Jenseits und die ruhige Gewißheit der Auferstehung des Fleisches haben in der heidnischen Umwelt eine tiefe Wirkung gehabt.
Die Parusieerwartung ist mit der apostolischen Zeit nicht verschwunden, vielmehr erfährt sie mit dem Montanismus neue Belebung. Selbst

wenn es historisch unzutreffend ist, sich in den Katakomben verborgene Christen vorzustellen, so illustriert dieses Bild doch zumindest, in welchem Maße der tägliche Umgang mit dem Tod eher Hoffnung als Furcht erweckt.

Taufe und Eucharistie, Martyrium und Glaubensbekenntnis sind auf den glorifizierten Christus ausgerichtet und bestimmen den Weg in der Nacht. Prophetien wie geschichtliche Ereignisse, sagt Justin, führen die Gläubigen der Auferstehung entgegen.[131] Die Heiden haben sich darin nicht getäuscht. Philosophen, die um die Leere ihrer Philosophie angesichts des Todes wissen, erkennen diese Furchtlosigkeit an. Justin bekennt, daß ihn diese Gewißheit der Christen vor dem Tod dazu bewogen hat, sich der Gemeinde anzuschließen.[132]

Für die ersten christlichen Generationen gehört es zur Situation des Christen dazu, sein Leben nach dem Vorbild Christi hinzugeben; und der Märtyrer ist der vorbildliche Christ, der das Wesen der christlichen Botschaft ausschöpft. Ein römischer Prokonsul kann das unbeugsame Verhalten des Pionius einfach nicht verstehen und bemüht sich noch, ihn vor der Hinrichtung zu bewahren.

Es entspinnt sich ein Gespräch: »Was nützt es Dir, in den Tod zu gehen?« Pionius erwidert ihm: »Nicht in den Tod, sondern ins Leben!«[133] Die Heiden bemühen sich, die Tragweite dieser Furchtlosigkeit zu schmälern und darin eine »theatralische Angelegenheit« oder eine Absage an die Lebensfreude zu sehen, wie sie sich bei jenem Dichter findet: »O Tod, unser alter Kapitän, / Es ist Zeit, wir wollen den Anker lichten! / Wir sind dieses Landes müde. / Ach, laß uns doch auslaufen, Tod!«

Der Prokonsul Perennis hält Apollonius das Argument entgegen, das allgemein verbreitet war: »Bei solchen Vorstellungen mußt du den Tod ja geradezu lieben, Apollonius?«

»Ich liebe das Leben, Perennis, aber die Liebe zum Leben läßt mich den Tod nicht fürchten. Nichts ist höher zu schätzen als das Leben, allerdings das ewige Leben.«[134]

Für die Christen ist der Tod die Eingangstür zum Leben und zu der ersehnten Heimkehr zu Gott.

> »Laßt mich der wilden Tiere Fraß sein, durch die hindurch ich zu Gott gelangen mag; Weizen Gottes bin ich, und von den Zähnen wilder Tiere werde ich zermahlen, auf daß ich zum unbefleckten Brot Christi werde ... Jetzt bin ich ein Sklave, aber der Tod wird mich zum Freigelassenen Jesu Christi machen, in welchem ich auferstehen werde.«[135]

Mochten die Christen noch so sehr nach dem Martyrium verlangen, sie hatten nicht immer Gelegenheit, ihr Blut zu vergießen. Die Kirche untersagte jede Art von Provokation und verurteilte alles Waghalsige. Die meisten Christen starben ganz normal in ihrem Bett, verbraucht durch die Erwartung, die Lebensjahre oder eine Krankheit.

Die Kirche sorgt für die Kranken und Gebrechlichen. Sie überträgt diese Sorge den Diakonen, und für die Frauen sehr bald den Diakonissen. Die Witwen machen Krankenbesuche.[136] Die Salbung der Kranken, von der Jakobus spricht,[137] hat in den beiden ersten Jahrhunderten wenig Spuren hinterlassen. Irenäus erwähnt eine Art Exorzismus, den die Marcosier praktizierten.[138] Möglicherweise handelt es sich dabei um einen Ritus, der auf den Jakobusbrief zurückgeht:

> »Ist jemand unter euch krank, dann rufe er die Ältesten der Gemeinde zu sich, damit sie über ihm beten und ihn mit Öl salben im Namen des Herrn.
>
> Und das Gebet, das im Glauben geschieht, wird dem Kranken helfen, und der Herr wird ihn aufrichten; und wenn er Sünden getan hat, wird ihm vergeben werden.«

Dieser Text enthält mehr Unverständliches als Information. Er bezieht sich auf die Verwendung von Öl, das Juden und Griechen zur Heilung oder zur Abhärtung bei körperlicher Schwäche oder bei den Wettkämpfen in Stadion und Palästra verwandten.[139] Salbungen begegnet man innerhalb der Exorzismen und der Magie, wie wir sie bei den Gnostikern in Lyon beobachten, ohne daß eine klare Abgrenzung leicht möglich wäre: Ist das Öl aus therapeutischen Gründen gewählt worden oder wegen seiner sakramentalen Symbolkraft? Es ist schwer zu sagen.

Die Presbyter nehmen die Salbung gemeinsam vor, wie es die östlichen Kirchen noch heute praktizieren. Man erhofft sich davon Gesundheit und Vergebung der im Laufe des Lebens begangenen Sünden. Dies ist die erste ritualisierte Form der Vergebung in der Kirche, ehe es das allgemeine Bußinstitut gab. Heilung war natürlich nicht sicher gewährleistet, sonst wäre den Christen ja Langlebigkeit, um nicht zu sagen Unsterblichkeit zuteil geworden. Durch einen Kuß auf den Mund des Sterbenden im Augenblick seines Todes fängt die Familie den letzten Seufzer auf. Nach römischer Vorstellung entweicht die Seele durch den Mund.

Die Gemeinden behandeln den Körper ihrer Verstorbenen ehrfurchtsvoll und sorgen für sein Begräbnis. Sie kommen für die Bestattung der Armen und all derer auf, die keine Angehörigen haben. Die schwerste

Kränkung, die Heiden Christen zufügen können, besteht darin, ihnen das Begräbnis zu verwehren, ja ihnen die sterblichen Reste der Märtyrer in alle Winde zu streuen. Soweit sie können, tragen die Gläubigen pietätvoll ihre ehrwürdigen Überreste wieder zusammen. In Smyrna nehmen sie, da sie den Leichnam des Polykarp nun einmal nicht bekommen können, jedenfalls die »Gebeine« mit, »die kostbarer sind als Edelsteine und wertvoller als das reinste Gold«[140], und setzen sie an einem passenden Ort bei. Die Wunder, von denen es in den Märtyrerakten nur so wimmelt, gehen zumeist auf eine spätere Redaktion zurück. Die Christen bleiben den Begräbnissitten ihrer Länder treu, vermeiden dabei aber heidnische Riten, wie den, einen Obolus in den Mund des Verstorbenen zu legen, damit er die Überfahrt im Kahn des Charon, des Unterweltschiffers, bezahlen kann: ihre Vorstellung vom Jenseits war ganz anders geartet als die mythische. Bis in ihre Grabinschriften[141] hinein unterscheiden sie sich kaum von den Heiden; sie begnügen sich damit, stereotype Wendungen aufzunehmen, denen sie allerdings eine neue Deutung geben: »In Frieden!«, »In Gott!« Später mehren sich die Symbole: der Fisch, der Anker, die Taube, die Statue eines oder einer Betenden oder eine Hirtenszene, die an die paradiesische Glückseligkeit erinnert. In den Katakomben von Hadrumetum (Sousse) sind die ersten christlichen Inschriften mit einem Nagel, manchmal mit dem Finger, in den frischen Gips geritzt worden.

Bei den Juden, den Griechen und den Römern wurde der Tote gewaschen, gesalbt und parfümiert, ehe man ihn einbalsamierte.[142] Die Römer legten den Leichnam in seine Toga gehüllt und mit den Insignien seines Amtes versehen auf ein Prunkbett. Zum Zeichen der Trauer wurde das Feuer im häuslichen Herd gelöscht. Die Kirche empfindet die Sitte, den Toten zu bekränzen, als Götzendienst.[143]

In Griechenland fanden die Begräbnisfeiern nachts, bei Fackelschein, statt, um den Toten vor der Sonne zu schützen. In Rom wird tagsüber beerdigt. Nur die Armen, die Sklaven und die Kinder werden nachts beerdigt. Für sie gibt es keinen Sarkophag, sondern nur eine armselige Kiste, wenn man sich ihrer nicht sogar dadurch entledigt, daß man sie einfach in eine Grube auf dem Esquilin warf. Die Griechen bestatteten in Holzsärgen, unter anderem aus Zypressenholz. Neben der Erdbestattung wurde in Rom auch verbrannt, was die damalige Kirche mit Rücksicht auf die Auferstehung des Leibes nicht übernimmt.[144]

Die römische Gesetzgebung gestattete Beerdigungen innerhalb der Stadt nicht. Die Katakomben in Rom, an den äußeren Verkehrsstraßen, besonders der Via Appia nahe San Sebastiano gelegen, sind Grüfte christlicher Familien, die ihren aus ärmeren Verhältnissen oder dem Sklavenstand stammenden Brüdern und Schwestern die letzte Gastfreundschaft erweisen. Man muß das 3. Jahrhundert abwarten, ehe die römische Kirche ihre eigenen Friedhöfe erwirbt und verwaltet. Der Name des Kalixtus, dieses unverbesserlichen Geschäftsmannes, bleibt mit dieser Errungenschaft verknüpft.

Die Antike entfaltet einen ungeheuren Luxus um alles, was mit dem Tod zusammenhängt: mit Basreliefs ausgeschmückte Sarkophage, Graburnen aus Marmor oder Alabaster, aus Gold oder Silber, eingeschlossen in eine Schatulle. Die gleiche Geldverschwendung wird noch heute in vielen Mittelmeerländern zur Schau gestellt. Man muß nur einmal über einen korsischen Friedhof gehen. Eine Zeitlang werden die Christen noch mit Juden und Heiden gemeinsam in den Grabstätten ihrer Vorväter beerdigt.

Wie ihre Landsleute feiern die Gläubigen in Griechenland das Totenmahl am dritten, neunten und vierzigsten Tag.[145] In Rom gehen die Begräbnisfeiern am neunten Tag nach einem Mahl zu Ende, bei dem sich Verwandte und Freunde treffen. Das gleiche gilt für den Jahrestag – nicht des Todes, sondern der Geburt des Verstorbenen.[146] Dieses Mahl wird vor dem Grab – entweder unter freiem Himmel oder in einem benachbarten Raum – eingenommen. Ausgrabungen in Afrika und Rom haben in der Nähe der Gräber ein ganzes Mobiliar zutage gefördert, wie es in den Katakomben der Domitilla und Priscilla noch zu sehen ist.

Zur Zeit Tertullians wird am Jahrestag der Verstorbenen die Eucharistie gefeiert.[147] Bilder und Skulpturen der Katakomben scheinen mit ihrer Darstellung von Festessen das Leben unter der Taufe, das Geheimnis der Eucharistie, das Gedächtnismahl für die Toten und die ewige Glückseligkeit gleichsam in einem Symbol zusammenzuschließen. Ebenso verhält es sich mit dem Ichthys, dem Fisch als Akrostichon Christi,[148] der gleichzeitig Tauf- und Eucharistiesymbol und göttliches Zeichen der Unsterblichkeit ist.

Wie die Heiden bieten auch die Christen Mahlzeiten zu Ehren der Toten an, die *refrigeria* genannt werden (niemals »Agape«, wie es mißbräuchlich heute bisweilen geschieht, denn das Liebesmahl ist, wie wir sahen, allein vom Evangelium inspiriert). Sie ändern ihre Bedeutung und geben ihnen einen sozialen Charakter, indem sie die Armen, die Witwen und die anderen Personen ihrer Fürsorge dazu einladen.[149] In den Katakomben sind uns Gemälde von Begräbnisbanketten erhalten, an denen die Armen teilhaben. Die mit Brot voll gefüllten Körbe, die uns auf den Fresken und den Reliefs der Sarkophage begegnen, lassen sich wahrscheinlich von daher erklären.[150]

Der Märtyrerkult ist aus dem Totenkult entstanden. »Ihr Angedenken entspricht der Erinnerung an Verstorbene, die den alltäglichen Lebensrahmen verlassen haben.«[151] Die Ehren, die man ihnen erwies, unterschieden sich zunächst kaum von denen, die die anderen Verstorbenen umgaben.[152] Allerdings hatte das Zeugnis, für das sie ihr Leben geopfert hatten, sie zu bevorzugten Mitgliedern der Gemeinde gemacht, der nun insgesamt die Sorge für ihre sterblichen Überreste und die Unterhaltung ihres Grabes oblag. Allmählich fingen die Gläubigen an, ihres Todestages und nicht mehr, wie die Heiden, ihres Geburtstages zu gedenken.

In der Leidensgeschichte des Polykarp finden wir das erstmalig bezeugt:

> »Wir haben seine sterblichen Reste an einem passenden Ort beigesetzt. Dort wollen wir, so bald wie möglich, in Freude und Jubel zusammentreffen. Der Herr möge es uns vergönnen, den Jahrestag seines Martyriums zu feiern, um feierlich derer zu gedenken, die den Kampf schon gekämpft haben, und ihre Nachfolger heranzubilden und vorzubereiten.«[153]

Der Hinweis auf das Treffen am Grab und die Festlichkeit »in Freude und Jubel« lassen die Zusammenkunft am Grab in der Beschreibung der apokryphen Johannesakten als »eine eucharistische Zusammenkunft«[154] verstehen. Tertullian[155] und die *Didaskalia*[156] bestätigen ausdrücklich, daß die Gemeinde über den Reliquien der Märtyrer die Eucharistie feiert. Häufig schließt sich daran, wie bei den übrigen Toten, eine Mahlzeit zugunsten der Armen und Notleidenden.[157] Die Gemeinde versammelt sich in den Katakomben, wo ihre Brüder und Schwestern ruhen, um am Grab der Märtyrer und der Verstorbenen die Eucharistie zu feiern. Die Christen bedecken die Wände mit betenden und von Paradiesesbäumen umgebenen Gestalten, um ihrem Glauben an einen Ort der Ruhe, des Friedens und des Lichts Ausdruck zu verleihen.

Der Glaube an den auferstandenen Christus hat der christlichen Existenz wahrlich eine Öffnung und Wendung auf die Ewigkeit hin gegeben, weil das Geheimnis des Todes zu einem Geheimnis des Lebens umgewandelt worden ist.

Schluß
Vom Traum zur Wirklichkeit

Die Christen der ersten Jahrhunderte sehen sich einer doppelten Wirklichkeit gegenüber: dem Evangelium und dem täglichen Leben. Wie sollten sie ihr Leben auf den erfahrenen Glauben ausrichten, ohne Abstrich eines Jota, aber auch ohne sich den irdischen Aufgaben, den Verantwortlichkeiten innerhalb der Familie und des Berufs, zu entziehen und ohne in der Erwartung des Herrn ein Alibi für die eigene Untätigkeit zu suchen, wie es die Christen in Saloniki getan hatten.

Die Formen, dem Alltag zu entrinnen, sind vielfältig und subtil. Sie alle lassen sich auf den Zwiespalt zwischen Gegenwart und Zukunft zurückführen, zwischen der Verwurzelung im täglichen Leben und der Weigerung, darin in einem Maße befangen zu sein, daß die Spannung auf das kommende Königreich eine Schwächung erfährt. Die ersten Gläubigen erproben am eigenen Leib die tragische Zerrissenheit der christlichen Lebenssituation, aber sie wissen, daß sie die Enden der Kette fest in der Hand haben.

In diesem Zusammenhang ist es bezeichnend, daß das apokryphe Schrifttum im Laufe der beiden ersten Jahrhunderte seine Blütezeit erlebt. Der Zauber des Wunderbaren und des Traumes kontrastiert mit der Nüchternheit des Evangeliums, kommt aber durch entsprechende Phantasie und Farbigkeit der Neugier und Ungeduld gegenüber allem Vorläufigen entgegen. Dieses Museum christlicher Einbildungskraft darf nicht vergessen lassen, daß sich Blut in die Herstellung der Farben mischt.

Eine Richtung der christlichen Gemeinde möchte das, worüber die Heilige Schrift schweigt, auffüllen, die Zeit des Glaubens und der Erwartung verkürzen und unmittelbar, wie Magdalena am Tage der Auferstehung, an ein Geheimnis rühren, das vorerst nur Verheißung ist. In den apokryphen Evangelien verschafft sich ein Glaube, der in persönliche Überzeugung, bisweilen auch in Leichtgläubigkeit umschlägt, Genugtuung; er ist selbstsuggestiv tätig und schwelgt im Reich der Träume. Die Geburt Jesu und seine Kindheit, die im Lukasevangelium so sparsam und zart gezeichnet sind, rufen hier eine wahre Fülle von Wundererzählungen hervor. Die Verkündigung der Apostel wird durch Miniaturen des Phantastischen erweitert. Man muß nur an

den Streit zwischen Petrus und Simon dem Magier erinnern, eine Art
Jahrmarktspredigt, die die Neugierigen anlockt, die Heiden begeistert
und Bekehrungen nach sich zieht. Der Glaube scheint sich durch ein
höheres Angebot an Wundern zu verbreiten.

Wir dürfen uns von der Naivität der apokryphen Schriften nicht täuschen lassen. Wem ihre Bedeutung, über das Wunder hinaus, aufgeht,
der versteht, daß diese naiven Wunderberichte von ihrem ursprünglichen Antrieb her den kosmischen Wandel gleichsam ›in Technicolor‹
anschaulich machen wollen, der dem Glauben offenbart und durch die
Auferstehung Christi vollzogen ist. Die Einbildungskraft führt hier also
auf eine goldene Legende zurück, was nur der Hoffnung verheißen
worden ist.

Genauso verhält es sich, wenn nach dem Kommen des Menschensohnes
gefragt wird. »Von dem Tage aber und von der Stunde weiß niemand,
auch der Sohn nicht« – versichert das Evangelium. Anstatt sich an dieses
Christuswort zu halten, das den Theologen noch zu schaffen machen
wird, erwartet die erste Generation – und sogar Paulus in seiner ersten
Lebenshälfte – die unmittelbar bevorstehende Wiederkehr des Herrn
und gleichzeitig mit ihr das Ende der Welt. Eine ganze Generation
durchlebt diese Spannung, die die Schriften aus dem judenchristlichen
Milieu erfüllt.

Der außerordentliche Erfolg des Montanismus, der schließlich sogar
einen so hervorragenden Kopf wie Tertullian für sich gewinnen konnte,
hängt zweifellos mit seinen Verheißungen zusammen, die sich auf eine
nah bevorstehende Parusie, die Verkürzung des Wartens und der Ungewißheit und eine apokalyptische Zeit beziehen. Nichts ist menschlicher
und naheliegender, als sich in diese Erwartung zu flüchten, auf die
Gefahr hin, Alltag, Familie und Verpflichtungen im Stich zu lassen und
aus der schwierigen Lebenssituation der Christen gerade das zu entfer-
nen, was doch in Wahrheit ihr Wesen ausmacht. Die tiefenpsychologi-
sche Untersuchung einer spezifischen Anfälligkeit der Christen, wie sie
Nietzsche angeprangert hat, findet hier ein weites Feld.

Justin und Irenäus, deren Bewußtsein zeitweilig von einem Traumbild
getrübt ist, bringen die Zeit des Wartens mit der Errichtung eines irdischen Königreichs zusammen, das tausend Jahre währen soll. Gerech-
terweise muß man feststellen, daß dieser Millenarismus in ihren Schriften episodischen Charakter hat. Weder lähmt er ihr Handeln, noch
trübt er ihre theologische Einsicht.

Die Heiden jener Zeit, die zwischen den wesentlichen und unwesentli-
chen Zügen des Christentums nicht zu unterscheiden vermögen, bean-

standen, daß seine Anhänger zur Weltflucht neigen, an tragischen Lebenssituationen Gefallen finden oder den Tod suchen. Die Kirche sah sich von Anfang an – und im Laufe der Jahrhunderte in regelmäßigen Abständen immer wieder – gezwungen, den vermessenen Eifer derjenigen zu dämpfen, die den Ablauf der Zeit und des Lebens anhalten wollen, anstatt ihm ungeschminkt seinen Platz in einem theologischen Geschichtsentwurf zuzuweisen.

Andere hingegen richten sich in dieser geschichtlichen Welt ein und reduzieren den Glauben auf eine weltflüchtige Gnosis oder eine Zusicherung für die Ewigkeit, die dem Glauben seine Substanz und seine Spannung nimmt. Sie verlieren aus dem Blick, daß Glaube weder bequemliches Sicheinrichten noch gedankliche Konstruktion um eines intellektuellen Vergnügens willen bedeutet, sondern Konfrontation im Alltag und tägliche Wiederaufnahme des vorgezeichneten Weges »in banger und bescheidener Erwartung des Unerhörten«.

Ein Muster an Ausgewogenheit und Maß ist der Bischof Cyprian. Er kann warten, wobei er seine Aufgabe als Hirte vorrangig behandelt und auch nicht ansteht, sich zu verbergen, bis zu dem Tag, da ihm sein Bekenntnis nützlicher für seine Schafe erscheint als seine Anwesenheit. Er ist die makellose Perle der schweigenden und gläubigen Mehrheit.

Diejenigen, die sich im Leben unbehaglich fühlen oder ausbrechen, sind immer nur eine Ausnahme gewesen. Die übrigen – und zwar die Mehrzahl – leben mit dem Heroismus, den der Alltag erfordert, und unter der existenziellen Spannung, die die erfinderisch wirkende Treue zum Christentum mit sich bringt. Irenäus hat sich nicht mit dem Entwurf einer Geschichtstheologie zufrieden gegeben, sondern er hat die christliche Lebenssituation durchlebt in einer Freiheit, die sich herausbildet und das von den Händen des Vaters begonnene Werk fortsetzt.

In der täglichen Aufgabe, die der Christ im Schoße seiner Familie, in seinem Beruf und seiner Stadt erfüllt, sieht er nicht in erster Linie die Verherrlichung seines eigenen schöpferischen Wirkens, sondern die Eingliederung seiner Freiheit in eine sinnvolle Ordnung, die Gott bestimmt. Was den Christen und seine Botschaft ausmacht, das übersteigt unablässig die Leistungen der Menschen – und wären sie Apostel. Das Christentum stellt sich als Kirche der Hoffnung dar oder es verliert seine Existenzberechtigung.

Eingespannt zwischen Gegenwart und Zukunft, zwischen Alltag und Verheißung, kann der Christ nach Meinung des Irenäus dauerhaft nur wirken, sofern er mit seinem ganzen Wesen danach strebt, Gott zu schauen und ihm entgegenzugehen. Das Gewicht dieser Hoffnung beeinträchtigt nicht die irdischen Verantwortlichkeiten, sondern verschiebt deren Schwerpunkt, um sie mit der unsichtbaren Hand zu verbinden, die ihnen Anfang und Ende setzt.

Ignatius und Blandina, Justin und Perpetua, die namenlosen Zeugen aus Lyon, Rom oder Karthago, sie alle geben zu verstehen, daß das Besondere am Christentum nicht das Wunder ist, das gleichwohl durch ihren »Leidens«-Bericht hindurchscheint, sondern der Glaube, der das tägliche Leben überhöht, und die Hoffnung, die die Tragik lindert und durch das Dunkel bricht.

Wer sich viel mit den ersten christlichen Generationen beschäftigt, vor allem mit den Märtyrern in ihrer täglichen Bedrohung und ihrer Ungewißheit hinsichtlich des folgenden Tages, den überrascht gleichermaßen ihre Lebensfreude wie ihre Gelassenheit angesichts des Todes. Wo die Philosophie die Angst nur noch verstärken konnte, da läßt das Evangelium jenseits der Nacht »einen neuen Tag anbrechen«. Die Heiden in Lyon haben so wenig wie der Kaiser Mark Aurel dieses Zeugnis durchschauen können oder durchschauen wollen.

In der Mitte des 2. Jahrhunderts klingt die Erwartung des Weltendes noch auf den letzten Seiten der *Didache* an, doch nimmt sie stetig ab, beruhigt sich und tritt nicht mehr hervor, um dafür dem eher persönlichen Wunsch nach einer Wiederbegegnung mit dem glorifizierten Christus Raum zu geben. Das stete Murmeln, das so innig aus dem Glauben des Ignatius hervorquillt und sagt: »Komm zum Vater«, das spricht die erste christliche Generation mit einer Inbrunst nach, die überwältigt, mit einer Gewißheit, die Ruhe schenkt, und einer Frische, wie sie nur aus befreiten Herzen kommt. Gott enthüllt denen, die wachsam sind und auf ihn warten, den hell anbrechenden neuen Tag.

Bibliographische Hinweise

Die Abkürzungen wurden auf ein Minimum reduziert, um dem Leser mühselige Nachforschungen zu ersparen. Es folgt ein Verzeichnis der häufig verwendeten Abkürzungen.

DACL	Dictionnaire d'archéologie chrétienne et de liturgie. 15 Bde. Paris 1907–53.
DAGR	Dictionnaire des antiquités grècques et romaines. 5 Bde. Paris 1877–1912.
DHGE	Dictionnaire d'histoire et de géographie ecclésiastiques. Bd. 1 ff. Paris 1912 ff.
RAC	Reallexikon für Antike und Christentum. Bd. 1 ff. Stuttgart 1950 ff.
RE	Pauly's Realencyclopädie der classischen Altertumswissenschaft. 15 Bde. Stuttgart 1903–78.
ThWNT	Theologisches Wörterbuch zum Neuen Testament. 9 Bde. Stuttgart 1933–73.
CIG	Corpus inscriptionum graecarum. 4 Bde. Berlin 1828–77.
CIL	Corpus inscriptionum latinarum. Bd. 1 ff. Berlin 1862 ff.
Orelli	Inscriptionum latinarum selectarum amplissima collectio. Hrsg. von I. G. Orelli. 3 Bde. Zürich 1828–56.
Friedländer/Wissowa	L. Friedländer: Darstellungen aus der Sittengeschichte Roms in der Zeit von Augustus bis zum Ausgang der Antonine. 10. Aufl. bes. von G. Wissowa. 4 Bde. Leipzig 1921–23.
Anal. Boll.	Analecta Bollandiana. Brüssel. 1882 ff.
RB	Revue Benedictine. Maredsous. 1884 ff.
PG	Patrologiae cursus completus. Series graeca. Hrsg. von J.-P. Migne. 161 Bde. Paris 1857–66.
PL	Patrologiae cursus completus. Series latina. Hrsg. von J.-P. Migne. 217 Bde. und 4 Reg.-Bde. Paris 1844–64.
PLS	Patrologiae cursus completus. Series latina. Supplementum. Hrsg. von A. Hamman. 5 Bde. Paris 1958–74.
Mansi	Sacrorum conciliorum nova et amplissima collectio. Hrsg. von J. D. Mansi. 31 Bde. Florenz/Venedig 1759–98.
TU	Texte und Untersuchungen zur Geschichte der altchristlichen Literatur. Hrsg. von W. Eltester und E. Klostermann. Leipzig/Berlin. 1882 ff.
Hamman	Das Heldentum der frühen Märtyrer. Hrsg. von A. Hamman. Übers. von I. Steidle. Aschaffenburg 1953.
Harnack	A. von Harnack: Die Mission und Ausbreitung des Christentums in den ersten drei Jahrhunderten. Leipzig 1924. – Reprogr. Nachdr. Leipzig 1965.

Es kann hier nicht darum gehen, eine erschöpfende Bibliographie zu erstellen. Die benutzten und nützlichen Untersuchungen werden in den Anmerkungen zitiert. Besonders viel verdanke ich dem angeführten Werk von Friedländer/Wissowa und ganz allgemein den Artikeln im *Dictionnaire des antiquités grècques et romaines*. A. v. Harnacks Werk *Die Mission und Ausbreitung des Christentums in den ersten drei Jahrhunderten*, das glücklicherweise in einem unveränderten Nachdruck wieder zugänglich ist, enthält eine unschätzbare Fülle von Informationen. Hinzuzufügen ist J. Rouge, *Recherches sur l'organisation du commerce maritime en Méditerranée sous l'empire romain*, Paris 1966.

Anmerkungen

Titel, die in den »Bibliographischen Hinweisen« aufgeführt sind, werden nur abge-kürzt zitiert.

Einführung

1 E. Renan, *Marc Aurèle et la fin du monde antique*, Paris 1882, S. 11.
2 F. Braudel, *La Méditerranée et le monde méditerranéen à l'époque de Philippe II*, Bd. 1, Paris 1966, S. 99.
3 Pierre Martyr, in: Braudel, S. 94.
4 Das grundlegende Werk bleibt A. von Harnacks *Die Mission und Ausbreitung des Christentums in den ersten drei Jahrhunderten.*

Teil 1: Das Umfeld

Kap. 1: Der geographische Rahmen

1 Man sollte bei der Lektüre den *Bildatlas der frühgeschichtlichen Welt* von F. van der Meer und Ch. Mohrmann (Gütersloh 1959) vor Augen haben.
2 *1. Clem.* 5. Vgl. Röm. 15,23–28. Sich vorzustellen, wie tatsächlich geschehen, daß »die Grenzen des Westens« Rom bezeichnen könnten, ist ein grober Irrtum, denn für einen Römer ist Rom das Zentrum und keineswegs ein Grenzbereich.
3 Tacitus, *Ann.* XV,44.
4 Vgl. L. Duchesne, in: *Le Liber Pontificalis* (1602), hrsg. von L. D., Bd. 1, Paris 1886, S. LXXVI–LXXVIII; Harnack, S. 817–832.
5 Vgl. Van der Meer / Mohrmann (Anm. 1) S. 1 und 4.
6 Tacitus, *Ann.* II,79.
7 CIL V,2, Nr. 5262.
8 Über die Authentizität und die Bedeutung des Pliniusbriefes vgl. P. de Labriolle, *La réaction païenne*, Paris 1934, S. 28–35.
9 Plinius d. J., *Epist.* X,96,8.
10 Zum Straßennetz und Handelsaustausch in jener Zeit vgl. M. P. Charlesworth, *Les routes et le trafic commercial dans l'Empire romain*, übers. von G. Blumberg und P. Grimal, Paris 1938, S. 61 f.
11 Juvenal, *Sat.* III,62.
12 Vgl. *Inscriptiones graecae ad res Romanas pertinentes*, Bd. 1, hrsg. von R. Cagnat, Paris 1901, S. 486 und 493.
13 CIL I, Nr. 421. Vgl. auch CIL I, Nr. 25.
14 Apg. 28,13–14.
15 Strabon, *Geogr.* 641, XIV,1,24.
16 Apg. 19,20–34.
17 H. Graillot, *Le culte de Cybèle, mère des dieux, à Rome et dans l'Empire romain*, Paris 1912, S. 464–472.
18 Ebd., S. 485–503 und pass.

19 Offb. 1,11.
20 Apg. 16,14.
21 Eusebius, *Hist. eccl.* IV,26,3. [Im folgenden zit. als *Hist. eccl.*]
22 *Hist. eccl.* IV,26,1.
23 CIL VII, Nr. 190; XIII, Nr. 7239.
24 *Hist. eccl.* V,16,7. Es ist nicht möglich gewesen, die Lage des Dörfchens Ardabau zu bestimmen, was seine geringe Bedeutung herausstreicht.
25 Über den Montanismus vgl. P. de Labriolle, *La crise montaniste*, Paris 1913.
26 Neben dem klassischen Werk von C. Jullian, *Histoire de la Gaule*, findet man eine neue dokumentierte Untersuchung bei E. Griffe, *La Gaule chrétienne à l'époque romaine*, Bd. 1: *Des origines chrétiennes à la fin du quatrième siècle*, Paris 1964.
27 Irenäus, *Adv. haer.* I, praef.
28 Varro, *Rust.* II,4,10.
29 CIL XV, Nr. 4542; vgl. Nr. 4543. Vgl. auch M. Clavel, *Béziers et son territoire dans l'Antiquité*, Paris 1970, S. 318 f.
30 Plinius d. Ä., *Hist. nat.* XIV,68.
31 Strabon, *Geogr.* 180 f.,IV,1,5.
32 Vgl. Plinius d. Ä., *Hist. nat.* XXIX,9.
33 CIL XII, Nr. 489. Vgl. auch den Artikel »Marseille«, in: DACL X, Sp. 2247.
34 2. Tim. 4,8–11. Die Meinungen hierüber sind geteilt; vgl. die neuere Dokumentation und die befürwortende Stellungnahme bei Griffe (Anm. 26), S. 17, Anm. 6 und 7.
35 *Hist. eccl.* V,1. Strabon, *Geogr.* 208,IV,6,11. Vgl. Charlesworth (Anm. 10) S. 202. Man kann auch zurückgreifen auf M. Rostovtzeff, *The Social and Economical History of the Roman Empire*, Bd. 1, Oxford 1957, S. 165 f.
36 A. Grenier, *Manuel d'archéologie gallo-romaine*, Tl. 4, Bd. 2, Paris 1960, S. 506–514.
37 P. Vuilleumier, *Lyon, métropole des Gaules*, Paris 1953.
38 CIL XIII, Nr. 2005, 2007, 2448.
39 *Hist. eccl.* V,1,49.
40 Welcher Art waren die Beziehungen zwischen diesen beiden Kirchen, die in unterschiedlichen Provinzen lagen? In *Hist. eccl.* V,1,17 ist von dem Diakon Sanctus die Rede. Gab es zu der Zeit in Vienne einen Bischof? P. Nautin (*Lettres et écrivains chrétiens des deuxième et troisième siècles*, Paris 1961, S. 93 ff.) vermutet, daß Irenäus zuerst Bischof von Vienne war und diese Stellung auch beibehielt, als er das Bischofsamt in Lyon übernahm. Diese Hypothese ist verlockend, läßt sich aber durch nichts stützen.
41 Vgl. Nautin (Anm. 40) S. 99.
42 Irenäus, *Adv. haer.* I,13,1.
43 Ebd. I,10,2. Einige Forscher, wie Harnack, S. 881 ff., glauben, daß Irenäus weitere Bischöfe in Gallien und in den Rheingebieten eingesetzt haben könnte; sie stützen sich dabei auf *Adv. haer.* I,10,2, wo von »Kirchen« in den germanischen Provinzen die Rede ist. Man ist ihnen darin nicht generell gefolgt.
44 Im 2. Jahrhundert gehört Tripolitanien noch zu Afrika. Erst seit 297 oder 314 bildet es eine eigene Provinz. Irenäus (*Adv. haer.* I,10) bezeugt, daß es zu seiner Zeit schon Christen in Libyen gegeben hat.
45 Über Karthago vgl. neben der klassischen *Histoire ancienne de l'Afrique du Nord* von S. Gsell die neuere korrigierende Darstellung von M. Hours-Miédan, *Carthage*, Paris 1964.

46 Nach Ch.-A. Julien, *Histoire de l'Afrique du Nord*, 2. Aufl. bes. von Ch. Cour-
tois, Paris 1951, S. 88. Man findet darin vor allem eine ausführliche Bibliographie
bis 1950. Vgl. ferner G. und C. Charles-Picard, *Karthago. Leben und Kultur*,
übers. von I. Miller, Stuttgart 1983. Für das römische Afrika sollte man auch die
Untersuchung von E. Albertini heranziehen: *L'Afrique romaine*, bes. von
L. Leschi, Algier 1950 (mit Karte und Stichen).

47 Tertullian, *Apol.* 9,2.

48 Strabon, *Geogr.* 832,XVII,3,14

49 Ebd.

50 Vgl. das Lob Karthagos in den *Florida*, bes. III,16; IV,18.

51 Man sollte die Untersuchung von J. Baradez, *Fossatum Africae*, Paris 1949,
S. 165–212, heranziehen, der die Frage nach einem römischen Limes in Afrika
neu gestellt und dabei die Luftbilduntersuchungen berücksichtigt hat.

52 Zur Erhellung des gesamten Problems sei auf den vielbeachteten Artikel »Afrique«
von A. Audollent, in: DHGE I, Sp. 705–731, verwiesen. Jüngeren Datums und
mit einer verbesserten Bibliographie versehen ist der Artikel von A. M. Schneider
in: RAC I, Sp. 173–177.

53 Augustin, *Epist.* 43,7 und 52,2. PL XXXIII, Sp. 163, 194. Siehe auch das Konzil
von Karthago im Jahre 411 (Mansi IV, Sp. 229).

54 Hier seien nur angeführt: das Glaubenssymbol (F. J. Badcock in: RB 45 [1933]
S. 3); die Ketzertaufe (Brief von Firmilian, unter denen des Cyprian, 75, PL III,
Sp. 1154; der Stationsgottesdienst (s. H. Leclercq, Artikel »Carthage«, in:
DACL II, Sp. 2206). Das Problem bedürfte einer gründlichen Einzelunter-
suchung. Für die Architektur vgl. Artikel »Afrika«, in: RAC I, Sp. 175.

55 *Hist. eccl.* II,2,4. Vgl. P. Monceaux, *Histoire littéraire de l'Afrique chrétienne*,
Bd. 1, Paris 1901, S. 7.

56 Vgl. Artikel »Carthage«, in: DHGE XI, Sp. 1180 f.

57 CIL VIII, Nr. 7150, 7155, 8423, 8499. Über die jüdischen Kolonien vgl. P.
Monceaux, »Les colonies juives en Afrique romaine«, in: *Revue des études juives*
43 (1902) S. 1.

58 Vgl. A. Delattre, *Gamart*, Lyon 1895. Zu Hadrumetum vgl. A. F. Leyrand, *Les
catacombes africaines: Sousse – Hadrumète*, Algier 1922. – M. Saumagne hat mir
versichert, daß er im Frühjahr 1971 in den gerade entdeckten Katakomben christliche Zeichen gesehen habe. Pater Ferron ist allerdings sehr viel zurückhaltender
und hält das eher für unwahrscheinlich. Vgl. z. B. J. Ferron, »Epigraphie juive«,
in: *Cahiers de Byrsa* 6 (1956) S. 99–102.

59 Tertullian, *Apol.* 7,3; *Ad nat.* 1,14.

60 Es gibt zahlreiche punische Inschriften. Vgl. G. Bardy, *La question des langues
dans l'Église ancienne*, Paris 1948, S. 53.

61 Tertullian, *Adv. iud.* 7.

62 Vgl. Hamman, S. 56–58. Analyse bei Monceaux (Anm. 55).

63 Zur sozialen Situation vgl. Albertini (Anm. 46) S. 37 ff.

64 Predigten sind veröffentlicht in PLS II, Sp. 625–637 und 788–792. Vgl. auch die
Predigt 155 (PL XXXVIII, Sp. 840), die in der Basilika der Märtyrer von Scili
gehalten worden ist.

65 Vgl. Albertini (Anm. 46) S. 37 ff.

66 Tertullian, *Ad Scapul.* 5. Zur entgegengesetzten Behauptung vgl. Celsus, bei Origenes, *C. Cels.* VIII,69.

67 Ebd.

68 Tertullian, *Apol.* 37,4.

69 Zur Bedeutung von Alexandria und Ägypten im Imperium vgl. Charlesworth (Anm. 10) S. 31–50.
70 So das Schiff, mit dem der Historiker Flavius Josephus fuhr (*Vit.* 15).
71 Vgl. Artikel »Alexandrie«, in: DHGE I, Sp. 290.
72 Vgl. Apg. 6,9.
73 Seit dem Jahr 100 ist bei den Häretikern eine apokryphe Schrift des Johannes, das »Ägypterevangelium«, in Umlauf, das Irenäus gekannt und benutzt hat. Vgl. G. Bardy, »Pour l'histoire de l'école d'Alexandrie«, in: *Vivre et Penser* 2 (1942) S. 84, Anm. 2.
74 *Hist. eccl.* II,16,1; 24,1.
75 Ebd. III,21; IV,1,4,19.
76 Handschrift von Bèze.
77 C. H. Roberts (Hrsg.), *An Unpublicated Fragment of the Fourth Gospel in the John Rylands Library*, Manchester 1935. Vgl. W. Schubart, Artikel »Alexandria«, in: RAC I, Sp. 282.
78 Die Legende ist überliefert durch Sozomenos, *Hist. eccl.* V,21. Palladius, *Hist. Laus.* 8.
79 *Hist. eccl.* VI,46.
80 Vgl. L. Barnard, »Saint Stephen and Early Alexandrian Christianity«, in: *New Testament Studies* 7 (1960) Nr. 1, S. 31–45.
81 Klemens von Alexandria, *Strom.* I,1,11.
82 Das ist bei Eusebius zweimal bestätigt: *Hist. eccl.* V,10,2,3. Harnack (S. 698) meint, es handele sich um den Süden von Arabien, ohne zu erklären, warum.
83 *Hist. eccl.* V,25. Irenäus hat in dieser Sache an die Kirche in Alexandria geschrieben; s. das syrische Fragment (Irenäus, *Adversus haereses*, hrsg. von W. W. Harvey, Bd. 2, Cambridge 1857, S. 456).
84 Vgl. Harnack, S. 712, Anm. 2.
85 *Hist. eccl.* VI,1.
86 Die jüngste Untersuchung ist die von E. Kirsten, Artikel »Edessa«, in: RAC IV, Sp. 552–597, mit einer ausgezeichneten Bibliographie.
87 Apg. 2,9. Siehe auch Flavius Josephus, *Ant. Iud.* XI,5,2; XV,3,1. Dagegen: S. Weinstock in: *Journal of Roman Studies* 38 (1948) S. 43, 67.
88 Vgl. Harnack, S. 678–780, S. 689; H. Leclercq, Artikel »Edesse«, in: DACL IV, Sp. 2082.
89 Vgl. *Hist. eccl.* I,13; II,1,7.
90 Ebd. III,1; Sokrates, *Hist. eccl.* I,19; IV,18; Hieronymus, *De apost. vit.* 5; Rufinus, *Hist.* I,16; III,5; Ephraem, *Expl. ev. Concordia*. Vgl. auch die *Recognitiones Clementis* IX,29 und die *Acta Thomae*.
91 Vgl. den Genesiskommentar des Origenes, der heute verloren ist (vgl. Harnack, S. 109 f.).
92 *Acta Thomae* 159. Hier sei verwiesen auf die neuere Untersuchung von A. F. I. Klijn, *Edessa, die Stadt des Apostels Thomas. Das älteste Christentum in Syrien*, übers. von M. Hornschuh, Neukirchen 1965, S. 10–14.
93 Ambrosius, *In Ps. 48* (PL XIV, Sp. 1143); Hieronymus, *Epist.* 59,5 (PL XXII, Sp. 589); Gregor von Nazianz, *Orat.* 33 (PG XXXVI, Sp. 228).
94 Siehe *Chronica minora* 1 (*Corpus scriptorum christianorum orientalium. Scriptores syri*, hrsg. von J.-B. Chabot [u. a.], Ser. 3, Bd. 4, Paris/Leipzig 1903). Vgl. auch Harnack, S. 615, sowie die differenzierte Stellungnahme im Artikel »Edessa«, in: RAC, Sp. 577.
95 *Hist. eccl.* V,23,3.

96 *Doctrina Addai*, hrsg. von G. Phillips, London 1876, S. 50.
97 Vgl. Artikel »Edessa«, in: DACL IV, Sp. 2082.
98 Vgl. Harnack, S. 679.
99 Tatian, *Orat.* 42. Zu Tatian vgl.: M. Elze, *Tatian und seine Theologie*, Göttingen 1960 (Bibliographie).
100 Vgl. Artikel »Bardesanes«, in: RAC I, Sp. 1180–86, aus der Feder von L. Cerfaux.

Kap. 2: Mittel und Wege der Ausbreitung

1 Irenäus, *Adv. haer.* IV,30,3. Zum gleichen Thema ist auch das, was die heidnischen Zeitgenossen schreiben, heranzuziehen: Plinius d. Ä., *Hist. nat.* 14,2; Epiktet, *Dissert.* III,13,9; Aristides von Smyrna, *Eis Basileia*, in: Aristides (Aelius Aristides), *Opera omnia Graece et Latine*, hrsg. von S. Jebb, Bd. 1, Oxford 1722, S. 66; Tertullian, *De anima* 30. Vgl. die Inschrift aus Halikarnassos, bei A. Causse, *Essai sur le conflit du christianisme primitif et de la civilisation*, Paris 1920, S. 28.
2 Philon, *Legatio ad Gaium* 2 (8).
3 Epiktet, *Dissert.* III,13,9.
4 Vgl. F. Braudel, *La Méditerranée à l'époque de Philippe II*, Bd. 1, Paris 1966, S. 78.
5 Über die römischen Straßen vgl.: R. J. Forbes, *Notes of the History of Ancient Roads*, Amsterdam 1934; V. Chapot, Artikel »Via«, in: DAGR V, S. 777–817.
6 CIL XI, Nr. 3281–84 (im Thermen-Museum in Rom).
7 L. Febvre in: *Annales d'histoire sociale* 11 (1940) S. 70; zit. bei Braudel (Anm. 4).
8 Vgl. W. M. Ramsay in dem noch immer gültigen Artikel »Roads and Travel«, in: *A Dictionary of the Bible*, hrsg. von J. Hastings, Bd. 5, New York 1904, S. 375 bis 403.
9 Plinius d. Ä., *Hist. nat.* II,450.
10 Vgl. C. Torr, Artikel »Navis«, in: DAGR IV, S. 25.
11 Vgl. R. Lefebvre des Noëttes, *De la marine antique à la marine moderne*, Paris 1935, S. 67.
12 Philostratos, *Vita Apollonii* VII,10,16.
13 Vgl. A. de Saint-Denis, »La vitesse des navires anciens«, in: *Revue archéologique* 18 (1941) S. 90.
14 Vgl. H. de Saussure, »De la marine antique à la marine moderne«, in: *Revue archéologique* 10 (1937) S. 9.
15 Apg. 27,37; Flavius Josephus, *De vita sua* 15.
16 Zu dieser Frage vgl. H. de Saussure in: *Revue archéologique* 10 (1937) S. 95.
17 Vgl. Philostratos, *Vita Apollonii* VII,10.
18 Plinius d. Ä., *Hist. nat.* XIX,3.
19 Sulpicius Severus, *Dial.* 1,3,1.
20 Plinius d. Ä., *Hist. nat.* XV,74.
21 Sulpicius Severus, *Dial.* 1,8.
22 Vgl. Lefebvre des Noëttes (Anm. 11) S. 72.
23 Plinius d. Ä., *Hist. nat.* XIX,3. Vgl. auch de Saint-Denis (Anm. 13) S. 135.
24 Strabon, *Geogr.* V 42,7 f.; Tacitus, *Ann.* II,85.
25 Vgl. Ch. Lécrivain, Artikel »Viator«, in: DAGR V, S. 817–820.
26 Vgl. R. Lefebvre des Noëttes, *L'attelage, le cheval de selle*, Paris 1931, S. 13 und 84.

27 Cicero, *Pro Milone* 10,28; 20,54. Vgl. dazu E. Saglio, Artikel »Rheda«, in: DAGR IV, S. 862.
28 CIG III, Nr. 3920.
29 Vgl. M. P. Charlesworth, *Les Routes et le trafic commercial dans l'Empire romain*, übers. von G. Blumberg und P. Grimal, Paris 1938, S. 40.
30 Man trieb sie »zu Fuß« bis nach Rom! (Plinius d. Ä., *Hist. nat.* X,53.)
31 CIL X, Nr. 1634, 1759; III, Nr. 860, 1394.
32 Philostratos, *Vita Apollonii* VIII,15.
33 CIG III, Nr. 6233; 5774. Vgl. dazu etwa Strabon, *Geogr.* IV,1,5; Philostratos, *Vita Apollonii* VIII,15; Quintilian, *Declam.* 333.
34 Vgl. Ramsay (Anm. 8) S. 399.
35 Das trifft auf einen Ägypter des 2. Jahrhunderts zu, der die Quellen des Nils besichtigte und dessen Brief im Britischen Museum erhalten ist (*Greek Papyri in the British Museum*, Bd. 3, London 1907, S. 206, Anm. 854).
36 Plinius d. J., *Epist.* VIII,20.
37 *Pilgerreise der Aetheria von Aquitanien nach Jerusalem und den heiligen Stätten (Peregrinatio Etheriae)*, übers. und hrsg. von H. Richter, Essen 1919.
38 *Hist. eccl.* IV,22.
39 Flavius Josephus, *Bel. Iud.* VII,6,6.
40 *Hist. eccl.* VI,31,2.
41 Grabinschrift. Text und Kommentar (mit Übers.) in: RAC I, Sp. 12–17.
42 *Acta Iustini* 4.
43 Tertullian, *Contra Hermogenem.*
44 Tertullian, *De praescr.* 30.
45 Vgl. zu dieser Frage T. Kleberg, *Hôtels, restaurants et cabarets dans l'antiquité romaine*, Uppsala 1957.
46 Apg. 28,15.
47 Plutarch, *Moralia: De vitioso pudore* 8.
48 Aristides, *Orat.* 27.
49 Ebd.
50 Artemidor von Ephesus, *Oneirokritikos* I,4.
51 CIL IV, Nr. 806, 807.
52 CIL XII, Nr. 4377. Vgl. die Vorbehalte von Kleberg (Anm. 45) S. 66 und 72.
53 Kleberg (Anm. 45) S. 66.
54 CIL XI, Nr. 721.
55 Orelli II, Nr. 4329.
56 CIL XII, Nr. 5732.
57 Ps.-Vergil, *Copa.*
58 CIL XII, Nr. 5732.
59 CIL IX, Nr. 2689.
60 Plutarch, *De esu carn.* 1,5.
61 *Digesta* XXIII,2,43,9.
62 Apulejus, *Metam.* I,7,8.
63 *Digesta* III,2,4; XXIII,2,43 prooem., 99.
64 Tertullian, *De iuga* 13; CIL IV, Nr. 3948. Vgl. auch Kleberg (Anm. 45) S. 111 f.
65 Vgl. Kleberg (Anm. 45) S. 89 f.
66 Ps.-Vergil, *Copa* 2; Horaz, *Epist.* I,14,21; Ausonius, *Mosella* 124.
67 Röm. 12,13; 1. Tim. 5,10; Tit. 1,8; Hebr. 6,10; 13,2; 1. Petr. 4,9.
68 Vgl. u. a. für unseren Zeitabschnitt Hermas, *Sim.* 9,27; *Mand.* 8,10; *Ps.-Clem. Hom.* 9.

69 Übersicht und Bibliographie bei: G. Stählin, Artikel »Xenos«, in: ThWNT V, S. 16–24 und S. 2, Anm. 1.
70 1. Mose 18 f.
71 Ebd., 24,15–28.
72 Hiob 31,32.
73 Jos. 2.
74 *1. Clem.* 10–12.
75 So etwa Lk. 10,34; 11,5; 14,12.
76 Mt. 25,34 und 10,40.
77 3. Joh. 5–8.
78 *1. Clem.* 1,1.
79 *Hist. eccl.* IV,26,2.
80 Aristides, *Apol.* 15.
81 Lukian, *Peregr.* 11–13; 16.
82 1. Tim. 3,2; 5,10; Tit. 1,8; Hermas, *Sim.* IX,27,2.
83 Justin, *1. Apol.* 67; Tertullian, *Apol.* 39.
84 So etwa der Überbringer des 3. Johannesbriefs.
85 *Acta Archelai* 4.
86 *Didache* 11,1–13,2.
87 Vgl. etwa F. Cumont, *Les religions orientales dans le paganisme romain*, Paris 1929, S. 96–101.
88 *Didache* 12,5.
89 H. Strack / P. Billerbeck, *Kommentar zum Neuen Testament aus Talmud und Midrasch*, Bd. 2, München 1922, S. 183; Bd. 4, ebd. 1928, S. 565, 568.
90 Die *tessera* wurde vom Bischof ausgestellt, sagt Tertullian (*De praescr.* 20).
91 Eine im Museum von Vienne erhaltene *tessera* trägt die Namen der beiden Gastfreunde; eine andere, die in Trasacro in Italien gefunden worden ist, trägt die beiden Namen und dazwischen das Wort *hospes*. (Vgl. Abb. in: Ch. Lécrivain, Artikel »Hospitium«, in: DAGR III, S. 298.)
92 *Didache* 12,1.
93 Ebd. 12,2.
94 Vgl. Lécrivain (Anm. 91) S. 298.
95 Homer, *Od.* 9,18.
96 Vgl. R. Montagne, *La civilisation du désert*, Paris 1949, S. 87.
97 *Didache* 12,5.
98 Ebd. 11,1.
99 Hebr. 13,2.
100 Tertullian, *De praescr.* 20.
101 Vgl. H. Leclercq, Artikel »Ostrakon und Papyrus«, in: DACL XIII, Sp. 70–112; 1370–1520 (Bibliographie); A. Deißmann, *Licht vom Osten*, Tübingen 1923, S. 116–213; J. Schneider, Artikel »Brief«, in: RAC II, Sp. 564–585 (Bibliographie bis 1954).
102 P. Nautin hat diese Briefe untersucht in seinem Buch *Lettres et écrivains chrétiens des deuxième et troisième siècles*, Paris 1961, S. 13–32.
103 Der Autor verwahrte die Urschrift seines Briefs. Vgl. *Greek Papyri in the British Museum* (Anm. 35) S. 904.
104 Vgl. Schneider (Anm. 101) S. 570.
105 Vgl. ebd.
106 Plinius d. J., *Epist.* I,1.
107 Gregor von Nazianz, *Epist.* 53.

108 Sie sind lateinisch abgefaßt und nicht nach dem 3. Jahrhundert entstanden. Publiziert in: C. W. Barlow, *Epistolae Senecae ad Paulum et Pauli ad Senecam quae vocantur*, Rom 1938 (PLS I, Sp. 673–678).
109 *Hist. eccl.* 1,13. Vgl. E. Kirsten, Artikel »Edessa«, in: RAC IV, S. 588–593.
110 Vgl. P. Vanutelli, *Actorum Pilati textus synoptici*, Rom 1938. Sie datieren aus dem Mittelalter.
111 Schneider (Anm. 101) S. 572–574.
112 Ebd.
113 Deutsche Übersetzung in: *Neutestamentliche Apokryphen*, hrsg. von E. Hennecke, Tübingen ²1924, S. 482–502.
114 *Hist. eccl.* IV,23,11.
115 Ebd., II,25,6; III,28,1; 31,4; V,3,4.
116 Ebd., V,24.
117 Ebd., IV,23.
118 Vgl. die Liste bei Harnack, S. 382 f.
119 Zu Valentin vgl. Klemens von Alexandria, *Strom.* II,8,36; 20,114; III,7,59.
120 Deutsche Übersetzung in: *Neutestamentliche Apokryphen* (Anm. 113) S. 518 bis 540.
121 Zum Leiden der Märtyrer von Lyon vgl. *Hist. eccl.* V,2,2. Vgl. die Briefe des Cyprian, bes. *Epist.* 6, 10, 13 und 15.
122 Vgl. dazu A. Hamman, *La Prière*, Bd. 2, Paris/Tournai 1963, S. 96–104; 131–141; 268 f.
123 Deutsche Übersetzung in: Eusebius, *Kirchengeschichte*, hrsg. von H. Kraft, Darmstadt 1967, S. 233–245.
124 Vgl. Nautin (Anm. 102) S. 33–39.
125 Sueton, *Aug.* 49.
126 Ein im Berliner Museum aufbewahrter Papyrus aus Faijum (*Ägyptische Urkunden aus den königlichen Museen zu Berlin*, 1896–1898, Bd. 2, Nr. 423). Vgl. auch Deißmann (Anm. 101) S. 145–153.
127 Plinius d. J., *Epist.* II,12,6; IV,17,2; VIII,32.
128 CIL I, Nr. 29,2.
129 Ignatius, *Röm.* 10,1.
130 *Hist. eccl.* V,4,2.
131 Cicero, *Epist.* XII,10,12.
132 Cicero, *Ad Attic.* XIV,9.
133 Vgl. Friedländer/Wissowa I, S. 341.
134 Cicero, *Ad fam.* XVI,2 (383).
135 Vgl. Deißmann (Anm. 101) S. 178.
136 *The Amherst-Papyri*, hrsg. von B. P. Grenfell und A. S. Hunt, Oxford 1900, Bd. 1, Nr. 3a. Vgl. Deißmann (Anm. 101) S. 172–177.

Kap. 3: Das soziale Milieu

1 Origenes, *C. Cels.* I,28.
2 Ebd. III,39; I,62.
3 Tatian, *Orat.* 11. Vgl. A. Deman, »Science marxiste et histoire romaine«, in: *Latomus* 19 (1960) S. 781–791.
4 Vgl. A. Bigelmeir, *Die Beteiligung der Christen am öffentlichen Leben*, München 1902, S. 211–216.
5 Apg. 13,6–12.

6 Ebd. 17,4,12.
7 Röm. 16,5; 1. Kor. 16,19.
8 Röm. 16,23.
9 Plinius d. J., *Epist.* X,96.
10 Origenes, *C. Cels.* III,9.
11 Minucius Felix, *Octavius* 9,3; Aristides, *Apol.* 15; Lukian, *Peregr.* 1,13; Tertullian, *Apol.* 39.
12 Origenes, *C. Cels.* III,24.
13 Für die Ausnahmen vgl. H. Leclercq, Artikel »Esclaves«, in: DACL V, Sp. 390 f. Vgl. auch P. Allard, *Les esclaves chrétiens*, Paris 1900, S. 240.
14 Dio Cassius, *Hist.* 67,14; Sueton, *Dom.* 15; *Hist. eccl.* III,17. Vgl. Harnack S. 572.
15 Vgl. Hippolytus, *Philosophumena* IX,12; CIL VI, Nr. 13040. Vgl. auch die »Caesariani equites«, *Acta Petri cum Simone* 4. Dazu Harnack, S. 562.
16 Irenäus, *Adv. haer.* IV,30,1.
17 *Acta Iustini* 4. Zur Bedeutung der Sklaven aus dem Osten vgl. M. L. Gordon, »The Nationality of Slaves under the Early Roman Empire«, in: *Journal of Roman Studies* 14 (1924) S. 93–111.
18 Hippolytus, *Philosophumena* IX,12. Dazu B. Aubé, »Le christianisme de Marcia«, in: *Revue archéologique* 37 (1879) S. 154–175.
19 Tertullian, *Apol.* 37,4; *Ad Scapul.* 4.
20 Tertullian, *De corona* 12.
21 G. B. de Rossi, *La Roma sotteranea cristiana descritta ed illustrata*, Bd. 2, Rom 1867, Taf. 49/50, Nr. 22, 27; Taf. 41, Nr. 48.
22 Irenäus, *Adv. haer.* IV,30,1.
23 Justin, *2. Apol.* 2.
24 *Acta Iustini* 3,3.
25 Tertullian, *De praescr.* 30.
26 Vgl. *Die Briefe des Paulus an die Römer*, erkl. von H. Lietzmann, Tübingen 1906 (Handbuch zum Neuen Testament, Bd. 3), S. 72–74.
27 Ignatius, *Röm.* 1; *Hist. eccl.* IV,23,10; vgl. VII,5,2.
28 Hippolytus, *Philosophumena* IX,12.
29 Hermas, *Sim.* II,1–8.
30 Justin, *Apol.* 67.
31 *Passio Sixti et Laurentii*, hrsg. von G. Delehaye (Anal. Boll. 51, 1933) S. 33 bis 98.
32 G. La Piana, »Roman Church at the End of 2nd Century«, in: *Harvard Theological Review* 18 (1925) S. 201–277.
33 G. Bardy, *La question des langues dans l'Église ancienne*, Paris 1948, S. 87–94.
34 Ebd. S. 116.
35 *Hist. eccl.* V,1,10,43.
36 Ebd. V,1,18.
37 Ebd. V,1,14.
38 Ebd. V,1,17.
39 Irenäus, *Adv. haer.* I,13,3.
40 *Hist. eccl.* V,1,18 f.; 41 f.
41 E. Renan, *L'Antéchrist*, Paris 1873, S. 175.
42 Vgl. den Bericht über sie in: Hamman, S. 60–62.
43 Tertullian, *Apol.* 39.
44 Der Leidensbericht über Perpetua und Felicitas ist zu finden in: Hamman, S. 66–80. Wir entnehmen ihm die angeführten Details.

45 Der Text sagt nicht, daß Felicitas Sklavin gewesen wäre, erst recht nicht die Sklavin der Perpetua. Vgl. die Beweisführung von M. Potrier in: *Studia Patristica. Papers presented to the 5. International Conference on Patristic Studies*, Oxford 1967, hrsg. von F. L. Cross, Berlin 1970, S. 306–309.

46 Laktanz, *Inst.* V,16.

47 Lukian, *Fug.* 12 ff.

48 Philostratos, *Vita Apollonii* IV,32.

49 *Inscriptiones christianae urbis Romae septimo saeculo antiquiores*, hrsg. von G. B. de Rossi, Bd. 1, Rom 1857, Nr. 49, 62.

50 Man muß nur die Briefe des Paulus lesen.

51 Ignatius, *Polyc.* 5,1.

52 Tertullian, *Apol.* 42,2 f.

53 1. Kor. 7,17.

54 Klemens von Alexandria, *Protr.* X,100.

55 Juvenal, *Sat.* IV,150.

56 *Didaskalia* XIX,11,1.

57 *Hist. eccl.* V,1,49–51.

58 de Rossi (Anm. 21), Bd. 1, Rom 1864, S. 342, Taf. XXI, Nr. 9.

59 »Buleuten« wurden die Mitglieder des Rats genannt. Vgl. dazu F. Cumont, »Les inscriptions chrétiennes d'Asie Mineure«, in: *Mélanges d'archéologie et d'histoire* 15 (1895) Nr. 162.

60 Vgl. den Bericht über das Leiden des Montanus und Lucius in: Hamman, S. 138–151.

61 Irenäus, *Adv. haer.* IV,30,1.

62 Tertullian, *De idol.* 11.

63 Tertullian, *Apol.* 42,1.

64 Ebd. 42,9.

65 Vgl. zu dieser Frage Bigelmeir (Anm. 4) S. 121.

66 Hermas, *Sim.* VIII,1; 20,1 f.; vgl. *Sim.* I,1–11, bes. 5.

67 Klemens von Alexandria, *Paid.* II,3.

68 Ein schwerwiegendes Problem, das im Laufe der Kirchengeschichte von der Antike bis heute immer wieder aufgeworfen wurde.

69 Hermas, *Sim.* IX,26,2. Vgl. dazu A. Hamman, *Vie liturgique et vie sociale*, Paris 1968, S. 97.

70 Der recht tendenziöse Bericht ist in Hippolytus' *Philosophumena* (IX,12) nachzu-lesen.

71 Klemens von Alexandria, *Strom.* I,28,177; Origenes, *Comm. in Mt.* 22, 23, 24. *Hom. Clem.* II,51; III,50; XVIII,20.

72 *Const. apost.* II,36.

73 Vgl. etwa Hermas, *Sim.* IX,26,2.

74 Vgl. Cyprian, *De lapsis.*

75 Vgl. H. Delehaye, *Étude sur le légendaire romain*, Brüssel 1936, S. 171–186.

76 *Trad. apost.* 16. Siehe auch Tertullian, *De idol.* 17; Minucius Felix, *Octavius* 8; Origenes, *C. Cels.* VIII,75.

77 Über die Christen und den Militärdienst vgl. das klassische Werk von A. v. Har-nack, *Militia Christi*, Tübingen 1905, Nachdr. Darmstadt 1963. Neuerdings J. M. Hornus, *Evangile et Labarum*, Genf 1960. Sorgfältige Bibliographie bei J. Fontaine in: *Concilium* 7 (1965) S. 95–105.

78 v. Harnacks *Militia Christi* ist sehr erhellend zu diesem Punkt.

79 *1. Clem.* 37.

80 Seneca, *De clem.* II,2,1; I,5,1. Dazu M. Spanneut, *Le stoïcisme des Pères de l'Église*, Paris 1957, S. 388.
81 Vgl. v. Harnack (Anm. 77) S. 41 f., wo eine schöne militärische Beispielsammlung geliefert wird.
82 Justin, *1. Apol.* 39,5.
83 Tertullian, *Apol.* 37,4.
84 Dazu Tertullian, *Apol.* 5,6; *Ad Scapul.* 4; *Hist. eccl.* V,5,1–3; Dio Cassius, *Hist. rom.* VI,71.
85 Vgl. J. Guey, »Encore la pluie miraculeuse«, in: *Revue de philologie, de littérature et d'histoire anciennes* 22 (1948) S. 16–62, 105–127. Wir besitzen mehrere Epitaphe von christlichen römischen Soldaten aus dem 2. und 3. Jahrhundert, vgl. *Inscriptiones latinae christianae veteres*, hrsg. von E. Diehl, Bd. 1, Berlin 1925, Nr. 1593 A, B.
86 Texte bei v. Harnack (Anm. 77) S. 57–73.
87 Vgl. H. Achelis, *Das Christentum in den drei ersten Jahrhunderten*, Leipzig 1912, Bd. 2, S. 442.
88 Origenes, *C. Cels.* VIII,68.
89 Ebd. VIII,73.
90 Tertullian, *Apol.* 42.
91 Das klassische Werk zu dieser Frage ist die Untersuchung von H. I. Marrou, *Geschichte der Erziehung im klassischen Altertum*, Freiburg i. Br. / München 1957, bes. S. 305–319.
92 Klemens von Alexandria, *Strom.* VI,16.
93 Justin, *1. Apol.* 46; *2. Apol.* 10.
94 Irenäus, *Adv. haer.* III,25,1.
95 Tertullian schreibt dagegen: »Seneca saepe noster« (*De anima* 20).
96 Tertullian, *De idol.* 10.
97 Ebd.
98 *Trad. apost.* 16.
99 Einige Inschriften in: *Inscriptiones christianae* (Anm. 49), Bd. 1, Nr. 1242, 1167.
100 Tatian, *Orat.* 8–11.
101 H. Davenson, *Traité de la musique selon l'esprit de saint Augustin*, Neuchâtel 1942, S. 104.
102 *Trad. apost.* 16. Vgl. auch Tertullian, *De spect.* 4.
103 Cyprian, *Epist.* 2; Tatian, *Orat.* 22,23.
104 Tertullian, *De idol.* 6.
105 Ebd. 7,3.
106 Vgl. Tertullians Schrift *Contra Hermogenem.*
107 Strabon, *Geogr.* VII,3,4.
108 Juvenal, *Sat.* IX,22–26.
109 *Cod. Iust.* V,1,6; *Digesta* L,14,3.
110 Einer der Gründe für die Strenge gegenüber Schauspielen war die Vorführung leichter Mädchen, die die eheliche Treue gefährdeten. Die ehrbare Frau verlor an Anziehungskraft. Dazu A. Hamman, *La vie quotidienne en Afrique du Nord au temps de saint Augustin*, Paris 1979, Kap. 6.
111 Zu den heidnischen Reaktionen vgl. etwa Athenagoras, *Legat.* 11; Origenes, *C. Cels.* III,44.
112 Man lese die hervorragende Einführung von F. Quéré-Jaulmes zu der von ihr herausgegebenen Auswahl *La femme. Les grands textes des Pères de l'Église*, Paris 1968.

113 *Hist. eccl.* V,17. Vgl. die Bemerkungen von P. Nautin, *Lettres et écrivains chrétiens des deuxième et troisième siècles*, Paris 1961, S. 66–68.
114 *Hist. eccl.* V,17,2–4. Dazu auch die Bemerkungen von E. Peterson, *Frühkirche, Judentum und Gnosis*, Freiburg i. Br. 1959, S. 214.
115 *Hist. eccl.* III,16,4; Dio Cassius, *Hist. rom.* LXVII,14,1.
116 Scriptores Historiae Augustae,*Vita Commodi* 5,4.
117 Hippolytus, *Philosophumena* IX,12.
118 de Rossi (Anm. 21), Bd. 1, Rom 1864, S. 309, 315; Bd. 2, S. 366.
119 Etwa Justin, *Dial.* 23; Klemens von Alexandria, *Paid.* I,4.
120 *Diognet.* 5,6.
121 Minucius Felix, *Octavius* 30,2.
122 Sueton, *Dom.* 22; Plinius d. J., *Epist.* IV,10,6. Vgl. Artikel »Abtreibung«, in: RAC I, Sp. 55–60.
123 Veröffentlicht in: *The Oxyrhinchos Papyri*, hrsg. von B. P. Grenfell und A. S. Hunt, Tl. 4, London 1904, Nr. 744; dazu auch A. Deißmann, *Licht vom Osten*, Tübingen 1923, S. 134. Weitere Zeugnisse: *Didache* 2,2; *Barnabasbrief* 19,5; Justin, *1. Apol.* 27–29; Minucius Felix, *Octavius* 32,2; Athenagoras, *Suppl.* 35; Tertullian, *Apol.* 9; Klemens von Alexandria, *Paid.* II,10,95 f. Vgl. auch F. J. Dölger, *Antike und Christentum*, Bd. 4, Münster 1933, S. 23–28.
124 Hermas, *Mand.* IV,9.
125 *Acta Thomae* 11 f.
126 Irenäus, *Adv. haer.* I,13,4.
127 *Didaskalia* III,10,1.
128 Aristides, *Orat. platon.* 2. Vgl. dagegen P. de Labriolle, *La réaction païenne*, Paris 1934, S. 83.
129 Justin, *2. Apol.* 2.
130 Tertullian, *Ad. Scapul.* 3.
131 Tertullian, *Ad uxor.* II,4,1; vgl. auch *Apol.* 3,4. Cyprian, *De lapsis* 6; *Testim.* 3,62.
132 Tertullian, *Ad uxor.* II,8.
133 G. B. de Rossi hat in den Katakomben Frauen aus der berühmten Familie der Caecilii gefunden, die einfach »honesta femina« genannt werden, weil offensichtlich der Ehemann von niedrigerem Rang war (de Rossi [Anm. 21], Bd. 2, Rom 1867, S. 144). Der Friedhof der Domitilla enthält das Epitaph, das ein wahrscheinlich freigelassener Onesiphorus für Flavia Speranda, seine »clarissima femina coniux«, aufgestellt hat.
134 Hippolytus, *Philosophumena* IX,12. Vgl. A. L. Ballini, *Il valore giuridico della celebrazione nuziale cristiana dal primo secolo all'età giustinianea*, Mailand 1939, S. 24.
135 Vgl. *Trad. apost.* 16.
136 *Didaskalia* III,8,24. Siehe Aristides, *Orat.* 15; *Trad. apost.* 18.
137 Vgl. Quintilian, *Inst.* V,9,14; Dio Cassius, *Hist. rom.* 49,8.
138 *Didaskalia* III,19,1 f. Vgl. Klemens von Alexandria, *Paid.* III,5,32 f.; Cyprian, *De hab. virg.* 19; *De lapsis* 30.
139 Vgl. Hamman (Anm. 69) S. 140–143.
140 Etwa *Hist. eccl.* V,1,17,41,55; VI,5; VIII,3,14.

Teil 2: Die Präsenz in der Welt

Kap. 1: Die Ansteckungskraft des Glaubens

1 Dazu E. Molland, *Opuscula Patristica*, Oslo 1969, S. 105.
2 Das Wort stammt von Shakespeare.
3 Vgl. Origenes, *C. Cels.* III,9.
4 Über diese Frage ist eine Untersuchung nach der anderen entstanden. Angeführt seien: J. Juster, *Les Juifs dans l'Empire romain*, Paris 1914; J. Parkes, *The Conflict of the Church and the Synagogue*, London 1934; vor allem M. Simon, *Verus Israël*, Paris 1964.
5 *Didache* 11 f. Dazu oben S. 41 f.
6 Röm. 16,1–16.
7 Ebd., 16,7.
8 *Le Liber Pontificalis* (1602), hrsg. von L. Duchesne, Bd. 1, Paris 1886, S. 126.
9 *Hist. eccl.* III,22; IV,20.
10 Dazu oben S. 22.
11 Simon (Anm. 4) S. 125 f.
12 Dazu etwa *1. Clem.* 61,1.
13 Simon (Anm. 4) S. 128.
14 *Hist. eccl.* IV,6,4.
15 Röm. 2,17–24.
16 Mit Vorsicht zu lesen ist die Darstellung bei Harnack, S. 6–23.
17 Eine gute Untersuchung dazu bei G. Bardy, *La question des langues dans l'Église ancienne*, Paris 1948, S. 1–78 u. ö.
18 Irenäus, *Adv. haer.* I, praef. 3.
19 B. Aubé, *Les chrétiens dans l'Empire de la fin des Antonins au milieu du IIIe siècle*, Paris 1881, S. 145.
20 B. Aubé, *Histoire des persécutions de l'église jusqu' à la fin des Antonins*, Paris ²1875, S. 378.
21 Dazu *Hist. eccl.* V,1.
22 *Didache* 11,3 f.
23 Lk. 10,7.
24 *Didache* 11–13.
25 *Hist. eccl.* III,37.
26 Ebd. V,10,2.
27 Ebd.
28 Origenes, *C. Cels.* III,9.
29 Origenes, *De princ.* IV,1,2.
30 Aubé (Anm. 20) S. 378.
31 Origenes, *C. Cels.* III,55.
32 Gut beobachtet von G. Bardy, *La conversion au christianisme durant les premiers siècles*, Paris 1949, S. 263.
33 Justin, *1. Apol.* 15,6.
34 *Acta Iustini* 4,7. Vgl. Hamman, S. 36.
35 *Martyrium Polycarpi* 9,3.
36 *Acta Papyli* 34. Vgl. Hamman, S. 39.
37 *Hist. eccl.* V,24,6.
38 Zu dieser Frage vgl. J. Jeremias, *Die Kindertaufe in den ersten vier Jahrhunderten*, Göttingen 1958, S. 23–28, 51–53, 115.

39 Ignatius, *Smyrn.* 13,1.
40 Ignatius, *Polyc.* 8,2.
41 *Inscriptiones christianae veteres*, hrsg. von E. Diehl, Bd. 1, Berlin 1924, Nr. 1343.
42 Origenes, *C. Cels.* III,55.
43 Vgl. J.-C. Didier, *Le baptême des enfants dans la tradition de l'Église*, Paris/
   Tournai 1960, S. 45–53.
44 P. Allard, *Les esclaves chrétiens*, Paris 1900, S. 253.
45 Aristides, *Apol.* 15,6.
46 *Inscriptiones christianae urbis Romae septimo saeculo antiquiores*, hrsg. von G. B.
   de Rossi, Bd. 1, Rom 1857, S. 6, Nr. 5.
47 *Hist. eccl.* V,21.
48 Athenagoras, *Suppl.* 35.
49 *Hist. eccl.* V,1.
50 *Acta sancti Alexandri*, in: *Acta Sanctorum Maii*, Bd. 1, hrsg. von J. Bollandus,
   Antwerpen 1680, S. 375.
51 Tertullian, *Ad Scapul.* 4.
52 *Apg.* 18,26.
53 Klemens von Alexandria, *Strom.* III,6,53.
54 Vgl. A. Hamman, *Vie liturgique et vie sociale*, Paris 1968, S. 143.
55 *Didaskalia* XVI,12,1–4.
56 *Hist. eccl.* V,5,1–3.
57 Origenes, *C. Cels.* VII,9.
58 *Phil.* 1,13.
59 Artikel »Nérée« [Nereus] in: DACL XII, Sp. 1111–23.
60 Tertullian, *Apol.* 37.
61 Siehe F. Cumont, *Les mystères de Mithra*, Brüssel 1913, S. 13–34; H. Graillot, *Le
   culte de Cybèle, mère des dieux, à Rome et dans l'Empire romain*, Paris 1912.
62 *Hist. eccl.* VIII,4.
63 *Martyrium Perpetuae* 9,1; 21,1 f. Vgl. Hamman, S. 80. Vgl. auch G. Lopuszanski
   in: *L'Antiquité classique* 20 (1951) S. 46.
64 Irenäus, *Adv. haer.* III,3,4.
65 Die Caracallathermen in Rom umfaßten Sportplatz, Säulenhalle, Gymnastiksaal,
   Bibliothek, Salons und Räume für literarische und musikalische Vorführungen,
   Theater. Vgl. L. Homo, *Rome impériale et l'urbanisation de l'Antiquité*, Paris
   1951, S. 460.
66 *Diognet.* 5,1–4. Vgl. auch Tertullian, *Apol.* 42, der sich darauf stützt. (Die Übersetzung ist entnommen aus: Tertullian, *Ausgewählte Schriften*, neu übers. von
   K. A. H. Kellner, Bd. 2, hrsg. von G. Esser, Kempten 1915, S. 152.)
67 Klemens von Alexandria, *Paid.* II,10,111 und 11,53.
68 Ebd. II,11,116. Vgl. *Const. apost.* I,3.
69 Klemens von Alexandria, *Paid.* II,116,1. Die Beobachtung des Klemens ist von der
   Archäologie bestätigt worden: Man hat ein Gefäß in der Form eines Schuhs gefunden mit den Worten »Begleite mich« (DAGR III, S. 1828, Abb. 4968). Ein Auf-
   satz von H. Herter über die Prostitution in der Antike findet sich in: *Jahrbuch für
   Antike und Christentum* 3 (1960) S. 70–111.
70 Klemens von Alexandria, *Paid.* III,11,80.
71 Tertullian, *De idol.* 16.
72 *Passio Perpetuae* 21.
73 Novatianus, *De bono pud.* 12; Commodianus, *Instr.* II,18; Cyprian, *De lapsis* 5,6.
74 Lukian, *Epigr.* 37, 38; Philostratos, *Vita Apollonii* I,13.

75 *Hist. eccl.* V,10.1. Zum Unterrichtsbetrieb von Alexandria vgl. G. Bardy, »Aux origines de l'école d'Alexandrie«, in: *Recherches de science religieuse* 27 (1937) S. 65.

76 Justin, 2. *Apol.* 2.

77 Hippolytus, *Philosophumena* IX,12.

78 *Trad. apost.* 19.

79 Zu dieser Frage gibt es wenig Untersuchungen. Vgl. allerdings Bardy (Anm. 32) S. 117–161.

80 Text und ausgezeichnete Analyse bei P. de Labriolle, *La réaction païenne*, Paris 1934, S. 97–108.

81 Übersetzung und Analyse: ebd., S. 94–97.

82 Tatian, *Orat.* 29; Theophilus, *Ad Autol.* I,14.

83 Das betont Friedländer/Wissowa III, S. 226.

84 Justin, *1. Apol.* 18 f.

85 Tertullian, *Ad Scapul.*

86 Mark Aurel, *Medit.* XI,3. Vgl. Epiktet, bei Arrianos, *Dissert.* IV,7,6; Aristides, *Orat.* 46.

87 *Hist. eccl.* V,16,3.

88 Hermas, *Mand.* IV,9.

89 Cyprian, *Ad Donat.* 3.

90 Justin, *1. Apol.* 15; 2. *Apol.* 2,12; Tatian, *Orat.* 29.

91 Irenäus, *Adv. haer.* III,4,1; Tertullian, *Apol.* 45 f.; *Ad Scapul.* 1; Minucius Felix, *Octavius* 38,6; Cyprian, *De bono pat*; 3. Origenes, *C. Cels.* III,44.

92 Justin, *1. Apol.* 65,1. Minucius Felix, *Octavius* 9,31. Laktanz, *De div. inst.* 5,15. Vgl. Klemens von Alexandria, *Paid.* III,12.

93 Tertullian, *Apol.* 39.

94 Justin, *Dial.* 96,2.

95 Tertullian, *Apol.* 39,8. Vgl. auch Ignatius, *Eph.* 10,3. Klemens von Alexandria, *Strom.* VII, 14; 5,14.

96 Pontius, *Vita sancti Cypriani* 9. *Hist. eccl.* VII,22; IX,8.

97 Tertullian, *Apol.* 50,13.

98 Pascal, *Pensées* XXIV,35.

99 Tertullian, *Apol.* 50,15.

100 *Hist. eccl.* II,9,3.

101 *Martyrium Perpetuae* 17. Siehe auch *Hist. eccl.* IV,13,3; Tertullian, *Ad Scapul.* 5.

102 *Hist. eccl.* IV,5,7.

103 Justin, *Dial.* 18.

104 Tertullian, *Ad Scapul.* 5.

105 Hippolytus, *In Pan.* II,38,4.

106 *Hist. eccl.* V,60.

Kap. 2: Die Herausforderung des Staates

1 *Diognet.* 5,5. Zu diesem Problem ist Ch. Guignebert, *Tertullien*, Paris 1901, heranzuziehen, eine eindringliche, aber einseitige Untersuchung.

2 *Diognet.* 5,4. E contrario: Hermas, *Sim.* 1.

3 Vgl. P. Allard, *Leçons sur le martyre*, Paris 1930, S. 117.

4 Vgl. L. Homo, *Les empereurs romains et le christianisme*, Paris 1931, S. 29.

5 Zur Interpretation vgl. A. J. Festugière, *Le monde gréco-romain au temps de Notre-Seigneur*, Bd. 2, Paris 1935, S. 23–41.

6 Tertullian, *De idol.* 15.
7 Festugière (Anm. 5) S. 38.
8 Tertullian, *Ad uxor.* II,6.
9 G. B. de Rossi, *Bulletino di archeologia cristiana*, Bd. 3, Ser. 2, Rom 1877, S. 112.
10 G. Boissier, *La fin du paganisme*, Bd. 1, Paris 1894, S. 201.
11 Vgl. Augustin, *De civ. Dei* VI,6,1–3, und seine Argumentation.
12 *Didaskalia* I,6,1–6.
13 Tertullian, *De corona* I,1–5.
14 Festugière (Anm. 5) S. 42.
15 Vgl. J. Carcopino, *Rom. Leben und Kultur in der Kaiserzeit*, mit einem Vorw. von R. Bloch neu hrsg. von E. Pack, Stuttgart 1977, S. 182.
16 *Res gestae* XXV,4,17.
17 Minucius Felix, *Octavius* 6.
18 J. Bayet, *Histoire politique et psychologique de la religion romaine*, Paris 1969, S. 268.
19 Tertullian, *De idol.* 14.
20 Vgl. Apulejus, *Metam.*; Ovid, *Fast.* III,325.
21 Vgl. Carcopino (Anm. 15) S. 282 ff. Ich stütze mich auf seine Darstellung über die Schauspiele.
22 Um sich davon zu überzeugen, muß man nur die Cäsarenleben von Sueton einmal wieder lesen. Außerdem Novatian, *De spectaculis.*
23 Lukian, *De salt.* 45; 68; 80.
24 Juvenal, *Sat.* I,35; VI,41,63.
25 Valerius Maximus, *Facta et dicta memorabilia* II,18,8.
26 Martial, *Epigr.* III,86.
27 Seneca, *De tranquill. animi* II,13.
28 Vor dem Christentum hatte schon die stoisch-kynische Philosophie vor den Schauspielen gewarnt.
29 Augustin, *In Ps. 147* 7; ebd. 50,1; 19,6.
30 A. Causse, *Essai sur le conflit du christianisme primitif et de la civilisation*, Paris 1920, S. 56.
31 Zitat aus Jes. 53, das Tertullian und dann auch Origenes in deutlich polemischer Absicht wörtlich verstehen.
32 Tatian, *Orat.* 30–34.
33 Justin, *1. Apol.* 9,1–5.
34 Ich verweise auf die gründliche Untersuchung von L. Cerfaux und J. Tondriau, *Le culte des souverains*, Paris/Tournai 1957, S. 313–397.
35 Ebd., S. 391, 394.
36 *Martyrium Polycarpi* 9.
37 Tertullian, *De fuga* 13; vgl. G. Lopuszanski in: *Antiquité classique* 20 (1951) S. 6.
38 Justin, *2. Apol.* 2.
39 Vgl. R. Cagnat, Artikel »Praefectus Urbi«, in: DAGR IV, S. 620.
40 Plinius d. J., *Epist.* X,34 (43).
41 *Digesta* XLVII,22,1,3. Siehe auch J. Gagé, *Les classes sociales dans l'Empire romain*, Paris 1964, S. 308.
42 *Digesta* XLVII,22 heißt es: »Sed religionis causa convenire [Mommsen liest fälschlich: coire] non prohibentur dum tamen per hoc non fiat contra senatus consultum, quo illicita collegia arcentur.« Dieser Text folgt auf den über die »collegia funeraria«. Mommsen hat die beiden Fälle zusammengezogen, die gleichwohl

sorgfältig zu unterscheiden sind. In dem hier angeführten zweiten Fall handelt es sich um eine Erlaubnis allein für die »tenuiores«, sich »religionis causa« zu versammeln – eine Rechtsgrundlage, die die Christen benutzt haben können. (Der Hinweis stammt von M. Saumagne.)

43 L. Homo, *Les empereurs romains et le christianisme*, Paris 1931, S. 39.
44 Ebd.
45 Tertullian, *Ad nat.* I,7,9. Zu dieser Frage vgl. etwa A. Piganiol in: *Revue des études latines* 38 (1960) S. 450; J. Moreau, *La persécution du christianisme dans l'Empire romain*, Paris 1956, S. 50 f.; J. Gaudemet, *Institutions de l'Antiquité*, Paris 1967, S. 689. Zu diesem Problem überhaupt: H. Last, Artikel »Christenverfolgung«, in: RAC II, Sp. 1208–28.
46 *Hist. eccl.* IV,26,5.
47 Vgl. Moreau (Anm. 45) S. 73.
48 Dazu Sueton, *Dom.* 10; Dio Cassius, *Hist. rom.* 67,12; *Hist. eccl.* III,18,4; 20,5,7; Justin, *2. Apol.* 44.
49 *Hist. eccl.* V,24.
50 *Martyrium Polycarpi* 8.
51 Plinius d. J., *Epist.* X,97.
52 Ebd. X,98.
53 Tertullian, *Apol.* 2,8.
54 Das Recht erlaubt Verfolgungen auf Antrag einzelner (*Digesta* XXIX,5,25, § 2, XLVII,23).
55 Tertullian, *Apol.* 2,9.
56 Text in: *Hist. eccl.* IV,9.
57 *Acta Polycarpi* 31. Vgl. Hamman, S. 26.
58 *Acta martyrum Scillitanorum* 11 f. Vgl. Hamman, S. 57.
59 *Acta Apollonii*. (Vgl. Hamman, S. 59–65). Vgl. dazu E. de Faye, *Des difficultés qu'éprouvait un intellectuel du deuxième siècle, à devenir chrétien*, Paris 1910, S. 25 f.
60 de Faye (Anm. 59) S. 15.
61 Eine Sammlung zu dieser Frage hat A. v. Harnack zusammengestellt: *Der Vorwurf des Atheismus in den drei ersten Jahrhunderten*, Leipzig 1905 (TU XXVIII,4).
62 Justin, *Apol.* 6,13. Dazu auch Athenagoras, *Suppl.* 3; *Martyrium Polycarpi* 3,9; *Hist. eccl.* IV,13.
63 *Hist. eccl.* IV,26.
64 Athenagoras, *Legat.* 17.
65 H. Leclercq, Artikel »Accusations«, in: DACL I, Sp. 265–307.
66 Augustin, *Confess.* IV,3,5.
67 Tertullian, *De idol.* 20.
68 *Clem. ad Iacob.* 10.
69 Tertullian, *Apol.* 3,1.
70 P. de Labriolle, *La réaction païenne*, Paris 1934, S. 198.
71 Dazu H. Solin / M. Itkonen, *Graffiti del Palatino*, Tl. 1: *Paedagogium*, Helsinki 1966, S. 209–212.
72 Vgl. die Terrakotta des Herzogs von Luques, Antiquités, Bibliothèque Nationale de Paris.
73 Wir haben gesehen, daß das auch noch Augustin in Hippo beschäftigt.
74 Vgl. Minucius Felix, *Octavius* 31,1 f.
75 Justin, *1. Apol.* 2.

76 Minucius Felix, *Octavius* 9; Justin, *Dial.* 10; *1. Apol.* 3 u. ö.; Athenagoras, *Legat.* 3; Theophilus, *Ad Autol.* III,4. Brief aus Lyon: *Hist. eccl.* V,1,14.
77 Minucius Felix, *Octavius* 9,6.
78 So der Vorwurf des Celsus (Origenes, *C. Cels.* VIII,55). Die römische Gesetzgebung untersagte das Zölibat. Dazu die Gesetze des Augustus bei Sueton, *Octav.* 34,40. Dio Cassius, *Hist. rom.* 54,16.
79 Sueton, *Dom.* 15; Dio Cassius, *Hist. rom.* 67,14; *Hist. eccl.* III,17; Tertullian, *Apol.* 42.
80 *Hist. eccl.* V,1,7.
81 *Martyrium Polycarpi* 3,2. Vgl. Hamman, S. 23.
82 *Carmina sibyllina* III,356–362; V,227–250; VIII,70–130; 139–177; 182–215.
83 Ebd. VIII, 73–75; 90–93. Bei H. Leclercq, Artikel »Eglise et Etat«, in: DACL IV, Sp. 2256.
84 Dazu Festugière (Anm. 5) S. 91 f.
85 Sueton, *Nero* 16; Origenes, *C. Cels.* I,7.
86 Paulus, *Sentent.* V,23,15–17; Apulejus, *Apol.*, z. B. 48.
87 *Hist. eccl.* V,1,31.
88 Über die Verhärtung von Mark Aurel und ihre politischen Gründe vgl. z. B. J. Beaujeu, *La religion romaine à l'apogée de l'Empire*, Paris 1955, S. 356 (Bibliographie).
89 Dio Cassius, *Ant. Phil.* 13; Verus, *Eutrop.* VIII,12. Vgl. Tertullian, *Ad nat.* I,9.
90 Tertullian, *Apol.* 40,12. Dazu auch *Hist. eccl.* IV,15,26; Tertullian, *Ad Scapul.* 3.
91 Minucius Felix, *Octavius* 8,4.
92 *Cod. Theod.* IX,17,3. Vgl. IX,16,5.
93 Dionysius an Fabian (*Hist. eccl.* VI,41,1).
94 Maximinus (*Hist. eccl.* IX,9,60); Origenes, *C. Cels.* III,15; Arnobius, *Adv. nat.* I,4; I,6; Cyprian, *Epist.* 75,10 (von Firmilian).
95 Augustin, *De civ. Dei* II,3.
96 Dieses Problem ist umfassend dargestellt und dokumentiert in dem grundlegenden Werk von P. de Labriolle, *La réaction païenne* (Anm. 70), und bei W. Nestle, »Die Haupteinwände des antiken Denkens gegen das Christentum«, in: *Archiv für Religionswissenschaft* 37 (1941) S. 51–100. Vgl. auch de Faye (Anm. 59).
97 *Hom. Clem.* 1,10.
98 *Hist. eccl.* V,13,2.
99 B. Aubé, *Histoire des persécutions de l'église. La polémique païenne à la fin du IIe siècle*, Paris 1878, S. 32.
100 Tertullian, *De praescr.* 30.
101 Das Wort stammt von E. Renan, *Marc Aurèle et la fin du monde antique*, Paris 1882, S. 115.
102 Irenäus, *Adv. haer.* I,6,13; I,13.
103 *Hist. eccl.* IV,24,1.
104 Zur Gnosis vgl. den gegenwärtigen Stand der Forschung und die Bibliographie bei M. Simon / A. Benoît, *Le judaïsme et le christianisme antique*, Paris 1968, S. 146 f.
105 Die Formulierung stammt von L. Bouyer, *La spiritualité du Nouveau Testament et des Pères*, Paris 1960, S. 271.
106 Vgl. Lamartines Epos *La chute d'un ange* (1838).
107 Origenes, *C. Cels.* V,62.
108 *Excerpta ex Theodoto* 72–76 (in: G. Bardy, *La conversion au christianisme durant les premiers siècles*, Paris 1949, S. 142).

109 Tertullian, *De praescr.* 7; *Apol.* 46. Vgl. de Faye (Anm. 59) S. 12 f.
110 Tatian, *Orat.* 19.
111 Lukian, *Eunuch.* 8,9; *Cynicus* 1.
112 Tatian, *Orat.* 19. Vgl. auch Plinius d. J., *Epist.* X,55,66.
113 M. Spanneut, *Le stoïcisme des Pères de l'Église*, Paris 1957, S. 49.
114 *Digesta* XXVII,1,6,8.
115 Nach K. Hubik, *Die Apologien des hl. Justinus des Philosophen und Märtyrers*, Wien 1912.
116 Vgl. das Wortspiel bei Justin, 2. *Apol.* 3.
117 Lukian, *Fug.* 12.
118 Tatian, *Orat.* 19. Dieser Vorwurf ist von seiten eines Christen verständlich, nicht aber von einem Historiker der griechischen Geistesgeschichte. Vgl. das Kapitel »Von der Knabenliebe als Erziehung«, in: H. I. Marrou, *Geschichte der Erziehung im klassischen Altertum*, übers. von Ch. Beumann, hrsg. von R. Harder, Freiburg i. Br. / München 1957, S. 47–60.
119 Justin, 2. *Apol.* 3.
120 *Acta Iustini* 2,2. Vgl. Hamman, S. 34.
121 Zitat von P. Lagrange in seiner Untersuchung über Mark Aurel, in: *Revue biblique* 22 (1913) S. 243. Dazu auch der Exkurs D von A. J. Festugière, *L'idéal religieux des Grecs et l'Evangile*, Paris 1932, S. 264–280. Vgl. auch Beaujeu (Anm. 88) S. 331–368.
122 Meliton (*Hist. eccl.* IV,26,7); Tertullian, *Apol.* 5,5.
123 Mark Aurel, *Selbstbetrachtungen* XI,3.
124 Ebd. XII,14.
125 Ebd. II,1,3; 13,3.
126 Vgl. ebd. XI,3,2. Vgl. Beaujeu (Anm. 88) S. 357.
127 Mark Aurel, *Selbstbetrachtungen* V,10,6.
128 Irenäus, *Adv. haer.* V,6,1 f.; Tertullian, *Apol.* 48,1–6; 10 f.
129 Hier ist die Untersuchung von M. Caster, *Lucien et la pensée religieuse de son temps*, Paris 1937, heranzuziehen.
130 Lukian, *Peregr.* 12.
131 Celsus, Ἀληϑὴς λόγος, hrsg. von O. Glöckner, Bonn 1924. (Französische Übersetzung des rekonstruierten Textes in: Aubé [Anm. 99] S. 277–390.)
132 Überblick und Bibliographie zu Celsus bei Ph. Merlan in: RAC II, Sp. 954 bis 965.
133 Siehe de Faye (Anm. 59) S. 15, 27.
134 Beschreibung der Bibliothek des Celsus in: Aubé (Anm. 99) S. 198–243. Dazu kommt für Justin: C. Andresen, *Logos und Nomos*, Berlin 1955, S. 345–372 und 399.
135 Origenes, *C. Cels.* I,68; III,50; VII,9.
136 Ebd. IV,23.
137 Ebd. IV,21.
138 Ebd. VI,1.
139 Ebd. IV,7. Vgl. auch Cicero, *De harusp. responsis* 28.
140 Origenes, *C. Cels.* IV,14.
141 Ebd. I,28. Zur Herkunft vgl. de Labriolle (Anm. 70) S. 126.
142 Origenes, *C. Cels.* I,68,71; II,76.
143 Ebd. III,1; IV,2. Vgl. F. Bertrand, *Mystique de Jésus chez Origène*, Paris 1951.
144 Ebd. III,68,78; I,9,32,67.
145 Ebd. III,62–65; 70 f.

146 Ebd. III,72,77. F. Nietzsche, *Genealogie der Moral* III,17.
147 Origenes, *C. Cels.* III,49.
148 Ebd. VI,32; 24.
149 Vgl. Porphyrius, *Ad Marcellam* 25.
150 Origenes, *C. Cels.* VIII,55. (Renan [Anm. 101] S. 366 f.)
151 Origenes, *C. Cels.* VIII,75; 55.
152 Ebd. VIII,70; 73. Nach v. Harnack beschäftigt Celsus vor allem die Zukunft des Reiches.
153 Origenes, *C. Cels.* III,9,10,12,14; V,62–65.
154 Ebd. V,59.
155 Ebd. III,29.
156 Ebd. VIII,48.
157 Ebd. V,14.
158 Ebd., prooem.
159 Vgl. Merlan (Anm. 132) Sp. 962.
160 E. Bréhier, *Histoire de la philosophie*, Bd. 1, Paris 1942, S. 489.
161 Justin, *1. Apol.* 59,5; *2. Apol.* 13.
162 Tatian, *Orat.* 21–26.
163 F. Nietzsche, *Der Anti-Christ* 58, 59.
164 Renan (Anm. 101) S. 613.
165 G. Boissier, »Le christianisme est-il responsable de la ruine de l'Empire?«, in: G. B., *La fin du paganisme*, Bd. 2, Paris 1894, S. 339–385.
166 Causse (Anm. 30) S. 10 (von Boissier [Anm. 165] zusammengefaßt).

Teil 3: Das Gesicht der Kirche

Kap. 1: Die einzelnen Kirchen und die Kirche

1 Tertullian, *Apol.* 39,1.
2 *Kerygma des Petrus*, in: Klemens von Alexandria, *Strom.* V,5; Aristides, *Apol.* 2; Tertullian, *Apol.* 2; *Scorpiac.* 10; *Adv. nat.* I,8.
3 Klemens von Alexandria, *Quis dives salvetur* 42. – Über den Aufbau der frühen Kirche gibt es eine umfangreiche Bibliographie. Hier genügt es, auf folgendes zu verweisen: G. Bardy, *La théologie de l'Église de saint Clément de Rome à saint Irénée*, Paris 1945; P. Batiffol, *L'Église naissante et le catholicisme*, Paris 1909; H. v. Campenhausen, *Kirchliches Amt und geistliche Vollmacht in den drei ersten Jahrhunderten*, Tübingen 1953; M. Goguel, *L'Église primitive*, Paris 1947. Zum Aufbau der Kirche im einzelnen vgl. J. Colson, *Les fonctions ecclésiales aux deux premiers siècles*, Paris/Brügge 1956; J. Colson, *La fonction diaconale aux origines de l'Église*, Paris/Brügge 1960.
4 *Hist. eccl.* III,37,2. Vgl. V,10,2.
5 Artikel »Episcopos«, in: ThWNT II, S. 607–610.
6 Vgl. v. Campenhausen (Anm. 3) S. 91.
7 Eine gute Darstellung schon bei H. Achelis, *Das Christentum der ersten drei Jahrhunderte*, Bd. 2, Leipzig 1912. Neueren Datums: J.-P. Audet, *Mariage et célibat dans le service pastoral de l'Église*, Paris 1967.
8 Apg. 2,36 und 5,42; 1. Kor. 16 (das Haus des Stephanas); Phlm. 2 (das Haus des Philemon); Apg. 10 (das Haus des Cornelius); Apg. 16,15 (das Haus der Lydia); Apg. 16,31,34; 2. Tim. 1,16 und 4,19 (das Haus des Onesiphorus). Auch die

Tätigkeit des Ignatius von Antiochia muß sich von Haus zu Haus ziehend abgespielt haben. In seinen Briefen erwähnt er solche gastlichen Häuser: *Smyrn.* 13,1; vgl. auch *Polyc.* 8,2. Vgl. Aristides, *Apol.* 15,6.

9 *Hom. Clem.* 15,11,2.
10 Apg. 10,1–47.
11 Vgl. Audet (Anm. 7) S. 82.
12 Hermas, *Sim.* IX,27.
13 1. Tim. 3,1–13.
14 G. Bornkamm, Artikel »Presbyter«, in: ThWNT VI, S. 672–680.
15 Mk. 7,3 ; 1. Makk. 1,26; 7,33; 11,23; 12,35; 13,36; 14,20; 2. Makk. 13,13; 14,37.
16 Apg. 15,2 und 16,4.
17 Jak. 5,14; Apg. 14,23; 20,17; 1. Petr. 5,1; *1. Clem.*
18 1. Tim. 4,14.
19 Tit. 1,5.
20 *Hist. eccl.* V,24,14–16.
21 Irenäus, *Adv. haer.* III,2,1; 14,2.
22 3. Joh.
23 *1. Clem.* 40.
24 J. Zeiller in: *Revue d'histoire ecclésiastique* 29 (1933) S. 571.
25 *Martyrium Iustini* 3,1. Vgl. Hamman, S. 35.
26 *Hom. Clem.* 3,61.
27 *Hist. eccl.* IV,23; Tertullian, *De fuga* 11; Cyprian, *Epist.* 55,11.
28 *Passio Philippi* 1; *Acta Phileae* 2; Synode von Sardika, Kan. 10 (13). Bei Achelis (Anm. 7) S. 6.
29 *Hist. eccl.* V,22; vgl. auch VII,30,17.
30 *Hist. eccl.* V,24,5. In dieser Frage befolgt der Westen sehr bald eine strengere Vorschrift. Die *Traditio apostolica* geht schon von einem unverheirateten Bischof aus, aber Hilarius von Poitiers ist verheiratet. Der Osten behält seine einmal in Nizäa unter dem Einfluß des alten Bischofs und Glaubensbekenners Paphnutius eingeschlagene Linie bei (Sokrates, *Hist. eccl.* I,11).
31 *Didaskalia* IV,1,1.
32 Platon, *Polit.* 539 f.
33 Ebenso ist es bei Gregor dem Wundertäter und Athanasius. Irenäus von Sirmium wird »iuvenis« genannt (*Passio Irenaei* 4). Dieser Fall wird in der *Didaskalia* (IV,1,3) bedacht.
34 Ignatius, *Magn.* 3,1.
35 Priester sind Irenäus, Cyprian und Cornelius. Als Diakon wurden Bischof: Eleutherus (*Hist. eccl.* IV,22,3) und Eusebius von Alexandria (ebd. VII,11,24).
36 Vgl. Goguel (Anm. 3) S. 178.
37 *Hist. eccl.* VI,11,2; *Trad. apost.* 2.
38 *Clem. ad Iacob.* 5; Konzil von Elvira, Can. 18 (Mansi II, Sp. 9).
39 *Hist. eccl.* III,36,2; V,24,7; *Didaskalia* IV,5,1–5.
40 *Hist. eccl.* VII,32,2.
41 Ebd. V,24,8.
42 Ebd. IV,22,5.
43 Vgl. Briefe des Klemens und des Ignatius, den *Hirten* des Hermas und die Inschrift des Abercius. Vgl. ThWNT VI, S. 496–498.
44 *Didaskalia* IV,1–6; XII,57,1–58,6.
45 Ebd. V,11.
46 Vgl. die Untersuchung von F. Gerke, *Die Stellung des 1. Clemensbriefes innerhalb*

der Entwicklung der altchristlichen Gemeindeverfassung, Leipzig 1931 (TU XLVII,1).
47 *Hom. Clem.* 5.
48 *Didaskalia* XI,44,4.
49 *Diakon* bedeutet ›einer, der dient‹. Die Diakonie ist ein Dienst, das Diakonat ein kirchliches Amt. Vgl. A. Hamman, *Vie liturgique et vie sociale*, Paris 1968, S. 67–92. Wir können hier nur das Buch zusammenfassen.
50 *Didaskalia* IX,34,3; XVI,13,1. Nirgends ist davon die Rede, daß die Gläubigen an der Ernennung beteiligt sind.
51 Ebd. XVI,13,1–7.
52 Ebd. XI,47,1. Vgl. 1. Kor. 6,1–11.
53 Hermas, *Sim.* IX,26,2. Cyprian, *Epist.* 52 (49),1.
54 Plinius d. J., *Epist.* X,96 (97).
55 *Didaskalia* XVI,12,4; 13,1. Vgl. Hamman (Anm. 49) S. 139–147.
56 *Didaskalia* XV,6,2.
57 Epiphanius, *Haer.* 79,3.
58 Hermas, *Vis.* III,5,1.
59 *Martyrium Polycarpi* 5,2. Vgl Hamman, S. 25.
60 *Hist. eccl.* V,24,5.
61 Siehe die *Vita Pontii*.
62 *Od. Sal.* 6,1. (Deutsche Übersetzung in: *Neutestamentliche Apokryphen*, hrsg. von E. Hennecke, Tübingen 1924, S. 437–472.)
63 Justin, *Dial.* 39,2; 88,1; 82,1; Irenäus, *Adv. haer.* II,32,4. Dazu auch *Hist. eccl.* V,7,3–5; 6,1; 7,6.
64 Irenäus, *Adv. haer.* II,32,4.
65 *Didache* 10,7; 11,3,7–11; 13,13; 15,1 f.
66 Hermas, *Vis.* II,4,2; III,1,8,9; V,5–7; *Sim.* IX,33,1–3.
67 Hermas, *Vis.* III,1,8,9.
68 Hermas, *Sim.* IX,26,2.
69 *Hist. eccl.* V,17,4.
70 Vgl. den Brief über die Märtyrer von Lyon (Hamman, S. 43–55) und das Martyrium der Perpetua und Felicitas (ebd., S. 66–80).
71 Über den Ursprung und das Umfeld des Montanismus vgl. das grundlegende Werk von P. de Labriolle, *La crise montaniste*, Paris 1913, bes. S. 112–143.
72 Epiphanius, *Haer.* 48,14.
73 Ebd. 49,1.
74 *Hist. eccl.* V,18,4; vgl. 11.
75 de Labriolle (Anm. 71) S. 207–293.
76 *Hist. eccl.* V,17,4.
77 Tertullian, *De monogam.* 16.
78 Origenes, *C. Cels.* VII,9.
79 Irenäus, *Adv. haer.* I,13,3. Vgl. jedoch die Bedenken von P. Nautin, *Lettres et écrivains chrétiens des deuxième et troisième siècles*, Paris 1961, S. 42.
80 Vgl. E. Renan, *Marc Aurèle et la fin du monde antique*, Paris 1882, S. 293.
81 Tertullian, *De anima* 9.
82 Tertullian, *De virg. vel.* 17.
83 Tertullian, *De bapt.* 17; *De praescr.* 41; Firmilian, *Epist.* 75 (unter den Briefen des Cyprian).
84 Epiphanius, *Haer.* 49,2; *Hist. eccl.* V,16,4.
85 Origenes, *C. Cels.* VII,9,11.

86 *Hist. eccl.* V,16,4,5.
87 Tertullian, *Adv. Prax.* 1; Hippolytos, *Philosophumena* IX,7.
88 Hippolytus, *In Pan.* III,18.
89 Ebd.
90 Justin, *Dial.* 80,1; Irenäus, *Adv. haer.* V,31 f.; *Hist. eccl.* III,28; VII,25.
91 *Hist. eccl.* V,18,5,6,9; 16,20.
92 Ebd. 16,22; *Acta Pionii* 21,5.
93 *Hist. eccl.* V,3,1–3.
94 Epiphanius, *Haer.* 30,15; Cyprian, *Epist.* 63.
95 Vgl. Artikel »Enkrateia«, in: RAC V, Sp. 343–349.
96 1. Kor. 7,25–38.
97 *1. Clem.* 28,1 f.; 48,5.
98 A. Vööbus, *Celibacy, a Requirement for Admission to Baptism in the Early Syrian Church*, Stockholm 1951, S. 15–20.
99 Gut herausgearbeitet von Nautin (Anm. 79) S. 33–43.
100 *Hist. eccl.* IV,23.
101 Irenäus, *Adv. haer.* I,28.
102 Über Marcion bleibt das klassische Werk das von A. v. Harnack, *Marcion*, Leipzig 1924 (vgl. dort S. 148 ff.).
103 H. Küng, *Die Kirche*, Freiburg i. Br. / Basel / Wien 1967, S. 240.
104 *Hist. eccl.* V,1,49.
105 Origenes, *Scol. in Luc.* 1,1.
106 Ignatius, *Smyrn.*, prooem.; Irenäus, *Adv. haer.* IV,26,2.
107 Klemens von Alexandria, *Strom.* IV,4.
108 v. Campenhausen (Anm. 3) S. 95.
109 Ignatius, *Smyrn.* 8,2.
110 *Hist. eccl.* V,1,20.
111 *Martyrium Pionii* 9,2. Vgl. Hamman, S. 89.
112 *Hist. eccl.* IV,15.
113 Ebd. V,3,4.
114 Ebd. IV,23,1 f.
115 Ebd. IV,23.
116 Ebd. V,16,20.
117 Ebd. V,23,3.
118 Goguel (Anm. 3) S. 180.
119 H. Grégoire, *Les persécutions dans l'Empire romain*, Brüssel 1950, S. 21.
120 *Hist. eccl.* V,24.
121 Irenäus, *Adv. haer.* III,3,3; Tertullian, *Adv. Prax.* 1.
122 Sie wird unterschiedlich interpretiert; vgl. Bardy (Anm. 3) S. 107–113.
123 *1. Clem.* 44,2.
124 *Hist. eccl.* IV,23,11.
125 Batiffol (Anm. 3) S. 146.
126 Ignatius, *Rom.*, prooem.
127 *Hist. eccl.* II,25,8.
128 Text und deutsche Übersetzung in: RAC I, Sp. 13 f.
129 Goguel (Anm. 3) S. 182.
130 Irenäus, *Adv. haer.* III,3,1–3. Vgl. auch *Hist. eccl.* V,6,1.
131 Irenäus, *Adv. haer.* III,3,3.
132 A. von Harnack, *Lehrbuch der Dogmengeschichte*, Tübingen ⁴1909, Nachdr. Darmstadt 1964, Bd. 1, S. 481. Vgl. den gesamten Exkurs.

Kap. 2: Ein Herz und eine Seele

1 G. Uhlhorn, *Die christliche Liebestätigkeit*, Stuttgart 1895, S. 7. Das Buch von H. Bolkestein, *Wohltätigkeit und Armenpflege im vorchristlichen Altertum*, Utrecht 1939, hat die Bedeutung der sozialen Tätigkeit in der Antike nachgewiesen.

2 Ignatius, *Trall.* 13,1; *Phil.* 11,2; *Röm.* 1,1.

3 Julian, *Epist.* 84, in: Julian, *Œuvres complètes*, Bd. 1, Buch 2: *Lettres et fragments*, übers. und hrsg. von J. Bidez, Paris 1924, S. 144.

4 Tertullian, *Apol.* 39,7.

5 Seneca, *De beata vita* 25; *De clem.* II,6.

6 Laktanz, *Inst.* VI,10.

7 Jak. 2,18.

8 Ebd. 1,27.

9 Der Historiker Bolkestein (Anm. 1) betont (S. 421), daß sich die östliche Morallehre auf die Beziehung zwischen Reichen und Armen richtet, die westliche auf das Verhältnis von Mensch zu Mensch.

10 Das Problem ist von den Historikern, die sich mit der christlichen Antike befassen, etwas vernachlässigt worden, etwa von Goguel, Zeiller und Lietzmann. Auf A. v. Harnack trifft diese Kritik nicht zu. Er hat diese Frage ausführlich erörtert (Harnack, S. 170–222).

11 *Didaskalia* IX,27,4.

12 Ebd. XII,58,1.

13 Ebd. VIII, XII, XVII, XXII.

14 Ebd. XI,44,4.

15 Dazu Justin, *1. Apol.* 67; Hermas, *Vis.* IV,3; *Mand.* VIII,10; *Sim.* I,8; V,7; IX,26,2; Aristides, *Apol.* 15; Tertullian, *Apol.* 39.

16 2. Mose 22,21–23. Vgl. auch A. Hamman, *Vie liturgique et vie sociale*, Paris 1968, S. 12, 16, 100, 101, 140–143.

17 Jak. 1,27.

18 Lukian, *Peregr.* 12.

19 Theben macht eine Ausnahme und verbietet die Aussetzung (Aelianus, *Var. hist.* II,7).

20 Tertullian, *Apol.* 9.

21 Plinius d. J., *Epist.* X,65 (71).

22 Ebd. X,66 (72).

23 Ebd. VIII,18.

24 Ebd. I,8.

25 Ch. Giraud, *Essai sur le droit français au Moyen Age*, Paris 1866, S. 464.

26 *Pueri puellaeque alimentarii* (Plinius d. J., *Paneg.* 25–27). Vgl. P. Veyne, »La table des Ligures Baebiani et l'institution alimentaire de Trajan«, in: *Mélanges d'architecture et d'histoire* 69 (1957) und 70 (1958) S. 177–241.

27 Abgebildet in: DAGR I, S. 183.

28 Tertullian, *Apol.* 9,6. Vgl. auch Laktanz, *Inst.* VI,20.

29 *Didaskalia* VIII,25,2,8; IX,26,3,8.

30 Ebd. XVII. Teilweise zu finden in: *Clem. ad Iacob.* 8,5 f. Siehe auch *Const. apost.* IV,1 f.

31 *Const. apost.* IV,1.

32 *Acta Perpetuae et Felicitatis* 15. Vgl. Hamman, S. 76.

33 *Hist. eccl.* VI,2.

34 *Acta Carpi, Papyli, Agathonicae* 6. Vgl. Hamman, S. 41.

35 DAGR V, S. 865.
36 DAGR III, S. 1647.
37 1. Tim. 5,14.
38 Vgl. Artikel »Digamus«, in: RAC III, Sp. 1017–20, wo die Texte als Beleg angeführt sind.
39 Ebd.
40 Apg. 6,1.
41 Ignatius, *Smyrn.* 6; *Pol.* 4; Polykarp, *Epist.* 6,1; *Barnabasbrief* 20,2; Hermas, *Sim.* I; V,3; IX,26,77; X,4; *Clem. ad Iacob.* 8; Tertullian, *Ad uxor.* I,7,8.
42 Ps.-Clem., *De virg.* I,12.
43 *Epist.* 4,3; vgl. Tertullian, *Ad uxor.* I,7; *Const. apost.* II,26; *Didaskalia* IX,26,8.
44 Dazu Hamman (Anm. 16) S. 140–143.
45 *Hist. eccl.* VI,43,11.
46 Orelli I, Nr. 114.
47 Jak. 2,16.
48 *Const. apost.* II,50,1. Siehe auch Ignatius, *Polyc.* 4; Justin, *1. Apol.* 67; Hermas, *Sim.* IX,27,2; Cyprian, *Epist.* 5,1; 41,1; *Const. apost.* II,26,4 und III,3,2; Irenäus, *Adv. haer.* IV,34.
49 *Didaskalia* XIV,3,2.
50 DAGR III, S. 1717.
51 Justin, *1. Apol.* 67,6.
52 *Testamentum Domini* II,34.
53 *Didaskalia* XV,8,3.
54 *Trad. apost.* 20.
55 DAGR III, S. 1692.
56 Sueton, *Claud.* 25.
57 DAGR III, S. 1687.
58 G. Boissier, *La religion romaine d'Auguste aux Antonins*, Bd. 2, Paris [7]1909, S. 299.
59 Vgl. Sozomenos, *Hist. eccl.* V,15.
60 Laktanz, *Inst.* VI,12; *Const. apost.* III,7.
61 *Testamentum Domini* I,34; II,34.
62 Pausanias, *Periheg.* I,32,5; IX,32,9. Vgl. auch RAC II, Sp. 200.
63 Tertullian, *Apol.* 39,6.
64 Aristides, *Apol.* 15.
65 Zu dieser Frage ist einzusehen F. de Visscher, »Le régime juridique des plus anciens cimetières chrétiens à Rome«, in: Anal. Boll. 69 (1951) S. 39–54.
66 *Hist. eccl.* VI,62. Vgl. Hamman, S. 54. Vgl. auch *Hist. eccl.* VIII,6,7.
67 *Martyrium Pionii* 9,3. Vgl. Hamman, S. 89.
68 *1. Clem.* 59,4; Ignatius, *Smyrn.* 6; *Clem. ad Iacob.* 9; *Acta Theclae*; Tertullian, *Ad uxor.* II,4.
69 *Martyrium Perpetuae* 3,4.
70 *Martyrium Pionii* 11,4.
71 Aristides, *Apol.* 15.
72 Justin, *2. Apol.* 2,15 f.
73 *Hist. eccl.* V,1,9 f. Vgl. Hamman, S. 44.
74 Lukian, *Peregr.* 12.
75 *Hist. eccl.* VI,3,4. (Deutsche Übersetzung in: Eusebius, *Kirchengeschichte*, übers. und hrsg. von H. Kraft, Darmstadt 1967, S. 279.)
76 Ebd. V,1,53. Vgl. Hamman, S. 53.

77 Ebd. V,1,18. Vgl. Hamman, S. 46.
78 *Martyrium Perpetuae* 3,6. Vgl. Hamman, S. 71 f.
79 *Martyrium Perpetuae* 21,3. Vgl. Hamman, S. 80.
80 *Acta Iustini* 6,2; *Acta Carpi* 47. Vgl. Hamman, S. 37, 42.
81 *Martyrium Polycarpi*, prol. Vgl. Hamman, S. 22.
82 *Martyrium Polycarpi*, 22,2,3. Vgl. Hamman, S. 30.
83 *Digesta* XLVIII,19,23.
84 Thukydides VII,27; DAGR III, S. 1866.
85 *Hist. eccl.* IV,23,10.
86 Hippolytus, *Philosophumena* IX,12.
87 Auf diese Situation spielen an: Ignatius, *Smyrn.* 6; Hermas, *Mand.* VIII,10; *Sim.* I,8; *Const. apost.* IV,9; V,1.
88 *Const. apost.* IV,9; V,1.
89 *Hist. eccl.* VIII,12,9; *Martyrium Polycarpi* VII,2–4.
90 Cyprian, *Epist.* 62,3.
91 Ignatius, *Polyc.* 4.
92 1. Kor. 7,21–22.
93 Tatian, *Orat.* 11,3.
94 Vgl. Uhlhorn (Anm. 1) S. 113.
95 Minucius Felix, *Octavius* 37; *Diognet.* 5,10; Irenäus, *Adv. haer.* IV,21,3; Tertullian, *De corona* 13.
96 *Hist. eccl.* III,17.
97 *Patrum apostolorum opera*, hrsg. von O. von Gebhardt, A. v. Harnack und Th. Zahn, Fasz. 2, Leipzig 1876, S. 57.
98 *Hist. eccl.* IV,23,10.
99 Ebd. VII,5,2.
100 Basilius, *Epist.* 70.
101 1. Kor. 16,1–4.
102 Möglicherweise eine Anspielung darauf enthält Jak. 2,21; vgl. Hebr. 13,16.
103 Justin, *1. Apol.* 67,6.
104 Ebd. 67,1,6.
105 Ebd. 13,1.
106 Tertullian, *Apol.* 39,5. Vgl. *L'Apologétique de Tertullien*, hrsg. von J.-P. Waltzing, Louvain 1911, S. 250; *Didaskalia* IX,36,4–6; Cyprian, *De opere et eleemosynis* 15; *Const. apost.* 11,36,8.
107 Nachzulesen im *Corpus scriptorum ecclesiasticorum latinorum*, hrsg. von der Akademie der Wissenschaften, Bd. 26, Wien 1913, S. 186–188. Zu den Nahrungsmittelgaben vgl. *Trad. apost.* 5,1 f.; 28,1–8.
108 *Didaskalia* V,1–6.
109 Hermas, *Sim.* V,1,3; *Barnabasbrief;* 19,10; Aristides, *Apol.* 15,7; *Martyrium Lucii et Montani* 21; *Didaskalia* V,1–6. Vgl. zu diesem Thema auch A. Guillaume, *Jeûne et charité*, Paris 1954, S. 21–45.
110 *Didaskalia* IX,34,5 und 35,2; *Const. apost.* VII,29,1–3. Vgl. zu dieser Frage auch A. Hamman, »L'Offrande liturgique«, in: Hamman (Anm. 16) S. 251–295.
111 Tertullian, *Apol.* 39,5 f.
112 CIL III, Nr. 633.
113 Orelli I, Nr. 2252; II, Nr. 3217. Verein von Leuten aus Berytos in Puteoli: *Inscriptiones regni Neapolitani latinae*, hrsg. von Theodor Mommsen, Leipzig 1852, Nr. 2476, 2488; zwei Vereine kleinasiatischer Händler in Malaga: CIL II, Nr. 254.

114 Tertullian, *Apol.* 39,6.
115 Ebd. 31,5.
116 Außer dem Fall des Marcion (Tertullian, *Adv. Marc.* IV,4; vgl. *Hist. eccl.* III,37).
117 *Trad. apost.* 20.
118 Tertullian, *Ad uxor.* II,8. Die Freigebigkeit erwähnende Inschriften in: *Inscriptiones christianae veteres*, hrsg. von E. Diehl, Bd. 1, Berlin 1925, Nr. 1103; 1652; 1687; 2483.
119 Cyprian, *Epist.* 60.
120 *Didaskalia* XVIII. Die zahlreichen Anweisungen besagen viel über die Gefährdung und sicherlich auch die tatsächlichen Mißstände: *Const. apost.* IV, 6,1–9;7,1–3.
121 Überlegung von W. Schneemelcher, »Der diakonische Dienst in der Alten Kirche«, in: *Das diakonische Amt der Kirche*, hrsg. von H. Krimm, Stuttgart 1965, S. 61–105.
122 *Kerygma Petri*, in: *Fragmente vornicänischer Kirchenväter*, hrsg. von C. Holl, Leipzig/Berlin 1899 (TU XX,2) S. 233, Nr. 503.
123 So das Leitmotiv des Augustin (*Serm* 56,9; 61,4; 83,2; 124,5).
124 *Kerygma Petri* (Anm. 122) S. 234.

Kap. 3: Familienporträts

1 Zu Ignatius, Justin und Irenäus vgl. A. Hamman, *Guide pratique des Pères de l'Église*, Paris 1967 (dt. *Die Kirchenväter. Kleine Einführung in Leben und Werk*, übers. von M. Otto, Freiburg i. Br. / Basel / Wien 1967); Neuausg.: *Dictionnaire des Pères de l'Église*, Paris 1977.
2 Ignatius, *Röm.* 4,2.
3 Ignatius, *Polyc.* 4,1–3.
4 Ignatius, *Eph.* 7,2.
5 Ignatius, *Trall.* 4,1.
6 Ignatius, *Röm.* 4,3.
7 Ignatius, *Smyrn.* 5,1; 9,2.
8 Ignatius, *Eph.* 12,1.
9 Ignatius, *Röm.* 3,2.
10 Ebd. 7,3.
11 Justin, *Dial.* 3–5.
12 Justin, *1. Apol.* 59 f.
13 Justin, *2. Apol.* 10,8.
14 *Acta Iustini* 4–6.
15 In den wesentlichen Teilen erhalten in *Hist. eccl.* V,1–4, woher wir die Einzelheiten des Porträts entnehmen.
16 Ebd. V,1,56.
17 Ebd. V,1,41.
18 Strabon, *Geogr.* 192, IV,3,2; Sueton, *Cal.* 20; Juvenal, *Sat.* I,44.
19 *Hist. eccl.* V,1.
20 E. Renan, *Marc Aurèle et la fin du monde antique*, Paris 1882, S. 312.
21 *Hist. eccl.* V,20.
22 Ebd. V,4,2.
23 Irenäus, *Adv. haer.* III,12,5.
24 Diese These vertritt neuerdings wieder P. Nautin, *Lettres et écrivains chrétiens des deuxième et troisième siècles*, Paris 1961, S. 93–95.

25 Eingehende Untersuchung bei A. Hamman, *La Prière*, Bd. 2, Paris/Tournai 1959, S. 113–124.
26 Irenäus, *Adv. haer.* IV,20,7.
27 Wir beziehen uns im wesentlichen auf die *Passio Perpetuae et Felicitatis*, deren Schluß möglicherweise von Tertullian stammt.
28 *Passio Perpetuae* 3.
29 Ebd. 18.
30 Ebd. 12.
31 Ebd. 3.
32 Ebd.
33 Ebd.
34 Ebd.
35 Ebd. 6.
36 Ebd.
37 Ebd. 3.
38 Ebd.
39 Ebd. 5.
40 Ebd.
41 Ebd.
42 Ebd. 16.
43 Ebd. 18.
44 Ebd.
45 Ebd. 20.
46 Ebd.
47 Ebd.
48 Euripides, *Hekuba* 569.
49 *Passio Perpetuae* 20.
50 Ebd.
51 Ebd.
52 Ebd. 21.
53 Die Grabinschrift der Märtyrerin konnte aus 35 Teilstücken, die in der großen Basilika von Karthago gefunden worden sind, wiederhergestellt werden.

Teil 4: Heldenmut im Alltag

Kap. 1: Der Rhythmus der Tage

1 Klemens von Alexandria, *Strom.* VII,47,3. Das Thema findet sich schon bei Philo und Aristoteles.
2 Plinius d. Ä., *Hist. nat.* praefat. 14.
3 *Martyrium Pionii* 5,4. Vgl. Hamman, S. 87.
4 Tertullian, *De orat.* 25. Vgl. *Hom. Clem.* X,1; XIX,12; *Recogn. Clem.* II,71.
5 Klemens von Alexandria, *Strom.* VII,7; Paid. II,2.
6 Tertullian, *De orat.* 23. Für alles, was Tertullian betrifft, vgl. E. Dekkers, *Tertullianus en de Geschiedenis de Liturgie*, Brügge 1947.
7 Origenes, *De orat.* 32,1; Tertullian, *Apol.* 16,10; Klemens von Alexandria, *Strom.* VII,43,7.
8 Klemens von Alexandria, *Strom.* VII,43,7. »Oriens Augustus« ist eine häufig vorkommende Legende in der Numismatik (Hinweis von M. Guey). Ausführ-

liche Erörterung der Lichtthematik bei F. J. Dölger, »Lumen Christi«, in: *Antike und Christentum*, Bd. 5, Münster 1936, S. 1–43.

9 Tertullian, *De pudic.* 19,11–13.
10 Dazu E. Peterson, *Frühkirche, Judentum und Gnosis*, Freiburg i. Br. 1959, S. 15–35.
11 *Acta Hipparchi, Philothei et Sociorum.*
12 Origenes, *De orat.* 31,4.
13 Klemens von Alexandrien, *Strom.* VII,49,6 f.; Tertullian, *Apol.* 16,6; *De corona* 3; *De orat.* 26; *Ad uxor.* II,5.
14 Tertullian, *Adv. Marc.* III,22,18; *Apol.* 16,6.
15 *Didache* 8,3.
16 *Trad. apost.* 41; Tertullian, *De orat.* 25; Klemens von Alexandrien, *Strom.* VII,40,3.
17 Vgl. die Darstellung bei J. Carcopino, *Rom. Leben und Kultur in der Kaiserzeit*, mit einem Vorw. von Robert Bloch neu hrsg. von Edgar Pack, Stuttgart 1977, S. 207–216.
18 Tertullian, *De orat.* 11; Klemens von Alexandrien, *Strom.* VII,70,1; Origenes, *De orat.* 31,2.
19 Klemens von Alexandrien, *Strom.* VII,40,1.
20 Dies ist die Geste des Vasallen in den Händen des Lehnsherren.
21 *Hom. Clem.* I,22. Vgl. auch Tertullian, *De orat.* 35; *De corona* 3; *Apol.* 39; Klemens von Alexandrien, *Paid.* II,9.
22 Mt. 14,19; Apg. 27,35; 1. Tim. 4,4.
23 H. Strack / P. Billerbeck, *Kommentar zum Neuen Testament aus Talmud und Midrasch*, Bd. 4, München 1928, S. 611–639.
24 Über Fasten und Mahlzeit vgl. J. Schummer, *Die altchristliche Fastenpraxis*, Münster 1933.
25 Tertullian, *De ieiun.* 2,3; *Didaskalia* XXI,18.
26 Plutarch, *Symp.* 7.
27 *The Oxyrinchos Papyri*, hrsg. von B. P. Grenfell und A. S. Hunt, Tl. 1, London 1898, S. 177 (Papyrus Nr. 110 und 111).
28 Im Bardo-Museum in Tunis.
29 Klemens von Alexandrien, *Paid.* II,4,44.
30 Tatian, *Orat.* 22–24; Tertullian, *Apol.* 42.
31 Tertullian, *De idol.* 16.
32 Vgl. H. I. Marrou, *Geschichte der Erziehung im klassischen Altertum*, übers. von Ch. Beumann, hrsg. von R. Harder, Freiburg i. Br. / München 1957, S. 364.
33 Tertullian, *De spect.* 18.
34 Laktanz, *De div. inst.* I,20,14.
35 Klemens von Alexandrien, *Paid.* III,10,49–52.
36 Sueton, *Claud.* 33,2.
37 Lukian, *Saturn.* 4,8.
38 G. Lafaye, Artikel »Lusoria tabula«, in: DAGR III, S. 1405.
39 CIL XIV, Nr. 532.
40 Plinius d. J., *Epist.* III,1,8.
41 Vgl. die dem Cyprian zugeschriebene Abhandlung *De aleatoribus*.
42 Die Schrift stammt vom Ende des 3. Jahrhunderts und wurde nach H. Koch von einem katholischen Autor in Afrika verfaßt, nach G. Morin von einem Donatisten in Rom. Vgl. PLS I, Sp. 49.
43 Can. 79 (Mansi II, Sp. 18).
44 *De aleat.* VI,10. Vgl. Tertullian, *De fuga* 13.

45 Klemens von Alexandria, *Paid.* III,11,80; vgl. Commodianus, *Instr.* II,29,17–19.
46 *De aleat.* VI,10.
47 Tertullian, *De corona* 3; *De orat.* 19.
48 Cyprian, *Epist.* 63,16. Über die eucharistische Feier bei Cyprian s. V. Saxer, *Vie liturgique et quotidienne à Carthage vers le milieu du IIIᵉ siècle*, Rom 1969, S. 189–263.
49 Nach G. Dix (Ἀποστολικὴ παράδοσις, hrsg. von G. D., London / New York 1937, S. 83 f.) scheint es die Agape in Rom niemals gegeben zu haben.
50 So ist es bei der Kirche von Dura-Europos gewesen.
51 Plinius d. J., *Epist.* X,96.
52 Tertullian, *Apol.* 39.
53 Ebd. 39,15. Vgl. Martial, *Epigr.* X,48,10; Juvenal, *Sat.* III,107; Plinius d. J., *Paneg.* 49.
54 Tertullian, *Apol.* 39,17 f.
55 Lukian, *De merc. cond.* 15.
56 *Trad. apost.* 28; Konzil von Laodicea, Can. 27 (Mansi II, Sp. 1536).
57 Tertullian, *Apol.* 39,19. Zur Frage der Agape vgl. A. Hamman, *Vie liturgique et vie sociale*, Paris 1968, S. 151–221.
58 Tertullian, *Ad mart.* 2; *Martyrium Perpetuae et Felicitatis* 17; *Martyrium Mariani et Iacobi* 11.
59 Tertullian, *Ad nat.* I,13.
60 Apg. 20,8.
61 Bei Basilius, *De spiritu sanctu* 29,73.
62 Das Standardwerk dazu ist W. Rordorf, *Der Sonntag*, Zürich 1962.
63 *Kerygma Petri* 35.
64 Plinius d. Ä., *Hist. nat.* II,79 (77) 188.
65 Vgl. Rordorf (Anm. 62) S. 37 f. (mit Bibliographie).
66 Justin, *1. Apol.* 66,4. Vgl. Tertullian, *De corona* 15; *De bapt.* 5.
67 Plinius d. J., *Epist.* X,96.
68 Justin, *1. Apol.* 67,1.
69 Hamman, S. 186. Das Ereignis gehört ins Jahr 304.
70 Justin, *Dial.* 138,1.
71 Irenäus, Fragm. 7, in: Irenäus, *Adversus haereses*, hrsg. von W. W. Harvey, Bd. 2, Cambridge 1857, S. 478.
72 Tertullian, *De corona* 3; *De ieiun.* 15.
73 Apg. 20,7.
74 Plinius d. J., *Epist.* X,96.
75 Mk. 16,2 u. ö.; Joh. 20,1; Apg. 20,7; 1. Kor. 16,1; *Didache* 14,1. Vgl. *Hist. eccl.* V,28,12; Mal. 4,2 (3,20).
76 *Recogn. Clem.* 10,71.
77 Ignatius, *Smyrn.* 13.
78 Dazu J. Dauvillier, *Les temps apostoliques*, Paris 1970, S. 531.
79 Lukian, *Philopatris* 23.
80 *Acta Pauli et Theclae* 7.
81 Dazu A. Wifstrand, *L'Église ancienne et la culture grecque*, übers. von L.-M. Dewailly, Paris 1962, S. 25.
82 Tertullian, *Ad Scapul.* 3.
83 *Recogn. Clem.* X,71.
84 Ebd. IV,6.
85 Artikel »Amrah«, in: DACL I, Sp. 1778.

86 *Le Liber Pontificalis* (1602), hrsg. von L. Duchesne, Bd. 1, Paris 1886, S. 55, 126.
87 Beschreibung bei J. Lassus, Artikel »Syrie«, in: DACL XV, Sp. 1863–68.
88 *Didaskalia* XII.
89 Vgl. Artikel »Apamée« [Apamea], in: DACL I, Sp. 2505. Die Kirche von Edessa ist im Jahre 201 durch eine Überschwemmung zerstört worden. Die Kirche von Neocäsarea ist seit 258 bezeugt bei Gregor dem Wundertäter.
90 Justin, *1. Apol.* 67.
91 Ignatius, *Smyrn.* 8; *Magn.* 6; *Trall.* 3.
92 Vgl. Dauvillier (Anm. 78) S. 423.
93 Tertullian, *De virg. vel.* 17.
94 Vgl. J. A. Jungmann, *Missarum sollemnia*, Wien 1949, S. 26.
95 Tertullian, *Adv. Marc.* 4,5; *De praescr.* 36.
96 *Hist. eccl.* III,16; IV,23,6.
97 Tertullian, *De pudic.* 1.
98 Cyprian, *Epist.* 42.
99 Klemens von Alexandria, *Strom.* I,1.
100 Sie ist fälschlich Klemens von Rom zugeschrieben worden. Deutsche Übersetzung in: *Neutestamentliche Apokryphen*, hrsg. von E. Hennecke, Tübingen ²1924, S. 590–595.
101 *2. Clem.* 17.
102 *2. Kor.* 13,13.
103 Justin, *Dial.* 35,3; 96,3; 108,3; 133,6.
104 *Martyrium Polycarpi* 8,1. Vgl. Hamman, S. 24.
105 Justin, *1. Apol.* 67,1.
106 Im Osten wird der Wein immer verdünnt, weil er sehr alkoholhaltig ist. Der Wein von La Trappe de Laroun (Jordanien) hat 17°.
107 Justin, *Dial.* 117.
108 Grabinschrift des Pectorius; in: F. J. Dölger, *Ichthys. Das Fischsymbol in frühchristlicher Zeit*, Bd. 1, Rom 1910, S. 12–15.
109 Tertullian, *De corona* 3.
110 *Hist. eccl.* V,24,5.
111 Auswahl in: A. Hamman, *Prières des premiers chrétiens*, Paris 1952, S. 131–146.
112 *Acta Martyrum Scillitanorum* 14; *Acta Apollonii* 46; *Acta Cypriani* 4,3.
113 *Martyrium Perpetuae et Felicitatis* 21,3.
114 *Martyrium Polycarpi* 14,1.
115 Apg. 20,7; 1. Kor. 5,7f. Vgl. *Hist. eccl.* V,24,6.
116 Zum Osterstreit vgl. *Hist. eccl.* IV,14,1; V,23 f. In einer neueren Studie (*Passa und Ostern*, Berlin 1969) leitet W. Huber die Osterfeier am Sonntag von dem quartadezimanischen Passa ab. In Rom wurde die Auferstehung bis zu Soterus jeden Sonntag gefeiert, ohne daß es eine besondere jährliche Feier gegeben hätte.
117 *Didaskalia* XXI,14.
118 Meliton von Sardes, *Passa-Homilie*.
119 G. Dix, *The Shape of Liturgy*, Westminster 1952, S. 338.
120 Synesius 19, *Hom. über den 5. Psalm*.

Kap. 2: Die Lebensabschnitte

1 Tertullian, *Apol.* 18,4. Vgl. E. Bickel, in: *Pisciculi. Studien zur Religion und Kultur des Altertums* [Festschrift F. J. Dölger], hrsg. von Th. Klauser und A. Rücker, Münster 1939, S. 52–61.

2 *Hist. eccl.* V,10,1,4.
3 *Martyrium Perpetuae* 2. Vgl. Hamman, S. 67.
4 *Hist. eccl.* VI,4.
5 Justin, *1. Apol.* 61,2.
6 Irenäus, *Epideixis* 3 und 7.
7 Irenäus, *Adv. haer.* I,10,2.
8 Tertullian, *De praescr.* 41.
9 Tertullian, *De bapt.* 2; *De corona* 13.
10 *Didache* 1; *Barnabasbrief* 18.
11 *Trad. apost.* 20.
12 *Didache* 7.
13 Justin, *1. Apol.* 61; 65,1.
14 Vgl. Anm. 116 des vorherigen Kapitels.
15 Jedenfalls versichert Tertullian, daß Petrus im Tiber getauft hat (*De bapt.* 4,3).
16 Plinius d. J., *Epist.* II,17.
17 *Trad. apost.* 21. Kunstvolle, komplizierte Frisuren gehörten zum Luxus der Frau.
18 Justin, *1. Apol.* 15,6.
19 *Acta Iustini* 4,6. (Vgl. Hamman, S. 36.) Dazu die Schriftstücke und die Bibliographie bei A. Hamman, *Le baptême et la confirmation*, Paris 1969, S. 161 bis 165.
20 *Od. Sal.* 11,9 f.; 15,8; 21,2. Vgl. Hermas, *Sim.* VIII,2,3 f.
21 Hermas, *Sim.* VIII,2,4.
22 *Acta Pauli et Theclae* 26; Justin, *Dial.* 29,1,2.
23 Eph. 5,14; *Clem. Pret.* 9,84,1 f.
24 *Trad. apost.* 21.
25 Justin, *1. Apol.* 65,1.
26 *Martyrium Perpetuae* 21,2. (Vgl. Hamman, S. 79.) »Wohl gebadet« (»salvum lotum«) ist vielleicht ein vulgärsprachlicher Ausdruck aus dem Amphitheater für ›in Blut getaucht‹ (Hinweis von M. Guey).
27 Über die Blutstaufe vgl. Tertullian, *De bapt.* 16,1 f.; *Trad. apost.* 19.
28 Epiphanius, *Panarion* 52.
29 *Hist. eccl.* III,37,2.
30 Ebd. II,17,19.
31 Sueton, *Aug.* 34.
32 Philostratos, *Vita Apollonii* I,13; VI,1.
33 Apollodor, bei J. Dauvillier, *Les temps apostoliques*, Paris 1970, S. 351.
34 *Hist. eccl.* III,31,3–5.
35 *1. Clem.* 38,2.
36 Mt. 19,12.
37 Ignatius, *Polyc.* 5,2.
38 Ignatius, *Smyrn.* 13,1; *Polyc.* 5,2.
39 Vgl. Hermas, *Sim.* X,11,8; Tertullian, *De exhort. cast.* 12; *Hist. eccl.* VII,30,2.
40 Klemens von Alexandria, *Quis dives salvetur* 36.
41 *Hist. eccl.* V,2,2 f.
42 Justin, *1. Apol.* 35; 29. Minucius Felix, *Octavius* 35,5; Tertullian, *Apol.* 9; *Ad uxor.* 1,6.
43 Vgl. P. de Labriolle, *La réaction païenne*, Paris 1934, S. 96.
44 Klemens von Alexandria, *Paid.* II,10,94,1. Dazu Aphthonios, *Progymnasmata* II,54,4.

45 *Trad. apost.* 15,16.
46 Dazu A. L. Ballini, *Il valore giuridico della celebrazione nuziale cristiana dal primo secolo all'età giustinianea*, Mailand 1939.
47 Ignatius, *Polyc.* 5,2.
48 Vgl. 1. Kor. 7,39 und Eph. 5,25–29.
49 Das römische Recht nennt eine solche Verbindung *contubernium.* Dazu RE IV, Sp. 1164. Zur Ehe der Sklaven vgl. A. E. Manaricua, *El matrimonio de los esclavos*, Rom 1940.
50 *Didaskalia* XIX,11,6.
51 CIL VIII, Nr. 25045. Bei K. Ritzer, *Formen, Riten und religiöses Brauchtum der Eheschließung*, Münster 1962, S. 35–37.
52 L. Duchesne, *Origines du culte chrétien*, Paris 1909, S. 441.
53 *Digesta* 17,30. Bei Dauvillier (Anm. 33) S. 381.
54 Eph. 5,25 f.
55 *Hist. eccl.* VI,40,6.
56 Catull, *Carm.* LXI, 6 ff; 122.
57 Für Karthago vgl. Tertullian, *Ad uxor.* II,3; *De virg. vel.* 12,1.
58 Plutarch, *Quaest. rom.* 30.
59 Tertullian, *Ad uxor.* II,8,9.
60 Dazu die Reproduktionen aus dem Berliner Museum, in: DAGR III, S. 1652.
61 Apulejus, *Apol.* 88.
62 *Acta Thomae* 10.
63 Klemens von Alexandria, *Paid.* III,11,63,1.
64 Im DACL X, Sp. 1924. Vgl. auch Paulinus von Nola, *Carm.* XXV,151. Eine neuere Untersuchung bei K. Baus, *Der Kranz in Antike und Christentum*, Bonn 1940, S. 103–107.
65 Dazu A. C. M. Schaepman, *Explanation to the Wallpainting in the Catacomb of Priscilla*, Utrecht 1929. Vgl. R. Metz, *La consécration des vierges dans l'Église romaine*, Paris 1954, S. 63–67.
66 Klemens von Alexandria, *Strom.* III,9,67,1.
67 Justin, *1. Apol.* 29.
68 Aristides, *Apol.* 15,4,6.
69 Zu Tertullians Auffassungen darüber lohnt die Lektüre von Ch. Guignebert, *Tertullien*, Paris 1901, S. 280–304.
70 Klemens von Alexandria, *Paid.* II,86,2; 87,3; 99,3. Dazu die neue Arbeit von J.-P. Broudehoux, *Mariage et famille chez Clément d'Alexandrie*, Paris 1970.
71 H. Marrou, in: Klemens von Alexandria (Titus Flavius Clemens Alexandrinus), Παιδαγωγός, hrsg. von H. M., Paris 1960, S. 184, Anm. 5.
72 Klemens von Alexandria, *Paid.* II,96,2.
73 Athenagoras, *Legat.* 33. Ein altes Bild der griechischen Literatur, das sich schon bei Sophokles findet.
74 Klemens von Alexandria, *Paid.* II,10, 99,3.
75 Dazu M. Spanneut, *Le stoïcisme des Pères de l'Église*, Paris 1957, S. 260.
76 Musonius (C. Musonius Rufus), *Reliquiae*, hrsg. von O. Hense, Leipzig 1905, S. 64,3 f.
77 Klemens von Alexandria, *Paid.* II,10,85,2–88,3.
78 J. Stelzenberger, *Die Beziehungen der frühchristlichen Sittenlehre zur Ethik der Stoa*, München 1933, S. 417.
79 Klemens von Alexandria, *Paid.* II,10,91,2.
80 *Didaskalia* XXIV. *Trad. apost.* 41.

81 Röm. 1,24–32; Justin, *1. Apol.* 27; Athenagoras, *Suppl.* 34; Minucius Felix, *Octavius* 28,10 f.; Tertullian, *Apol.* 9,16–18; Klemens von Alexandria, *Paid.* III, 21–22,1.
82 Klemens von Alexandria, *Strom.* III,3,24,2.
83 Tertullian, *Ad uxor.* II,8.
84 1. Tim. 3,4.
85 *1. Clem.* 21,8.
86 *Didaskalia* II.
87 J. Dauvillier (Anm. 33) S. 432.
88 Apg. 18,26; Röm. 16,4.
89 Ignatius, *Smyrn.* 13,1; *Polyc.* 8,2.
90 2. Tim. 1,5.
91 1. Petr. 3,1.
92 Klemens von Alexandria, *Paid.* III,11,57,2.
93 Ebd. III,10,49,1–5; 11,67,2.
94 DACL XIV, Sp. 1815.
95 Katakombe des Severus, Museum von Sousse.
96 H. I. Marrou, *Geschichte der Erziehung im klassischen Altertum*, übers. von Ch. Beumann, hrsg. von R. Harder, Freiburg i. Br. / München 1957, S. 299.
97 Ignatius, *Smyrn.* 13,1; *Polyc.* 8,2; Hermas, *Vis.* 1,1,9; 1,3,1; 2,3,1; *Sim.* 7,1; 7,5; *Mand.* 12,3,6; 5,3,9.
98 Aristides, *Apol.* 15,11.
99 Minucius Felix, *Octavius* 2,1.
100 Klemens von Alexandria, *Paid.*, Buch 1. Dazu Marrou (Anm. 71) S. 23–26.
101 Inschrift aus dem 5. Jahrhundert, im Lateranmuseum erhalten. Dazu auch CIL III, Nr. 686,17–20; CIG IV, Nr. 9574.
102 *Didaskalia* XIX.
103 *Clem. ad Iacob.* 8.
104 Eph. 6,4; Kol. 3,21.
105 Klemens, *1. Kor.* 21,8,6; 62,3.
106 Marrou (Anm. 96) S. 455.
107 Irenäus, *Adv. haer.* II,32,2.
108 Tertullian, *De idol.* 10.
109 *Hist. eccl.* VI,2,15.
110 Basilius, *Hom.* 22.
111 1. Tim. 5,13.
112 Vgl. dazu Artikel »Digamus«, in: RAC III, Sp. 1016–24.
113 Athenagoras, *Legat.* 33.
114 Irenäus, *Adv. haer.* III,18,1; I,26,2.
115 Minucius Felix, *Octavius* 31,5. Dazu auch Theophilus, *Ad Autol.* III,15.
116 Hermas, *Mand.* 4,4,1.
117 Klemens von Alexandria, *Strom.* III,12,82,4.
118 *Clem. ad. Iacob.* 8; *Hom. Clem.* III,68.
119 *1. Clem.* 57,1. Vgl. *2. Clem.* 2,4.
120 Polykarp, *Epist.* 6,1 f.
121 Hermas, *Vis.* III,10,7; *Sim.* V.
122 *1. Clem.* 60,1 f.
123 *Acta Apollonii* 44. Vgl. Hamman, S. 60.
124 Irenäus, *Adv. haer.* I,13,7.
125 Hermas, *Vis.* III,5,1–5.

126 Klemens von Alexandria, *Quis dives salvetur* 42.
127 Vgl. P. Batiffol, *Études d'histoire et de théologie positive*, Paris 1902, S. 66.
128 *Hist. eccl.* IV,23,6,7.
129 Ebd. V,2,5 f.
130 Ebd.
131 Justin, *1. Apol.* 52.
132 Justin, *2. Apol.* 12,1. Dazu auch *Diognet.* 1,1; 10,7; Ignatius, *Smyrn.* 3,2; Tatian, *Orat.* 19; Justin, *1. Apol.* 57,3; *Dial.* 30,2.
133 *Martyrium Pionii*; 20,5. Vgl. Hamman, S. 97.
134 *Martyrium Apollonii* 29 f. Vgl. Hamman, S. 62.
135 Ignatius, *Röm.* 4.
136 *Didaskalia* XVI,12,4.
137 Jak. 5,14 f.
138 Irenäus, *Adv. haer.* I,25,4; II,32,4.
139 Flavius Josephus, *Bell. Iud.* I,335; Philo, *De som.* II,58.
140 *Martyrium Polycarpi* 18,2. Vgl. Hamman, S. 29.
141 DACL XIV, Sp. 1817, 1818.
142 Genaueres und Bibliographie bei Dauvillier (Anm. 33) S. 561–568.
143 Tertullian, *De corona* 10; Minucius Felix, *Octavius* 12,6.
144 Tertullian, *De resurr.* 27,4.
145 *Const. apost.* VIII,42,1–44,1.
146 Vgl. F. J. Dölger, *Ichthys. Das Fischsymbol in frühchristlicher Zeit*, Bd. 2, Münster 1922, S. 568.
147 Tertullian, *De corona* 3.
148 Griech. ἰχθύς ›Fisch‹. ΙΧΘΥΣ: Ἰησοῦς Χριστός Θεοῦ Υἱός Σωτήρ ›Jesus Christus, Gottes Sohn, Erretter‹. Dokumentation in: DACL VII, Sp. 1990 bis 2086.
149 Vgl. A. Hamman, *Vie liturgique et vie sociale*, Paris 1968, S. 201–208.
150 Vgl. dazu auch Th. Klauser, *Christlicher Märtyrerkult, heidnischer Heroenkult und spätjüdische Heiligenverehrung*, Köln / Opladen 1960, S. 34 f.
151 Dölger, *Ichthys* (Anm. 146) S. 568.
152 Man denke an Lukan, der die Reinheit der Gestirne der Unreinheit der Gebeine entgegensetzt (*Pharsalia* VII,814 f.).
153 *Martyrium Polycarpi* 18,2. Vgl. Hamman, S. 29.
154 *Acta Ioannis* 72.
155 Tertullian, *De corona* 3.
156 *Didaskalia* XXVI, 22,2 f.
157 Vgl. Hamman (Anm. 149) S. 209–218.

Tafelnachweis

Ortsregister

Personenregister

Abercius, Bischof von Hierapolis 37, 142

Abgar IX., König von Osroëne 28, 29, 44

Addai, Apostel von Osroëne 28

Aetheria, Pilgerin aus Gallien 36

Agathonike, Märtyrerin in Pergamon 148

Aggai, Bischof von Edessa 29

Agrippinus, Bischof von Karthago 25

Alexamenos (Christ in Rom) 103

Alexander, Arzt in Lyon, Märtyrer 20, 36, 51, 54, 72, 168, 173

Alkibiades, Asket, Märtyrer in Lyon 134, 210

Ammia, christl. Prophetin 61

Ammianus Marcellinus, röm. Geschichtsschreiber 93

Ampelius (Christ in Rom) 77

Andronicus, judenchristl. Missionar in Rom 69

Anicetus, Bischof von Rom 14

Antoninus, Kaiser 18, 32, 33, 38

Antonius, Triumvir 110

Apelles, Schüler Marcions 26, 37, 63, 107

Apollonios von Tyana, griech. Philosoph 53, 134, 208

Apollonius, Märtyrer in Rom 49, 50, 77, 100, 112, 220, 223

Apollos, Mitarbeiter des Paulus 26, 77

Apronianus (röm. Christ) 76

Apulejus, röm. Dichter 22, 107, 213

Aquila, Mitarbeiter des Paulus 47, 69

Aristides, Apologet 41, 54 f., 76, 211, 214, 217

Aristides, griech. Rhetor 31, 38

Ariston von Pella, judenchristl. Apologet 70

Arius, Presbyter in Alexandria 27

Arnobius, Apologet 211

Arrius Antoninus, Prokonsul von Asien 85

Athanasius, Bischof von Alexandria 27

Athenagoras, Apologet 77, 102, 218

Attalus, Märtyrer in Lyon 17, 51, 72, 94, 168

Attius, Märtyrer in Lyon 51

Augustin, Kirchenlehrer 22, 23, 24, 63, 95, 101, 102, 107, 118, 166, 186, 198

Augustus, Kaiser 19, 20, 31, 45, 95, 208

Bardesanes, christl. Theologe in Edessa 29

Barnabas, Mitarbeiter des Paulus 107

Basilides, Gnostiker 107

Basilides, röm. Soldat, Mitmärtyrer der Potamiäna 88, 174

Basilius, Bischof von Cäsarea 76, 91, 218

Batiffol, Pierre-Henri, frz. Kirchenhistoriker 141

Blandina, Märtyrerin in Lyon 51, 76, 94, 154, 167–170, 173, 178, 232

Blondel, Maurice, frz. Philosoph 166

Boissier, Gaston, frz. Altertumswissenschaftler 119

Bonaventura, ital. Philosoph und Mystiker 166

Braudel, Fernand, frz. Historiker 31

Caelia Macrina (röm. Wohltäterin) 147

Cäsar (Gaius Iulius Caesar), röm. Feldherr und Staatsmann 21, 178

Capiton (röm. Christ) 216

Caracalla, Kaiser 77

Carpophorus, christl. Hofbeamter in Rom 48, 56

Cato (Marcus Porcius C.), röm. Staatsmann 34, 186

Catull, röm. Dichter 212

Celsus, griech. Philosoph 47, 58, 74, 77, 78, 84, 85, 100, 107, 109, 114–118, 133, 137

Cerinthus, Gnostiker 79

Charito, Schülerin des Justin in Rom, Märtyrerin 72

Chateaubriand, François-René, Vicomte de, frz. Dichter und Staatsmann 33

Cicero, röm. Staatsmann und Redner 34, 43, 186

Claudel, Paul, frz. Dichter 200

Claudius, Kaiser 44, 151, 185

Claudius, Statthalter in Kappadokien 64

um 180 Kirchen in Germanien
(nach Irenäus)

Köln

Trier

GALLIEN   GERMANIEN

Lyon
177 Märtyrer von Lyon
(Pothinus, Blandina u. a.)

Vienne

ITALIEN

Marseille

Salonae

136 Valentin (Gnostiker) in Rom
139 Marcion in Rom; Gnosis
165 Martyrium des Justin
154–166 Hegesippus
198–217 Gaius (Presbyter) besucht Rom
Abercius von Hierapolis (Phrygien) besucht Rom
Papst Viktor und der Osterstreit (nach 190)

Rom

Ostia
Tres Tabernae
Antium
Puteoli
Neapel

Thessalonike

Apollonia

Dodona
Plutarch † 120

Larissa
Nicopolis

Patrae
Korinth

Cirta?
um 160 Fronto

Thuburbo
Minus

SIZILIEN

Sitifi?

Karthago

Syrakus

Madaurus   Uthina
Apulejus geb.

Lambaesis

Cyrene

Die Kirchen im 2. Jahrhundert

Leptis Magna?
193–211 unter Septimius Severus
Basilika auf dem Forum

● Kirchen, die in Dokumenten des 2. Jahrhunderts
  erwähnt werden

0   500 km

CYRENE

DAKIEN *107–275*

Sinope
Marcion geb. (vor 120)
Amisus

Ionopolis
Amatris *um 180 Alexander*
192 Plinius d. J.
BITHYNIEN

Byzanz
Nicodemia

ARMENIEN

Beth Zabde

KAPPADOKIEN

Melitene

Samosata
Bischof Lucianus † 180

Arzon

Nisibe

Philippi

GALATIEN

Parium
Lukian (Peregrinus Proteus)
Troas

Cäsarea

Thyana

Edessa
179–214 Abgar IX.
Bar-Manon Christ
Christentum Staatsreligion
201 Überschwemmung der Kirche

Pergamon
Thyatira Tymion Synada
Magnesia Otrus Philomelium
Sardes Pepuz
Smyrna Apamea Iconium
Philadelph Eumenea Lystra
Ephesus Hierapolis
Tralles Laodicea
Milet Colosses
Attalia

Hieropolis

Perge

Derbe

Tarsus

Alexandria
Minor

Antiochia
Tatian: Enkratites

SYRIEN

Dura-Europos

Athen

Myra

Seleucia

Laodicea

Palmyra

ZYPERN

Salamis
Paphos

Tripolis

Heliopolis

KRETA

Knossos

Damas

Gortyn

Sidon
Tyrus
Ptolemaïs
Pella
Cäsarea Pal.
Iamnia
Johanan ben Saccas
Gamaliel d. J. (nach 133)
Azotus
Lydda
Hirbet Qumran
134/135 zerstört

Kapernaum *Rabbinerschule; Bibelübersetzungen*
durch Theodotion und Aquila
Tiberias *Rabbinerschule (nach 150)*

Ioppe
Sebaste
Flavia Neapolis?
Aelia (Jerusalem)
135 von Hadrian gegr.
180–190 Bischof Narcissus
132–135 Aufstand des Bar-Kochba

Petra

Alexandria
178 Celsus
178 Ptolemäus
197–241 Ammonius Saccas
Gnosis

ÄGYPTEN

ARABIEN

Autun
Pectorius-Inschrift

Lyon
*Bischof Irenäus
(seit 177/178)*

Vienne

Rom
*155 Justin, Tatian,
Apollonius*

Korinth
170 Bischof Dionysius

Cirta?
um 160 Fronto

Karthago
*Tertullian
(197 Apologeticum)*

AFRIKA

*Minucius Felix
Scili?
17. Juli 180 Scilitanische Märtyrer*

Christliche Schriftsteller des
2. Jahrhunderts

—— lateinische ------ griechische ▬▬ syrische

0   500 km

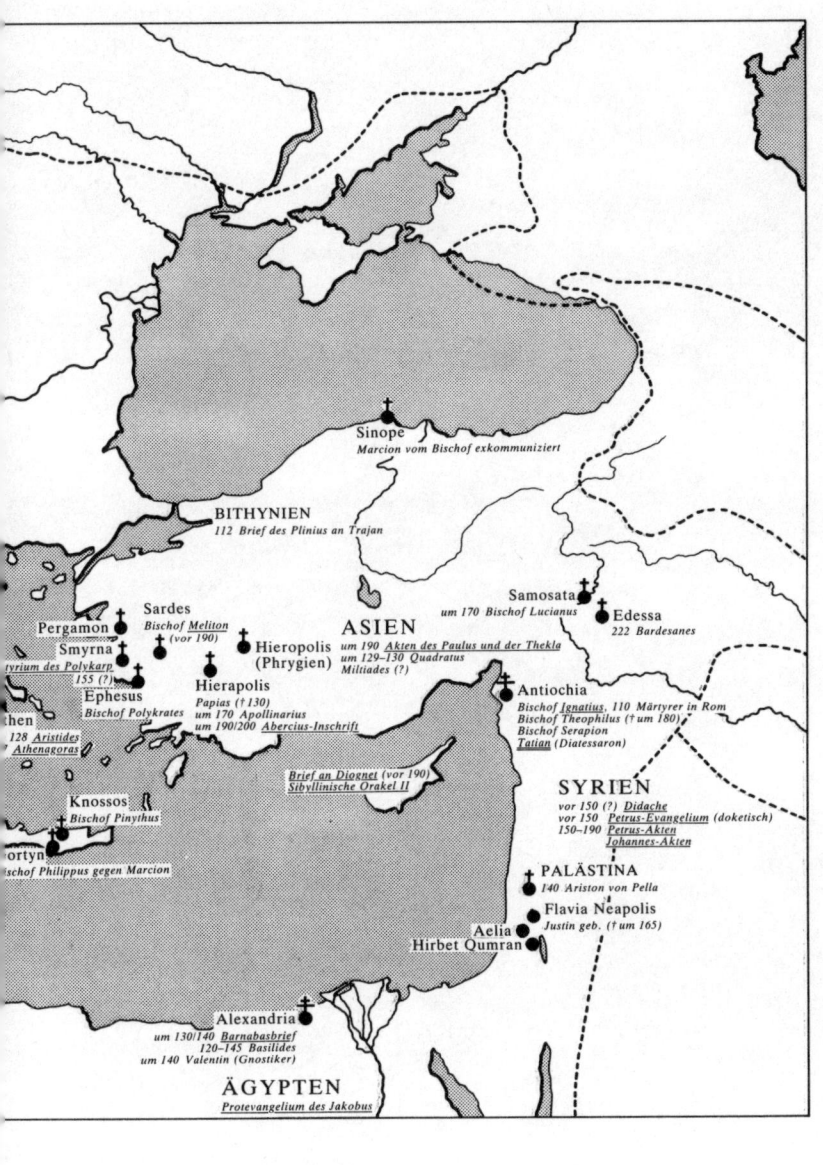

Sinope
Marcion vom Bischof exkommuniziert

BITHYNIEN
112 Brief des Plinius an Trajan

Samosata
um 170 Bischof Lucianus

Edessa
222 Bardesanes

Pergamon

Sardes
Bischof Meliton (vor 190)

Smyrna
tyrium des Polykarp 155 (?)

ASIEN
*um 190 Akten des Paulus und der Thekla
um 129–130 Quadratus
Miltiades (?)*

Hieropolis
(Phrygien)

Ephesus
Bischof Polykrates

Hierapolis
*Papias († 130)
um 170 Apollinarius
um 190/200 Abercius-Inschrift*

Antiochia
*Bischof Ignatius, 110 Märtyrer in Rom
Bischof Theophilus († um 180)
Bischof Serapion
Tatian (Diatessaron)*

then
*128 Aristides
Athenagoras*

*Brief an Diognet (vor 190)
Sibyllinische Orakel II*

SYRIEN

*vor 150 (?) Didache
vor 150 Petrus-Evangelium (doketisch)
150–190 Petrus-Akten
Johannes-Akten*

Knossos
Bischof Pinythus

ortyn
schof Philippus gegen Marcion

PALÄSTINA
140 Ariston von Pella

Flavia Neapolis
Justin geb. († um 165)

Aelia
Hirbet Qumran

Alexandria
*um 130/140 Barnabasbrief
120–145 Basilides
um 140 Valentin (Gnostiker)*

ÄGYPTEN

Protevangelium des Jakobus

Das tägliche Leben in früheren Zeiten

Philipp Reclam jun. Stuttgart